政研观察

——述评新征程住房和城乡建设高质量发展新实践

住房和城乡建设部政策研究中心　编著

中国城市出版社

图书在版编目（CIP）数据

政研观察：述评新征程住房和城乡建设高质量发展新实践/住房和城乡建设部政策研究中心编著.--北京：中国城市出版社，2025.3.--ISBN 978-7-5074-3809-3

I.F299.2

中国国家版本馆CIP数据核字第2025VR9643号

责任编辑：张智芊
责任校对：赵　力

政研观察——述评新征程住房和城乡建设高质量发展新实践
住房和城乡建设部政策研究中心　编著

*

中国城市出版社出版、发行（北京海淀三里河路9号）
各地新华书店、建筑书店经销
华之逸品书装设计制版
北京中科印刷有限公司印刷

*

开本：787毫米×1092毫米　1/16　印张：28½　字数：537千字
2025年3月第一版　　2025年3月第一次印刷
定价：**99.00元**
ISBN 978-7-5074-3809-3
（904828）

版权所有　翻印必究
如有内容及印装质量问题，请与本社读者服务中心联系
电话：（010）58337283　　QQ：2885381756
（地址：北京海淀三里河路9号中国建筑工业出版社604室　邮政编码：100037）

本书编写组

组　长：张　强
副组长：浦　湛　钟庭军　翟宝辉　王彬武
成　员（按姓氏笔画排序）：

马宇佳　王　琰　王益鹤　牛伟蕊　朱晓龙
刘　波　刘　勇　刘　爽　刘　锋　刘亚慧
刘美芝　许广锋　李昂臻　李晓西　李嘉珣
何　山　张　仲　张　娟　张有坤　张理政
张越潮　金　天　金生学　周琳娜　单　爽
赵　冰　赵　燊　赵安然　赵雨亭　钟洁颖
逄　瑞　袁利平　高　恒　郭嘉颖　谭　昕

前　言

九万里风鹏正举，新征程气象万千。党的二十大擘画了全面建设社会主义现代化国家、全面推进中华民族伟大复兴的宏伟蓝图。在以习近平同志为核心的党中央坚强领导下，全国住房城乡建设系统坚决贯彻落实党中央、国务院决策部署，把高质量发展作为新时代的硬道理，紧紧围绕稳增长、惠民生、防风险、促转型，统筹推进好房子、好小区、好社区、好城区建设，加快构建房地产发展新模式，稳步实施城市更新行动和乡村建设行动，大力推动建筑产业转型升级，开拓进取、真抓实干，推动住房城乡建设事业高质量发展迈上新台阶，为扎实推进中国式现代化作出了新贡献。

唐代大诗人白居易诗云："文章合为时而著，歌诗合为事而作。"按照"政策研究支撑、应急处置参谋、正确舆论引导"的智库建设要求，住房和城乡建设部政策研究中心于2023年9月在《中国建设报》开设"政研观察"专栏，评析住建时事要事，解读行业发展政策，观察地方探索实践，研思创新前沿动向。在部领导的关心指导和有关司局的支持帮助下，迄今已发表200余篇观察文章，见证了全系统落实中央要求、满足人民需求、实现行业追求的奋进历程，展现了住房城乡建设领域为强国建设、民族复兴伟业添砖加瓦的实干篇章。

春华秋实，岁物丰成。本书汇集了"政研观察"专栏文章，并按照综合篇、住房和房地产篇、城乡建设篇、建筑业篇、基础支撑篇五部分进行系统编排，以便读者分类查阅。其中，综合篇重点收录住房城乡建设事业服务党和国家事业全局、为一域增光、为全局添彩方面的文章。住房和房地产篇重点收录促进房地产市场平稳健康发展、构建房地产发展新模式、完善住房保障体系、推进"好房子"建设、强化房屋全生命周期安全管理等方面的文章。城乡建设篇重点收录建设人民城市、推进城市更新、加强城市治理、打造美丽村镇、强化城乡历史文化保护传承等方面的文章。建筑业篇重点收录中国建造、建筑业新质生产力、建筑市场和质量安全监管、建筑节能降碳等方面的文章。基础支撑篇重点收录住房城乡建设领域法治、标准、科技、人才、国际交流合作等方面的文章。

在专栏文章写作和本书编写出版过程中，中国建设报社、中国建筑出版传媒有限公司（中国城市出版社有限公司）给予了全力支持和帮助，在此致以诚挚谢意。受水平所限，书中难免有疏漏之处，敬请广大读者提出宝贵意见。

本书编写组

2025年2月

目　录

综合篇
——当好中国式现代化的建设铁军

002　推动习近平文化思想在住房城乡建设领域落地生根形成生动实践
005　认真学习贯彻习近平总书记关于金融工作重要论述
007　以住建担当为强国建设民族复兴添砖加瓦
010　奋力推动住房城乡建设事业高质量发展再上新台阶
012　住房城乡建设事业高质量发展打开新局面
015　准确把握住房城乡建设事业发展面临的新形势
017　全面落实中央的要求，不断满足人民的需求，努力实现行业的追求
019　准确把握推进住房城乡建设事业发展的科学方法
022　真抓实干　落实好全国住房城乡建设工作会议精神
024　以高质量党建引领住房城乡建设事业高质量发展
026　筑牢安全生产"平安线"　守好岁末年初"安全关"
028　以"五抓"推进住房城乡建设各项工作落实
030　突出住建工作民生属性，强化住建系统为民担当
032　以住建担当为完成全年经济社会发展目标任务贡献力量
034　坚持好运用好"六个坚持"重大原则　全力推动住房城乡建设领域改革落地见效
036　落实好三中全会关于深化金融体制改革的决策部署
038　以创新为住建事业高质量发展注入不竭动力
040　做好融合发展大文章
042　从历史中汲取奋进智慧和力量
044　党纪学习教育"进行时"

住房和房地产篇
——让人民群众住上更好的房子

048	扎实做好住房和房地产工作
050	落实好三中全会决策部署　加快构建房地产发展新模式
052	着力构建房地产发展新模式
054	推动住房和房地产高质量发展　让人民群众住上更好的房子
056	建设适应人民群众新期待的"好房子"
058	以"好设计"为引领　大力提升"好房子"建设水平
060	加快建设安全、舒适、绿色、智慧的好房子
062	严把验收关，助建好房子
064	"住""城"交融，共创美好生活
066	切实做好保交房工作，促进房地产市场平稳健康发展
068	因城施策调整优化房地产政策措施
070	五部门联手打出重磅"组合拳"　促进房地产市场平稳健康发展
072	充分发挥住房发展规划配置资源、引导预期的重要作用
074	统筹布局　协调联动　北京市编制住房发展年度计划
076	建立城市房地产融资协调机制　积极稳妥化解房地产风险
078	城市房地产融资协调机制加速运转　精准有效支持房地产合理融资需求
080	协同发力　提质增效　进一步完善城市房地产融资协调机制
082	促进金融与房地产良性循环
084	规范房地产中介发展，构建清朗行业新气象
086	规范租金押金管理　保障租户合法权益
088	以"物业服务社"模式破解老旧小区物业管理难题
090	完善住房保障体系　加快推进保障性住房建设
092	扎实推动收购已建成存量商品房用作保障性住房工作
094	有力有序有效推进保障性住房建设和城中村改造工作
096	进一步规范保障性租赁住房建设管理，托起新市民青年人安居梦
098	积极稳步推进超大特大城市城中村改造
100	因势而动，做好超大特大城市城中村改造工作
102	积极稳步推进超大特大城市　"平急两用"公共基础设施建设
104	扎实做好房屋体检，夯实房屋安全基础
106	加快推进城镇房屋安全管理制度试点工作，筑牢房屋安全保护屏障
108	先行先试　见行见效　烟台市加强住宅全生命周期管理

110	继续发挥住房公积金制度优势
112	实干担当　与时俱进　答好住房公积金民生答卷

城乡建设篇
——努力绘就大美城乡新画卷

116	以习近平总书记关于城市工作重要论述为引领　推动新时代新征程城市高质量发展
119	深入践行人民城市理念，打造宜居韧性智慧城市
122	深入实施以人为本的新型城镇化战略
125	推动高质量发展　城乡建设在行动
127	落实好三中全会决策部署　推动城市高质量发展
129	奋力推进人民城市建设
131	城市更新　让生活更美好
133	定期"体检"：让城市更健康
135	把真功夫放到城市设计上
137	以城市更新实施单元谋划城市更新项目实施
139	提品质，惠民生，实施好城市功能完善工程
141	用好城市更新"金点子"
144	总结好推广好城市更新试点工作经验
146	典型案例示范引领　城市更新稳步推进
149	城市更新基金以"源头活水"激起"一池春水"
151	探索城市更新财务可持续之路
153	探索城市更新的治理之路
155	建立可持续的城市更新模式与政策法规　推动城市高质量发展
157	在青年与城市共同进步中实现高质量发展
159	建设青年发展型城市，让青年和城市"双向奔赴"
161	建设城市儿童友好空间，绘就城市发展美好底色
163	浙江推动建设现代化美丽城区，绘就美丽中国"之江画卷"
165	筑建高品质人居，推进宁夏"四好"建设
168	凝心聚力推动城镇老旧小区改造再上新台阶
170	老旧"焕"新　暖心为民　扎实推进老旧小区改造
172	完善机制　合力聚势　助推老旧小区改造工作顺利开展
174	老旧街区改造为城市细胞注入新活力
176	运用法治思维护航老旧小区既有住宅加装电梯

178	着力破解住宅小区电动自行车停放充电难题
180	"浙"里城镇老旧小区改造开新局
182	发挥试点示范作用　推动完整社区建设
185	坚持"民呼我为"　建好完整社区
187	探索市场主体推动完整社区建设实施路径
189	社区基金为居民港湾建设造血助力
191	切实深化城市安全韧性提升行动
193	加快推进新型城市基础设施建设工作再上新台阶
195	新城建为韧性城市建设赋能聚势
197	加快推动现代信息技术进家庭、进楼宇、进社区
199	打造韧性城市离不开实施智能化　市政基础设施建设和改造
201	双智协同　助力韧性城市建设
203	新城建为城市高质量发展增添新动力
205	统筹推进CIM基础平台建设　筑牢城市高质量发展空间底盘
207	智能感知与监测，让城市运行更安全、更智慧
209	筑牢城市基础设施生命线安全运行底线
211	一网统管　打造城市智慧管理新高地
213	车城并进　同题共答智慧新城建
215	动静两相宜　智慧停车赋能城市治理
217	创新引领　科技赋能　全面提升城镇燃气智慧化水平
219	深刻汲取事故教训　切实保障燃气安全
221	以对人民高度负责的精神高质量　推进城镇燃气安全专项整治工作
223	用心用情保障人民群众安全温暖过冬
225	切实保障今冬明春城镇供热安全稳定运行
227	全面推进城市综合交通体系建设　助力城市高质量发展
229	深入贯彻新发展理念，做好做足城市水文章
232	推进城市节水，建设美丽城市
234	以试点示范经验助推海绵城市建设
236	用统筹的方式、系统的方法扎实推进城市排水防涝工作
238	智慧赋能城市排水系统管理能力提升
240	创新水系治理联排联调机制，共筑城市排水防涝安全防线
242	提升城市生活污水收集效能
244	切实把城市黑臭水体治理工作落到实处
246	开展污水处理绿色低碳标杆厂遴选，助力美丽中国建设

248	持之以恒抓好垃圾分类工作　坚定不移走好绿色发展之路
250	践行垃圾分类，引领绿色低碳生活新时尚
252	坚定信心　下定决心　持续推动垃圾分类工作走深走实
254	发挥志愿服务积极作用，推动垃圾分类成为低碳生活新时尚
256	公园绿地开放共享　让城市生活更美好
258	建设城市公园　共享城市之美
260	小切口　大民生　口袋公园建设助力打造高品质生活空间
262	深化城市运营体制改革
264	扎实做好市政基础设施资产管理
266	加强城市工作统筹　推进城市治理体系和治理能力现代化
268	创新探索城市综合治理体制机制
270	在统筹协调上下功夫　谱写城市管理新篇章
272	聚焦群众所需所盼　稳步推动城市管理融入基层治理
274	扎实推进宜居宜业美丽村镇建设
276	设计下乡绘就美丽乡村新画卷
278	建设装配式绿色农房　打造农村"好房子"
280	加强乡村建设工匠培训管理　夯实乡村建设之基
282	让"土师傅"变"巧工匠"　谱写乡村建设新篇章
284	以规范农村生活垃圾管理为抓手，持续推动农村人居环境整治
286	加快推进宜居宜业美丽小城镇建设
288	以试点示范为切入点因地制宜推进小城镇建设
290	做好城乡历史文化保护传承　绘就新时代文化长卷
292	在城市更新中加强历史文化保护传承
294	切实做好历史文化街区和历史建筑保护利用传承工作
296	扎实推动历史文化街区保护利用工作取得新成效
298	以历史文化名城为载体加强历史文化保护传承
300	历史文化名城和街区保护提升的建设指引
302	推动传统村落保护利用工作迈上新台阶

建筑业篇
——为社会提供高品质建筑产品

306	中国建造的方位与担当：辨方明势
309	中国建造的方位与担当：循道立命
312	中国建造的方位与担当：汇智聚力

314	不断稳定建筑业支柱作用　打造"中国建造"闪亮名片
316	贯彻落实党的二十届三中全会决策部署　坚定不移将建筑业改革向纵深推进
319	从全球工程前沿看土建工程未来发展方向和趋势
322	以高质量发展奋力书写建筑业新篇章
324	服务"双循环"新发展格局　实现建筑业高质量发展
326	从热点事件看2023年建筑业发展四大主题
329	建筑业在稳增长和惠民生中彰显担当
331	向"新"跃升　借"智"增效　加快形成建筑业新质生产力
334	推进建筑和市政基础设施设备安全、绿色、智慧更新
336	加快发展智能建造　推动建筑业"更上一层楼"
338	科技创新引领　智能建造起航
340	从智能建造看中国建造新图景
342	科技赋能助力工地提"智"增效
344	AI生成创新图景　智慧赋能建筑设计
346	把"好房子"建设作为"中国建造"的重要使命
348	推动建筑工业化循"新"出发　向"新"而行
350	节能降碳，建筑领域在行动
352	博鳌示范，循"绿"出发　向"新"而行
354	光伏＋建筑：共绘绿色新画卷
356	加强建筑垃圾治理　推进绿色低碳发展
358	严查违规"挂证"行为，规范建筑市场秩序
360	切实用好建设工程企业资质管理这个抓手
362	大跨建筑设计回访筑牢公共安全屏障
364	以数字化手段推进工程建设项目全生命周期管理改革
366	新时代建筑产业工人队伍建设积极稳步推进
368	培育新时代建筑工人队伍的有益探索
370	加强人员培训考核，筑牢施工安全底线
372	建筑业"走出去"为"一带一路"建设增光添彩
374	坚决打赢住房城乡建设系统治理欠薪冬季行动攻坚战

基础支撑篇
——推进住建领域治理体系和治理能力现代化

378	夯实住房城乡建设事业发展的基础支撑
380	努力开创住房城乡建设法治工作新局面

382	以法治之笔描绘城中村改造新图景
384	以"总对总"机制共绘住建领域诉源治理和多元解纷新"枫"景
386	加强城市标准化建设　助力城市高质量发展
388	强化工程建设标准引领　赋能建筑品质提升
390	"四好建设"的技术指南
392	强化好房子建设技术指引
394	一部好小区建设的技术指南
396	用好技术导则，全面提升社区建设品质
398	以技术导则支撑好城区建设
400	集成平台标准体系建设助力"中国建造"创新升级
402	以标准引领和支撑好房子建设
404	播种科技之光，绘就住房城乡建设创新未来
406	打造科技创新平台　赋能高质量发展
408	科技驱动发展　赋能美好生活
410	科技赋能　创新引领　中国建造助力美好生活
412	新质生产力为住建事业发展强基赋能
414	以新质生产力推进城市高质量发展
416	以"数字住建"助力中国式现代化
418	数字家庭助创美好人居未来
420	房屋建筑和市政设施"灾普"为城乡建设管理筑牢数字底板
422	万物赋码，助力推进城市"智"理现代化
424	筑牢城市数字公共基础设施建设标准底座
426	AI赋能住房城乡建设事业高质量发展
428	以赛育才　着力提升建筑技能
430	以城市建设档案为纽带　连接城市过去与未来
432	世界城市日：点亮城市发展"万家灯火"，携手共建城市美好未来
434	协力推动全球城市可持续发展
436	为建设更为紧密的中国—东盟命运共同体贡献住建力量
438	中国—东盟深化住建合作　携手建设可持续未来

综合篇
——当好中国式现代化的建设铁军

住房和城乡建设事业是党和国家事业的重要组成部分，事关经济社会发展全局，事关人民群众切身利益。

在理念方法上，践行党的初心使命，牢牢抓住让人民群众安居这个基点，以好房子为基础，推动好房子、好小区、好社区、好城区"四好"建设，坚持想明白、干实在，锻造专业敬业的住建人精神品格；在行动实践上，着力稳定房地产业和建筑业"两根支柱"，稳步实施城市更新行动和乡村建设行动，推动建筑业转型；在工作成效上，一大批发展工程、民生工程、安全工程落地见效，住房城乡建设事业高质量发展打开新局面。

政研观察 ——述评新征程住房和城乡建设高质量发展新实践

推动习近平文化思想在住房城乡建设领域落地生根形成生动实践

赵雨亭

"文化兴国运兴，文化强民族强"。全国宣传思想文化工作会议正式提出和系统阐述习近平文化思想，在党的宣传思想文化事业发展史上具有里程碑意义。习近平文化思想是新时代党领导文化建设实践经验的理论结晶，是对马克思主义文化理论的丰富和发展，是习近平新时代中国特色社会主义思想的文化篇，为我们在新时代新征程继续推动文化繁荣、建设文化强国、建设中华民族现代文明提供了强大思想武器和科学行动指南。

住房是人民群众安身立命之所，是人类文化的重要组成部分。城市和乡村是人们的美好家园，是文化传承发展的重要载体。作为社会主义文化建设的重要阵地之一，住房城乡建设领域要认真学习领悟和切实践行习近平文化思想，坚持和加强党对文化建设的领导，认真贯彻落实"七个着力"的要求，坚定文化自信，增强文化主动，推动这一重要思想在住房城乡建设领域落地生根、形成生动实践。

坚持不懈用习近平新时代中国特色社会主义思想凝心铸魂。时代是思想之母，思想是时代之帆。思想引领是文化建设的关键所在。要持续深入学习贯彻习近平新时代中国特色社会主义思想，学深悟透习近平总书记关于住房城乡建设工作的重要论述和指示批示精神，切实用以武装头脑、指导实践、推动工作，坚定自觉以学铸魂、以学增智、以学正风、以学促干，不断凝聚思想共识、汇聚磅礴力量，让新时代党的创新理论的真理和实践伟力在住房城乡建设领域更加充分彰显、不断转化为新的美好图景。

加强城乡建设历史文化保护传承。历史文化名城名镇名村、传统村落、历史文化街区、历史建筑、历史地段等历史文化遗产，承载着国家、民族的记忆，见证着城市、乡村的发展，是传承中华优秀传统文化最综合、最完整、最系统的载体。要本着对历史负责、对人民负责的态度，构建完善城乡历史文化保护传承体系，像爱惜自己的生命一样保护好历史文化遗产，既要保护传承物质文化遗产，也要保护传承营城思想、建造技艺等非物质文化遗产，坚持以用促保、保用结合，延续历史文脉，增强家国情怀，让人们留住乡愁记忆。

塑造新时代城市与建筑风貌。城市与建筑风貌是城市外在形象和内在精神的有机统一，脱胎于自然山水格局，植根于历史文化积淀，并随着时代发展不断演变，集中体现着城市的文化底蕴和文化特色。要进一步加强城市与建筑风貌管理，贯彻落实"适用、经济、绿色、美观"的新时期建筑方针，治理"贪大、媚洋、求怪"等建筑乱象，避免"千城一面、万楼一貌"，打造城市精神，展现时代风貌，彰显中国特色，形成各美其美、美美与共的美丽城市画卷。

推动公民文明素质提高。中国式现代化是物质文明和精神文明相协调的现代化，建设社会主义现代化强国，不仅需要坚实的物质基础，还需要高素质的文明公民。"市民素质高一分，城市形象美十分"，"乡风文明小切口，乡村振兴大文章"。要坚持共建共治共享，以城镇老旧小区改造、完整社区建设、生活垃圾分类、农村人居环境改善等工作为抓手，培育和践行社会主义核心价值观，推动形成文明健康、绿色低碳的生活风尚，提升国民素质和社会文明程度。

赓续工匠精神和优良作风。在波澜壮阔的住房城乡建设事业发展进程中，涌现出一大批艰苦岁月里敢为人先的国之巨匠、改革浪潮中追求卓越的能工巧匠和平凡岗位上无私奉献的时代楷模，他们身上展现出的工匠精神和专业敬业品格，是住房城乡建设系统最可宝贵的精神财富。站在新的历史起点上，要继续传承好这种血脉和基因，弘扬一代又一代住建人留下的优良传统和作风，激励广大建设者们爱岗敬业、精益求精，充分发挥积极性、主动性和创造性，为住房城乡建设事业高质量发展，为强国建设、民族复兴伟业勇毅前行、团结奋斗。

促进全球文明交流互鉴。全球发展倡议"为天地立心"、全球文明倡议"为生民立命"、全球安全倡议"为万世开太平"，习近平主席提出的"三大倡议"为应对人类共同挑战提供了中国智慧、中国方案。住房城乡建设领域国际交流合作拥有广阔空间，要围绕服务中国特色大国外交，坚持互惠互利、合作共赢的原则，全方位拓展国际伙伴关系布局，进一步加强与共建"一带一路"国家的深度合作，充分用好世界城市日等重要交流平台，促进全球人居事业可持续发展，推动构建人类命运共同体。

营造良好舆论环境。正确的舆论导向和健康、和谐、积极向上的舆论环境，对于凝聚人心、汇聚力量、推动事业发展发挥着重要作用。要坚持马克思主义在意识形态领域的指导地位，用好各类线下线上宣传载体，围绕住房城乡建设领域贯彻落实党中央决策部署、解决人民群众急难愁盼问题、推动高质量发展的政策措施、工作进展、先进事迹等加强宣传，持续传播正能量，用心用情讲好中国故事、住建故事，努力提高新闻舆论传播力、引导力、影响力、公信力。

"文明如水，润物无声"，文化是一个国家、一个民族的灵魂，是人民的精神家园。以文化之光照亮前行之路，以文化之风扬起奋斗之帆，中华民族伟大复兴的前景无比美好。我们要深入学习贯彻习近平文化思想，切实增强责任感和使命感，以住房城乡建设领域文化建设的务实行动和工作成效，为社会主义文化强国和中华民族现代文明建设作出应有贡献。

(《中国建设报》2023年10月30日2版)

认真学习贯彻习近平总书记关于金融工作重要论述

何　山

金融是国民经济的血脉，关系中国式现代化建设全局。近日，中共中央党史和文献研究院编辑了《习近平关于金融工作论述摘编》，由中央文献出版社出版，在全国发行。本书系统梳理了习近平同志就金融事业发展的重大理论和实践问题而作出的一系列重要论述，立意高远，内涵丰富，思想深刻，把我们党对金融工作本质规律和发展道路的认识提升到了新高度，是马克思主义政治经济学关于金融问题的重要创新成果，构成习近平经济思想的金融篇，对于新时代新征程坚定不移走中国特色金融发展之路，对于推进金融高质量发展、加快建设金融强国，对于以中国式现代化全面推进强国建设、民族复兴伟业提供强有力的金融支撑，具有十分重要的意义。

坚持党中央对金融工作的集中统一领导。中国特色社会主义具有很多特点和特征，但最本质的特征是坚持中国共产党领导。当前，我国金融改革发展面临的任务十分繁重，金融工作在经济社会发展中的作用日益增强，做好新形势下的金融工作，必须加强党对金融工作的领导。要自觉维护党中央集中统一领导，切实把思想和行动统一到党中央决策部署上来，把我们的政治优势和制度优势转化为金融治理效能，确保金融事业始终沿着正确的方向前进。

坚持以人民为中心的价值取向。以人民为中心的发展思想不是一个抽象的概念，不能只停留在口头上、止步于思想环节，而要体现在经济社会发展各个环节。西方现代化的最大弊端，就是以资本为中心而不是以人民为中心，追求资本利益最大化而不是服务绝大多数人的利益，导致贫富差距大、两极分化严重。一些发展中国家在现代化过程中曾接近发达国家的门槛，却掉进了"中等收入陷阱"，长期陷于停滞状态，甚至严重倒退，一个重要原因就是没有解决好两极分化、阶级固化等问题。因此，必须坚持发展为了人民、发展依靠人民、发展成果由人民共享，作出更有效的制度安排，使全体人民朝着共同富裕方向稳步前进。

坚持把金融服务实体经济作为根本宗旨。金融和实体经济是共生共荣的关系，实体经济是金融的根基，金融是实体经济的血脉，为实体经济服务是金融的天职，是金融的宗旨，也是防范金融风险的根本举措。当前，我国金融体系规模已经很大，但还存在资金配置不均衡、融资结构不合理等情况，关键是提高融资效率，重点解决资金"苦乐不均"和"耐心资本"不足等问题。要正确把握金融本质，营造良好的货币金融环境，着力打造现代金融机构和市场体系，切实加强对重大战略、重点领域和薄弱环节的优质金融服务，疏通金融进入实体经济特别是中小企业、小微企业的管道。金融企业要回归本源，专注主业，提升服务实体经济质量和水平。

坚持把防控风险作为金融工作的永恒主题。防范化解金融风险，事关国家安全、经济社会发展全局、人民财产安全，是实现高质量发展必须跨越的重大关口。小事积累起来就是大事，要绷紧安全发展这根弦，把主动防范化解金融风险放在更加重要的位置，早识别、早预警、早发现、早处置，着力防范化解重点领域风险，着力整治各种金融乱象，着力加强风险源头管控，着力完善金融安全防线和风险应急处置机制。金融监管要"长牙带刺"、有棱有角，全面强化机构监管、行为监管、功能监管、穿透式监管、持续监管，消除监管空白和盲区。

国家兴衰，金融有责。当今世界，金融是大国博弈的必争之地，金融对强国建设的作用更加凸显。要胸怀"国之大者"，强化使命担当，不断加深对中国特色社会主义金融本质的认识，努力把握新时代金融发展规律，奋力开拓中国特色金融发展之路，以金融高质量发展助力强国建设、民族复兴伟业。

（《中国建设报》2024年5月17日4版）

以住建担当为强国建设民族复兴添砖加瓦

郑岩声

"团结就是力量,信心赛过黄金"。习近平总书记在庆祝中华人民共和国成立74周年招待会上发表重要讲话,强调"坚定信心,振奋精神,团结奋斗,继续爬坡过坎、攻坚克难,坚定不移朝着强国建设、民族复兴的宏伟目标奋勇前进",发出了沿着中国式现代化康庄大道勇毅前行的铿锵号召,凝聚起14亿多中国人民众志成城的磅礴力量,也为住建事业以新的担当和作为奋进新征程、建功新时代指明了前进方向。

为一域争光,为全局添彩。住建事业是党和国家事业的重要组成部分,事关人民群众切身利益,事关经济社会发展大局。从新中国成立到实行改革开放,再到中国特色社会主义进入新时代,住建事业在服务大局中不断发展壮大,为国家建设和民生改善做出了积极贡献。特别是党的十八大以来,在以习近平同志为核心的党中央坚强领导下,住建事业取得了历史性新成就,居民住房条件明显改善,城乡人居环境质量持续提高,"中国建造"品牌享誉全球,成为党和国家事业历史性成就、历史性变革的生动缩影,充分彰显了中国共产党领导和中国特色社会主义制度的巨大优势。

今年是贯彻落实党的二十大精神的开局之年。全国住建系统坚决贯彻党中央、国务院决策部署,在"稳"中起好步,在"进"上下功夫,扎实推进全国住房城乡建设工作会议部署的12方面46项重点任务,全力做好稳支柱、防风险、惠民生各项工作,努力为经济运行整体好转作贡献、为人民群众生活品质提高办实事,住建事业发展取得了新的进展和成效。

当前,我国已踏上以中国式现代化全面推进强国建设、民族复兴的新征程。习近平总书记指出,"新征程上,我们的前途一片光明,但脚下的路不会是一马平川"。住建事业正处于"行百里者半九十"的关键阶段,既面临着从"有没有"到

"好不好"的转型发展机遇，又面临着规模扩张时期积累矛盾逐渐凸现的严峻挑战，必须坚持人民至上、自信自立、守正创新、问题导向、系统观念、胸怀天下的世界观方法论，完整、准确、全面贯彻新发展理念，为扎实推进人口规模巨大、全体人民共同富裕、物质文明和精神文明相协调、人与自然和谐共生、走和平发展道路的现代化作出新的更大贡献。

聚力增进民生福祉。坚持以人民为中心的发展思想，以让人民群众住上更好的房子为目标，从好房子到好小区，从好小区到好社区，从好社区到好城区，持续实施城市更新行动和乡村建设行动，打造宜居、韧性、智慧城市，建设宜居宜业和美乡村，推动建筑业转型升级，促进房地产市场平稳健康发展，为人民创造更高品质的生活空间。

聚力绿色低碳发展。坚持绿水青山就是金山银山，深入实施城乡建设领域碳达峰行动，建设绿色低碳城市、县城、社区、乡村，一体推进绿色建材、绿色建造、绿色建筑，深入推进生活垃圾分类，基本消除城市黑臭水体，加强城市园林绿化建设，推动形成绿色发展方式和生活方式。

聚力科技创新驱动。坚持科技是第一生产力，持续巩固提升住建领域世界领先技术，集中攻关突破"卡脖子"技术，大力推广应用惠民实用技术，举全行业之力打造"数字住建"，推进基于数字化、网络化、智能化的新型城市基础设施建设，以科技进步赋能住建事业高质量发展和人民高品质生活。

聚力文化保护传承。坚持像爱惜自己的生命一样保护好文化遗产，加快构建城乡历史文化保护传承体系，全面保护好历史文化名城名镇名村、传统村落、历史文化街区、历史建筑、历史地段等，做好活化利用，增强文化自信，延续历史文脉，让历史文化和现代生活融为一体、相得益彰。

聚力守住安全底线。坚持统筹发展和安全，把安全发展理念贯穿住建工作各领域和全过程，推进城市生命线安全工程建设，研究建立房屋全生命周期安全管理长效机制，深入排查整治施工现场、既有房屋和市政基础设施运行等领域安全隐患，切实保障人民生命财产安全，以高水平安全支撑高质量发展。

聚力国际合作交流。坚持互惠互利、合作共赢，充分用好世界城市日等全球性平台，围绕住房发展、城市更新、城市治理、乡村建设、建筑产业等领域，深化国际交流与合作，推动落实2030年可持续发展议程、新城市议程和全球发展倡议，为构建人类命运共同体贡献力量。

"潮平两岸阔，风正一帆悬！"中国式现代化的宏伟蓝图已经绘就，中华民族伟大复兴的巍巍巨轮正在乘风破浪、砥砺前行。让我们更加紧密团结在以习近平同志为核心的党中央周围，坚定拥护"两个确立"，坚决做到"两个维护"，汲取伟大的祖国、伟大的党、伟大的人民赋予我们的信心、智慧和力量，以时时放心不下的责任感和专业敬业的精神品格，坚定不移推动住建事业高质量发展，创造经得起历史和人民检验的实绩，为强国建设、民族复兴添砖加瓦、增光添彩！

(《中国建设报》2023年10月9日2版)

> 政研观察 ——述评新征程住房和城乡建设高质量发展新实践

奋力推动住房城乡建设事业高质量发展再上新台阶

张理政

冬至一阳生,万物始更新。

2023年12月21日至22日,备受瞩目的全国住房城乡建设工作会议在京召开。会上,住房和城乡建设部党组书记、部长倪虹作了题为《夯实基础 深化改革 推动住房城乡建设事业高质量发展再上新台阶》的工作报告,系统总结2023年工作,深入分析新时代新征程面临的新形势,为2024年住房城乡建设工作谋篇布局,制定了"任务书",描绘了"路线图",发出了"动员令"。深刻领悟倪虹部长工作报告精神,贯彻落实工作会议决策部署,是当前和明年全国住房城乡建设系统的重要任务。

青山座座皆巍峨,壮心上下勇求索。今年以来,全国住房城乡建设系统坚决贯彻落实党中央、国务院决策部署,面对挑战和压力,锐意进取、攻坚克难,取得了来之不易的成绩。年初部署的房地产市场、住房保障、城市建设、城市管理、村镇建设、建筑业发展、城乡历史文化保护传承、绿色低碳发展、安全生产、制度创新和科技创新、国际交流合作以及党的建设12方面的46项重点任务得到了有效落实,取得了重要进展,一大批发展工程、民生工程、安全工程落地见效,住房城乡建设事业高质量发展打开了新局面。

满眼生机转化钧,天工人巧日争新。新的一年,要适应新时代新征程住房城乡建设事业发展面临的新形势和新要求,辩证看待挑战与机遇这"一对关系",精准锚定中央要求、人民需求和行业追求"三求目标",切实运用"四个更加"科学方法,稳中求进、以进促稳、先立后破,以夯实基础和深化改革为工作主线,"治标"和"治本"统筹推进,切实抓好住房和房地产、城乡建设、建筑业发展和基础支撑四大板块18个方面工作,加强党的领导和党的建设,奋力推动住房城乡建设事业展现新气象、迈出新步伐、再上新台阶。

一方面,在夯实基础上下功夫,稳扎稳打,为深化改革创造条件。"求木之长者，必固其根本；欲流之远者，必浚其泉源"。扎实做好基础工作是深化改革的基石和保障。会议提出，在住房和房地产板块，要着力稳定房地产市场，优化房地产政策，持续抓好保交楼保民生保稳定工作，稳妥处置房企风险，重拳整治房地产市场秩序。在城乡建设板块，要在城市更新行动中继续推进老旧小区改造、完整社区建设、地下管网建设等工作，打造宜居宜业美丽村镇，在城乡历史文化保护传承中推动活化利用和活态传承、加强传统村落保护利用。在建筑业板块，要优化建筑市场环境，强化工程质量和既有房屋安全监管，加强建设工程消防审验管理。在基础支撑板块，要做好夯实法治基础、完善工程建设标准、强化科技驱动、改进建设统计、管好城建档案、筑牢人才支撑、扩大对外交流、加强舆论宣传8项重点任务。通过落实落细以上工作，办好民生福祉"头等事"，稳定支柱产业"压舱石"，筑牢安全风险"防火墙"，为深化改革创造良好条件。

另一方面，在深化改革上迈开步，善作善成，为高质量发展提供支撑。"终日乾乾，与时偕行"。面对行业发展的新形势和新要求，需要在夯实基础的同时深化改革，谋远谋深，治本治源。会议提出，在住房和房地产板块，要构建房地产发展新模式，建立"人、房、地、钱"要素联动新机制，完善房屋从开发建设到维护使用的全生命周期基础性制度，实施好"三大工程"建设，下力气建设"好房子"。在城乡建设板块，要在城市更新行动中做实做细城市体检，研究建立城市设计制度，进一步提高城市管理水平，在城乡历史文化保护传承中完善法规标准制度，形成专题年度报告制度。在建筑业板块，要大力发展新型建造方式，包括持续推进建筑节能降碳，总结验收智能建造城市试点工作，稳步发展装配式建筑等。通过有序推动以上工作，开新局，破困境，按下深化改革的"快进键"，跑出转型发展的"加速度"。

路虽远行则将至，事虽难做则必成。住房城乡建设事业是党和国家事业的重要组成部分，事关人民群众切身利益，事关经济社会发展大局。此次会议的顺利召开，彰显了矢志不渝的发展决心，凝聚了团结奋进的磅礴力量，吹响了实干创新的冲锋号角。"追风赶月莫停留，平芜尽处是春山"。新的一年，我们要继续以习近平新时代中国特色社会主义思想为指导，认真贯彻落实全国住房城乡建设工作会议决策部署，以踏石留印、抓铁有痕的行动力，筑牢安全之基、稳定之石，冲破改革之艰、转型之困，锚定目标、攻坚克难、久久为功，画好"同心圆"，打好"组合拳"，奋力推动住房城乡建设事业高质量发展再上新台阶，为强国建设、民族复兴伟业作出新的更大贡献。

(《中国建设报》2023年12月27日3版)

住房城乡建设事业高质量发展打开新局面

王彬武

九万里风鹏正举,新征程气象万千。开局之年,全国住房城乡建设系统坚决贯彻党中央、国务院决策部署,在稳中起好步、在进上下功夫,扎实推进12方面46项重点任务,全力做好稳支柱、防风险、惠民生各项工作,努力为经济运行整体好转作贡献、为人民群众生活品质提升办实事,住房城乡建设事业发展取得了新进展新成效。

百姓安居迈出新步伐。这一年,全国住房城乡建设系统坚持"房子是用来住的、不是用来炒的"定位,着力增信心、防风险、促转型,守住了不发生系统性风险的底线,促进了房地产市场平稳健康发展。牢牢抓住让人民群众安居这个基点,努力让人民群众住上更好的房子。

制定支持刚性和改善性住房需求的一揽子政策。会同有关部门出台"认房不用认贷"、降低首付比例和利率、降低二手房买卖中介费等政策工具,对促进住房消费、提振市场信心,起到了积极效果。

启动保障性住房建设、"平急两用"公共基础设施建设、城中村改造"三大工程"。稳步推进保障性租赁住房、公共租赁住房和棚改安置房等建设。支持新市民、青年人提取住房公积金租房安居。

系统推进好房子、好小区、好社区、好城区"四好"建设。提出"像造汽车一样造房子"理念,建设绿色、低碳、智能、安全的好房子,让群众住得健康、便捷。举办"好房子"设计大赛,面向全国建筑设计单位及设计师征集作品。

大美城乡建设再上新台阶。这一年,全国住房城乡建设系统深入实施"两个行动",即城市更新行动和乡村建设行动,着力打造宜居、韧性、智慧城市,建设美丽宜居和美乡村,让人民群众无论身处城市还是乡村,都能够实实在在感受到人居环境的不断改善。

抓好城市更新、城市体检、完整社区建设试点。选择在天津、重庆等10个城市继续深化城市体检工作制度机制试点，完善体检指标体系和方式方法。在全国106个社区开展完整社区建设试点，举办"国球进社区""国球进公园"活动，让世界冠军与群众共享体育快乐。

抓好城镇老旧小区改造、城市基础设施更新改造等项目。截至11月底，全国共实施各类城市更新项目约6.6万个。其中，新开工改造城镇老旧小区5.3万个，惠及882万户居民；加装电梯3.2万部，增设停车位74.6万个，增设养老、托育等社区服务设施1.4万个；改造城市燃气等各类管道约10万公里，有效增强了人民群众的获得感、幸福感、安全感。

抓好灾后农房恢复重建工作和农房质量安全提升工程。帮助京津冀和东北三省等暴雨洪涝灾区受灾群众建设"放心房""暖心房"，让他们温暖过冬。支持约31.6万户重点对象实施危房改造和农房抗震改造。开展乡村建设评价，推动小城镇污水垃圾设施建设补短板，加大定点帮扶和对口支援力度。

建筑业转型取得新进展。这一年，全国住房城乡建设系统牢牢守住为人民群众提供高品质建筑产品这个初心，着力抓好建筑市场、施工现场和新时期建筑方针，优化建筑市场环境，推动建筑业工业化、数字化、绿色化转型。

提高企业资质审批效率。推动建筑市场监管向"宽进、严管、重罚"转变，用好数字化和信用手段，构建诚信守法、公平竞争、追求品质的市场环境，把企业资质审批时间缩短到两个月，大大方便了市场主体。

以建造方式变革促进好房子建设。深入推进智能建造城市试点，开展设计公益培训，打造好房子样板。积极参与开展清理拖欠企业账款工作，为行业企业办好事、办实事。

百年大计、质量第一。在山东省青岛市以"建设人民满意的好房子"为主题，举办全国住房城乡建设系统"质量月"启动暨现场观摩活动。

事业发展开辟新局面。这一年，全国住房城乡建设系统牢牢守住安全底线，把安全发展理念贯穿住房城乡建设工作各领域和全过程，深化重点领域和关键环节改革，加快科技进步创新步伐，积极开展国际交流合作，形成于事业有利的良好局面。

坚持统筹发展和安全。推进设施建设、机制建设、能力建设，启动城市生命线安全工程建设，应用数字化智慧化手段，推动城市安全风险防控从被动应对转向主动预防，扎实推进城市排水防涝工程体系建设，深入开展全国城镇燃气安全专项整治，抓好房屋市政工程安全生产工作。

深化制度创新和科技创新。推动立法工作，实现工程建设项目审批系统县级全覆盖，研究建立房屋体检、养老金、保险等制度，推动城市信息模型基础平台建设。

全方位拓展国际交流与合作。参加第二届联合国人居大会，举办首届中国—东盟建设部长圆桌会，通过《南宁倡议》，建立"推动中新建设发展部长对话"机制，积极参与推进共建"一带一路"，成功举办首届全球城市可持续发展奖（上海奖）颁奖活动和世界城市日中国主场活动。

春风化雨润万物，秋来硕果盈千枝。一切过往，皆为序章，让我们更加紧密团结在以习近平同志为核心的党中央周围，坚定拥护"两个确立"，坚决做到"两个维护"，凝心聚力、攻坚克难、改革创新，以坚定的信心和扎实的行动，推动住房城乡建设事业在高质量发展上不断取得新进展新成效，在中国式现代化的历史进程中，为一域增光，为全局添彩。

(《中国建设报》2023年12月29日2版)

准确把握住房城乡建设事业发展面临的新形势

刘　波

新时代、新征程、新阶段，住房城乡建设事业发展面临新的机遇和挑战。站在新的历史起点，进一步做好住房城乡建设工作，要增强信心和底气，善于运用辩证思维，准确把握当前住房城乡建设事业发展面临的新形势。

从战略机遇看，当前和今后一个时期，住房城乡建设事业面临的发展机遇不可谓不巨大不宝贵。首先，我国经济韧性强、潜力大、活力足，经济回升向好、长期向好的基本趋势没有改变。即将过去的一年，伴随改革开放的持续深化，宏观调控力度的不断加大，经济高质量发展的扎实推进，我国现代化产业体系建设取得重要进展，科技创新实现新的突破，全面建设社会主义现代化国家迈出坚实步伐。其次，我国城镇化发展进入"下半场"，仍处于深入发展阶段，发展水平和质量稳步提高。中国特色的新型城镇化既是深化供给侧结构性改革的突破口，也是扩大内需、引领未来经济增长的重要引擎。再者，基于拥有超大规模市场、建立在内需主动力基础上的国内大循环，新一轮科技革命和产业变革形成的新浪潮，品质提升、消费升级引致的新需求，"一带一路"深入推进带来的国际市场新拓展等一系列新机遇，都给住房城乡建设事业发展以持久的时空动力和广阔的成长空间。

从风险挑战看，当前住房城乡建设事业发展面临的环境不可谓不严峻、不复杂。首先，外部风险挑战有所增多，国际环境的复杂性、严峻性、不确定性上升。其次，国内有效需求不足，社会预期偏弱，经济周期性、结构性矛盾并存，风险隐患仍然较多。再者，房地产业、建筑业步入调整期，"大量投资、大量建设、大量消耗"的开发建设方式已难以为继，迫切需要加快城乡建设方式转型，通过质量变革、效率变革、动力变革，实现高质量发展。此外，住房城乡建设领域在法规、标准、科技、学科建设等方面还有不少短板弱项，适应高质量发展要求的体制机制和政策体系还不完善，距离治理体系和治理能力现代化的目标还有差距；过去在大规模扩张时期积累的一些风险隐患逐步显现，不少过去的新房子成了老房子，许多基础设施如供排水、燃气管线开始老化，事故时有发生，给人民生命财产安全造成损失，必须统筹发展与安全，牢牢守住安全底线。

从发展基础看，党的十八大以来，住房城乡建设事业取得了历史性新成就，未来发展的基础不可谓不雄厚不坚实。进入新时代，在以习近平同志为核心的党中央坚强领导下，全国住房城乡建设系统知责于心、担责于身、履责于行，持续深化体制机制改革，努力建设大美城乡，促进全体人民住有所居，取得了历史性新成就。住房城乡建设事业在积累了雄厚物质基础的同时，也积累了丰富的工作经验，建立了较为完善的法规政策体系，培养了能打硬仗的建设铁军。2023年，面对挑战和压力，全国住房城乡建设系统坚决贯彻落实党中央、国务院决策部署，锐意进取、攻坚克难，城市建设、住房保障、村镇建设、建筑业发展、制度创新和科技创新、国际交流合作等各项工作取得了重要进展，一大批发展工程、民生工程、安全工程落地见效，住房城乡建设事业高质量发展不仅打开了新局面，而且为未来发展打下了良好坚实的基础。

综合起来看，住房城乡建设事业发展面临的机遇大于挑战。更重要的是，我们有以习近平同志为核心的党中央集中统一领导，有习近平新时代中国特色社会主义思想的科学指引，有集中力量办大事的中国特色社会主义的制度优势，这是我们推动住房城乡建设事业持续健康发展的最大信心和底气。

"雄关漫道真如铁，而今迈步从头越"。展望未来，我们要在转方式、提质量、增效益上开拓创新、积极进取，抓住一切有利时机，利用一切有利条件，努力战胜各种风险挑战，全力推动住房城乡建设事业高质量发展再上新台阶，为以中国式现代化全面推进强国建设、民族复兴伟业作出新的更大贡献。

（《中国建设报》2024年1月5日2版）

全面落实中央的要求，不断满足人民的需求，努力实现行业的追求

张有坤

全国住房城乡建设工作会议明确指出，做好住房城乡建设工作，要准确把握中央的要求、人民的需求、行业的追求，明确事业前进的方向、锚定干事创业的目标、鸣响使命必达的号角，确保住房城乡建设事业发展行稳致远。

全面落实中央的要求，准确把握总体行动方向。潮平两岸阔，风正一帆悬。习近平总书记重要指示批示和党中央、国务院重大决策部署，就是我们的行动指南。习近平总书记高度重视住房城乡建设事业，就住房和房地产、城市规划建设治理、乡村建设、建筑业改革发展等发表了一系列重要论述，为做好新时代住房城乡建设工作提供了根本遵循。党的二十大、中央经济工作会议等党和国家重要会议对住房城乡建设事业作出一系列重大部署，比如，"坚持房子是用来住的、不是用来炒的定位，加快建立多主体供给、多渠道保障、租购并举的住房制度""坚持人民城市人民建、人民城市为人民，提高城市规划、建设、治理水平""实施城市更新行动""打造宜居、韧性、智慧城市""建设宜居宜业和美乡村""促进房地产市场平稳健康发展""加快构建房地产发展新模式"，等等。党中央的号令，就是我们的行动方向。我们要坚决贯彻落实党中央决策部署，始终心怀"国之大者"，站在全局和战略的高度想问题、办事情，自觉从党和国家事业发展大局出发谋划推进住房城乡建设工作，确保住房城乡建设事业始终沿着习近平总书记和党中央指引的正确道路阔步前行。

不断满足人民的需求，准确锚定行动目标。知之愈明，则行之愈笃。人民对美好生活的向往，就是我们的奋斗目标。党的十八大以来，以习近平同志为核心的党中央，始终强调践行人民立场，坚持以人民为中心的发展思想，把增进人民福祉、促进人的全面发展作为出发点和落脚点。住房城乡建设工作与人民群众的切身利益和福祉紧密相关，一大批民生工程的落地实施增强了人民的获得感、幸福感、安全

感。但毋庸讳言，当前住房城乡建设领域还有很多群众反映强烈的急难愁盼问题，老百姓对美好生活的向往还没有得到很好满足。人民的需求就是改革的契机。我们要牢牢把握人民群众对美好生活的向往，突出问题导向，在解决突出问题、回应人民所需上下功夫，尽力而为、量力而行，一件事情接着一件事情办，一年接着一年干，让群众看到变化、得到实惠，努力为人民创造更美好、更幸福的生活。

努力实现行业的追求，勇担使命再立新功。知者行之始，行者知之成。当好中国式现代化建设的铁军，就是我们的不懈追求。住房城乡建设系统有着光荣历史和优良作风，作出了值得铭记的历史贡献。新中国成立初期推进156项重大项目建设，为我国建立独立完整的工业体系奠定了坚实基础；地震抗震救灾中，及时参加抢险救援，全力建设过渡安置房，有效解决了受灾群众临时居住问题；抗击新冠疫情中，快速建成火神山医院、雷神山医院，创造了震撼世界的建设奇迹；时传祥、徐虎、李素丽等一大批平凡岗位上的先进人物，全心全意为人民服务，以自己的辛勤劳动换来群众的满意和城市的美丽。事实证明，住房城乡建设系统是一支衷心向党、心系人民、善作善成、能战能胜的建设铁军。如今，我们已踏上强国建设、民族复兴的新征程，建设铁军要继往开来，自觉担负起新的历史使命，充分发挥筑基攻坚作用，为以中国式现代化全面推进中华民族伟大复兴再立新功。

大道如砥，奋斗如歌。住房城乡建设事业是推动党和国家事业高质量发展的重要力量。全系统全行业应当在贯彻落实党中央决策部署中当好执行者、行动派和实干家，在用心用情用力为民服务中当好"排头兵"，在推进中国式现代化建设中当好铁军和突击队，坚定不移推动住房城乡建设事业高质量发展，为强国建设、民族复兴伟业作出新的更大贡献！

（《中国建设报》2024年1月8日2版）

准确把握推进住房城乡建设事业发展的科学方法

张 仲

"事必有法，然后可成"。学习贯彻全国住房城乡建设工作会议精神，要准确把握、认真理解习近平新时代中国特色社会主义思想的世界观和方法论，深刻领悟贯穿其中的立场、观点、方法，运用到贯彻落实党中央、国务院重大决策部署中，运用到住房城乡建设全过程和各环节中。

更加注重系统观念统筹推进住房城乡建设工作。习近平总书记指出，"系统观念是具有基础性的思想和工作方法"。坚持把握当前和长远的关系。要统筹"两个大局"、心怀"国之大者"、聚焦"住建要事"，放长远、看大势、明方向，加快新的五年规划研究；同时立足当下，稳扎稳打，有条不紊地开展住房城乡建设领域各项工作。坚持把握战略和策略的关系。在谋势上统大局，秉纲而目自张，执本而末自从，在推动住房城乡建设事业高质量发展中稳步推进中国式现代化；在谋事上下功夫，不断出实招、真招，推动住房城乡建设事业从"有没有"到"好不好"转型。坚持把握需要和可能的关系。牢牢抓住让人民群众安居这个基点，深入践行人民城市理念，打造宜居韧性智慧城市，建设宜居宜业和美乡村，不断满足人民群众对美好生活的需求；认真考虑推进工作可能面临的挑战和机遇，有预判、有准备、有定力，集中精力、坚定信心、分秒必争办好自己的事情。坚持把握效率和公平的关系，以公平筑牢效率的根基，以效率支撑公平的动力，在做大、分好住房城乡建设领域"蛋糕"过程中，切实推动人的全面发展、全体人民共同富裕取得更为明显的实质性进展。

更加注重依法行政稳步推进住房城乡建设工作。习近平总书记强调，坚持依法治国、依法执政、依法行政共同推进。持续学习贯彻习近平法治思想，坚持法治为了人民、依靠人民，依法维护最广大人民根本利益，依法保障人民群众对美好生活的向往和追求。持续完善住建领域法律法规体系，进一步统筹住房城乡建设领域法律法规立改废工作，对不符合、不衔接、不适应高质量发展需求的，及时进行修订、完善或者废止。持续推进住房城乡建设系统严格规范公正文明执法，坚持执法为民，优化执法方式，规范执法行为，提高执法能力，严肃执法风纪。持续提升住建干部法治素养能力，树立法治信仰、法治价值、法治精神，学习法治原理、法治规则、法治方法，切实做到办事依法、遇事找法，不断提高住房城乡建设系统依法行政水平。

更加注重实事求是科学推进住房城乡建设工作。习近平总书记指出，"我们要自觉坚定实事求是的信念、增强实事求是的本领"。坚持尊重科学、尊重规律。住房城乡建设工作主要围绕城市、乡村、建筑、小区、社区等客观实体，具有鲜明的物质性、客观性，必须坚持辩证唯物主义、历史唯物主义，运用科学思维、顺应客观规律推动各项工作。坚决反对形式主义、官僚主义。坚决杜绝劳民伤财的形象工程、面子工程，把握好时度效，决策要与实际相结合、与需要相适应，充分征求各方面意见，确保每个工作、每项步骤、每条措施都做到实事求是，发现问题做到及时纠偏。坚持想明白、干实在。坚持以人民为中心的发展思想，重点工作抓深化，具体实施抓细化，大兴调研抓转化，确保事事有着落、招招有实效。坚持因地制宜、精准施策。脚踏实地、找准问题、瞄准目标、用准政策，更好地适应各地发展的实际情况，更好地满足群众的美好生活需求。

更加注重有效落实扎实推进住房城乡建设工作。习近平总书记强调，"要把抓落实作为开展工作的主要方式""要有真抓的实劲、敢抓的狠劲、善抓的巧劲、常抓的韧劲，抓铁有痕、踏石留印抓落实"。以准确领悟中央精神为前提抓落实，不断提高政治判断力、政治领悟力、政治执行力，保证理解和贯彻中央精神不偏向、不变通、不走样，不断推动发展工程、民生工程、安全工程落实落地落细。以选准用好工作抓手为核心抓落实，坚持问计于民、问需于民，多深入一线调查研究，从群众和基层中汲取智慧和力量，找准切入点、结合点、着力点，以点及面，推动各项工作整体提升、全面进步。以精准触及最小单元为办法抓落实，落实到人、落实到户、落实到企业，针对问题及时感知、精准发现、快速协同、高效处置，做到台账清、底数清、情况明。以清晰压实各级责任为关键抓落实，分层分级明确责任，横向到边、纵向到底，强化督查督办工作力度，提升各层级落实执行的主动性、及时性、有效性。

万里征程风正劲，千钧重任再奋蹄。要准确把握和正确运用推进事业发展的科学方法，以专业敬业的精神品格，持续推动住房城乡建设各项工作提质增效，奋力谱写住房城乡建设事业高质量发展新篇章,不断为以中国式现代化全面推进中华民族伟大复兴贡献力量。

(《中国建设报》2024年1月17日2版)

政研观察——述评新征程住房和城乡建设高质量发展新实践

真抓实干　落实好全国住房城乡建设工作会议精神

赵 燊

一元复始，万象更新。在去年年底召开的全国住房城乡建设工作会议上，住房和城乡建设部党组书记、部长倪虹作了题为《夯实基础 深化改革 推动住房城乡建设事业高质量发展再上新台阶》的工作报告，明确了2024年的工作要求、总体思路和重点任务。认真贯彻落实会议各项部署，是今年全国住房城乡建设系统的重要任务。

要稳扎稳打、以钉钉子精神抓落实。会议在住房和房地产、城乡建设、建筑业发展、基础支撑四大板块部署了18个方面工作，既全面系统又重点突出。新的一年里，要围绕推动住房城乡建设事业高质量发展的总目标，稳中求进、以进促稳，像钉钉子一样，扎实做好各项工作。在推进高质量发展方面，加快建立房地产发展新模式，稳步实施城市更新行动，加强县城和小城镇建设，加快推进建筑业工业化、数字化、绿色化转型升级，建立适应高质量发展要求的体制机制和政策体系。在创造高品质生活方面，实施好"三大工程"，大力推进城市地下管网建设、城镇老旧小区改造，尤其是要下力气建设好房子。在实现高水平安全方面，大力实施城市排水防涝能力提升工程、深入推进城市生命线安全工程建设、加强城镇既有房屋安全管理，建立房屋体检、养老金、保险等房屋全生命周期安全管理制度。

要求真务实、聚焦实际问题抓落实。民生无小事，枝叶总关情。住房城乡建设事业事关人民群众切身利益，事关经济社会发展大局。要牢牢抓住让人民群众安居这个基点，以好房子为基础，推动好房子、好小区、好社区、好城区"四好"建设，坚持问题导向，聚焦新形势下出现的新问题、深层次体制机制问题和人民群众急难愁盼问题，想明白、干实在，把情况摸清、把对策提实，以实招、实策、实功解决实际问题，实实在在办好惠民利民实事。

要雷厉风行、敢作善为抓落实。在住房领域创造新赛道，研究建立城市设计制度，抓好房屋体检、养老金、保险制度试点……面对这些住房城乡建设领域改革转型的新命题新要求，必须具备敢啃"硬骨头"的魄力，统筹时度效，先立后破，抓住一切有利时机，利用一切有利条件，看准了就抓紧干，能多干就多干一些，越是任务重、困难大，越要敢于知难而进、迎难而上，用知重负重、攻坚克难的实际行动，落实中央的要求、满足人民的需求、实现行业的追求。

要积极主动、聚合众力抓落实。住房城乡建设是一项系统性很强的工作，必须处理好当前和长远、战略和策略、需要和可能、效率和公平等重大关系，加强前瞻性思考、全局性谋划、战略性布局、整体性推进。要胸怀"国之大者"，主动担当作为，锚定高质量发展这个首要任务，坚持板块主战场与部门联动相结合，积极团结一切可以团结的力量，形成抓落实的强大合力，协同集成、统筹推进、持续发力，打好攻坚仗、主动仗、整体仗，推动住房城乡建设事业行稳致远。

要坚定信心、准确把握形势抓落实。干任何事情，只有因势而谋、应势而动、顺势而为，才能抢得先机，赢得主动。当前，住房城乡建设正处于调整期、转型期，任务很重，需要做的事情很多，每一件要做好都不容易，有很多问题要研究透、解决好。必须坚定信心，保持"行百里者半九十"的清醒，辩证看待当前住房城乡建设工作面临的机遇和挑战，准确识变、科学应变、主动求变，努力以自身工作的确定性应对形势变化的不确定性，以真抓实干把党中央交给我们的任务完成好，把明年各项重点工作落实好。

纸上得来终觉浅，绝知此事要躬行。2024年，是中华人民共和国成立75周年，是实施"十四五"规划的关键一年，做好住房城乡建设工作意义重大。一分部署，九分落实。不注重抓落实，不认真抓好落实，再好的规划和部署都会沦为空中楼阁。要把思想和行动统一到习近平总书记关于住房城乡建设工作的重要论述、指示批示精神和党中央决策部署上来，切实增强责任感、使命感，锻造专业敬业的精神品格，以真抓的实劲、敢抓的狠劲、善抓的巧劲、常抓的韧劲，当好贯彻落实党中央决策部署的执行者、行动派、实干家，当好中国式现代化的建设铁军，为强国建设、民族复兴伟业作出新的更大贡献。

（《中国建设报》2024年1月24日2版）

以高质量党建引领住房城乡建设事业高质量发展

刘 锋

"万山磅礴必有主峰,龙衮九章但挚一领"。2023年全国住房城乡建设系统坚持把加强党的领导和党的建设作为做好工作的根本保证,深入开展学习贯彻习近平新时代中国特色社会主义思想主题教育,推进干部队伍教育整顿,把从严管理监督和鼓励担当作为统一起来,营造了担当作为、团结奋斗的良好氛围,推动住房城乡建设事业高质量发展开创了新局面。中国共产党是中国特色社会主义事业的领导核心。办好中国的事情,关键在党。治国必先治党,强国必先强党。全国住房城乡建设工作会议提出,新的一年要继续以永远在路上的坚定和执着推进全面从严治党,不断提高党的建设质量,引领住房城乡建设事业在高质量发展上不断取得新进展、新成效。

政治建设领方向。政治建设是"灵魂"和"根基"。要坚定拥护"两个确立",坚决做到"两个维护",持续深入学习贯彻习近平新时代中国特色社会主义思想,始终心怀"国之大者",切实提高政治站位,增强政治判断力、政治领悟力、政治执行力,巩固拓展主题教育成果,坚持不懈用党的创新理论凝心铸魂,引导党员干部悟初心、守初心、践初心。要深入学习贯彻习近平总书记最新重要讲话精神,特别是关于住房城乡建设领域工作重要论述和重要指示批示精神,自觉从党和国家事业发展大局出发谋划和推进工作,坚决做到在思想上政治上行动上同以习近平同志为核心的党中央保持高度一致,为住房城乡建设事业发展提供坚强政治保障。

正风肃纪严基调。"生于忧患,死于安乐"。要持之以恒加强党风廉政建设,始终以严的主基调正风肃纪反腐,永葆党的先进性和纯洁性。要抓住"关键少数",推动全面从严治党主体责任层层传导到位、落实到位。作风建设永远在路上,要坚决贯彻落实中央八项规定及其实施细则精神,持续深化纠治"四风",重点纠治形式主义、官僚主义,落实为基层减负各项规定,驰而不息推进作风建设常态化、长效化。调查研究是谋事之基、成事之道，要坚持大兴调查研究之风，坚持问题导向，增强问题意识，真正把情况摸清、问题找准、对策提实。

队伍建设强基础。"治国经邦，人才为急"。要打造忠诚干净担当的干部队伍，严格落实新时代好干部标准，严把政治关，坚定理想信念，践行全心全意为人民服务的根本宗旨，引导广大党员干部把个人理想追求与祖国发展需要、民族复兴伟业联系到一起，用无我之奋斗，实现有我之境界。坚持鼓励担当作为的正确用人导向，大力弘扬专业敬业精神，着力提升干部履职能力和水平。"喊破嗓子，不如干出样子"，要发扬斗争精神、增强斗争本领，敢于碰硬，敢于应对各种困难风险挑战。"水不激不跃，人不激不奋"，要营造良好的干事创业氛围，充分发挥各级党员干部的积极性主动性创造性，打造政治强、业务精、作风优的高素质干部队伍。

组织领导促落实。"众人一条心、黄土变成金"。全国住房城乡建设系统要当好落实党中央决策部署的执行者、行动派、实干家，进一步把思想和行动统一到党中央的重大决策部署上来，围绕本次会议确定的重点工作和任务，切实加强组织领导，坚持一级抓一级、一级一级抓，强化上下同心、协调联动，走好贯彻落实党中央决策部署的"最初一公里"和"最后一公里"，真正把"任务书""路线图"变为"施工图""实景图"。要更加紧密地团结在以习近平同志为核心的党中央周围，凝心聚力、攻坚克难、改革创新，推动住房城乡建设事业高质量发展不断取得新进展、展现新作为、实现新突破，在中国式现代化的历史进程中，以一域之光为全局添彩。

（《中国建设报》2024年1月15日2版）

政研观察 ——述评新征程住房和城乡建设高质量发展新实践

筑牢安全生产"平安线" 守好岁末年初"安全关"

谭 昕

生命高于一切,安全重于泰山。2024年1月23日,住房和城乡建设部召开安全生产工作视频调度会议,深入学习贯彻习近平总书记关于安全生产重要指示批示精神,认真落实李强总理等领导同志批示要求,及时部署住房城乡建设领域春节前后安全生产工作,对扎实做好岁末年初的安全生产工作、保持安全稳定的社会环境意义重大。

以人民利益为重,以人民安危为念。"忧民之忧者,民亦忧其忧"。安全生产是民生大事,须臾不可放松,必须提高政治站位、强化认识。我国城镇化发展到现在,过去在大规模扩张时期积累的一些矛盾风险逐步显现,房屋使用、市政运行、建设施工等事故时有发生。特别是临近春节,叠加寒潮天气影响,自然灾害、生产安全事故等易发多发,安全生产形势严峻复杂,必须将安全生产摆在突出位置,将安全生产这根弦绷得紧而又紧,做到守土有责、守土负责、守土尽责。要切实增强时时放心不下的责任感,坚持人民至上、生命至上,强化底线思维,把保护人民生命安全作为最现实的"国之大者",全力以赴抓好住房城乡建设领域安全生产工作。

盯紧盯牢三大重点领域,排查整治风险隐患。"举一纲而万目张,解一卷而众篇明"。在安全生产工作中,也要突出重点,牵住"牛鼻子",牢牢盯紧事故多发频发的重点领域。在整治燃气安全、施工安全和建筑安全三大重点领域,要深入彻底排查整治风险隐患,坚决防范遏制重特大事故发生。一是深化城镇燃气安全专项整治,常态化排查燃气安全隐患,消存量、控增量,强化监管执法、安全培训与宣传,推动形成"人人讲安全,个个会应急"的社会氛围。二是强化房屋市政工程施工安全隐患精准排查治理,防范低温寒潮、雨雪冰冻等极端天气带来的施工安全风险,对春节停工停产后可能产生的风险开展专项排查整治。三是持续推进城乡房屋建筑安全隐患排查整治，深入推进自建房安全专项整治，开展大跨度公共建筑安全体检和设计回访，加强物业共有部位和共用设施设备管理。

统筹抓好三项安全工作，严密防控各类风险。"明者防祸于未萌，智者图患于将来"。在重点领域之外，要统筹抓好城市市政公用设施运行管理、自然灾害和突发事故应对处置、提高突发事故反应能力三项工作，下好先手棋、打好主动仗，严密防控各类风险，及时消除安全隐患。一是加强市政设施运行安全管理，确保城市供热、供水、排水和污水处理、垃圾处理等设施设备安全运行，做好城市公园、动物园等场所安全隐患排查，强化城市管理日常巡查工作，加强各类户外广告设施和招牌安全管理。二是做好地震、雨雪冰冻等自然灾害应对处置工作，提升对地震灾害的应急响应能力，做好震后房屋建筑应急评估、市政设施抢险抢修等工作，密切关注极寒天气和雨雪冰冻等灾害对安全生产工作带来的影响。三是提高突发事故反应能力，进一步完善安全生产信息员管理制度，提高突发事件及时反应能力和信息报送质量，加强值班值守，严格落实事故报告和调查处理制度，加强与消防、应急等部门联系配合，科学有效应对处置紧急情况。

宁可百日紧，不可一日松。2024年，是国家安全生产治本攻坚三年行动开局之年，抓好安全生产至关重要。住房城乡建设领域的安全生产工作点多面广，具有复杂性和艰巨性，防范安全风险的"黑天鹅""灰犀牛"，要时刻保持高度警醒，坚决担起责任，常抓不懈、久久为功，更好地维护人民群众生命财产安全，为经济高质量发展、社会和谐稳定提供有力保障。

（《中国建设报》2024年1月30日2版）

政研观察 ——述评新征程住房和城乡建设高质量发展新实践

以"五抓"推进住房城乡建设各项工作落实

刘 爽

春回大地万物生，日照神州百业兴。2024年2月21日，春节后复工伊始，住房和城乡建设部召开开年工作动员大会，为新一年工作划重点、明方向，增信心、鼓干劲。住房和城乡建设部党组书记、部长倪虹主持会议并讲话，号召大家以"夯实基础、深化改革"为主线，落实好党的二十大、中央经济工作会议精神，全力推进全国住房城乡建设工作会议部署的各项工作。

习近平总书记强调，要把抓落实作为开展工作的主要方式。开年工作动员大会提出了"五个抓"的落实要求，从"抓态度"的坚定决心到"抓研判"的精准洞察，再到"抓重点"的纲举目张，以及"抓细节"的精益求精，最后落地到"抓实效"的扎实行动，既有整体布局的宏观思维，又有具体实施的微观考量，对新一年住房城乡建设工作的全面开展具有很强的指导性。

"抓态度"是前提，态度决定一切。担当使命心自明，责任在肩不敢轻。住房城乡建设行业作为经济社会发展的重要基石和推进中国式现代化的铁军，对于推进以人为核心的新型城镇化和满足人民的美好生活需要发挥着重要作用，在强国建设、民族复兴伟业中承担着重要职责。要把责任扛在肩上，立足为党分忧、为民造福的本职工作，变"要我干"为"我要干"。既要正视风险挑战，坚定信心、保持定力，又要善于抓住机遇，铆足干劲、积极作为，研究破解真问题，传播宣扬正能量，不断推动各项工作取得新成效，既为一域增光，又为全局添彩。

"抓研判"是基础，谋定而后动。认清形势，方能应对万变。在复杂多变的国内外环境中，住房城乡建设事业面临着挑战与机遇并存的局面。要扎实锚定住房城乡建设工作"践行党的初心使命的主力军""中国式现代化建设的顶梁柱"和"改善民生的排头兵"三大基本定位，稳稳守牢党的初心使命和人民至上的根本立场，准确把握住房城乡建设事业发展的阶段性特征和推进事业的科学方法，从党和国家事业大局着眼，从实际出发，想明白、干实在。

"抓重点"是关键，执一而应万。举网以纲，千目皆张。习近平总书记要求，抓住重大关键环节，纲举目张做好工作。抓住了主要矛盾，一切问题就迎刃而解。要紧紧围绕习近平总书记关于住房城乡建设工作的重要指示批示要求、党中央国务院重大决策部署、人民群众的美好生活向往等来谋划和推动工作，集中力量攻克难点、突出重点，确保重点领域和关键环节的改革发展取得实效。着力聚焦"三大工程""四好建设"等重点工作，以"事不避难、攻坚克难"和"解放思想、锐意改革"的精神促改革、谋发展，为住房城乡建设事业高质量发展增活力、强动力。

"抓细节"是保障，细节之处见真章。天下大事，必作于细。住房城乡建设工作一头连着民生，一头连着发展，头绪众多、涉及面广、影响深远，必须要"致广大而尽精微"，从"想得细"到"干得准"，找准问题、瞄准目标、用准政策。思之细密，方能行之无误；行之精准，方能事半功倍。一方面要加强整体谋划，摸清底层逻辑，明确顶层设计与实践路径。另一方面要善于在不确定性中寻找确定性，将工作精准地落实到最基本单元和最现实需求，靶向施治，有的放矢。

"抓实效"是目标，人民满意为准绳。不驰于空想，不骛于虚声。习近平总书记一贯强调，要求真务实，注重实效，不做表面文章，不要花拳绣腿。住房城乡建设工作的最终目标要让老百姓看得见、摸得着，形成"可感知""可量化""可评价"的工作成效。要把群众实实在在的获得感作为首要评判标准，将客观有效的数据作为重要支撑，切实发挥好评价的"指挥棒"作用，针对全国住房城乡建设工作会议部署的各项重点工作抓紧制定务实管用的落实举措，察实情、出实招、见实效。

一年之计在于春，奋进前行不畏程。站在中华人民共和国成立75周年的历史节点上，面对实现"十四五"规划目标任务的关键一年，让我们团结在以习近平同志为核心的党中央周围，凝心聚力、勇担使命，以过硬的专业素养、勤勉的敬业精神，用抓铁有痕、踏石留印的行动，切实贯彻落实党的二十大、中央经济工作会议精神，扎扎实实推进全国住房城乡建设工作会议部署的四大板块18项工作，推动住房城乡建设事业高质量发展迈出更加坚实、更加有力的步伐，为强国建设、民族复兴伟业作出新的更大贡献。

（《中国建设报》2024年2月26日2版）

政研观察 ——述评新征程住房和城乡建设高质量发展新实践

突出住建工作民生属性，强化住建系统为民担当

赵 燊

民之所忧，我必念之；民之所盼，我必行之。2024年3月9日下午3时，十四届全国人大二次会议举行民生主题记者会。住房和城乡建设部部长倪虹就住房等民生问题回答中外记者提问。三个问题，三千余字的答问实录，"人民"和"民生"成为频率最高的词汇。民生无小事，枝叶总关情。倪虹部长强调，要牢记习近平总书记提出的"人民城市人民建、人民城市为人民"的重要理念，坚持以人民为中心的发展思想，把惠民生、暖民心、顺民意的各项具体工作扎扎实实做到群众心坎上。

城市更新是城镇化发展的必然过程，是推进城市高质量发展的重要举措，要切实以践行人民城市理念为指导扎实推进。《政府工作报告》提出，要稳步实施城市更新行动，"稳步"就是要把握好今年政府工作"稳中求进，以进促稳，先立后破"的工作总基调。城市更新的目的，就是要让城市更宜居、更韧性、更智慧，让人民群众在城市生活得更方便、更舒心、更美好。倪虹部长系统回答了实施城市更新的理念和行动内容，既有城市更新的方法，又有城市更新的任务，以扎扎实实推进城市更新行动让人民群众在城市生活得更幸福。目标绘就，关键在行动，要重点抓好民生工程、"里子"工程、安全工程，把工作拆解为一件件具体的工程去精准推进。既要关注群众身边眼前脚下，看得见摸得着感受得到的民生工程，又要重视地下管网更新完善等"里子"工程，还要注重保障城市长远可持续发展方面的安全工程，充分发挥城市更新行动对于解决群众急难愁盼问题、拉动投资、促进消费、激发创新、推动转型的重要作用。

构建房地产发展新模式是破解房地产发展难题、促进房地产市场平稳健康的治本之策。推动构建房地产发展新模式关键是要在理念、机制和实施中把握好方向、抓好重点。理念上要始终坚持房子是用来住的、不是用来炒的定位，完善"市场+保障"的住房供应体系，政府保障基本住房需求、市场满足多层次多样化住房需

求，建立租购并举的住房制度，努力让人民群众住上好房子。机制上要建立"人、房、地、钱"要素联动机制，完善房屋从开发建设到维护使用的全生命周期管理机制。实施上要规划建设保障性住房，推进"平急两用"公共基础设施建设、城中村改造，下力气建设"好房子"。住房发展，归根到底，还是要让人民群众住上好房子。当前，群众对改善类住房的需求日益多样化：有的想以小换大，有的想以旧换新，有的想环境配套更好，有的追求品质生活社区、绿色环保住宅、科技智能家居……作为住房产品的主要供给方，房地产企业要以市场为导向，创新研发多元化住宅产品，抓住机遇、转型发展、满足需求，谁能为群众建设好房子、提供好服务，谁就能有市场，谁就能有发展，谁就能有未来。

聚焦稳市场、防风险、促转型，坚定信心，尊重规律，坚持有什么问题就解决什么问题，促进房地产市场平稳健康发展。对于房地产市场，不能光看短期，还要看中长期。从我国城镇化发展进程看，从全国城镇住房存量的更新改造需求看，房地产仍有很大的潜力和空间。落实好《政府工作报告》部署，要在稳市场上下功夫，城市政府要因城施策用好调控自主权；要在防风险上下功夫，一视同仁支持不同所有制房地产企业的合理融资需求；要在促转型上下功夫，让人民群众能够安居乐业。习近平总书记指出，城市不仅要有高度，更要有温度，要让外来人口进得来、留得下、住得安、能成业。要牢记嘱托，一手抓配售型保障房建设，一手抓租赁型保障房供给，以"一张床、一间房、一套房"等多样化、多元化方式，着力解决新市民、青年人、进城务工人员等住房问题，这是"坚持发展为了人民、发展依靠人民、发展成果由人民共享"的重要体现。

治国有常，而利民为本。增强民生福祉是发展的根本目的。2024年是实现"十四五"规划目标任务的关键一年，要始终把实现好、维护好、发展好广大人民群众的根本利益作为住房城乡建设工作的出发点和落脚点，把人民满意作为评判工作的根本标尺，在发展中不断增进民生福祉，在中国式现代化的进程中不断增强人民群众的获得感、幸福感、安全感。

(《中国建设报》2024年3月13日2版)

政研观察 ——述评新征程住房和城乡建设高质量发展新实践

以住建担当为完成全年经济社会发展目标任务贡献力量

逄 瑞

2024年9月26日召开的中央政治局会议释放出努力完成全年经济社会发展目标任务的鲜明政策信号，对房地产工作作出重要决策部署。9月29日，住房和城乡建设部党组书记、部长倪虹主持召开党组会议，传达学习9月26日中央政治局会议精神，研究部署贯彻落实工作。

促进房地产市场止跌回稳，社会广泛关注。今年以来，在党中央、国务院的坚强领导下，住房和城乡建设部会同有关部门采取积极措施稳定市场。一方面，不断满足居民刚性和改善性住房需求。支持城市用好调控自主权，因城施策自主调整优化各类限制居民合理购房的措施，适时出台降低房贷首付比例和利率等一揽子政策措施。另一方面，持续防范化解房地产风险。建立健全城市房地产融资协调机制，通过项目"白名单"融资支持房地产项目建设交付。扎实推进保交房工作，组织打好396万套住房保交房攻坚战，统筹推进消化存量商品房和处置存量闲置土地等工作，保障购房人合法权益。在各方共同努力下，房地产市场出现积极变化。新建商品房销售面积自5月份以来已连续4个月同比降幅收窄，商品住宅现房销售在去年增长22.7%的基础上，今年1~8月份进一步增长21.0%。297个地级及以上城市均已建立房地产融资协调机制，商业银行已审批"白名单"项目超过5700个、审批通过融资金额达1.43万亿元。

住房和城乡建设部党组会议积极回应群众关切，彰显了行业主管部门稳定宏观经济大盘、促进房地产市场平稳健康发展的坚决态度和有力行动。会议强调，要深刻领会、深入贯彻党中央关于促进房地产市场止跌回稳的重要部署，指导各地有效落实存量政策，加力推动增量政策落地见效。会议部署的各项工作突出了住房城乡建设事业涉及面广、潜力巨大的特点，强化多领域政策协同，打出"组合拳"。

在房地产领域，会议强调，支持城市特别是一线城市用好房地产市场调控自主权，因城施策调整住房限购政策。要对商品房建设严控增量、优化存量、提高质量，发挥城市房地产融资协调机制作用，加大项目"白名单"贷款审批投放力度，满足房地产项目合理融资需求，打好商品住房项目保交房攻坚战。2024年9月29日晚间，上海、广州、深圳三个一线城市分别发布通知调减或取消住房限购政策，中国房地产业协会向全行业发出倡议，动员支持100个以上城市开展"百城商品房促销活动"，进一步提振了市场信心。

在城乡建设领域，会议强调，要积极实施城市更新行动，下力气建设绿色、低碳、智能、安全"好房子"，加快推进城中村、城市危旧房和城镇老旧小区改造，加强城市地下管线更新改造，完善城市基础设施和公共服务设施，不断改善人民群众居住条件和生活环境。

要切实把思想和行动统一到党中央对当前经济形势的科学判断上来，认真贯彻落实党中央决策部署，进一步增强做好经济工作的责任感和使命感，正视困难、坚定信心，充分释放住房城乡建设稳增长、扩内需巨大潜能，以夯实基础、深化改革为主线，全力促进房地产市场止跌回稳，持续推动建筑业工业化、智能化、绿色化转型升级，积极实施城市更新行动，系统推进好房子、好小区、好社区、好城区"四好"建设，努力为保障和改善民生办实事，为完成全年经济社会发展目标任务作出更大贡献。

（《中国建设报》微信公众号2024年9月30日）

坚持好运用好"六个坚持"重大原则
全力推动住房城乡建设领域改革落地见效

刘 爽

  党的二十届三中全会强调，进一步全面深化改革要总结和运用改革开放以来特别是新时代全面深化改革的宝贵经验，贯彻坚持党的全面领导、坚持以人民为中心、坚持守正创新、坚持以制度建设为主线、坚持全面依法治国、坚持系统观念等原则。"六个坚持"的重大原则体现了习近平总书记关于全面深化改革重要论述的核心要义，既是"过去我们为什么能够成功"的深刻总结，更是"未来我们怎样才能继续成功"的行动指南，对于进一步全面深化改革具有重大指导意义。

  坚持党的全面领导阐明了改革的根本保证。习近平总书记重要指示批示和党中央、国务院重大决策部署，就是我们的行动指南。要坚定拥护"两个确立"、坚决做到"两个维护"，发挥党总揽全局、协调各方的领导核心作用，把党的领导贯穿住房城乡建设领域改革各方面全过程，确保住房城乡建设事业始终沿着习近平总书记和党中央指引的正确道路阔步前行。

  坚持以人民为中心彰显了改革的价值取向。人民对美好生活的向往，就是住房城乡建设事业奋斗的目标。住房城乡建设关系民生福祉，要始终坚守为民初心，站稳人民立场，尊重人民主体地位和首创精神，集中力量解决住房城乡建设领域群众最关心、最直接、最现实的利益问题。以改革发展应民之所呼，做到改革为了人民、改革依靠人民、改革成果由人民共享，努力为人民创造更加美好、幸福的生活。

  坚持守正创新体现了改革的本质要求。站在新的历史起点上，必须坚持中国特色社会主义不动摇，紧跟时代步伐，顺应实践发展，突出问题导向，不断推进理论、实践、制度、文化及其他各方面创新。面对新形势新挑战，住房城乡建设全系统要发挥改革先锋的优良传统，与时俱进，勇担使命，既要保持道不变、志不改的强大定力，又要发挥敢创新、勇攻坚的锐气胆魄，不断推进住房与房地产、城乡建设和建筑业等各领域改革不断取得新突破。

坚持以制度建设为主线突出了改革的鲜明特点。制度建设是保障改革顺利推进和持续深化的基石。进一步全面深化改革必须注重制度建设，要准确把握住房城乡建设事业发展的阶段性特征，聚焦制约住房城乡建设事业高质量发展的突出矛盾和问题，坚持把解决重大体制机制问题放在突出位置。加强顶层设计、总体谋划，固根基、扬优势、补短板、强弱项，破立并举、先立后破，以制度创新引领改革持续向纵深推进，为住房城乡建设事业高质量发展持续注入强大动力。

坚持全面依法治国明确了改革的重要保障。加强法治建设是破解制度创新难题的重要途径，也是巩固重大改革成果的重要形式。要持续深入学习贯彻习近平法治思想，在完善住房城乡建设领域法律法规体系上下功夫，在严格规范公正文明执法上下功夫，在提升干部法律素养上下功夫，让法治思维和法治方式在解难题、促发展上发挥更大作用。实现改革和法治相统一，重大改革于法有据，及时把改革成果上升为法律制度，不断提高住房城乡建设系统法治水平。

坚持系统观念强调了改革的科学方法。住房城乡建设是一项系统性很强的工作，必须处理好当前和长远、战略和策略、需要和可能、效率和公平等重大关系，加强前瞻性思考、全局性谋划、战略性布局。要以夯实基础、深化改革为主线，以完善机制、体制、法治为重点，以让人民群众住上绿色、低碳、智能、安全的好房子为基点，系统推进好房子、好小区、好社区、好城区建设，协同高效推进住房城乡建设领域各项改革落地见效。

改革有破有立，得其法则事半功倍。进一步全面深化改革，必须深刻领会"六个坚持"重大原则的丰富内涵、精髓要义、实践要求，将其贯穿到住房城乡建设领域改革全过程各环节，当好贯彻落实党中央决策部署的执行者、行动派、实干家，以钉钉子精神把改革各项任务落到实处，推动住房城乡建设领域改革发展行稳致远，为以中国式现代化全面推进中华民族伟大复兴作出新的更大贡献。

(《中国建设报》2024年8月26日3版)

落实好三中全会关于深化金融体制改革的决策部署

何 山

金融领域改革是我国全面深化改革的重要组成部分。2024年7月18日，党的二十届三中全会通过了《中共中央关于进一步全面深化改革、推进中国式现代化的决定》，提出了"深化金融体制改革"的明确要求，作出了加快完善中央银行制度、健全投资和融资相协调的资本市场功能、制定金融法等重要工作部署，为推动金融高质量发展、加快建设金融强国指明了前进方向，明确了工作任务。

深刻把握金融工作的政治性、人民性。中国式现代化的本质是人的现代化，推进中国式现代化，需要适应社会主要矛盾变化，更好解决发展不平衡不充分问题。当前，人民对美好生活的向往已经从"有没有"转向"好不好"，呈现多样化、多层次、多方面的特点，对优质金融服务的需求日益增长。金融发展需要从规模速度优先转向质量效率优先，与经济社会发展相协调相适应，切实促进融资便利化，降低实体经济成本，提高资源配置效率。深化金融体制改革，必须始终坚持以人民为中心的价值取向，以市场需求为导向，创新精准有力的金融服务体系，优化资金供给结构，开发个性化、差异化、定制化金融产品，让兼具安全性、收益性、流动性的金融产品更多走进寻常百姓家，更好地满足人民群众和实体经济多样化的金融需求。在住房城乡建设领域，城市基础设施、保障性住房等都是微利甚至无利行业，资金回收期长，但社会效益好，事关人民群众切身利益，需要成本低、期限长的金融产品，需要金融机构提供规范透明、成本合理、期限匹配的融资服务。

持续提升金融服务实体经济质效。实体经济是金融的根基，服务实体经济是金融的天职。深化金融体制改革，需要持续提升金融服务实体经济的质效，建立健全金融服务实体经济的激励约束机制，打通金融服务实体经济的堵点难点，把金融资源真正聚集到高质量发展的战略方向上来，聚焦到服务新质生产力发展的需要上来，为实体经济发展提供更高质量、更有效率的金融服务，促进金融和实体经济良性循环。同时，必须把深化金融体制改革放在全面深化改革的全局中进行定位和谋划，对重大战略、重点领域、薄弱环节提供优质的金融服务，加强金融体制改革与财税、科技、产业、区域、社会等其他相关领域改革的协调衔接，使各领域改革紧密协同、相互促进。在住房城乡建设领域，当前我国房地产供求关系发生重大变化，正在加快构建房地产发展新模式，需要研究建立与房地产发展新模式相适应的金融制度，改革房地产开发融资方式，科学配置金融资源，以人定房，以房定地，以房定钱，促进金融与房地产良性循环。

壮大耐心资本赋能新质生产力。耐心资本是一种专注于长期投资的资本形式，不以追求短期收益为首要目标，对风险有较高承受力。当前，发展新质生产力是推动高质量发展的内在要求和重要着力点，也是推进中国式现代化的重大战略举措。耐心资本不仅是科技创新和产业创新的关键要素保障，也是发展新质生产力的重要条件和推动力，意义重大。深化金融体制改革，需要健全投资和融资相协调的资本市场功能，健全投资者保护机制，建立增强资本市场内在稳定性的长效机制，更好培育和引导耐心资本，为新质生产力注入"源头活水"。在住房城乡建设领域，当前建筑业、房地产业进入调整转型期，迫切需要通过质量变革、效率变革、动力变革，实现高质量发展，继续发挥对宏观经济的重要支柱作用。在新旧模式交替的转型期，需要金融发挥更大的作用，需要更多耐心资本的支持。

金融是国民经济的血脉，关系中国式现代化建设全局。党的十八大以来，在以习近平同志为核心的党中央坚强领导下，我国坚定不移走好中国特色金融发展之路，持续深化金融供给侧结构性改革，取得了重大成就。党的二十届三中全会对深化金融体制改革作出前瞻性、系统性的顶层设计，立意深远，思想深邃，逻辑严密，路径清晰。要深入学习领会党的二十届三中全会精神，准确把握关于深化金融体制改革的部署要求，坚持实体经济和金融一盘棋思想，统筹推进实体经济和金融高质量发展，为以中国式现代化全面推进强国建设、民族复兴伟业作出更大贡献。

（《中国建设报》微信公众号2024年8月30日）

政研观察——述评新征程住房和城乡建设高质量发展新实践

以创新为住建事业高质量发展注入不竭动力

牛伟蕊

"创新"一词在党的二十届三中全会审议通过的《中共中央关于进一步全面深化改革、推进中国式现代化的决定》中多次出现,是全会的高频词之一。党的二十大报告指出,要坚持创新在我国现代化建设全局中的核心地位。把握发展的时与势,有效应对前进道路上的重大挑战,提高发展的安全性,都需要把发展基点放在创新上。对住房城乡建设领域来说,积极开拓创新也是实现高质量发展的强大动力和必由之路。

开拓创新是住房城乡建设事业高质量发展的强大驱动力。技术进步、产业转型、制度完善都离不开创新。在科技创新方面,新一轮科技和产业革命带来发展机遇,要用科技进步提质量、保安全、增效益,持续巩固提升大跨度桥梁、高速铁路、特高压输变电、超高层结构等世界领先技术,集中攻关突破BIM三维图形引擎、参数化建模等"卡脖子"技术,大力推广应用房屋质量安全检查与整治提升、装配化装修、地下管网智慧检测等惠民实用技术,将科技创新转化为新产业、新模式、新动能,为住房城乡建设领域新质生产力注入源源动力。在产业创新方面,住房城乡建设领域拥有两大支柱产业,要以创新为支点推动深度转型升级,一是促进房地产市场平稳健康发展,以科技赋能"好房子"建设,实施居住服务提升行动,推动房地产业向高质量、新科技、好服务转变;二是因地制宜发展装配式建筑,深入推进智能建造城市试点工作,一体化发展绿色建材、绿色建造、绿色建筑,推动建筑业工业化、数字化、绿色化转型升级。在此基础上催生新材料、高端装备、生成式人工智能等战略性新兴产业和未来产业,建设住房城乡建设领域现代化产业体系。在制度创新方面,随着大规模增量建设转向存量提质改造和增量结构调整并重,住房城乡建设领域体制机制改革进入"立改废"的深水区,要以创新为突破口,以制度建设为主线,构建房地产发展新模式,改革完善房地产开发、交易、使用等基础性制度,加快推进房屋体检、房屋养老金、房屋保险三项制度建设;积极推进城市更新行动,建设宜居宜业美丽村镇,健全与新型城镇化和乡村全面振兴相适应的机制和模式;坚持为社会提供高品质建筑产品的初心,优化工程监理、造价、验收等制度,以改革创新为住房城乡建设事业高质量发展筑牢坚实保障。

全面创新需要住房城乡建设领域把握重点、统筹推进。一是以教育为基础。科技创新靠人才,人才培养靠教育。住房城乡建设领域要畅通教育、科技、人才的良性循环,一方面加强基础学科、新兴学科、交叉学科建设,培养既掌握建设工程实务又了解科技创新前沿的复合型人才;另一方面构建产教融合的职业教育体系,通过行业职业技能大赛等形式评选"武状元",培育现代化产业工人队伍,以高素质人才引领高质量发展。二是以自主为前提。住房城乡建设领域既要进一步强化已有的造楼机、盾构机等一批自主研发先进成果的优势地位,不断提升中国建造、中国制造的国际影响力,又要加强基础性研究和关键技术研发,深化应用自主可控的BIM、CIM技术,把科技的命脉牢牢掌握在自己手中。三是以企业为主体。企业是进行创新投入、开展创新活动、应用创新成果的中心,是推动住房城乡建设领域创新创造的生力军。一方面,政府要加强引导,推动要素畅通流动和资源高效配置,激发企业创新活力,营造统一开放、竞争有序的市场环境;另一方面,企业要找准定位,大型企业加大研发投入、汇聚创新资源、提升整体实力,逐步成为行业领军企业;中小企业瞄准细分领域积极开拓创新,向着专精特新"小巨人"企业迈进,共同推动住房城乡建设领域科技创新和产业创新融合发展。

(《中国建设报》微信公众号2024年11月11日)

做好融合发展大文章

谭 昕

融合发展是经济社会发展的重要规律之一。践行融合发展的理念，能更好地激发发展潜力，形成推动高质量发展的强大动力。在《中共中央关于进一步全面深化改革、推进中国式现代化的决定》（以下简称《决定》）中，"融合"一词多次出现，涉及7大板块，是全面深化改革、推进中国式现代化的重要举措。认识、理解"融合"的丰富内涵，对于我们学习领会并贯彻落实好党的二十届三中全会精神具有重要意义。

"和谐与共"实现共赢。面对发展的不平衡、不充分，通过多方联动、互补互促、协同发展的有效融合，能将单一作战变成齐头并进，促进"1+1=2"向"1+1>2"的量变，实现双方乃至多方的共赢。比如，《决定》第五部分提出要"加强国家重大战略深度融合"，增强国家战略宏观引导、统筹协调功能，充分发挥各类政策措施的集成效应。再如，《决定》第六部分"完善城乡融合发展体制机制"就是对城乡共赢发展的明确指引。新征程上，面对城乡发展不平衡和农村发展不充分的问题，城市和乡村应加强统筹，推动城乡融合发展，促进城乡要素平等交换、双向流动，缩小城乡差别，促进城乡共同繁荣发展。

"融中求新"支撑创新。创新引领发展，融合支撑创新。实现创新驱动发展，要激发"融中求新"的活力，培育新业态、新模式、新产业，塑造发展新动能、新优势，激发高质量发展的"一池春水"。《决定》中多处体现了融合对创新的支撑作用，比如，"健全促进实体经济和数字经济深度融合制度"，以建设现代化产业体系；"加快构建职普融通、产教融合的职业教育体系"，以切实提高人才质量，培养造就拔尖创新人才；"推动科技创新和产业创新融合发展"，以加强创新资源统筹和力量组织；"加强企业主导的产学研深度融合"，以强化企业科技创新主体地位；"探索文化和科技融合的有效机制"，以促进科技成果转化应用。要在相融相合中不断寻求新变革,推动创造性转化、创造性发展,实现从"跟跑者"到"并行者",再到"领跑者"的迭代成长。

"双向奔赴"促进发展。"融合"不是简单的"相加",而是要打破"你是你,我是我"的形态阻隔,促进各类要素平等交换、双向流动,实现"你中有我,我中有你"。《决定》中,"融合"体现在产业、要素、资源、文化等方方面面,比如,"推进生产性服务业融合发展"的产业融合、"健全文化和旅游深度融合发展体制机制"的要素融合、"健全新型基础设施融合利用机制""促进社会共治、医防协同、医防融合"的资源融合、"深化两岸融合发展"的文化融合等。"双向奔赴"的融合需要破除阻碍要素流动的体制机制障碍,让不同事物之间相互渗透、相互促进、相互包容,发挥叠加效应、聚合效应和倍增效应,为改革发展提供澎湃动力。

融合搭建了连接的桥梁,唤醒了发展的内生动力。新征程上,党的二十届三中全会擘画了进一步全面深化改革的蓝图,吹响了开辟中国式现代化广阔前景的时代号角,我们要继续奋进,用融合带动互鉴互促,用"动起来"带动"活起来",为推进中国式现代化添能蓄势!

(《中国建设报》微信公众号2024年9月2日)

从历史中汲取奋进智慧和力量

张 仲

九十余载风雨兼程,九十余载锐意拼搏。习近平总书记强调,重视历史、研究历史、借鉴历史,可以给人类带来很多了解昨天、把握今天、开创明天的智慧。为教育引导住房和城乡建设系统广大干部职工以史为镜、以史明志,努力从不懈奋斗的历史中、持续推进的事业中、为民服务的实践中,汲取前进的智慧和力量,切实做到知史爱党、知史爱国,2021年,住房和城乡建设部党组决定编纂《住房和城乡建设部简史》(以下简称《简史》)。历经三年,编纂工作圆满完成,由中国建筑工业出版社、中国城市出版社共同出版。这本《简史》作为一部专门史,兼具开创性和权威性,框架体系科学完整,文字内容精准生动,完整记录了在党领导下住房和城乡建设事业的辉煌历史,清晰刻画了从中华苏维埃共和国到新时代各个历史时期住房和城乡建设主管机构的发展脉络,生动书写了住房和城乡建设工作者艰苦奋斗、拼搏进取的光辉岁月。

筚路蓝缕创事业,踔厉奋发行不息。住房和城乡建设事业是党和国家事业发展恢宏历史华章中的重要组成部分。革命战争年代的漫天烽火中,住房和城乡建设事业艰辛起步,为根据地的革命事业和百姓生活提供必要的生产生活条件。中华人民共和国成立时的燃情岁月中,住房和城乡建设事业蓬勃向前,为百废待兴的中华大地奠定了重要的物质技术基础。改革开放的滚滚春潮里,住房和城乡建设事业如火如荼,在经济建设的快车道上刷新中国速度。党的十八大以来,在以习近平同志为核心的党中央坚强领导下,住房和城乡建设事业取得历史性成就、发生历史性变革,城乡居民住房条件明显改善,城市建设和治理水平不断提升,美丽宜居乡村建设深入推进,建筑业支柱产业作用持续增强,为全面建成小康社会、实现第一个百年奋斗目标贡献了住建力量。

几经机构变革,始终初心不改。住房和城乡建设事业主管机构的名称和部分职能历经多次变更调整，但不变的是对党、国家和人民的赤子之心。从革命战争年代的市政管理局和行政局，到新中国成立以后的中财委基建处、建筑工程部、国家建设委员会、国家基本建设委员会、城乡建设环境保护部、建设部，再到如今的住房和城乡建设部，住房和城乡建设事业系统始终高举旗帜牢记嘱托，坚持党的集中统一领导，践行党的根本宗旨；始终踔厉奋发勇担使命，服务国家战略部署，奋力谱写建设社会主义现代化国家住建篇章；始终不忘初心一心为民，永远同人民同呼吸、共命运、心连心，用心用情用力不断满足人民群众对美好生活的向往。

攀山越水寻常事，攻坚克难唯笃行。住房和城乡建设系统干部职工在党领导革命、建设和改革的伟大实践中赓续精神血脉，形成了光荣传统和优良作风。广大干部职工奋勇向前，无论在新中国成立初期的重大项目建设阶段、改革开放后城市建设发展阶段，还是在新时代城乡建设转型发展阶段，始终砥砺前行，坚定不移推动事业向前发展，为一域争光，为全局添彩。广大干部职工不畏艰险，在灾后重建、脱贫攻坚、抗击疫情等重大考验中，冲锋在前、勇扛重担、敢打硬仗，不负党和人民的殷切期待。广大干部职工追求卓越，以专业敬业的精神品格，推动城乡美美与共和人民住有所居，为人民群众创造美好的生活空间。

风好正是扬帆时，不待扬鞭自奋蹄。党的二十大科学谋划了未来一个时期党和国家事业发展的目标任务和大政方针，擘画了以中国式现代化全面推进中华民族伟大复兴的宏伟蓝图，作出加快建立多主体供给、多渠道保障、租购并举的住房制度，打造宜居、韧性、智慧城市，建设宜居宜业和美乡村等重大战略部署，为住房和城乡建设事业发展指明了前进方向。新时代新征程，住房和城乡建设系统广大干部职工要更加紧密地团结在以习近平同志为核心的党中央周围，深悟历史经验，增强历史主动，在牢记初心使命中服务民生，在推动高质量发展中担当作为，在建设世界建造强国中久久为功，在弘扬住建精神中善作善成，为全面建设社会主义现代化国家、全面推进中华民族伟大复兴而不懈奋斗！

（《中国建设报》2024年3月26日2版）

党纪学习教育"进行时"

李嘉珣

为深入学习贯彻习近平总书记关于党纪学习教育的重要指示批示精神和新修订的《中国共产党纪律处分条例》(以下简称《条例》),按照中共中央办公厅《关于在全党开展党纪学习教育的通知》要求,住房和城乡建设部日前召开会议,对部党纪学习教育工作进行动员部署。

谋定而后动,知止而有得。在全党开展党纪学习教育,是党中央作出的重大决策部署,是加强党的纪律建设、推动全面从严治党向纵深发展的重要举措。住房和城乡建设事业是党和国家事业的重要组成部分。要牢记肩负的重大政治责任,以高度的思想自觉、政治自觉、行动自觉组织开展好党纪学习教育;以纪律建设内容上的全涵盖、对象上的全覆盖、责任上的全链条、制度上的全贯通,推动住房和城乡建设领域全面从严治党不断取得新进展、新成效;以对纪律规矩的准确把握促进更好担当作为,在构建房地产发展新模式、推进城市更新行动等重点任务中知重负重、履职尽责,当好贯彻落实党中央决策部署的执行者、行动派、实干家。

天下大事,必作于细。党纪是规范党员言行的标尺,心中标尺不清、刻度不明,行动就难以得到校准。党纪学习要坚持原原本本学、逐章逐条学、联系实际学,真正做到入脑入心。要坚持个人自学与集中学习相结合,采取理论学习中心组学习、举办读书班等形式,逐条学习《条例》,紧扣党的政治纪律、组织纪律、廉洁纪律、群众纪律、工作纪律、生活纪律,把明确言行的衡量标尺印刻于心,不断用党规党纪校正思想和行动,内化于心、外化于行,真正使党纪学习教育的过程成为增强纪律意识、提高党性修养的过程。党纪学习要抓好以案促学,运用一些党员领导干部违纪违法受到惩处的典型案例,特别是有重大社会影响的腐败案件,采取以案说纪方式,深入开展警示教育,让党员干部受警醒、明底线、知敬畏。

何妨云影杂,榜样自天成。党的纪律带有强制性,又必须建立在党员干部的自觉性上，在党纪学习教育的同时要培养"自觉的纪律"。党纪学习要自觉。党员领导干部要带头学习、作出表率，广大党员干部要充分发挥主观能动性，共同努力，推动高质量完成党纪学习教育任务。要把开展党纪学习教育同落实党中央重大决策部署、完成全国住房城乡建设工作会议部署的四大板块18个方面重点工作紧密结合起来，使党纪学习教育成为推动工作的有效举措。遵规守纪要自觉。纪律是管党治党的"戒尺"，也是党员干部约束自身行为的标准和遵循。要在增强纪律意识上下更大功夫，常敲思想警钟、常紧纪律之弦、常存敬畏之心，不断提高政治判断力、政治领悟力、政治执行力，慎独、慎微、慎初，发挥信仰信念对不敢腐、不能腐、不想腐一体推进的引领作用，推动他律向自律转化、自律向自觉升华。

长风破浪会有时，直挂云帆济沧海。党纪学习教育不是一时一事的要求，是一项要在全党普遍开展的基础性工作，需要"久久为功、日日做功，方能成事"。要坚持融入日常、抓在经常、持之以恒、持续推进，守牢党纪党规的底线，为推动住房和城乡建设事业高质量发展提供坚强纪律保障。

（《中国建设报》2024年5月17日4版）

住房和房地产篇
——让人民群众住上更好的房子

住房问题既是民生问题也是发展问题，关系千家万户切身利益，关系人民安居乐业，关系经济社会发展全局，关系社会和谐稳定。

构建房地产发展新模式，在理念上，深刻领会"房子是用来住的、不是用来炒的"定位，建设适应人民群众新期待的好房子；在体系上，以政府为主满足刚性住房需求，以市场为主满足多样化改善性住房需求；在制度上，改革完善房地产开发、交易和使用制度，为房地产转型发展夯实制度基础；在要素配置上，建立"人、房、地、钱"要素联动新机制。

政研观察 ——述评新征程住房和城乡建设高质量发展新实践

扎实做好住房和房地产工作

高 恒

住房和房地产一头连着民生、一头连着发展，关系人民群众切身利益，关系经济社会发展全局，地位和作用十分重要。做好住房和房地产工作，对助力百姓安居乐业、畅通国民经济循环、防范金融风险、增强人民群众获得感幸福感安全感等具有重大意义。2023年12月21日至22日召开的全国住房城乡建设工作会议上，倪虹部长系统总结了2023年住房和房地产工作取得的积极成效，深入阐释了新时代新征程住房和房地产工作面临的形势和要求，明确部署了2024年住房和房地产工作的重点任务，为下一步做好住房和房地产工作明确了目标、指明了路径。

坚持以人民为中心，更好满足居民刚性和改善性住房需求。"民之所忧，我必念之；民之所盼，我必行之"。自古至今，有房住、住好房是人民群众对美好生活最朴素的向往。要切实践行党的初心使命，坚持以人民为中心，将人民群众的安居梦作为住房和房地产工作的出发点和落脚点，努力实现"人人有房住、房子有人住、人人住好房"。一方面，着力保障工薪群体刚性住房需求。实施好保障性住房建设、"平急两用"公共基础设施建设、城中村改造"三大工程"，继续筹建保障性租赁住房、公租房，推动企业和园区建宿舍，支持提取住房公积金租房安居，让新市民、青年人、进城务工人员等进得来、留得下、住得安、能成业，能够放开手脚为美好生活而奋斗。另一方面，努力满足城乡居民多样化改善性住房需求。坚持因城施策、一城一策、精准施策，优化房地产政策，多措并举满足居民合理住房需求。下力气建设好房子，以绿色、健康、智能、安全为核心指标，制定好房子标准，推动形成好房子建设的政策体系、技术体系、产业体系，建设让老百姓住得安心、放心、舒心的好房子。

坚持以安全为底线，积极稳妥化解房地产风险。"安而不忘危，存而不忘亡，治而不忘乱"。增强忧患意识，做到居安思危，是我们党始终坚持的一个重大原则。要坚持底线思维，统筹发展与安全，全力做好住房和房地产各项工作，牢牢守住不发生系统性风险的底线，以高水平安全保障高质量发展。项目层面，防范化解项目交付违约风险。持续抓好保交楼保民生保稳定工作，给购房人吃下"定心丸"；加强预售资金监管，防止出现新的交付风险。企业层面，稳妥处置房企风险。一视同仁满足不同所有制房企合理融资需求，对资可抵债、暂时资金链紧张的房企，支持恢复正常经营；对资不抵债、失去经营能力的房企，按照法治化、市场化原则出清。市场层面，重拳整治房地产市场秩序。重点纠治房地产开发、交易、中介、物业等方面乱象，切实维护人民群众合法权益，让他们放心购房、放心租房。

坚持以改革为动力，加快构建房地产发展新模式。"明者因时而变，知者随事而制"。全面深化改革是新时代中国的显著标识，也是新时代中国发展进步的根本动力。要秉承改革只有进行时、没有完成时的信念，以历史主动精神和政治责任担当，坚定不移推进全面深化改革。在住房和房地产领域，深刻领会我国房地产市场供求关系发生重大变化的新形势，加快构建房地产发展新模式，是破解房地产发展难题、促进房地产市场平稳健康发展的治本之策。一是建立"人、房、地、钱"要素联动新机制，从要素资源科学配置入手，以人定房，以房定地、以房定钱。二是完善房屋从开发建设到维护使用的全生命周期基础性制度，推动商品房开发方式、融资方式、销售方式转型，建立房屋体检、养老金、保险等制度。

住房和房地产工作事关千家万户，是民生之要。"浩渺行无极，扬帆但信风"。全国住房城乡建设会议的胜利召开，标志着住房城乡建设事业新一年的征程开始扬帆，新一度的航行开始起锚。要全面贯彻落实全国住房城乡建设工作会议精神，把握过去一年住房和房地产工作取得的成绩，领悟会议提出的住房和房地产工作高质量发展目标，扎实推进会议部署的住房和房地产板块重点工作任务，在新时代新征程上更加奋发有为推动住房和房地产高质量发展取得新进展、新突破、新成效。

（《中国建设报》2024年1月12日2版）

落实好三中全会决策部署
加快构建房地产发展新模式

逄 瑞

万里山河起宏图，东方风来满目新。党的二十届三中全会通过了《中共中央关于进一步全面深化改革、推进中国式现代化的决定》（以下简称《决定》），科学谋划了围绕中国式现代化进一步全面深化改革的总体部署。《决定》强调，"加快建立租购并举的住房制度，加快构建房地产发展新模式"，为房地产发展在新旧模式转换之际作出了顶层设计，为更好推动房地产高质量发展绘就了改革蓝图，为在新征程上实现全体人民更高水平的住有所居奠定了坚实基础。

构建房地产发展新模式，要把握好目标和问题、增量和存量、短期和长期的关系。

目标导向和问题导向相结合。我国房地产市场供求关系已经发生重大变化，住房供需总量基本平衡，但房地产市场区域分化突出，大城市新市民、青年人和工薪阶层的住房需求未得到有效满足，住房发展的主要矛盾从总量短缺转为结构性供给不足，住房发展的主要目标从增加供给转为优化结构、提升质量，亟须锚定新目标、围绕解决新问题，构建房地产发展新模式。

增量优化和存量提质相协调。当前人民群众的住房需求从"有没有"转为"好不好"，改善性住房需求增加，老百姓提升居住品质的愿望更为强烈，对房屋的安全性、健康性、适老性等都提出了更高的要求。但市场上高品质的住宅产品和服务供给相对不足，存量住房的安全管理和品质提升还不够完善，需要增存并重同时发力，构建新的房地产发展模式，将人民群众对美好居住生活的向往变成现实。

短期防风险和长远促转型相统筹。在房地产快速上涨时期，由于资本无序扩张，房地产企业形成了"高负债、高杠杆、高周转"的开发融资方式，积聚了大量风险，传统发展模式已难以为继。要牢牢守住不发生系统性风险的底线，解决好当前房地产市场的突出问题,为中长期构建新模式打好基础。

如何构建新模式?《决定》从三个方面明晰了改革的路径和重点。

在供给方面,形成从租到购、从保障到市场、从刚需到改善的梯级化、多样化的供应体系。建立租购并举的住房制度,继续大力支持住房租赁发展。加快完善住房供应体系,加大保障性住房建设和供给,以政府为主满足工薪群体刚性住房需求,解决好大城市新市民、青年人、外来务工人员等群体住房困难问题;以市场为主满足多样化改善性住房需求,增加高品质住房供给,下大力气建设"好房子"。

在调控方面,继续坚持因城施策,促进房地产市场平稳健康发展。房地产是以城市为单元的区域性市场。城市政府要进一步用好已经充分赋予的调控自主权,因城施策、精准施策、一城一策,统筹好消化存量房产和优化增量住房的相关政策,有效激发潜在需求;以住房发展规划和年度计划为抓手,建立"人、房、地、钱"要素联动的新机制,以人定房,以房定地,以房定钱。

在制度方面,改革完善基础性制度体系,与新模式转型要求相适应。一定的发展目标,产生相应的基础性制度,形成一定的发展模式。面对新形势新任务,房地产基础性制度要从服务于增量扩张转为服务于存量提质,改革房地产融资、销售、土地、税收等制度,有力有序推进现房销售,研究建立房屋体检、房屋养老金、房屋保险等制度,形成房屋安全长效机制。

潮头登高再击桨,无边胜景在前头。要切实把思想和行动统一到党中央关于进一步全面深化改革的决策部署上来,以促进社会公平正义、增进人民福祉为出发点和落脚点,坚持稳中求进、先立后破,顺应房地产市场供求关系的新变化、人民群众对优质住房的新期待,用改革的办法解决房地产转型调整中的问题,加快构建房地产发展新模式,以房地产高质量发展支撑中国式现代化宏伟事业不断推向前进。

(《中国建设报》2024年8月26日3版)

着力构建房地产发展新模式

单 爽

党中央、国务院高度重视房地产市场平稳健康发展。2021年，中央经济工作会议提出房地产业要"探索新的发展模式"以来，中共中央政治局会议、国务院常务会议等重要会议上多次提及房地产发展新模式。2023年10月召开的中央金融工作会议再次明确"构建房地产发展新模式"。构建房地产发展新模式，是破解房地产发展难题、促进房地产市场平稳健康发展的治本之策。近日，住房和城乡建设部主要负责同志在接受中央媒体专访时，系统阐述了构建我国房地产发展新模式的背景、内涵和路径。

构建房地产发展新模式是保持我国房地产市场平稳健康发展的必然选择。近期，随着认房不认贷、居民换购住房、个人所得税优惠延期、降低首付比例和利率等政策措施出台，地方政府切实落实城市主体责任因城施策，政策的积极效果逐渐显现。但必须看到，我国房地产市场供求关系已发生重大变化，住房总量短缺问题已基本解决，部分城市房地产进入存量时代，住房需求已经从"有没有"转为"好不好"。在此背景下，过去许多房企为追求增量与速度，采取的"高负债、高杠杆、高周转"的传统发展模式已不具备可持续性。

坚持"房住不炒"理念构建房地产发展新模式。坚持以人民为中心是新时代坚持和发展中国特色社会主义基本方略的重要内容，坚持"房子是用来住的、不是用来炒的"定位，是坚持以人民为中心发展理念的必然要求和具体体现。构建房地产发展新模式，必须坚持这一重要定位，以满足刚性和改善性住房需求为重点，努力让人民群众住上好房子。一要建立"人、房、地、钱"要素联动的新机制，从要素资源科学配置入手，以人定房，以房定地，以房定钱，形成着眼于中长期动态供求平衡的内在机制。二要建立房屋从开发建设到维护使用的全生命周期管理机制，包括优化开发方式、融资方式、销售方式，建立房屋体检、房屋养老金、房屋保险等制度。三要通过推动实施保障性住房等"三大工程",持续改善群众住房条件,特别是加快解决新市民、青年人住房问题,助其放开手脚为美好生活奋斗。四要落实中央金融工作会议精神,一视同仁满足不同所有制房地产企业合理融资需求,促进金融与房地产良性循环。

"三大工程"不但是房地产发展新模式的重要组成部分,更为新模式的构建提供了坚实支撑。"罗马不是一天建成的",当前我国房地产市场仍处在转型期,新模式的构建不会一蹴而就。保障性住房等"三大工程"的实施,不但可以帮助房地产开发企业开辟新的业务赛道、实现转型升级,也有利于让商品住房回归商品属性,促进稳预期和稳市场,有利于加快建立政府保障基本需求、市场满足多层次住房需求的住房供给体系。

"大道至简,实干为要"。当前,我国房地产发展新模式的图景日益清晰,但任重而道远。我们要坚决贯彻落实党中央、国务院决策部署,从树立理念、建立机制、提高品质、夯实路径等方面持续用力,加快构建房地产发展新模式,推动房地产平稳健康和高质量发展,助力百姓安居宜居。

(《中国建设报》2023年11月27日2版)

政研观察 —— 述评新征程住房和城乡建设高质量发展新实践

推动住房和房地产高质量发展
让人民群众住上更好的房子

逄 瑞

中国式现代化,民生为大。住房是民生之要,推动住房和房地产高质量发展,是进一步全面深化改革、推进中国式现代化的题中应有之义。2024年8月23日,在国务院新闻办公室"推动高质量发展"系列主题新闻发布会上,住房和城乡建设部介绍了住房和房地产高质量发展的有关情况。党的十八大以来,在以习近平同志为核心的党中央坚强领导下,住房和城乡建设部持续优化房地产政策,完善住房保障体系,努力让全体人民住有所居。截至2023年年底,我国城镇人均住房建筑面积超过40平方米,累计建设各类保障性住房和棚改安置住房6400多万套,1.5亿多群众喜圆安居梦,低保、低收入住房困难家庭基本实现应保尽保。

加快构建房地产发展新模式,是在新型城镇化发展趋势和房地产市场供求关系新变化的大背景下,防范化解房地产风险、实现房地产高质量发展的治本之策。住房和城乡建设部会同有关部门围绕这一改革主线不断探索实践,完善住房供应体系,重点增加保障性住房建设和供给;部署各地以编制实施住房发展规划和年度住房发展计划为抓手,建立"人、房、地、钱"要素联动机制;探索商品房销售制度改革,指导地方有力有序推进新的房地产开发项目实行现房销售;建立城市房地产融资协调机制,推动房地产开发企业融资从依赖主体信用向基于项目情况转变;开展房屋体检、房屋养老金、房屋保险制度试点,构建全生命周期房屋安全管理长效机制;立标准、抓样板,建设绿色、低碳、智能、安全的"好房子"。

打好城市商品住房项目保交房攻坚战,既保障民生,维护购房人合法权益,也稳定预期,防范化解房地产风险。2024年5月17日,全国切实做好保交房工作视频会议召开以来,住房和城乡建设部会同有关部门锁定了今年年底前按合同约定应交付的396万套住房,建立全国保交房信息系统,将工作目标落实到户、落实到购房人；出台系列支持政策，指导省市制定实施方案，明确交付计划，"一项目一方案一专班一银行一审计一法官"分类处置；国家、省、市三级房地产融资协调机制联动，推动5300多个符合条件的项目获得商业银行审批通过进入"白名单"，审批贷款金额近1.4万亿元；指导各地加强工程质量监管，努力实现保交房项目不动产权证"应发尽发"，确保将房子按时保质交到购房人手中。

加大保障性住房建设和供给，以政府为主满足刚性住房需求，以市场为主满足多样化改善性住房需求。住房和城乡建设部会同有关部门指导各地抓规划编制、抓制度完善、抓项目建设、抓"好房子"样板，坚持尽力而为、量力而行，坚持以需定建、以需定购，加快配售型保障性住房建设，解决工薪收入群体住房困难，加大配租型保障性住房供给，以"一张床、一间房、一套房"等多元化方式解决好新市民、青年人群体住房问题，打造高质量的政府工程、民心工程。今年前7个月，全国保障性住房和城中村改造安置住房已经开工和筹集235万套（间），完成投资4400多亿元。

大道如砥，初心如磐。党的二十届三中全会把"加快建立租购并举的住房制度，加快构建房地产发展新模式"作为健全保障和改善民生制度体系的关键任务。住房城乡建设系统要深入学习贯彻党的二十大和二十届二中、三中全会精神，坚持人民至上，坚守为民初心，按照中央的要求、人民的需求、行业的追求，牢牢抓住让人民群众安居这个基点，以改革促制度创新、以改革促新模式构建、以改革促产业发展，不断满足人民对美好生活的向往，推动住房和房地产高质量发展再上层楼、再立新功，为中国式现代化作出更大贡献！

（《中国建设报》2024年9月13日4版）

政研观察——述评新征程住房和城乡建设高质量发展新实践

建设适应人民群众新期待的"好房子"

金 天

工程质量事关人民群众生命财产安全，事关城市未来和传承，事关新型城镇化发展水平。2024年9月是全国第47个"质量月"，近期，2024年全国住房城乡建设系统"质量月"启动暨现场观摩活动在四川省成都市举办。本次活动以"回应群众新期待，建设品质好住宅"为主题，通过项目实体观摩、推广交流先进经验等方式展示工程质量创新成果，推动住宅品质全面提升，为建设适应人民群众新期待的"好房子"提供有益借鉴。

提站位、聚共识，让人民群众住上更好的房子。建设适应人民群众新期待的"好房子"是贯彻中央要求、满足人民安居需求和实现行业高质量发展追求的生动实践。安居的基础就是"好房子"。截至2023年年底，我国城镇人均住房建筑面积超过40平方米，住房发展从"有没有"转向"好不好"的新阶段，人民群众对住房的功能、质量、服务有了新期待。"好房子"关系民生福祉，关系人民群众获得感、幸福感、安全感的提升。要引导房地产业和建筑业转向追求高质量、新科技、好服务，实现转型发展，为全社会提供高质量的建筑产品。

攻难点、抓落实，系统治理住宅质量多发问题。倪虹部长在出席国务院新闻办公室"推动高质量发展"系列主题新闻发布会时指出，房屋隔声差、卫生间串味儿、渗漏和开裂是人民群众对住房建设质量反映强烈的前三个问题。建设"好房子"就是要系统治理此类问题，建造新型好房子、改造装修老房子，在住房领域创造一个新赛道。要推行动，深入开展住宅质量通病整治专项行动，明确整治标准和内容，推广成熟适用的工艺工法，完善从源头防控到后期维护的全方位保障体系；要抓样板，选择有能力的重点企业或城市分别拿出一个小区建造好房子样板；要建制度，聚焦绿色、低碳、智能、安全，推动形成好房子建设的政策体系、技术体系、产业体系；要强科技，将新一代的信息技术、绿色低碳技术、新型的建造技术等新技术，以及新产品、新材料、新工艺应用到老房子改造和新房子建设中去。

夯基础、促改革，不断健全与高质量发展相适应的工程质量保障体系。"好房子"建设是一项系统工程，需着力破解体制机制障碍，持续完善工程质量保障体系，不断提升建筑工程品质水平，努力实现"人人有房住、房子有人住、人人住好房"的目标。一是落实建筑活动各方主体责任和政府监管责任；二是改革完善建设工程招标投标、工程监理、工程造价、竣工验收等一揽子基础性制度，推进建筑业转型升级；三是完善"好房子"建设标准体系，健全设计、材料、建造、设备以及无障碍、适老化、智能化等标准；四是强化科技赋能，着力推动新材料的研发应用，推广绿色建造、智能建造等新型的建造方式。

人民有所呼、改革有所应。住房城乡建设工作直接连着人民群众的利益和福祉，老百姓关心什么、期盼什么，改革就要抓住什么、推进什么。要切实把建设适应人民群众新期待的"好房子"落到实处，为人民群众办实事、办好事，努力为人民创造更美好、更幸福的生活。

（《中国建设报》微信公众号2024年9月29日）

> 政研观察 ——述评新征程住房和城乡建设高质量发展新实践

以"好设计"为引领　大力提升"好房子"建设水平

赵安然

　　安居乐业是人民幸福最重要的表现形式。前不久召开的全国住房城乡建设工作会议提出，践行党的初心使命，牢牢抓住让人民群众安居这个基点，以好房子为基础，推动好房子、好小区、好社区、好城区"四好"建设。近日，勘察设计行业科技创新大会暨全国"好房子"设计大赛成果发布会在京召开，大赛设置两个赛题，分别以位于北京、南京的两个居住小区项目为设计基础，得到了行业的广泛关注和积极响应，共276个设计单位提交了384个参赛作品，其中120个作品获奖。这次大赛以"新设计、新住宅、新生活"为主题，通过"真题、真赛、真建"的新方式为好房子建设打造优质样板，为引导激励专业人员为人民群众设计、建造好房子，提供了有益借鉴。

　　好房子旨在满足人民对美好生活的向往。随着居民住房需求从"有没有"转向"好不好"，安全、舒适、智慧、绿色、健康等成为好房子建设的重要方面。设计者们秉承"为人民而设计"的理念，把握工程与人性、现实与理想、传统与当下、发展与乡愁之间的动态平衡，将"国之大者、民之所愿"作为前进的动力，用优秀的设计作品书写了为民情怀和创作热情。获奖项目立足精准分析，深入了解不同群体居住需求，通过创新设计致力于为居民打造生活便利、协调美观、环境宜居、低碳环保、隔声降噪的高品质居住空间，热烈回应了人民群众的殷切期盼。

　　好房子以提升设计水平、强化科技赋能为支撑。设计是好房子建设的灵魂，是科技成果转化为生产力的纽带，而科技创新是实现高质量发展的必由之路。本次大会将"科技创新"和"好房子"设计融于一体，展出的获奖项目在设计和科技应用层面各显特色，从环境、配套、户型、品质、外观、性能和管理维护等多维度着力满足居住者需求。如"绿洲公社"项目单体运用SI工法、工业内装、智慧家居等技术体系，打造好房子基本模型；"相适·相望"项目针对夫妻、多孩、老人等不同家庭设计差异化的产品类型，创造了灵活可变的生活空间；"生活协奏曲——未来理想社区"项目采用封闭阳台、电动封闭百叶、隔声玻璃等多种技术手段消除噪声影响。新时期，要以建造方式变革促进好房子建设，突破推广一批建设好房子的关键技术，让每一平方米设计都要用得好、见水平。

好房子以构建标准体系、破解体制机制难题为保障。建设好房子是一个系统工程，要认真研究解决影响好设计落地的体制机制问题，完善标准规范。一是以绿色、低碳、智能、安全为核心指标，制定好房子标准。二是在设计、选料、施工到验收的各环节落实相关主体责任。三是秉持全生命周期理念，试点建立房屋体检、养老金、保险三项制度，取得实质性进展。四是推动形成好房子建设的政策体系、技术体系、产业体系，为好房子建设保驾护航。

新时代，高质量发展成为住房和城乡建设事业发展的主旋律，我们要坚持创新引领，像汽车行业打造电动汽车一样，在住房领域创造一个新赛道，以大赛为契机，大力提升好房子设计水平，推动设计成果落地实施，建成一批好房子示范项目，带动建设越来越多的好房子，不断满足人民对美好生活的向往。

(《中国建设报》2024年2月8日2版)

加快建设安全、舒适、绿色、智慧的好房子

牛伟蕊

2024年11月18日，中共中央政治局常委、国务院总理李强参观调研中国建筑科技展，察看"房—车—网"融合绿色智能住宅产品样板房、北京桦皮厂胡同8号"原拆原建"模块化好房子等展示，听取搬运机器人、空中造楼机等新技术新应用介绍，提出着力推进好房子建设，为更好构建房地产发展新模式、打造中国建造升级版、实施城市更新行动、为人民群众创造更高品质生活空间指明了方向、提出了重要要求。

满足多元居住需求，以好房子支撑新模式。建设适应人民群众新期待的好房子是构建房地产发展新模式的重要内容。李强总理强调，着力建设安全、舒适、绿色、智慧的好房子，推动构建房地产发展新模式。首先，好房子建设要以提升居民居住品质和幸福感为导向，其共性特征是结构牢固、设备安全、室内环境健康舒适、建造使用节能环保、家居家电智能可感，让居民住得舒心、用得方便。要牢牢抓住让人民群众安居这个基点，从功能、质量、体验等方面出发，将新技术、新产品、新材料、新工艺应用到房屋建设中，引导房地产业和建筑业向追求高质量、新科技、好服务转变。同时，好房子又非千篇一律，不同时代、不同面积、不同价位都对应着不同的好房子，不同居住习惯、不同年龄阶段、不同经济能力的居民心中对好房子也有不同定义。要充分考虑不同群体需求，完善"市场+保障"的住房供应体系，以政府为主满足刚性住房需求，在保障性住房中打造好房子示范样板；以市场为主满足多样化改善性住房需求，建设面向各类人群、惠及广大群众的好房子。

科技赋能中国建造，把新房子建成好房子。好房子是高品质建筑产品的重要体现，是打造中国建造升级版的重要任务。李强总理指出，要大力推进科技创新，在绿色化、智能化、工业化转型上下更大功夫，全面提升设计、建造和维护水平。一

要促进新一代信息技术与建筑业深度融合。加强人工智能、大数据、物联网等技术在建筑全生命周期的应用，深化应用自主可控BIM技术，驱动数字设计、智能施工、智慧运维，让好房子建设更高效。二要加快节能降碳先进技术研发推广。大力发展绿色建材，加强超低能耗建筑构配件、高效节能低碳设备系统、光伏建筑一体化等关键技术研究，发展低碳、零碳建筑等新产品，让好房子建设更环保。三要推动建造技术和设备革新。推广隔声降噪、防水防裂等惠民实用技术，应用建筑机器人、空中造楼机等高端施工装备，在统筹考虑主体结构、围护墙和内隔墙、装修和设备管线装配水平的基础上发展装配式建筑，让好房子建设更精益。

释放城市更新潜力，将老房子变成好房子。既有建筑改造是城市更新的重要组成部分，把老房子改成好房子有着巨大的现实需求和消费潜力。李强总理表示，要把改善民生和扩大内需结合起来，加大好房子建设政策支持力度，抓好城镇老旧小区、城中村和危旧房改造，改善人居环境。一是先体检、后更新。房子像人一样也会变老、生病，需要通过体检来查病灶、找病因，才能做到"对症下药"。要建立房屋体检制度，聚焦群众关注的急难愁盼问题，从安全耐久、功能完备、绿色智能等方面对住房进行全方位、多维度体检，摸清安全隐患、查找问题短板，为好房子建设奠定基础。二是抓改造、提品质。在实施城市更新行动过程中，将好房子作为"四好"建设的起点和原点，积极发挥群众主体作用，稳步推动老旧小区改造、完整社区建设，从室外公共空间的更新改造向室内改造和品质提升延伸，鼓励引导居民根据自身条件和实际需求，自主改善居住条件，以居住品质提升来增强人民群众的获得感、幸福感、安全感。

安居宜居是民生之本，为人民群众打造好房子是住房城乡建设领域深化改革、高质量发展的重要举措。要以此为目标和牵引，加快构建房地产发展新模式，打造中国建造升级版，稳步实施城市更新行动，在不断满足人民群众对美好生活向往的过程中，为强国建设、民族复兴伟业作出新的更大贡献。

（《中国建设报》微信公众号2024年11月20日）

严把验收关，助建好房子

马宇佳

提高住宅工程质量关乎人民群众的利益和福祉，是推动高质量发展、为人民群众创造高品质生活的必然要求。近日，北京市住房和城乡建设委员会印发了《北京市住宅工程质量分户验收和业主查验管理办法（试行）》（以下简称《办法》），明确要求在住宅工程验收前加强分户验收并试行业主查验，将新房验收、交付纠纷问题前置并推动解决。《办法》旨在进一步加强住宅工程质量管理，压实工程参建各方主体责任，提高住宅工程质量总体水平，有助于提升群众的幸福感、安全感和满意度。

建立健全验收查验制度，维护群众合法权益。近年来，一些新建住宅工程出现验收、交付之际购房者群访群诉现象，交付即维权事件时有发生。新建住宅工程质量管理模式仍需完善，制定出台《办法》正是有益探索。一方面，买卖双方在专业知识、对房屋了解及责任承担等方面信息不对称，购房者在交房时面临常见质量缺陷、货不对板和以次充好等风险。另一方面，住宅工程质量分户验收不严谨不细致，容易出现整体工程质量合格，但单户质量不过关现象。迫切需要完善住宅工程质量验收模式，更好保障人民群众的合法权益。

试点业主查验，构建共治共享新体系。《办法》坚持问题导向，以提升住宅工程质量为重点，首次针对性推行住宅工程竣工验收前业主查验制度，引导购房者有序参与验收关口把控，通过问题"登记—整改—反馈"闭环管理，实现交付"好房子"。一是未诉先办，让业主提前给房屋质量"阅卷"。业主查验制度将质量管理关口前移至竣工验收前，建设单位能依据查验成果，建立问题台账，集中力量及时整改。二是督促工程参建各方强化源头管控。业主查验制度督促和推动各方重视工程质量，细化工作流程，堵好漏洞，加强施工过程管控，切实落实主体责任，严格合同履约。这一制度创新试图构建建设单位开门搞建设、业主深度参与的共治模式，有效推动问题化解，提升住宅品质。

完善分户验收，倒逼精耕细作新模式。《办法》强化四项要求支撑分户验收做实做细。一是明确细化分户验收分项、指标，主体结构分户验收涵盖现浇混凝土结构和砌体结构的结构外观、尺寸偏差等15项技术指标，住宅质量分户验收涵盖业主专用户内及相关公共部位，依据合同约定的交付标准，包含22个具体分项。二是质量分户验收可追溯。分户验收综合运用观感目测、实体测量、功能性检测等方法手段，逐户、逐间进行验收并留存影像资料。三是引进独立有资质的第三方机构对质量分户验收成果进行比对复核，提高验收可靠性。四是对分户验收违规行为加大查处力度。对于不符合要求的，责令重新组织分户验收，并实行提级管理，由工程建设、设计、施工、监理单位上级负责人驻点督导；针对违规行为，对责任单位进行信用计分处理。

利民之事，丝发必兴。住房乃民生之要。要始终坚持以人民为中心的发展思想，充分认识提高住宅工程质量的重要意义，通过制度创新、管理创新、技术创新不断完善工程质量保障体系，保障新房交付质量，维护购房者合法权益，全力为人民群众提供住得放心、住得舒适的好房子，用实际行动不断书写增进民生福祉、提高人民生活品质的答卷。

(《中国建设报》2024年7月22日2版)

政研观察——述评新征程住房和城乡建设高质量发展新实践

"住""城"交融,共创美好生活

钟洁颖

近日,第21届中国国际住宅产业暨建筑工业化产品与设备博览会(以下简称"住博会")和第22届中国国际城市建设博览会(以下简称"城博会")在北京举办。本届住博会以"好房子 好生活 新科技 新动能"为主题,聚焦好房子设计、建造、使用、服务等环节,展示国内外住宅设计建造的先进技术、产品和设备;本届城博会以"人民城市 幸福家园"为主题,宣介各地以"城市更新"为抓手,打造宜居、韧性、智慧城市的新理念、新模式、新技术。这是一场"展示成就、交流经验、共话未来"的行业盛会,吸引了行业主管部门、有关协(学)会和众多企事业单位参与,得到了社会的广泛关注和积极响应。

新理念引领事业新发展。党的十八届五中全会提出创新、协调、绿色、开放、共享的新发展理念。住房城乡建设是贯彻落实新发展理念的重要载体和主要战场,近年来始终坚持把新发展理念贯穿于工作的全过程和各方面。以绿色发展理念为例,过去"大量投资、大量建设、大量消耗"的开发建设方式已经难以为继,必须以绿色低碳理念引领城乡建设方式转型,协同推进降碳、减污、扩绿。本届住博会设置了绿色低碳建筑、超低能耗建筑和绿色建材相关展区,集中展示了住建领域在绿色低碳发展方面的最新技术和产品,体现出全行业对可持续发展的孜孜追求和探索成效。

好产品服务人民好生活。"民有所呼,我有所应"。现阶段,人民群众对居住品质有了更高的要求,希望住上更好的房子、获得更好的服务。住房城乡建设工作直接连着民生福祉,始终践行党的初心使命,牢牢抓住让人民群众安居这个基点,以好房子为基础,推动好房子、好小区、好社区、好城区"四好"建设。本届住博会集中展示了一批针对不同群体不同功能不同类型的"好房子"样板,设计者们秉承"为人民而设计"的理念,打造出生活便利、协调美观、环境宜居、低碳环保、隔声降噪的高品质居住空间，热烈回应了人民群众对高品质生活的期待。

新科技驱动行业新动能。习近平总书记指出："科技创新能够催生新产业、新模式、新动能，是发展新质生产力的核心要素"。新一轮科技革命和产业变革带来很多重大机遇，为住建事业高质量发展注入了强大动力。"好房子"建设、城市数字公共基础设施建设、智能建造等均是住建领域培育发展新质生产力的重要体现。本届住博会设置了好房子科技产业展区，展示了融合智能建造、装配式装修、全屋智能、绿色低碳为一体的移动样板房，以及华为、科大讯飞等企业的数字家庭、人工智能最新科技成果的工程应用，向社会示范了前沿科技在好房子这一新赛道上的应用场景和巨大潜力。本届城博会设置了智慧城市建设展区，展示了智慧社区公共系统建设、智慧城管与城市运管服平台建设等技术成果，让人窥见以数智为基的城市发展新未来。

凝心聚力担使命，奋楫扬帆新征程。住博会、城博会是一个具有广泛影响力的行业宣传窗口，系统展示了住建事业发展取得的瞩目成就。同时，也是一个极具权威性的交流合作平台，业内各方集智聚力，共谋住建事业高质量发展之道。要继续充分发挥这一重要窗口和平台的作用，为让人民群众住上更好的房子、为建设人民满意的城市添砖加瓦、贡献力量！

（《中国建设报》2024年7月16日4版）

政研观察 ——述评新征程住房和城乡建设高质量发展新实践

切实做好保交房工作，促进房地产市场平稳健康发展

逄 瑞

　　住房问题既是民生问题也是发展问题，关系千家万户切身利益，关系人民安居乐业，关系经济社会发展全局，关系社会和谐稳定。2024年4月30日，中央政治局会议指出，继续坚持因城施策，压实地方政府、房地产企业、金融机构各方责任，切实做好保交房工作，保障购房人合法权益。2024年5月17日，全国切实做好保交房工作视频会议召开后，住房和城乡建设部、自然资源部、中国人民银行、金融监管总局陆续出台相关配套政策文件。2024年6月24日，住房和城乡建设部、金融监管总局联合召开保交房政策培训视频会议，开展保交房相关政策解读培训，指导各地切实做好保交房工作，保障购房人合法权益，促进房地产市场平稳健康发展。

　　保交房是坚持以人民为中心的发展思想的利民之举。治国有常，而利民为本。中国共产党的初心使命是为中国人民谋幸福、为中华民族谋复兴，而中华民族自古以来对幸福最朴素的期待就是安居乐业。安居才能乐业，从"保交楼、稳民生"到"保交房攻坚战"，一脉相承的是始终将保障购房人合法权益作为根本出发点和落脚点，让老百姓按照合同约定拿到验收合格的房子。

　　保交房是解决当前房地产市场突出问题的发展之计。当前房地产市场正处于调整过程中，推进保交房工作能够实现稳市场、去库存、防风险一举多得：为在建已售未交付商品住房项目提供融资支持，加快施工建设，促进新房销售；处置消化存量土地和房屋，有效化解过剩库存，促进市场供需平衡；防范处置商品住房项目交付违约风险，避免企业风险外溢。

　　保交房是中长期构建房地产发展新模式的转型之策。结合房地产市场供求关系的新变化、人民群众对优质住房的新期待，统筹推进保交房工作，为房地产转型打好基础：以需定购收购存量商品房用作保障性住房，满足工薪收入群体刚性住房

需求；支持房地产项目合理融资需求，推动实现现房销售；指导房地产企业加快转变发展方式，提升住宅品质，促进房地产高质量发展。

任其事必图其效；欲图其效，必责其方。切实做好保交房工作，要在充分认识这项工作的重要意义基础上，明确方向原则，找准方式方法。坚持以人为本，要千方百计实现房屋交付，将维护购房人合法权益摆在首要位置。坚持目标导向，城市政府要精准锁定需要攻坚的项目，以交房为目标防范处置项目烂尾风险。坚持分类处置，城市政府要按照市场化、法治化原则指导项目开发企业制定"一项目一策"处置方案，对于资可抵债的项目，纳入城市房地产融资协调机制"白名单"给予融资支持，对于资不抵债的项目，进入司法处置程序。坚持压实责任，压实地方政府属地责任，推动相关部门协同配合、各司其职、形成合力；压实房地产企业主体责任，敦促其积极自救；金融机构加快贷款审批和发放，做到对符合条件的项目"应贷尽贷"，支持项目建设交付。

积力之所举，则无不胜也；众智之所为，则无不成也。保交房的部署已经做出，攻坚战的号角已经吹响，各有关部门和单位要以高度的责任感、紧迫感、使命感，不负党和人民期待，集中力量、集中时间打好这场保交房攻坚战！

（《中国建设报》2024年7月16日4版）

因城施策调整优化房地产政策措施

张 仲

2024年9月26日，中共中央政治局会议强调，"要促进房地产市场止跌回稳"，"要回应群众关切，调整住房限购政策，降低存量房贷利率，抓紧完善土地、财税、金融等政策"。2024年9月29日，住房和城乡建设部党组会议明确提出，支持城市特别是一线城市用好房地产市场调控自主权，因城施策调整住房限购政策。2024年9月底以来，多地积极贯彻落实党中央、国务院决策部署，北京、上海、广州、深圳4个一线城市因地制宜调整优化住房限购等政策措施，多个省市也陆续出台有关政策文件，更好满足居民刚性和改善性住房需求，促进房地产市场平稳健康发展。

调整住房限购等政策，切实满足居民刚性和改善性住房需求。一是调整非本地户籍家庭购房前所需连续缴纳社保或个税最低年限。北京市规定，购买五环内住房前连续缴纳社保或个税最低年限由5年调减为3年，购买五环外住房前最低年限调减为2年；高层次和急需紧缺人才购房前最低年限为1年。上海市规定，购买外环外住房前连续缴纳社保或个税最低年限由3年调减为1年。深圳市规定，福田区等部分区域内购房前连续缴纳社保或个税最低年限为1年，盐田区等部分区域内购房无需提供缴纳社保或个税证明。二是调整部分区域限购政策。北京市规定，居民家庭购买通州区商品住房，按全市统一政策执行。上海市规定，对在自贸区临港新片区工作、存在职住分离的群体，在执行现有政策基础上，可在新片区增购1套住房。三是取消居民购房限制。广州市规定，在全市范围内购买住房的，不再审核购房资格，不再限制购房套数。四是针对有未成年子女家庭出台专项政策。北京市规定，京籍成年单身人士与未成年子女共同生活的，按京籍居民家庭执行住房限购政策。深圳市规定，有两个及以上未成年子女的非本市户籍居民家庭，可再购买1套住房。五是取消转让限制。河南省规定，取消商品住房转让限制年限规定（有限制产权转让的除外）。厦门市规定，购买的商品住房不再限制上市交易时间（土地出让合同另有约定的商品住房项目，以及政策性住房除外）。

优化个人住房贷款政策，切实加强对居民购房信贷支持力度。一是降低存量房贷利率。北京市、上海市、杭州市规定，引导商业银行稳妥有序将存量房贷利率降至新发放贷款利率附近，降低居民经济负担。二是降低个人住房贷款首付比例。首套房贷最低首付款比例方面，北京市、上海市、深圳市均规定，下调至不低于15%。二套房贷最低首付款比例方面，北京市规定，统一下调至不低于20%；上海市规定，调整为不低于25%，实行差异化政策区域调整为不低于20%，公积金二套房贷最低首付款比例调整同商贷一致；深圳市规定，调整为20%，深汕特别合作区调整为15%。杭州市规定，首套、二套住房商贷最低首付款比例统一调整为15%，公积金贷款最低首付款比例统一调整为不低于20%。三是针对多子女家庭出台专项政策。深圳市规定，有两个及以上未成年子女的居民家庭，购买二套可适用首套住房贷款政策。北京市规定，京籍二孩以上家庭购房的，公积金可贷款额度上浮40万元。

出台支持住房消费的其他相关政策，切实降低居民购房成本。一是推动商品住房"以旧换新"。河南省要求，积极探索并逐步推广符合条件的国有企业以市场化方式参与"以旧换新"。武汉市规定，对出售旧房源尚未结清贷款的"以旧换新"购房人，探索采取将旧房源贷款余额直接转为新购商品住房按揭贷款的金融支持措施。二是调整增值税征免年限。上海市、深圳市规定，个人对外销售住房增值税征免年限调整为两年。三是给予购房补贴优惠支持。武汉市规定，2024年10月1日至12月31日，购买新房时认定为首套的，按契税实缴额度给予全额补助优惠；认定为二套的，按契税实缴额度给予50%补助优惠。中山市规定，2024年9月30日～10月8日期间，购买新房的，可在缴纳契税后给予购房款5%的电子消费券补贴。此外，北京市、上海市、河南省、武汉市、福州市等均取消普通住房和非普通住房标准。

民之所盼，政之所向。要进一步提高政策措施的针对性、有效性，有效落实存量政策，加力推动增量政策落地见效，全力促进房地产市场止跌回稳。

（《中国建设报》微信公众号2024年10月14日）

政研观察 —— 述评新征程住房和城乡建设高质量发展新实践

五部门联手打出重磅"组合拳"促进房地产市场平稳健康发展

高 恒

国务院新闻办公室于2024年10月17日举行新闻发布会，住房和城乡建设部部长倪虹和财政部、自然资源部、中国人民银行、金融监管总局负责人介绍促进房地产市场平稳健康发展有关情况，并答记者问。倪虹部长表示，党中央高度重视房地产市场平稳健康发展。2024年9月26日，中央政治局会议强调，要促进房地产市场止跌回稳。2024年9月29日，国务院召开常务会议，研究部署具体落实工作。住房和城乡建设部会同有关部门，指导各地迅速行动，抓存量政策落实，抓增量政策出台，打出一套"组合拳"，推动市场止跌回稳。

出台增量政策，提振市场信心。一是通过货币化安置等方式，新增实施100万套城中村改造和危旧房改造，主要是对条件比较成熟、通过加大政策支持力度可以提前干的项目，提前干、抓紧干。需要关注的是，这次城中村改造和危旧房改造主要采取货币化安置的方式，更有利于群众根据自己的意愿和需要来选择合适的房子，减少或者不用在外过渡，能够直接搬入新居。同时，也有利于消化存量商品房。二是今年年底前，将"白名单"项目的信贷规模增加到4万亿元，将所有房地产合格项目都争取纳入"白名单"，应进尽进、应贷尽贷，满足项目合理融资需求。

回应群众关切，支持住房需求。一是加大保障力度，兜牢住房保障底线。一手抓保障，一手抓市场，以政府为主保障群众基本住房需求，通过市场来满足群众多样化改善性住房需求。2024年1月～9月，全国已经建设筹集了保障性住房148万套（间），到年底可以让450万新市民、青年人住进保障性住房。二是降低存量房贷利率，减轻居民购房成本。目前，商业银行正在加班加点做好各项准备，预计大部分存量房贷将在2024年10月25日完成批量调整。据人民银行负责人介绍，存量房贷利率将平均下降0.5个百分点左右，总体上将能节省利息支出1500亿元，惠及

5000万户家庭、1.5亿居民。三是统一房贷最低首付比例至15%，更好支持刚性和改善性住房需求。目前，除北京、上海、深圳三个一线城市自主采取差异化安排外，全国绝大多数城市不再区分首套、二套住房，最低首付比例统一调整为15%。四是抓紧研究明确与取消普通住宅和非普通住宅标准相衔接的税收政策，有效降低房地产企业和购房人负担。

促进模式转型，提高发展质量。一是严控增量、优化存量、提高质量。在住宅用地供应上，一手抓控新增，一手抓盘存量。合理控制新增商品住宅用地供应；允许专项债券用于土地储备，研究设立收购存量土地专项借款，为地方政府以收回收购的方式盘活存量土地提供资金支持。二是下力气建设"好房子"，满足人民群众对住房的新期待。通过抓样板、立标准、建体系、强科技，将新技术、新产品、新材料、新工艺应用到房屋建设中，推动建设不同面积、不同价位的"好房子"。

在党中央、国务院的坚强领导下，有关部门和地方政府积极作为，及时出台一揽子有力的政策举措，房地产市场在系列政策作用下，经过三年的调整，已经开始筑底，出现积极变化。当前和今后一个时期，通过同心协力，狠抓落实，打好"组合拳"，推动政策落地见效，促进房地产市场止跌回稳，实现高质量发展。

（《中国建设报》微信公众号2024年10月18日）

充分发挥住房发展规划配置资源、引导预期的重要作用

高 恒

为贯彻落实党中央、国务院决策部署，适应我国房地产市场供求关系发生重大变化的新形势，促进房地产市场平稳健康发展，住房和城乡建设部近日印发《住房城乡建设部关于做好住房发展规划和年度计划编制工作的通知》（以下简称《通知》），对当前及未来一段时期做好住房发展规划和年度计划编制工作提出了总体要求，明确了工作目标，部署了进度安排。

住房发展规划和年度计划是配置关联资源的重要依据。解决住房问题是一个系统工程，需要"人、房、地、钱"要素资源合理配置。住房发展规划和年度计划根据住房发展目标，从源头上研究提出对土地、金融等关联资源的配置要求，对住房相关的政策举措作出统筹安排，有利于实现以人定房、以房定地、以房定钱，促进房地产市场供需平衡、结构合理。

住房发展规划和年度计划是落实因城施策的重要体现。房地产具有不可移动性，房地产市场是以城市为单元的市场，区域特征明显，城市根据当地实际情况，因地制宜编制住房发展规划和年度计划，明确本区域住房发展目标、重点任务和政策举措，因城施策、精准施策，有利于提高住房政策措施的针对性、精准性和科学性，更好满足居民住房需求，推动住房事业高质量发展。

住房发展规划和年度计划是稳定市场预期的重要抓手。预期稳，市场才能稳，规划是最科学、最有效的影响预期的方法。通过制定并公布住房发展规划和年度计划，明确告诉市场各方主体，当年及未来几年要供应多少土地、建设多少房子，在住房保障方面工作力度有多大，在建设好房子方面有哪些具体举措，给市场一个清晰、可信的预期，有利于房地产企业、金融机构、居民等市场主体作出理性判断和合理安排。

《通知》对住房发展规划和年度计划编制工作提出了明确要求，主要体现在"四个做好"。一是做好需求分析。《通知》提出各城市要根据当地实际情况，统筹考虑经济社会发展、人口变化、产业布局、住房供需等方面情况，结合存量住房和存量土地等潜在供应情况，准确研判住房需求。二是做好目标管理。《通知》提出住房发展年度计划要明确年度各类住房及用地供应规模、结构和区位，测算房地产项目合理融资需求，保障性住房要进一步明确供应套数和户型结构，要将房地产市场平稳健康发展、住房保障轮候时间等纳入目标管理。三是做好社会发布。《通知》提出2024年4月30日前、2025年3月31日前，各城市要以适当方式向社会公布当年住房发展年度计划有关情况。2026年3月31日前，各地要向社会公布2026—2030年住房发展规划。规划实施期间，各城市要在每年3月31日前向社会公布当年住房发展年度计划有关情况。四是做好审定备案。《通知》提出住房发展规划和年度计划经同级人民政府审定后实施，并报上一级住房城乡建设部门备案，城区常住人口300万以上的大城市同步报住房和城乡建设部备案。

"行前定则不疚，道前定则不穷"。住房发展规划绘制了中长期住房发展的"蓝图"，年度计划进一步明确了近期住房建设的"施工图"。要充分认识住房发展规划和年度计划的重要作用，科学编制规划，认真组织实施，把住房发展的"蓝图""施工图"变成人民安居的"实景图"，为实现人民群众对美好生活的向往而不懈奋斗。

(《中国建设报》2024年3月7日8版)

统筹布局 协调联动 北京市编制住房发展年度计划

张理政

2024年2月，为贯彻落实党中央、国务院决策部署，住房和城乡建设部发布《住房城乡建设部关于做好住房发展规划和年度计划编制工作的通知》，要求各地科学编制好住房发展规划和年度计划，建立"人、房、地、钱"要素联动机制，促进房地产市场平稳健康发展。近日，北京市编制公布《2024年北京市住房发展年度计划》（以下简称《计划》），涉及平稳有序供应住房用地、建设筹集保障性住房、规范发展住房租赁市场、持续防范化解房地产风险、加大高品质住房供给等八个方面，坚持规划先行，促进要素联动，强化问题导向，实现人民群众住有所居、住有宜居、住有安居。

坚持规划先行，健全完善"保障+市场"住房供应体系。一方面，突出民生导向，持续建设筹集保障性住房。《计划》对年内北京市公共租赁住房、保障性租赁住房、配售型保障性住房制定了发展目标，要求聚焦"七有"要求和市民"五性"需求，完善公租房准入退出标准、后期监管机制和保障方式，充分发挥市场机制作用增加多层次保障性租赁住房供给，建立保障性租赁住房项目地图，方便群众获取房源信息，同时积极推进配售型保障性住房政策落地。另一方面，坚持租购并举，优化商品住房供应，规范发展租赁市场。在商品住房供应方面，《计划》提出，本年度供应商品住房约600万平方米，进一步完善项目周边市政基础设施和公共服务配套，同时强化因区施策、一区一策、精准施策，优化房地产政策，更好满足合理住房需求；在发展租赁市场方面，《计划》提出，要全面落实《北京市住房租赁条例》，维护租房群众合法权益，加大"一张床、一间房"市场化租赁住房供给力度等。《计划》通过明确保障性住房和商品住房的发展目标，引导"保障+市场"住房供应体系不断完善。

促进要素联动，推动建立"人、房、地、钱"新机制。《计划》提出，年内供应各类住房用地1060公顷，与上一年度保持总量稳定，并明确商品住房用地要坚持以需定供，通过"房地联动、一地一策"机制，保障供地结构均衡、节奏平稳，提升供地效能。这些提法对北京市建立"人、房、地、钱"要素联动机制提出了初步要求。从住房发展角度来看，住房需求应当作为土地供应和金融资源配置的主要依据。但过去一段时期，一些地方土地供应、金融资源与住房需求存在错配，成为造成房地产市场波动的重要原因。编制住房发展规划和年度计划的关键目的，就是要构建"人、房、地、钱"要素联动机制，根据人口变化确定住房需求及结构，根据住房需求科学安排土地供应、引导配置金融资源，这将有力促进房地产市场供需平衡、结构合理，防止市场大起大落。

强化问题导向，加快推动住房供给侧改革。《计划》在对本年度住房供应作出统筹安排的同时，也聚焦当前房地产供给侧主要问题提出了工作目标，促进房地产市场高质量发展。一方面，持续防范化解房地产风险，包括修订实施预售资金监管政策，持续推进现房销售，不断完善房地产融资协调机制，用好房地产项目融资支持"白名单"，一视同仁支持不同所有制房地产企业合理融资需求等。另一方面，大力推动"好房子"建设，包括总结推广本市在绿色建筑行动、装配式建筑、全装修成品交房、推行交付样板间等方面的经验做法，扩展建造高品质住房试点；提炼"好房子"基本要素和关键指标，研究制定保障性住房"好房子"建设实施意见和配售型保障性住房建设导则等。通过推动住房供给侧改革，既能确保项目交付，保障购房人合法权益，提振市场信心，也能稳定市场投资，还将提升高品质住房供给，促进住房需求合理释放。

"壹引其纲，万目皆张"。住房发展规划勾勒了中长期住房发展的"路线图"，住房发展年度计划描绘了近期住房建设的"施工图"。在房地产市场供求关系发生重大变化的当下，编制好、实施好住房发展规划和年度计划具有重要意义。"秉纲而目自张，执本而末自从"。在编制实施过程中，要切实将住房发展规划和年度计划作为建立"人、房、地、钱"要素联动机制的重要抓手，根据人口变化做好住房需求测算，确保"以人定房、以房定地、以房定钱"落实到位。同时，统筹考虑本地情况，进一步细化有关工作目标，明确年度各类住房及用地供应规模、结构和区位等情况，精准施策促进房地产市场平稳健康发展。

(《中国建设报》2024年6月4日4版)

建立城市房地产融资协调机制 积极稳妥化解房地产风险

张理政

为贯彻落实中央经济工作会议、中央金融工作会议精神，一视同仁满足不同所有制房地产企业合理融资需求，住房和城乡建设部、金融监管总局近日联合印发《关于建立城市房地产融资协调机制的通知》，建立以城市为单元、以项目为主体的房地产融资协调机制，积极稳妥化解房地产风险，促进房地产市场平稳健康发展。

坚持因城施策，以城市为单元建立协调机制。防范化解房地产风险，房地产企业要承担主体责任，城市政府要承担属地责任。由于房地产的不动产属性，房地产市场以城市为单元的区域特征明显，各地房地产市场形势、房地产项目开发建设状况、金融机构关联情况都存在显著差异，需要因城施策。通知提出，地级及以上城市建立由城市政府分管住房城乡建设的负责同志担任组长，属地住房城乡建设部门、金融监管总局派出机构等为成员单位的房地产融资协调机制，指导本行政区域内金融机构与本行政区域内的房地产项目对接，这将有利于强化城市属地责任，压实企业主体责任，发挥城市政府牵头协调作用，根据本地实际因地制宜研究制定举措，满足当地房地产项目合理融资需求。

坚持精准施策，以项目为主体给予融资支持。房地产企业一般为"集团公司+项目公司"的架构，集团公司和项目公司都是独立法人，集团公司出现债务违约，并不意味着项目公司停止开发运营。若以集团公司出现债务违约为由，收缩对项目公司的金融信贷支持，则会进一步加重企业困难，甚至影响在建项目正常交付。城市房地产融资协调机制的建立，有利于区分集团公司债务风险和项目开发运营风险，由城市提出可以给予融资支持的房地产项目名单，"一项目一方案"，更加精准支持项目合理融资需求，防范在建项目出现交付违约，维护购房人合法权益。这也有利于纠正社会上将集团公司债务违约等同于"爆雷""资金链断裂"或企业完全停摆的错误认识,避免产生信任危机。

坚持系统施策,促进金融与房地产良性循环。本轮房企出险的深层原因是金融和房地产关系失调。过去较长一段时期,各类资金过度向房地产业集中,部分房地产企业"高负债、高杠杆、高周转"经营,呈现过度金融化特征,积累了风险隐患。近年来,由于部分头部房地产企业出险,金融机构一致性收缩避险,"旱涝急转"造成房地产业整体流动性紧张,部分头部房地产企业陆续出现债务违约。城市房地产融资协调机制的建立,有利于强化系统思维,推动金融机构改变一致性收缩行为,分类给予房地产项目合理融资支持,理顺金融与房地产互动关系,促进金融与房地产良性循环。

"风雨多经人不老,关山初度路犹长"。当前,在我国房地产业调整转型期,要尽快推动房地产融资协调机制的工作部署落实落地,因城施策、精准施策、系统施策,保障项目正常建设交付,积极稳妥化解房地产风险,稳定居民预期、提振市场信心,促进房地产市场平稳健康发展。

(《中国建设报》2024年1月29日2版)

城市房地产融资协调机制加速运转
精准有效支持房地产合理融资需求

朱晓龙

日前，住房和城乡建设部、金融监管总局联合印发《关于建立城市房地产融资协调机制的通知》（以下简称《通知》），要求建立以城市为单元，以项目为主体的房地产融资协调机制。为落实《通知》要求，2024年1月26日上午，住房和城乡建设部召开城市房地产融资协调机制工作部署会，加快推进城市建立房地产融资协调机制落地见效，支持房地产项目开发建设，一视同仁满足不同所有制房地产企业合理融资需求。住房和城乡建设部党组书记、部长倪虹在部署会上强调，针对当前部分房地产项目融资难题，各地要以项目为对象，抓紧研究提出可以给予融资支持的房地产项目"白名单"，第一批名单在2024年1月底前提出，并协调本行政区域内金融机构及时发放贷款，精准有效支持合理融资需求。

具体而言，城市提出的房地产项目"白名单"应同时符合以下五个条件：第一，项目处于在建施工状态，包含短期停工但资金到位后能马上复工，并能建成交付的项目；第二，项目具有与融资额基本匹配的抵押物；第三，项目已明确拟申请贷款的主办银行，并建立贷款资金封闭监管制度；第四，项目预售资金未被抽挪，或被抽挪的资金已及时收回；第五，项目制定了贷款资金使用计划和完工计划。

据了解，住房和城乡建设部召开城市房地产融资协调机制部署会后，各地迅速行动、抓紧落实。比如，重庆市通过房地产融资协调机制，已梳理出第一批房地产项目"白名单"314个，融资需求约830亿元，并已向辖内大型银行、股份制银行、异地城商行、三家市属法人银行等28家主要银行推送。广西南宁市通过房地产融资协调机制向当地金融机构推送了107个房地产项目"白名单"，其中北投荷院项目已获得民生银行南宁分行3.3亿元开发贷款等。随着各地房地产项目"白名单"陆续落地，房地产融资协调机制正在"加速运转"。

坚持因城施策、一城一策，精准施策，建立以城市为单元，以项目为主体的房地产融资协调机制，对于积极稳妥化解房地产风险，一视同仁支持不同所有制房地产企业合理融资需求，促进房地产市场平稳健康发展具有重要意义。一方面，由于房地产固有的不可移动性，房地产市场以城市为单元的区域性特征明显，各地房地产市场形势、房地产项目开发建设状况、金融机构关联情况都存在显著差异，需要因城施策。通过建立以城市为单元的房地产融资协调机制，搭建政、银、企沟通平台，协调解决房地产融资中存在的问题，可以统筹推进本行政区域内房地产融资协调工作，推动房地产企业和金融机构精准对接。另一方面，房地产企业一般为"集团公司+项目公司"架构，集团公司和项目公司都是独立法人，房地产开发都是以项目为单元，债务违约的房企集团也有好的项目，正常经营的房企集团也有差的项目。通过建立房地产项目"白名单"，可以有效区分集团公司债务风险和项目公司开发运营风险，同时打消金融机构的顾虑，扭转金融机构过度避险行为，精准支持项目融资，保障项目建设交付。

城市房地产融资协调机制的建立和高效运转，以及房地产项目"白名单"的持续落地，将推动相关贷款更多投放到符合条件的房地产项目上，一视同仁满足不同所有制房地产企业合理融资需求的政策效果也将逐步显现，有助于缓解房地产贷款收缩情况，扩大房地产投资；有助于保障房地产项目建设交付，维护购房人合法权益；促进房地产与金融良性循环。

（《中国建设报》2024年2月6日2版）

协同发力 提质增效
进一步完善城市房地产融资协调机制

张理政

2024年1月，住房和城乡建设部、金融监管总局联合印发《关于建立城市房地产融资协调机制的通知》，建立了城市房地产融资协调机制，"一项目一方案"精准支持房地产项目合理融资需求，有效推动了在建项目建成交付，有力维护了购房人合法权益，取得了积极成效。近日，为进一步完善城市房地产融资协调机制、提升项目推送效率和质量，两部门再次联合印发《关于进一步发挥城市房地产融资协调机制作用 满足房地产项目合理融资需求的通知》（以下简称《通知》）。与2024年1月印发的文件内容相比，本次《通知》主要从三方面进一步作出了工作部署。

一是完善工作机制，促进协同发力。一方面，完善高位推动的城市协调机制。《通知》明确，各省（自治区、直辖市）人民政府要指导地级及以上城市完善协调机制，由城市政府主要负责人任组长，分管住房城乡建设、金融工作的负责人任副组长。这进一步提升了城市协调机制的统筹层级，有助于增强城市协调机制的工作调度能力，更好推动住房城乡建设、金融等部门协同发力。另一方面，构建推送反馈管理和资金使用"两个闭环"。推送反馈管理工作闭环是指，城市协调机制将符合要求的"白名单"项目向主办银行推送；主办银行进行信贷评审，对符合贷款条件的项目积极予以支持，对暂不符合贷款条件的项目，列明具体问题，及时反馈城市协调机制；城市协调机制及时解决问题后可再次审查推送。这将督促商业银行做实做细贷款审查，尽量减少"应贷未贷"的情况，也有助于城市协调机制提高"白名单"推送质量，并及时介入解决问题，形成工作合力。资金使用工作闭环是指，"白名单"项目要单独建账核算、封闭运作管理，严禁项目资金挪作他用，从而保障贷款资金安全。

二是明确各方责任，提高运行效率。本次《通知》进一步细化了城市协调机制的工作责任，明确城市协调机制要负责做好辖区内房地产在建项目信息汇总、"白名单"项目审核推送、问题项目整改、项目管理监督，以及为项目融资服务提供基本保障等工作。同时，明确提出了主办银行融资模式，即明确一个项目确定一家主办银行负责项目后续融资，将有利于落实融资责任，提高贷款发放效率，也有助于建立长期稳定的银企关系，增进银企互信。此外，《通知》要求金融机构制定尽职免责具体实施细则。相比于2024年1月印发的文件，本次《通知》不仅明确提出了尽职免责要求，而且强调了要制定"具体实施细则"，意在突出尽职免责规定不能停留在口头上，必须可操作、可落地，切实见效。进一步明确各方责任范围和工作要求，将推动各单位机构各司其职，促进城市融资协调机制高效运行。

三是加强准入把关，提高名单质量。本次《通知》强调，城市协调机制负责把好"白名单"项目准入关口，项目要符合五个条件和五项标准。从部分地方实践来看，"五个条件"主要包括项目处于在建施工状态；具有与融资额度基本匹配的抵押物；项目预售资金未被抽挪；确定一家贷款主办银行，并建立贷款资金封闭监管制度，确保资金封闭运行，保证项目建设交付；制订贷款使用计划和项目完工计划等。"五项标准"主要包括四证齐全；不存在破产重整；不存在被查封冻结情况；不存在逃废金融债务；不存在重大违法违规等情况。"5+5"审查门槛将进一步提升项目推送质量，推动实现"应贷尽贷"，与此同时，也要确保符合条件的项目"应进尽进"，使城市房地产融资协调机制发挥应有作用。

城市房地产融资协调机制是紧密结合我国房地产市场实际的一项探索和创新，对于稳妥化解风险、稳定居民预期、提振市场信心具有重要意义。针对当前城市协调机制运行中出现的一些堵点难点，本次《通知》提出了针对性建议，要抓好落实，协同发力、提质增效，以城市房地产融资协调机制为抓手，切实做好保交房工作，促进房地产市场平稳健康发展。

(《中国建设报》2024年7月3日2版)

政研观察 —— 述评新征程住房和城乡建设高质量发展新实践

促进金融与房地产良性循环

何 山

房地产业是典型的资金密集型行业，与金融行业联系紧密，受金融政策影响较大。2023年10月召开的中央金融工作会议提出"促进金融与房地产良性循环"，2023年12月召开的中央经济工作会议提出"一视同仁满足不同所有制房地产企业的合理融资需求""加快推进保障性住房建设、'平急两用'公共基础设施建设、城中村改造等'三大工程'""加快构建房地产发展新模式"等重要要求，为新时代新征程做好房地产金融工作提供了根本遵循和行动指南。有关部门高度重视房地产金融工作，多次出台房地产金融支持政策，指导金融机构加大支持力度，促进金融与房地产良性循环。

一视同仁满足不同所有制房地产企业合理融资需求。近年来，房地产企业融资环境出现恶化，部分房地产企业尤其是民营房地产企业融资困难，面临债务违约风险。在此背景下，中央经济工作会议明确提出"一视同仁满足不同所有制房地产企业的合理融资需求，促进房地产市场平稳健康发展"，旨在加快改善房地产企业融资环境，满足合理融资需求，提振行业预期，促进行业加快向正常化回归。中国人民银行、金融监管总局、中国证监会在2023年11月17日召开的金融机构座谈会上强调，坚持"两个毫不动摇"，对正常经营的房地产企业不惜贷、不抽贷、不断贷。金融机构要深入贯彻落实中央经济工作会议部署，切实将房地产金融支持政策落实落细，加快解决房地产企业合理融资需求。

加大金融支持保障性住房等"三大工程"建设的力度。中央经济工作会议提出"加快推进保障性住房建设、'平急两用'公共基础设施建设、城中村改造等'三大工程'"，这是党中央根据房地产市场新形势，审时度势作出的重大决策部署。加快推进"三大工程"，金融支持是必要保障，特别是要为"三大工程"建设提供中长期低成本资金支持。政策性金融机构要不断增强政治意识和政治担当，持续提升服务国家重大战略的质效，充分发挥资金成本、资金体量优势，在"三大工程"建设过程中发挥"头雁作用"。商业银行等市场化金融机构要切实加强对国家重大战略的金融支持力度，在坚持保本微利的基础上，靠前对接做好"三大工程"建设的金融服务。

持续加大构建房地产发展新模式的金融支持力度。2023年7月24日，中央政治局会议提出"我国房地产市场供求关系发生重大变化"，这是立足我国经济社会发展阶段和房地产自身发展规律作出的重大判断。当前，我国住房发展已经从总量短缺转为结构性供给不足，人民群众对住房品质的要求不断提高，希望住上更好的房子、获得更好的服务，过去追求速度和数量的发展模式已经不适应高质量发展阶段的新要求，亟需构建新的发展模式。在此背景下，中央经济工作会议提出"完善相关基础性制度，加快构建房地产发展新模式"，这是破解房地产发展难题、促进房地产市场平稳健康发展的治本之策。一是要建立"人、房、地、钱"要素联动的新机制，从要素资源科学配置入手，以人定房、以房定地、以房定钱，避免资金过度流入或流出房地产领域，防止市场大起大落。二是要建立房屋从开发建设到维护使用的全生命周期管理机制，建立房屋体检、房屋养老金、房屋保险等制度，研究建立适应现房销售的房地产融资模式。

金融与房地产良性循环对宏观经济平稳运行意义重大。要深入学习领会习近平总书记在中央金融工作会议、中央经济工作会议上的重要讲话精神，进一步把思想和行动统一到党中央决策部署上来，坚持目标导向、问题导向，扎实做好房地产金融相关工作，确保工作部署落实落地。

（《中国建设报》2023年12月22日2版）

规范房地产中介发展，构建清朗行业新气象

逄 瑞

中，言之上下贯通；介，会意左右之间。房地产中介是一个古老的行业。早在唐宋时期，我国就出现了专门从事田宅交易的经纪人"庄宅牙人"，买卖房屋必须通过"庄宅牙人"说和，"牙行"经营需由政府批准，在交易中起到"评物价""通商贾"的作用。

按照现行国民经济行业分类，房地产中介服务包括房地产咨询、房地产价格评估、房地产经纪等活动。改革开放后，特别是1998年深化城镇住房制度改革以来，随着房地产市场繁荣发展，房地产中介行业也在迅速成长，在提高交易效率、降低交易成本、活跃市场方面起到了不可或缺的作用。第二次和第四次全国经济普查数据显示，房地产中介服务企业和从业人员从2008年的3.4万个、37.4万人，增长到2018年的20.6万个、158.3万人。但与此同时，部分房地产中介企业存在利用房源客源优势收取过高费用、未明码标价、捆绑收费、滥用客户个人信息等问题，损害了消费者利益，扰乱了市场秩序。

为促进行业规范发展，2023年5月8日，住房和城乡建设部、市场监管总局联合发布《关于规范房地产经纪服务的意见》，要求加强从业主体管理、明确经纪服务内容、合理确定经纪服务收费、严格实行明码标价、严禁操纵经纪服务收费、规范签订交易合同、加强个人信息保护、提升管理服务水平、加大违法违规行为整治力度、加强行业自律管理。2024年1月22日，住房和城乡建设部通报了5起房地产中介行业侵犯公民个人信息违法违规的典型案例。案例中少数房地产中介机构及从业人员利用职务上的便利非法收集、使用、买卖公民个人信息，侵犯了公民个人信息合法权益，被司法机关判处刑罚。此次通报发挥负面典型的警示教育作用，以案为鉴、以案促改，有利于进一步促进落实上述文件，加强房地产中介行业公民个人信息保护工作。

当前,房地产中介行业发展正处在机遇期。我国房地产市场供求关系已经发生重大变化,从增量主导转为增存并重。2023年1月~11月,全国二手房交易量占全部房屋交易量的比重达到了37.1%,已经有7个省和直辖市的二手住宅交易量超过了新建商品住宅交易量。房地产业的服务业属性更加突出,房地产中介在促进房屋流通、提高交易效率、降低交易成本等方面的重要作用日益凸显,将迎来更加广阔的发展空间。从国际经验看,房地产市场步入存量时代将催生更为成熟的房地产中介行业,注重"以质取胜",为客户提供更为标准、优质、专业的服务。

"不以规矩,不成方圆""不精不诚,不能动人"。推动房地产中介行业走向透明、规范,外在需要有力的监管手段,保障消费者权益,内在则要加强行业自律,提高服务质量,发挥头部企业示范引领作用。2023年12月,全国住房城乡建设工作会议提出,要重拳整治房地产市场秩序,纠治房地产中介等方面乱象,切实维护人民群众合法权益。要深入学习贯彻全国住房城乡建设工作会议精神,认真落实《关于规范房地产经纪服务的意见》要求,举一反三,加强房地产中介行业管理,会同有关部门加大房地产行业违法违规行为查处力度,促进房地产市场平稳健康高质量发展。

(《中国建设报》2024年2月7日2版)

规范租金押金管理　保障租户合法权益

马宇佳

　　住有所居、居有所安，是人民幸福的重要内涵，是中国式现代化的应有之义。近日，为落实《北京市住房租赁条例》要求，做好住房租赁押金托管、租金监管工作，北京市住房和城乡建设委员会会同相关部门研究制定了《北京市住房租赁押金托管和租金监管暂行办法》（以下简称《办法》）。《办法》共五章二十二条，主要面向北京市范围内承租他人住房从事转租业务的住房租赁企业，从租金和押金的存退全流程做出了详细规定。《办法》不仅是北京在新的发展阶段持续完善租购并举住房制度的重要举措，也为全国其他城市完善住房租赁监管政策提供了示范样本。

　　规范租金押金管理是民之所望、施政所向。第七次全国人口普查数据显示，2020年我国流动人口为3.76亿人，大部分流动人口需要通过租赁解决住房需求，稳定的租赁环境直接关乎租客的获得感、幸福感和安全感。相关数据显示，租金押金纠纷占住房租赁纠纷的七成以上。《办法》出台有助于破解这一难题。一方面，将押金租金纳入监管体系，有效防范了住房租赁企业的经营风险，保障住房租赁的押金租金安全，维护承租人合法权益。另一方面，引导住房租赁企业聚焦主业，专注提升产品和服务质量，打造核心竞争力，促进住房租赁市场健康发展。

　　围绕全流程，稳步有序筑安全。一是规范资金存入管理。《办法》规定，市资金中心在中标商业银行中开立账户，用于开展押金托管。押金按照住房租赁合同约定存入押金托管的账户。租金方面，市资金中心在中标商业银行中开立账户，用于租金监管，也可使用已开立的用于押金托管的账户。单次收取租金数额超过3个月的，租金按照约定存入监管账户，其中3个月租金部分在1日内划转至住房租赁企业账户，其余租金按月划转。二是明确资金退还流程。住房租赁合同期满或解除后，住房租赁企业应当自承租人返还住房后3个工作日内提出押金、租金退还意见，明确是否扣除以及拟扣除费用明细。承租人同意退还意见的，押金、租金按退还意见退还；承租人不同意的，可通过协商、调解、诉讼、仲裁等途径解决。

突出多主体，多管齐下强监管。一是为承租人提供查询渠道，承租人可以在监管系统和住房租赁管理服务平台中，通过住房租赁合同备案编号等信息查询本人在用于押金托管、租金监管的账户内余额。二是明确加强执法监管，规定对于日常监管发现未履行押金托管与租金监管或存在经营风险的，可以暂停向住房租赁企业拨付租金监管账户内的资金，由各区住建房管部门监管账户内的资金拨付。对于未按照规定履行押金托管、租金监管，或者未按期退还剩余押金、租金的，依据相关规定进行处罚。

民生之事无小事，安居才能俱欢颜。推动租金押金管理规范化，既需要依靠外在监管，保护承租人的合法权益，也需要住房租赁企业主动转变观念，加强行业自律。要坚持人民至上、厚植为民情怀，多方合力共同营造健康有序住房租赁市场，让老百姓租得放心、住得舒心。

(《中国建设报》2024年9月13日4版)

政研观察 —— 述评新征程住房和城乡建设高质量发展新实践

以"物业服务社"模式破解老旧小区物业管理难题

郭嘉颖

住宅物业管理事关群众生活品质，事关城市安全运行和社会稳定。近年来，江苏省南通市积极试行设立社区物业服务社，统筹社区范围内物业管理工作，在破解现行服务管理不到位、老旧无物业小区管理难等问题方面，探索出一条符合基层实际、顺应群众需求、具有可借鉴意义的治理路径。

坚持党建引领，在资源统筹上下足功夫。物业服务社由社区居委会主办，社区党组织负责整合各方资源和力量，在物业服务管理工作中发挥领导核心作用。从组织架构看，社区党组织书记担任物业服务社理事长，网格支部书记、各小区业委会主任、专职网格员、城管下沉人员作为理事会成员，分别负责小区物业管理、公共事务服务、邻里矛盾协调、志愿服务开展、经费收支管理等工作。通过建立物业服务社，社区充分发挥党的组织优势、组织功能、组织力量，将物业管理工作纳入基层社区治理范畴，推动小区物业管理与基层党建、社区治理融合共进，真正做到物业服务全覆盖、社情民意全掌握、问题诉求全回应。

坚持公益为民，在共建共治上做足文章。物业服务社作为民办非营利性质的社会组织，坚持以支定收，将经费全部用于提供物业服务，始终与居民同心同向。为保障物业服务社的正常运转，社区从为民服务资金、上级物管"以奖代补"资金中列支专项经费予以补贴，并对资金收入支出明细等重大事项实时公开，充分保障业主的知情权、参与权、监督权。定期召开社区党委、社区居委会、物业服务社、邻里街坊代表参加的物业管理联席会议，围绕环境整治、社区治理等社区居民最关心最实际的内容制定物业服务清单，在推动社区基本服务常态化、拓展服务多样化的过程中，实现决策共谋、发展共建、建设共管、效果共评、成果共享。

坚持专业运作，在服务品质上更进一步。物业服务社根据小区管理现状，在各小区业委会的授权下，将绿化管护、水电维修、管网疏通、化粪池清掏、消防设备等专业服务事项纳入统一外包范围，遵循"肥瘦搭配、打包服务"原则，将小区整体发包，变"单个小区单次购买服务"为"多个小区打包团购服务"，为居民争取最大利益。以崇川区南川园社区为例，物业服务社运行以来，一批民生问题得以解决，区域内物业服务企业互助共享形成良性循环，各小区的物业费收缴率均达到95%以上，金鑫苑、鑫祥公寓在物业费提高的情况下，物业费收缴率分别从原先的30%左右和70%左右提升到了100%，社区居民满意度不断提高。

民之所忧，我必念之；民之所盼，我必行之。住宅小区物业管理贴近群众、扎根基层、覆盖广泛，是创新基层社会治理的重要切入点。要坚持以人民为中心的发展思想，把满足人民对美好生活的向往作为物业管理的出发点和落脚点，积极探索住宅物业管理新模式，推动建立老旧小区改造后续长效管理机制，切实把好事办好、实事办实、难事办妥，不断推动物业服务向高品质和多样化升级。

(《中国建设报》微信公众号2024年11月19日)

完善住房保障体系　加快推进保障性住房建设

单　爽

　　住房问题关系民生福祉。一直以来，党中央、国务院高度关注住房保障工作，习近平总书记在多次讲话中指出住房保障的重要意义。为完善住房供应和保障体系，解决大城市"夹心层"住房问题，在党中央、国务院的决策部署下，保障性住房等"三大工程"加快推进，以配售型保障性住房为主体的新一轮保障性住房规划建设开始启动。

　　规划建设保障性住房在惠民生、促改革方面意义重大。一方面，在大城市，尤其是一二线城市，由于房价高，部分工薪收入群体，不符合享受保障性住房资格，又无力在市场上购买商品住房，形成大量"夹心层"。"安得广厦千万间，大庇天下寒士俱欢颜。"千百年来，安居一直是老百姓梦想。规划建设保障性住房正有助于帮助工薪收入群体实现"居者有其屋"。另一方面，原先的住房供应体系以商品住房为主，住房保障体系又以配租型房源为主，配售型房源相对较少。规划建设保障性住房不但有助于推动保障性住房的发展，也有助于补齐配售型保障性住房供应短板。

　　满足住房困难群体的合理住房需求是规划建设保障性住房的根本目的。一方面，要提高保障性住房的可支付性。既要控制好建设成本，通过土地、金融、财税等方面的政策支持，降低项目建设主体负担；又要控制好项目利润，压实城市党委、政府主体责任，引导金融机构、开发企业等市场主体，积极履行社会责任。另一方面，要确定公平合理的分配机制。一要保证分配的公平性，以家庭为单位，保障对象只能购买一套保障性住房。二要保证分配的合理有序推进，优先保障住房有困难且收入不高的工薪收入群体，以及城市需要引进的科技人员、教师、医护人员等这"两类群体"，有条件的地方可以逐步覆盖其他群体。

　　确保居住品质是规划建设保障性住房的应有之义。一要注重建设质量。工程质量是保障性住房建设管理的核心，关系到住房保障政策有效落实，是新发展阶段实现居住条件从"有没有"转向"好不好"的重要体现。保障性住房的规划建设应注重标准和品质，不能因为是保障性住房就降低标准。二要注重项目选址。应优先安排在中心城区等交通便利、公共设施较为齐全的区域，加强配套设施建设和公共服务供给，防止因位置偏远、交通不便等造成房源长期空置。

资金可持续是规划建设保障性住房的重要保障。规划建设保障性住房是一项长期工程，只有做到财务平衡，才能确保工程顺利推进。首先，保障性住房项目应保本微利。既不能加重地方政府的债务负担，又要确保开发企业能获得适当的利润。其次，保障性住房项目应以需定建。城市层面，做好需求摸底，科学合理确定计划规划；项目层面，做好项目前期调研，确保房子建成后有人住，提高资源利用和配置效率，避免出现房屋长期空置的情况。

做好制度衔接是规划建设保障性住房的基本前提。一方面，做好与商品住房制度衔接。以刚性需求主要由保障性住房满足、改善性住房需求主要由商品住房满足为目标，确定保障性住房面向对象、建设标准、计划规划，确保不得上市交易、实施严格的封闭管理，做好与商品住房的区分。同时，可充分利用依法收回的已批未建土地、司法处置住房和土地等建设筹集配售型保障性住房，避免闲置浪费。另一方面，做好与原有保障性住房体系的衔接。继续发展公共租赁住房、保障性租赁住房，满足租房困难群体的住房需求。对于保障性住房政策实施前已配售的共有产权住房、人才房等，继续执行原有政策。

守正笃实，久久为功。规划建设保障性住房，是完善住房制度和供应体系、重构市场和保障关系的重大改革，也是艰巨复杂的系统性工程，要坚持规划先行、谋定后动，扎实做好前期工作，严格项目管理和成本控制，综合考虑市场形势，合理把握建设节奏，最终实现政府保障基本需求、市场满足多层次住房需求、建立租购并举的住房制度。

（《中国建设报》2024年3月7日8版）

扎实推动收购已建成存量商品房用作保障性住房工作

张　仲

房地产关系人民群众切身利益和经济社会发展大局。2024年4月30日，中共中央政治局会议强调，要结合房地产市场供求关系的新变化、人民群众对优质住房的新期待，统筹研究消化存量房产和优化增量住房的政策措施，抓紧构建房地产发展新模式，促进房地产高质量发展。2024年6月20日，住房和城乡建设部召开收购已建成存量商品房用作保障性住房工作视频会议，解读政策文件，作出部署安排，明确事项要求，推动县级以上城市有力有序有效开展收购已建成存量商品房用作保障性住房工作。

万物得其本者生，百事得其道者成。收购已建成存量商品房用作保障性住房是党中央、国务院作出的重要决策部署。要切实增强责任感、使命感，深刻理解把握收购已建成存量商品房用作保障性住房工作的重要意义。一是有利于减少已建成存量商品房的库存规模，推动房地产市场健康发展。二是有利于盘活存量土地和房屋资源，增加保障性住房供给，更好满足新市民、青年人和工薪收入群体的居住需求。三是有利于与保交房工作和"白名单"机制形成合力，防范化解房地产风险。

眼中形势胸中策，缓步徐行静不哗。在推进收购已建成存量商品房用作保障性住房工作中，要拓宽思路，稳妥把握、扎实推进。一是摸清底数，坚持以需定购。全面细致摸排本地区保障性住房需求情况和已建成存量商品房库存水平，合理确定可用作保障性住房的商品房房源，提前锁定保障性住房需求。二是规范实施，防范各类风险。规范收购主体、收购过程、配售配租，确保收购的已建成存量商品房户型面积、价格、位置均合适。三是做好对接，落实金融支持。国有企业和银行加强沟通，充分利用低成本贷款资金，切实做到资金可平衡、项目可持续。

审大小而图之，酌缓急而布之。要发挥主观能动性，充分调动各方面积极性，切实做到组织有方、行动有力、落实有效。一是建立工作机制，加强统筹协调和监督指导，多部门形成合力，确保各项工作落地落细。二是完善配套政策，结合本地实际，出台相关管理办法、具体要求和保障措施。三是形成实物工作量，推动条件成熟项目尽快落地。四是加强宣传引导，创造和总结可复制、可推广的经验做法，样板引路、示范先行，为深入推动工作开展营造良好舆论氛围。

咬定青山不放松，一张蓝图绘到底。要深刻认识房地产工作的人民性、政治性，在推动消化存量房产、构建房地产发展新模式过程中，充分结合房地产市场供求关系新变化、人民群众对优质住房新期待，按照当地实际，细化各项工作，合理制定任务书、科学排列时间表、精准描绘路线图，倒排工期、挂图作战，推动收购已建成存量商品房用作保障性住房工作，努力向党和人民递交满意答卷。

(《中国建设报》2024年8月12日3版)

政研观察 ——述评新征程住房和城乡建设高质量发展新实践

有力有序有效推进保障性住房建设和城中村改造工作

张　仲

住房问题既是重大的民生问题也是重大的发展问题。2024年是保障性住房建设、城中村改造工作全面启动的第一年，住房和城乡建设部高度重视、全力推动，以划分区域方式，分期分批培训各城市相关工作负责同志。2024年7月16日，住房和城乡建设部在吉林省长春市举办第三期保障性住房建设、城中村改造工作专题培训班，深入学习贯彻党中央、国务院关于推进保障性住房建设、城中村改造的决策部署，解读相关配套支持政策，交流推广典型经验做法，明确下一步工作任务要求，指导督促地方有力有序有效推进保障性住房建设和城中村改造工作。

2023年4月28日，习近平总书记在中共中央政治局会议上强调，在超大特大城市积极稳步推进城中村改造和"平急两用"公共基础设施建设，规划建设保障性住房。这是以习近平同志为核心的党中央站在中国式现代化战略全局高度作出的重大部署。规划建设保障性住房有利于缓解大城市住房矛盾、有力有序有效推进房地产转型和高质量发展、更好拉动投资消费、促进宏观经济持续向好。在超大特大城市积极稳步推进城中村改造有利于消除城市建设治理短板、改善城乡居民居住环境条件、扩大内需、优化房地产结构。

加快推进保障性住房建设，更好满足人民群众"住有所居"的愿望。一是推进项目开工建设。有关城市要明确保障性住房建设具体工作要求和需要注意把握的问题，落实好中央补助、地方政府专项债券、土地、配套金融和税费优惠等支持政策。二是推动收购已建成存量商品房用作保障性住房。要结合本地区房地产市场情况，综合考虑保障性住房实际需求、商品房市场库存水平等因素，坚持以需定购，积极争取保障性住房再贷款政策支持，推动条件成熟的项目尽快落地。三是在保障性住房中全面开展好房子建设。要按照"绿色、低碳、智能、安全"的标准，打造"好房子"样板，宣传典型案例，推广优秀经验做法，让人民群众居住得更舒适、更便利、更美好。

加快推进城中村改造工作，探索出一条新形势下城中村改造的新路子。一是明确城中村改造有关工作要求。坚持稳中求进、积极稳妥，坚守城中村改造的初心，将消除各类安全风险隐患置于首位，优先在群众改造需求迫切、城市安全和社会治理隐患多的城中村开展实施，按照"成熟一个推进一个、实施一项做成一项"的工作思路，真正做到好事办好、实事办实。二是妥善把握重点环节。实施改造过程中要坚持依法征收、净地出让的原则，切实保障好村民合法权益，落实好产业先行搬迁，将城中村改造与保障性住房建设相结合。三是加快项目开工建设。推动各项支持政策尽快落地见效，确保及时落实到位，推动城中村改造工作取得实效。

追风赶月莫停留，平芜尽处是春山。要坚决贯彻落实党中央、国务院决策部署，深入理解把握相关政策文件，厘清更好推进工作的思路和方法，加强组织实施，以更深刻的认识、更坚定的信心、更有力的举措、更扎实的步伐推进规划建设保障性住房、收购已建成存量商品房用作保障性住房以及城中村改造工作，奋力开创工作新局面，讲好房地产转型新故事，让群众切实感受到政策效果。

(《中国建设报》2024年8月19日3版)

进一步规范保障性租赁住房建设管理，托起新市民青年人安居梦

钟洁颖

加快发展保障性租赁住房（以下简称"保租房"）是党中央、国务院作出的重大决策部署，是新发展阶段住房保障工作的重要内容，是坚持以人民为中心的发展思想的具体体现。2021年6月，国务院办公厅印发《关于加快发展保障性租赁住房的意见》以来，各地区、各部门认真贯彻落实文件精神，加快发展保租房，取得了积极进展。近日，福建省出台了《福建省保障性租赁住房建设实施办法（试行）》（以下简称《办法》）。《办法》共八章三十条，分别从总则、年度计划、规划建设、房源筹集、项目认定、支持政策、监督管理、附则八个方面，明确保租房建设全流程的具体要求，以更实更细的举措，帮助在闽新市民、青年人租得到、租得起、租得近、租得稳、租得好。

当前，在一些人口净流入、房价偏高的大城市，新市民、青年人"买不起房、租不好房"的问题还比较突出。《办法》以满足新市民、青年人住房需求为出发点，努力为其提供适当、安全、可负担的住房。在规划选址上，按照职住平衡原则，优先利用人口和就业岗位多、公共交通和公共服务设施完善的区域存量土地和房屋；在质量安全上，强调非居住存量房屋改建为保租房前，应当进行房屋可靠性鉴定；在租金设定上，明确保租房为限定户型面积和租金水平的配租型保障性住房，并将保租房租赁价格及调整方式作为土地出让或租赁的前置条件。

"十四五"时期，福建省计划新建改建保租房36.5万套（间）以上。截至2023年年底，全省累计开工筹集保租房约23万套（间），已完成目标任务量的六成。为进一步加大建设筹集力度，《办法》提出多项举措引导多主体投资、多渠道供给。例如，在建设主体上，支持和引导园区企业、企事业单位、农村集体经济组织、住房租赁企业等各类主体参与保租房建设、运营；在房源筹集上，明确利用新供应

国有建设用地建设、非居住存量房屋改建、产业园区配建等多种筹集渠道,并新增可批量收购符合条件的已建成存量商品房用作保租房,以及可将符合条件的安置房、城中村房屋长期租赁用作保租房。

在国家政策框架下,《办法》突出地方特色,充分吸收近年来福州、厦门等城市在发展保租房过程中积累的经验做法,提出多条创新性举措。例如,在筹建方式上,重点发展具备一定规模、实行整体运营并集中管理的保租房,同时明确宿舍型集中式保租房和住宅型集中式保租房在新建、改建时分别适用的建设标准。又如,在交付使用上,对已竣工但未进入室内装饰装修阶段或不具备入住条件的房源,明确装饰装修时序安排和交付出租使用的时间节点,并建立定期调度工作机制等。

2023年11月,习近平总书记在上海考察新时代城市建设者管理者之家时指出,城市不仅要有高度,更要有温度,要践行人民城市理念,不断满足人民群众对住房的多样化、多元化需求,确保外来人口进得来、留得下、住得安、能成业。要认真贯彻落实习近平总书记重要指示批示精神,按照党中央、国务院有关决策部署,坚持多主体供给、多渠道保障,继续加大保租房供应力度,满足新市民、青年人"一张床、一间房、一套房"的住房需求,帮助他们提高幸福生活指数,激发创业创新动力,也为城市留住人才,增强发展活力和竞争力。

(《中国建设报》微信公众号2024年9月26日)

积极稳步推进超大特大城市城中村改造

赵安然

在超大特大城市积极稳步推进城中村改造，是以习近平同志为核心的党中央站在中国式现代化战略全局高度作出的具有重大而深远意义的工作部署，是一项改善民生、扩大内需、推动城市高质量发展的重要举措。

党中央、国务院历来重视城中村改造。2014年12月，习近平总书记在中央经济工作会议上指出，"从城市看，高楼林立，大广场、宽马路气势恢宏，但老旧设施落后，城市管理不足，地下设施老化，棚户区、城中村大量存在，都需更新改造"。2015年12月，在中央城市工作会议提出"一些城市一边是高楼大厦鳞次栉比，一边是棚户区、城中村破败低矮"。党的二十大报告提出"要加快转变超大特大城市发展方式，实施城市更新行动"。2023年4月28日和7月24日，习近平总书记在主持召开中央政治局会议时强调，"在超大特大城市积极稳步推进城中村改造和'平急两用'公共基础设施建设""要加大保障性住房建设和供给，积极推动城中村改造和'平急两用'公共基础设施建设，盘活改造各类闲置房产"。

推进超大特大城市城中村改造是筑牢民生安全底线、改善基本居住条件的重要举措。一是改善新市民基本居住条件。城中村往往是北上广深等超大特大城市外来务工人员、新市民、青年人的首个落脚点和安居地，但当前城中村的人居环境堪忧，迫切需要完善城市基础设施、改善这部分群体居住条件和环境品质、满足其美好生活需求。二是筑牢民生"安全底线"。城中村是在工业化、城镇化快速发展进程中形成的，普遍存在公共卫生安全风险大、房屋安全和消防安全隐患多、配套设施落后、人居环境脏乱差、住房贫困比例高、社会治理难等突出问题，是城市现代化发展的短板区域。守住安全底线，就是要通过城中村改造减少或消除这些风险隐患，切实保障人民群众生命财产安全。

推进超大特大城市城中村改造是有效扩大内需、推动城市高质量发展的重要途径。一是在超大特大城市以城中村改造为着力点,加快转变发展方式,有利于消除城市建设治理短板,改善人民居住和生态环境,高效利用土地资源,促进产业转型升级,建设宜居、韧性、智慧的现代化城市。二是通过改造,城中村村民能够转化为市民,纳入城镇社会保障体系,可享受与市民同样的社区、物业管理服务等,有利于推动以人为核心的新型城镇化。三是城中村改造可有效拉动直接投资,并对上下游相关产业、居民消费就业有带动性作用,可有效促进经济稳增长、拉动内需,预计我国每年城中村改造投入金额将达8400亿元。

推进超大特大城市城中村改造落实落细是一项系统工程。在理念和原则上,坚持分类改造、先谋后动。采取拆除新建、整治提升、拆整结合等不同方式对城中村进行分类改造。拆除新建不是大拆大建,要统筹考虑城中村具备的条件。同时,改造要建立在落实前期征求村民意愿、产业先行搬迁、人员补偿安置和历史风貌保护等工作的基础上,动则必快,动则必成。在具体举措上,统筹政府与市场的关系,统筹人员、土地、资金和房源各个要素,因地制宜推进城中村改造。坚持市场在资源配置中起决定性作用、更好发挥政府作用,依法征收、净地出让,充分调动政府和社会主体的积极性,多渠道筹措改造资金,并统筹做好产业转型升级,将城中村改造和保障性住房建设相结合。在改造标准上,以工作导则为指引,推动城中村改造有的放矢。拆除新建的城中村要按照城市标准来规划、建设和管理,整治提升的要按照文明城市标准整体提升和实施管理。在组织保障上,落实城市人民政府的主体责任,省级人民政府负责指导督促和监督检查,保障城中村改造有力有序推进。

城中村改造利国利民、大有可为。要始终牢记习近平总书记"人民城市人民建、人民城市为人民"的殷切嘱托,坚持以人民为中心的发展思想,坚持稳中求进、积极稳妥,优先对群众需求迫切、城市安全和社会治理隐患多的城中村进行改造,成熟一个推进一个,实施一项做成一项,真正把好事办好、实事办实。

(《中国建设报》2023年11月6日2版)

因势而动，做好超大特大城市城中村改造工作

金生学

城中村改造是城市发展由大规模增量建设转为存量提质改造和增量结构调整并重阶段的重要工作。近日，深圳市人民政府办公厅印发《关于积极稳步推进城中村改造实现高质量发展的实施意见》（以下简称《实施意见》），提出采取拆除新建、整治提升、拆整结合三类方式推进城中村改造项目落地实施，为有序推动深圳城中村改造提供了重要的政策指引。

借势而进，贯彻落实国家政策。善弈者谋势，不善弈者谋子。2023年7月，国务院办公厅印发《关于在超大特大城市积极稳步推进城中村改造的指导意见》。北京、上海、广州等超大特大城市相继发布地方性法规或政策文件，对城中村改造工作进行了制度设计和工作部署。深圳市出台的《实施意见》，推动城中村改造工作规范化、制度化、体系化，确保城中村改造工作依法依规、稳步有序推进。

顺势而为，解决当前突出问题。观乎天文，以察时变；观乎人文，以化成天下。作为城市的重要组成部分，城中村保障群众居住需求，为深圳等地实现高速发展发挥了重要作用。据悉，2022年年底，深圳城中村建筑量占全市建筑总量比重超过40%，居住人口占全市人口约60%。城中村安全风险隐患大、配套设施落后、环境脏乱差、土地利用效率低等问题亟待解决，"地铁坐到头，回到村里头"成为真实写照。《实施意见》坚持问题导向、目标导向，提出要切实消除安全风险隐患，改善居住条件和生态环境，推动城市高质量可持续发展。

乘势而上，衔接优化既有政策。飞蓬遇飘风而行千里，乘风之势也。《实施意见》强调做好新旧政策衔接，确保政策的连贯性和有效性。2023年，深圳市推进城中村保障性住房规模化品质化安全改造提升工作，供给更多高品质、可负担的保障性住房。在此基础上，《实施意见》顺应房地产发展新模式，提出将城中村改造与保障性住房建设相结合，与"保障+市场"的住房供应体系建设相呼应。同时，《实

施意见》在《深圳经济特区城市更新条例》的基础上，放宽前期拆建意愿征集要求，将意愿征集门槛由四分之三降低至三分之二，为城中村改造起到了"加速器"作用。

谋势而动，切实推行有效举措。计利以听，乃为之势，以佐其外。《实施意见》强调先谋后动、动则必快、动则必成，既尽力而为，又量力而行。在工作布局上，将城中村改造年度计划纳入国民经济和社会发展计划，构建以《实施意见》为核心的"1+N"政策框架；在资金渠道上，积极申请中央预算内资金、政策性银行专项借款，发行地方政府专项债券；在实施路径上，编制城中村改造综合方案，明确三种改造方式的实施要点，有力有序推进城中村改造。

因势利导，发挥组织保障作用。善战者，因其势而利导之。《实施意见》坚持市和区两级政府履行主体责任，加强政府在城中村改造中的职责分工、监督考核以及宣传引导等保障工作。明确职责分工，在市政府的统筹协调下，住房和建设局等14个部门和区政府各司其职，各尽其责；严格监督考核，以督察机制保障工作落实，以奖惩机制实施激励约束；强化宣传引导，加强政策解读，强化信息互动传递，推广好案例、好项目、好做法、好经验，营造良好的社会氛围。

利民之事，丝发必兴。城中村改造既是民生工程，也是民心工程。要坚持以人民为中心的发展思想，聚焦人民群众的需求，积极稳步推进城中村改造工作，构建科学完备的城中村改造制度体系，着力改善群众居住条件，加快实现从"有居"到"优居"的转变。

(《中国建设报》2024年5月29日2版)

积极稳步推进超大特大城市"平急两用"公共基础设施建设

赵 燊

超大特大城市人口规模大、人员流动快，突发公共事件始终是潜在的重大威胁，需要积极稳步推进"平急两用"公共基础设施建设，"平时"可用作旅游、康养、休闲等，"急时"可转换为隔离场所，满足应急隔离、临时安置、物资保障等需求。2023年4月28日，中央政治局会议提出要在超大特大城市积极稳步推进城中村改造和"平急两用"公共基础设施建设；2023年7月14日，国务院常务会议审议通过《关于积极稳步推进超大特大城市"平急两用"公共基础设施建设的指导意见》；2023年7月20日，积极稳步推进超大特大城市"平急两用"公共基础设施建设工作部署电视电话会议在京召开。"平急两用"公共基础设施是党中央根据房地产市场新形势部署的"三大工程"之一，积极稳步推进超大特大城市"平急两用"公共基础设施建设，是实现城市发展与安全一体统筹、良性互动，推动城市高质量发展的重要举措。

为什么要建设"平急两用"公共基础设施？一是有利于大城市进一步完善医疗卫生服务体系，补齐应急物资保障供应等方面的短板，提升城市卫生健康治理体系和治理能力现代化的水平。二是有利于促进城市周边经济发展和乡村的振兴，能够有效地盘活山区、农村沉睡的旅游居住资源，促进旅游消费，畅通中心城区与周边乡村的要素流通循环，带动新型农村集体经济的发展，拓宽农民增收致富的渠道，稳定和扩大就业，促进城乡融合发展和乡村振兴。三是有利于推动城市转变发展方式和规划建设管理理念的升级转型，进一步优化城市空间布局，促进城乡高质量发展、协调发展。

建设"平急两用"公共基础设施的着力点有哪些？一是要聚焦在打造一批具有隔离功能的旅游居住设施上，坚持因地制宜、因城施策，综合考虑地理区位、旅游资源、交通条件等因素，建设储备一批旅游居住设施。二是要聚焦在升级一批医疗应急服务点上，坚持填平补齐、保障应急，在中心城区高水平医院支援带动的基础上，支持县级医院、县域医疗卫生次中心等提标扩能，升级改造一批医疗应急服务点。三是要聚焦在新建或改扩建一批城郊大仓基地上，坚持平时服务、急时转换，统筹考虑超大特大城市市域大型物流基地设施布局和市区物流配送体系建设，新建或改扩建一批城郊大仓基地，按照"平时"服务城市生活物资中转分拨，"急时"可快速改造为应急物资和生活物资中转调动站、接驳点或分拨场地的要求，合理划分基地功能区域，完善内部设施布局，补齐功能性设施短板。四是要聚焦在完善市政、旅游等配套条件上，优先将"平急两用"公共基础设施周边及相关道路沿线的支线道路、通信设施、垃圾污水处理设施、医疗废物和污水处置设施等配套建设任务纳入相关基础设施专项规划，有序推进实施，加强"平急两用"公共基础设施周边重大旅游基础设施建设，促进优质旅游资源扩容。

如何积极稳步推进"平急两用"公共基础设施建设？"平急两用"公共基础设施建设是系统工程，要坚持系统思维统筹推进，将"平急两用"理念融入城市整体规划，处理好政府与市场的关系、成本与收益的关系、"平"时与"急"时的关系。一是要坚持问题导向和目标导向，解决好"建多少、在哪建、怎么建、用什么地、如何配套、如何管理"等问题，要注重统筹新建增量与盘活存量，积极盘活城市低效和闲置资源，依法依规、因地制宜、按需新建相关设施。二是要坚持政府引导、社会主导，发挥政府在统筹协调、规划编制等方面重要引导作用的同时，充分发挥市场机制作用，鼓励和吸引更多民间资本参与"平急两用"公共基础设施的建设改造和运营维护，发挥头部企业投资建设、开拓市场、打造品牌支撑作用，以市场效益确保"平急两用"公共基础设施可持续高质量发展。三是要守住底线，完善政策体系，健全工作机制，防范财政金融、生态和安全生产风险，推动"平急两用"公共基础设施建设尽快落地见效。

丰年人乐业，陇上踏歌行。习近平总书记多次强调，人民对美好生活的向往就是我们的奋斗目标，要不断提高人民群众的获得感、幸福感、安全感。新时代新征程上，积极稳步推进"平急两用"公共基础设施建设，"平"时可运营，透着"烟火气"，"急"时可转换，应保障之需，确保平时高质量发展和应急状态下高水平安全可及时切换，这是坚持以人民为中心的发展思想的生动写照，是对"人民城市人民建、人民城市为人民"理念的矢志践行，是打造宜居、韧性、智慧城市的具体体现。

（《中国建设报》2023年12月20日2版）

扎实做好房屋体检，夯实房屋安全基础

钟庭军

随着我国进入城镇化发展的"下半场"，进入增量结构调整和存量提升改造并重的时期。截至2022年年底，我国城镇既有房屋中建成年份超过30年的接近20%，大量老房子建设标准低、缺乏必要维护，安全隐患日益凸显。在极端天气突发、违法改扩建等自然因素和人为因素叠加下，近年来，房屋安全事故频发，给人民生命财产带来重大损失，2022年"4·29"长沙自建房倒塌等事故再次敲响警钟。房屋安全是长期系统工程，房屋体检是关键一环，务必要抓实抓细抓好。

夯实房屋体检基础。"九层之台，起于垒土"。2020年，我国开展了第一次全国自然灾害综合风险普查工作，首次摸底普查了城乡各类房屋安全状况基数，为房屋体检工作打下了坚实基础。近年来，持续推进自建房安全专项整治等工作，取得了有效进展。2024年1月，住房和城乡建设部等部门出台《关于加强高校学生宿舍建设的指导意见》要求对一定年限的学生宿舍建筑要进行定期体检。2024年全国住房城乡建设工作会议要求，抓好21个城市的房屋体检、养老金、保险三项制度试点，确保城市试点取得实质性进展。

创新优化房屋体检。"聪者听于无声，明者见于未形"。要抓住重点领域重点环节，牵住"牛鼻子"，持续推进城乡房屋建筑安全隐患排查整治，开展大跨度公共建筑安全体检和设计回访，加强物业共有部位和共用设施设备管理。要积极探索创新房屋体检方法，做到自查巡检双到位，老旧危房为重点，定期不定期检查相结合。在台风、暴雨、大雪等极端天气以及节假日来临前，要加强巡查力度，增加巡查频次。尤其目前南方一些省份遭受多年不遇的冻雨灾害，安全隐患更加暴露，要加大防范力度。要建立隐患房屋管理台账制度，根据房屋隐患情况落实"一栋一策"整治方案。要压实各方责任，努力形成"安全责任人自查、网格排查、部门联查、第三方定期检查"的常态化体检工作机制。

探索运用智能监测。"革，去故也。鼎，取新也"。坚持安全第一、预防为主，要推动公共安全治理模式向事前预防转型，实现既有建筑安全风险管理从"被动应对"转向"主动防范"。智能监测是主动防范的重要工具，要探索通过遥感监测、无人机监测和传感器监测技术等多层次技术应用，实现大范围筛查普查和重点监测相结合，要建设"可感、可视、可控、可持续"的既有建筑监测管理平台，完善从采集到预警查询全生命周期房屋体检管理体系，实现安全隐患早预防、早发现、早消除。

强化体检结果运用。"泾溪石险人兢慎，终岁不闻倾覆人"。把房屋体检和城市体检有机融合起来，聚焦解决群众急难愁盼问题和补齐城市建设发展短板弱项。要健全"发现问题—解决问题—巩固提升"的房屋安全闭环管理机制，以城市C、D级危房加固为重点，多方筹集资金，持续推进城市危旧房改造，拓展"民有所呼，我有所应"工作局面。

生命重于泰山。要以时时放心不下的责任感，将房屋安全摆在突出位置，强化底线思维，把保护人民生命安全作为"国之大者"，强化房屋体检，保障房屋安全，做到守土有责、守土负责、守土尽责，确保人民生命财产安全。

（《中国建设报》2024年3月7日8版）

加快推进城镇房屋安全管理制度试点工作，筑牢房屋安全保护屏障

马宇佳

建立健全城镇房屋体检、房屋养老金、房屋保险制度，是解决我国城镇房屋安全突出问题、补齐既有房屋安全治理体系短板的基础性制度安排，也是维护人民群众生命财产安全、提升人民居住品质的重要抓手。近日，住房和城乡建设部工程质量安全监管司会同房地产市场监管司等在北京召开城镇房屋安全管理三项制度试点工作研讨会，认真落实全国住房城乡建设工作会议部署，交流试点工作方案和进展，推动建立健全三项制度，助力住房城乡建设事业高质量发展。

加快推进城镇房屋安全管理试点工作意义重大。住房安全关系人民群众生命财产安全和社会大局稳定，影响人民群众的获得感、幸福感和安全感。现阶段，大规模、快速建设时期积累的矛盾和问题日益突出。我国城镇房屋"老龄化"严重，大量房屋"先天不足"，设计标准低、缺乏必要维护，年久失修、基础设施损坏缺失等问题突出。部分自建房缺乏专业设计和必要施工监管，进一步增加了房屋安全风险，近年来多次发生自建房倒塌事故，如"8·29"临汾市聚仙饭店坍塌、"4·29"长沙自建房坍塌等，造成了人民生命财产严重损失。当前，我国房屋安全隐患逐步开始凸显，迫切需要采取有效措施，逐步建立房屋安全管理长效机制，有效防范房屋安全风险。

城镇房屋体检、房屋养老金、房屋保险三项制度是相互联系的有机整体，共同支撑房屋全生命周期的安全保障。一是构建房屋体检制度，定制房屋安全管理的诊断单。房屋体检是房屋安全管理的前提条件，夯实房屋体检"问题导向"的先导作用，通过定期体检，及时发现问题和短板，对症下药消除安全隐患。二是设立房屋养老金制度，拓宽房屋安全管理的资金池。探索设置公共账户和个人账户，考虑计提一定比例国有土地使用权出让收入，统筹其他涉房资金，共同纳入公共账户。三

是建立房屋保险制度，加固房屋安全管理的保护墙。以市场化的手段推动完善工程质量和房屋安全监管的体制机制，为房屋安全加把锁，逐步由"事后赔付"向"事前体检、事中预警、事后赔付"的全流程服务转变，从"风险等量补偿"向"风险减量管理"升级。通过建立三项制度，为房屋织密安全网，构建房屋全生命周期安全管理的全链条机制。

试点城市多措并举，推动城镇房屋安全管理三项制度落地生根。试点工作部署以来，各试点城市因势利导、因地制宜，加快形成凝聚地方特色的制度体系和发展模式。在房屋体检方面，有的城市将工业建筑纳入房屋体检试点范围，在重点体检项目中加入消防安全情况。在房屋养老金方面，有的城市将财政资金作为养老金公共账户的主要资金来源，每年续筹，累积结存。在房屋保险方面，有的城市以安全隐患突出的"城中村"自建房为重点，试点既有房屋保险。

"居无虑，心自安"。当前，我国城市发展已经进入了城市更新的重要时期，已由大规模增量建设转入存量提质改造和增量结构调整并重的新阶段。建立健全城镇房屋体检、房屋养老金、房屋保险制度，扎实推进试点工作，能够改善民生，满足人民群众对美好居住需要。要坚持以人民为中心，持续深入推进试点工作，积极探索，加强试点工作经验总结与交流推广，持续发力、久久为功，为房屋全生命周期提供坚实的安全屏障。

(《中国建设报》2024年3月7日8版)

先行先试 见行见效
烟台市加强住宅全生命周期管理

张理政

同生命体一样,房屋也有生命周期。我国存量房屋规模较大,老龄化突出,安全隐患逐步开始显现。对此,住房和城乡建设部提出,要形成房屋安全长效机制,研究建立房屋体检、养老金、保险等制度,让房屋全生命周期安全管理有依据、有保障。近期,烟台市人民政府办公室发布《烟台市人民政府办公室关于加强城市住宅全生命周期管理工作的意见》(以下简称《意见》),积极响应有关工作部署,先行先试,构建覆盖房屋全生命周期的质量安全管理制度体系,保障人民群众权益和生命财产安全。

"五大环节"构建住宅全生命周期管理闭环。根据《意见》,烟台将住宅全生命周期划分为勘察设计、施工建造、验收交付、运行维护和房屋灭失五个环节,分别制定详细工作措施。一是在勘察设计环节,加强勘察设计质量管控,土地出让环节推行带设计方案出让,全面落实高品质要求,实施设计回访,提升勘察设计水平。二是在施工建造环节,健全工程项目质量管理体系,严格落实材料进场验收制度,实行"样板引路""举牌验收",提高施工建造质量。三是在验收交付环节,开展住宅工程分户验收、先验房后收房、联合验收,保障交付品质。四是在运行维护环节,加强违建执法,及时发现和处置房屋质量问题和安全隐患,杜绝新增安全风险隐患。五是在房屋灭失环节,对经鉴定为危房的房屋,采取果断措施,保障人民群众生命财产安全。五个环节紧密衔接,贯穿住宅增量建设和存量使用两大阶段,形成覆盖房屋全生命周期的管理闭环。

"三项制度"支撑住宅安全管理长效机制。《意见》提出,要探索建立城市住宅养老金、城市住宅体检、城市住宅保险三项制度。其中,城市住宅养老金由公共账户和个人账户组成,按照"取之于房、用之于房"的原则,探索通过列入土地出让成本、财政预算拨款和建设单位缴纳、个人缴纳等方式筹集资金，用于房屋体检、购买房屋保险、公共部位维修补贴等。城市住宅体检是指定期或应急性对居民住房进行规范检测和评估，并提醒房屋使用安全责任人及时维修和保养房屋，消除安全隐患，确保房屋住用安全。城市住宅保险是指围绕保障房屋使用功能和安全，创新险种，叠加现有险种，撬动和放大资金规模效应，形成覆盖房屋全周期的保险机制。住宅养老金、体检、保险三项制度协同配合，对住宅全生命周期安全管理发挥重要的支柱作用。

"多元技术"保障住宅安全管理制度智慧运行。《意见》提出，要全流程推广应用BIM技术，综合CIM、云计算、物联网、AI等技术应用，建设涵盖勘察、设计、施工、验收、交付、运维、体检、保险、拆除房屋全生命周期管理智慧系统平台，通过平台建立完整的建筑数字孪生体。该平台与数字化图审平台、智慧工地平台、智慧物业等既有业务管理系统实现信息互联互通，为每套房屋建立一套完整的管理"档案"。将新型智能技术与房屋安全管理工作深度融合，是实现房屋全生命周期动态监管的基础保障，也是住宅安全管理长效机制有效运行的重要支撑。

"驾言各勇往，实践仍精思"。《意见》已经谋划了烟台市住宅全生命周期管理制度的总体设计，还需在住宅养老金、体检、保险制度等方面出台配套政策进一步细化完善，将其系统融入住房全生命周期发展各环节中，见行见效，真正将房屋安全管理长效机制落实落地。随着我国住房发展进入存量时代，需要更多城市积极探索、试点创新，尽快形成房屋全生命周期安全管理制度体系，适应住房发展的新形势，消除房屋安全隐患，提升居住品质，切实满足人民群众对美好居住生活的追求。

(《中国建设报》2024年3月7日8版)

继续发挥住房公积金制度优势

单 爽

我国的住房公积金制度诞生于20世纪90年代的住房制度改革,作为我国城镇住房制度的一项重要内容,住房公积金制度始终坚持服务住房工作大局,围绕住房领域乃至经济社会发展发挥积极作用,不断与时俱进、改革创新,通过为住房消费、住房保障、城市更新等方面提供支持,推动城镇住房制度改革,促进房地产市场发展,支持居民解决住房问题,为实现"住有所居"发挥了重要作用。

提高居民支付能力,满足刚性和改善性住房需求。作为住房制度改革的重要一环,住房公积金制度在设立之初,即以帮助城镇职工解决住房问题为目标,经历了30多年的发展完善,这始终是其最重要的职能之一。据统计,2012—2022年,全国共发放住房公积金个人住房贷款12万亿元,支持4500万缴存人购房。"一个篱笆三个桩,一个好汉三个帮",在住房公积金的互助体系下,越来越多的人实现"居者有其屋"。

加大租房提取力度,推动实现"租购并举"。建立"租购并举"的住房制度,是保持房地产市场平稳健康发展的重要举措,也是实现"让全体人民住有所居"的有效途径。近年来,为解决住房困难人群,尤其是新市民、青年人等群体买不起房、租不好房的问题,住房公积金不断加大租房提取力度,各地逐步放宽政策、适当提高额度、提高业务办理效率。2012—2022年间,住房公积金累计支持3000万缴存人提取8600多亿元租房安居。在住房公积金的支持下,新市民、青年人的租房压力得到缓解,获得感、幸福感、安全感切实增强。

加大供需支持力度,支持住房保障体系建设。需求端,支持租住公租房、保障性租赁住房的缴存人按实际租金全额提取住房公积金,降低住房困难群体的房租负担。供给端,住房公积金运作产生的增值收益,在留足贷款风险准备金、住房公积金管理中心的管理费用后,补充用于城市公租房(廉租房)建设。截至2022年年末，累计提取公租房（廉租房）建设补充资金6518亿元，为保障性住房的筹集建设提供了重要的资金来源。

助力城市更新行动，改善居民居住环境。随着我国大规模城市开发建设渐入尾声，城市发展逐步进入城市更新的重要时期。在此背景下，国家出台政策，支持城镇老旧小区居民提取住房公积金，用于加装电梯等自住住房改造，2023年进一步将政策支持范围扩大到缴存人及配偶双方父母。既有利于引导居民积极参与，变"要我改"为"我要改"；又有助于建立政府与居民、社会力量合理共担改造资金的机制，落实权责对等原则。通过支持城市更新，住房公积金发挥了其在满足人民群众美好生活需要、推动惠民生扩内需、推进城市更新和开发建设方式转型、促进经济高质量发展等方面的积极作用。

知常明变，守正创新。当前，我国人口总量提前达峰，城镇化增速放缓，住房发展从总量短缺转为结构性供给不足，房地产市场供求关系发生重大变化。新形势为住房公积金制度的改革指出了新方向，提出了新要求。住房公积金制度将继续增强居民住房支付能力，提高居民居住品质，在促进金融与房地产良性循环，助力构建房地发展新模式，实现房地产高质量发展中发挥积极作用。

(《中国建设报》2023年12月27日3版)

实干担当　与时俱进　答好住房公积金民生答卷

单　爽

近日,住房和城乡建设部、财政部、中国人民银行联合发布《全国住房公积金2023年年度报告》,全面披露了2023年全国住房公积金运行情况。2023年,住房公积金行业坚持贯彻落实党中央、国务院决策部署,积极推动缴存扩面,优化制度安排,促进数字化发展,强化行业管理,缴存人的体验感和满意度不断提升。

推动扩面工作,惠及更多人群。一是住房公积金缴存规模持续扩大。2023年,住房公积金实缴单位达到494.76万个,实缴职工17454.68万人,分别比上年增长9.29%和2.80%。新开户单位77.15万个,新开户职工2017.11万人。净增实缴单位42.04万个,净增实缴职工475.12万人。二是灵活就业人员参加住房公积金制度试点稳步扩大。指导重庆、成都、广州、深圳、常州、苏州6个首批试点城市深化试点工作,总结提出试点政策工具箱,明确统一实施的基础性政策和可选用的支持性政策。稳步扩大试点范围,增加济南、武汉、青岛、昆明、包头、晋城、湖州7个试点城市,助力更多灵活就业人员稳业安居。截至2023年年底,13个试点城市共有49.37万名灵活就业人员纳入住房公积金制度覆盖范围。

坚持"房住不炒",满足住房需求。"不忘初心,方得始终",提高城镇居民的居住水平是建立住房公积金制度的根本目的之一,随着我国住房矛盾从总量短缺转为结构性供给不足,住房公积金政策也进行了相应优化调整。一是加大租房提取支持力度。支持新市民、青年人提取每月缴存的住房公积金支付房租,推广按月提取住房公积金直接支付房租、帮助缴存人争取租金优惠等做法。2023年,租赁住房提取金额2031.28亿元,比上年增长33.52%;租赁住房提取人数1846.09万人,比上年增长20.04%。二是优化住房公积金贷款政策,重点支持购买首套普通住房、共有产权住房等保障性住房。2023年年底,住房公积金个人住房贷款市场占有率达到16.98%,在2023年发放的个人住房贷款笔数中,首套住房贷款占82.97%,

144平方米（含）以下住房贷款占90.61%，40岁（含）以下职工贷款占81.36%。三是助力老旧小区改造。2023年，将政策支持范围扩大到本人及配偶双方父母自住住房加装电梯等改造，共支持4.42万人提取住房公积金8.26亿元用于加装电梯，助其改善居住环境。四是支持保障性住房建设。2023年，提取公租房（廉租房）建设补充资金1036.19亿元，占当年分配增值收益的71.92%。2023年年底，累计为公租房（廉租房）建设提供补充资金7560.2亿元。

加快数字化发展，提升服务效能。"苟利于民，不必法古"，数字化是住房公积金高质量发展的重要内容。2023年，住房公积金行业围绕构建便捷高效的数字化服务新模式，推进住房公积金业务流程优化、模式创新和履职能力提升。一是夯实数据基础。一方面，以征信信息共享为抓手，建立健全住房公积金数据质量提升工作机制。另一方面，推进部门间数据共享，年内与公安部实现8项数据共享。二是提升线上服务效能。通过整合职工缴存证明、异地贷款缴存使用证明、贷款结清证明等个人证明事项，实现在线实时出具，推动"亮码可办"，提升异地服务效能。上线个人住房公积金年度账单查询功能，向缴存人报告上年度个人缴存使用情况。全年共1.05亿人查询个人住房公积金信息，165.43万人线上异地转移接续个人住房公积金302.99亿元。

促进区域协同，加强行业管理。"单丝不成线，独木不成林"，在区域协调发展的大背景下，加速推进住房公积金异地协同发展，是提升服务效能、提高缴存人满意度的重要手段。一是推动住房公积金区域协同发展。落实京津冀协同发展、长三角区域一体化发展、成渝地区双城经济圈建设等国家战略部署，推动实现住房公积金信息共享、政策协同。二是建立跨地区帮扶工作机制。组织四川、江苏、山东分别与西藏、青海、新疆生产建设兵团"结对子"，助力提升住房公积金管理运行水平。三是加快推进"跨省通办"。"跨省通办"服务事项增至13项。同时，住房公积金在提高风险防控水平、规范机构设置、开展住房公积金管理中心体检评估等方面的工作也持续推进，行业管理服务水平不断提升。

万物得其本者生，百事得其道者成。30多年来，住房公积金制度随经济社会发展变化而不断探索、创新。面对新形势、新要求，住房公积金行业将按照准确识变、科学应变、主动求变的要求，扎实推动高质量发展，为构建房地产发展新模式、推进中国式现代化发挥积极作用。

（《中国建设报》2024年7月9日2版）

城乡建设篇
——努力绘就大美城乡新画卷

城市是我国经济、政治、文化、社会等方面活动的中心,在党和国家工作全局中具有举足轻重的地位。

坚持"人民城市人民建,人民城市为人民",适应城市发展进入城市更新阶段的新要求,进一步深化城市规划建设治理改革,建立可持续的城市更新模式和政策法规,坚持"先体检、后更新",体检发现的问题就是更新要解决的重点,打造宜居、韧性、智慧城市,让人民群众在城市生活得更方便、更舒心、更美好。

以习近平总书记关于城市工作重要论述为引领 推动新时代新征程城市高质量发展

郑岩声

习近平总书记关于城市工作重要论述，立意高远，内涵丰富，博大精深，涉及城市经济、政治、文化、社会、生态文明建设各领域，包括城市规划、建设、治理各环节，涵盖区域、城市、社区、建筑各层次，是世界观与方法论的结合，为做好新时代城市工作指明了方向、提供了根本遵循。近日，住房和城乡建设部主要负责同志在《求是》发表署名文章《开创城市高质量发展新局面》，强调要深入学习领会重要论述，全面贯彻落实党的二十大精神，坚定不移走好中国特色城市发展道路，在中国式现代化进程中推动城市高质量发展，为强国建设、民族复兴伟业贡献力量。文章对于帮助我们深刻领悟和认真贯彻重要论述精神具有很强的指导性。

文章从理论和实践相结合的角度阐述了重要论述的重大意义。从理论意义上看，重要论述系统集成和创新发展我们党关于城市工作的经验智慧，充分汲取中华优秀传统文化精华，明确了城市发展的价值观和方法论，深刻揭示了中国特色社会主义城市发展规律，科学回答了城市建设发展依靠谁、为了谁的根本问题，以及建设什么样的城市、怎样建设城市的重大命题，是习近平新时代中国特色社会主义思想的重要组成部分，是"两个结合"在城市领域的生动体现，是新时代城市工作的思想武器和行动指南。从实践意义上看，党的十八大以来，在以习近平同志为核心的党中央坚强领导下，在重要论述科学引领下，我国城市发展成就举世瞩目，以人为核心的新型城镇化深入推进，城镇居民住房条件显著改善，城市人居环境更加优美，城市综合承载能力稳步提升，城市治理体系不断完善，城市历史文化保护传承全面加强，城市领域的新成就、新面貌成为党和国家事业取得历史性成就、发生历史性变革的精彩缩影。新的征程上，重要论述的真理力量必将更加充分彰显，引领我国城市高质量发展不断形成新的生动实践。

文章从多个维度理解把握重要论述的核心要义和实践要求。在领导力量上，强调加强和改善党对城市工作的领导。东南西北中，党政军民学，党是领导一切的，必须充分发挥党总揽全局、协调各方的领导核心作用，这是做好城市工作的根本政治保证。在价值指向上，强调坚持人民城市人民建、人民城市为人民。城市是人民的城市，必须坚持城市发展为了人民、依靠人民、发展成果由人民共享，这是城市工作的出发点和落脚点。在目标路径上，强调走中国特色城市发展道路。这一道路集中体现中国式现代化的五大鲜明特征，充分彰显党的领导和中国特色社会主义制度优越性，是城市发展的正确方向。在思路方法上，强调"一个尊重、五个统筹"。城市是复杂的巨系统，必须顺应城市发展规律，统筹好系统的结构、时序、动力、布局和主体，这是做好城市工作的基本思路。在格局形态上，强调促进大中小城市和小城镇协调发展。城镇体系对于城市高质量发展至关重要，必须加快形成优势互补、结构合理的城镇格局，这是推动城市协调发展的迫切需要。在底线要求上，强调把生态和安全放在更加突出的位置。城市生态系统和安全系统事关城市可持续发展，必须着力创造优良人居环境，保障人民生命安全和身体健康，这是城市工作的中心目标和基础目标。在文化根基上，强调统筹历史文化保护、利用、传承。文化是城市的灵魂，必须像爱惜自己的生命一样保护好城市历史文化遗产，这是延续城市历史文脉、守住中华民族根和魂的必然要求。在治理模式上，强调推进城市治理体系和治理能力现代化。城市治理是国家治理体系和治理能力现代化的重要内容，必须创新管理理念和手段，提高科学化、智能化、精细化水平，这是推进社会主义现代化城市建设的重要支撑。

文章强调切实以重要论述精神武装头脑、指导实践、推动工作，不断推动城市高质量发展取得新进展新成效。聚焦改善城市人居环境，提出夯实人民安居基点，推进"四好"建设，为人民群众创造高品质生活空间。聚焦塑造城市品质风貌，提出强化城市设计引导，完善城市设计管理制度，构建建设工程设计、施工、验收、运维全生命周期管理制度。聚焦完善城市功能结构，提出稳步推进城市更新，坚持城市体检先行，系统推进"城市病"治理。聚焦推进城市绿色发展，提出推动绿色低碳建设，着力改善蓝绿空间，一体推进绿色建材、绿色建造、绿色建筑。聚焦激发城市发展动力，提出坚持文化科技赋能，持续做好历史街区和历史建筑保护和活化利用工作，建设数字家庭、智慧社区、智慧城市。聚焦增强城市安全韧性，提出筑牢质量安全底线，健全工程质量保障体系，加快推进城市基础设施生命线安全工程建设。聚焦提升城市管理服务，提出提高城市治理水平，加快推进城市运管服平台建设，全面提升城管队伍执法服务能力和水平。聚焦加强城市文明互鉴，提出强化国际交流合作，进一步加强与共建"一带一路"国家的深度合作，推动全球城市更好落实2030年可持续发展议程和全球发展倡议。

在强国建设、民族复兴的历史进程中，城市的战略地位和作用更加凸显，城市发展既拥有广阔空间也面临风险挑战，城市领域各项工作任务更加繁重艰巨。我们要持续深学细悟重要论述精神，深刻领会贯穿其中的人民至上、自信自立、守正创新、问题导向、系统观念、胸怀天下等世界观和方法论，围绕党的二十大提出的"打造宜居、韧性、智慧城市"目标要求，实干笃行、善作善成，不断提高城市规划、建设、治理水平，让城市发展成果实实在在惠及广大人民群众，扎实推进中国式现代化，奋力谱写城市高质量发展新篇章。

(《中国建设报》2023年10月20日2版)

深入践行人民城市理念，打造宜居韧性智慧城市

刘　爽

城市是人民幸福生活的美好家园，是推动高质量发展、创造高品质生活、全面建设社会主义现代化国家的重要载体。2023年12月21日至22日召开的全国住房城乡建设工作会议，对过去一年城市建设的重点任务进行了总结盘点，结合当前城市发展面临的新形势新要求，对新一年城市建设工作进行了系统部署安排。

春发其华，秋收其实。今年以来，城市建设领域一系列重点工作稳步推进，取得累累硕果。坚持问题导向和目标导向相结合，出政策、强试点、抓项目，城市更新行动有序推进，城市体检工作全面展开，完整社区建设试点先行，"一老一小"等服务设施逐步完善，人民群众的获得感、幸福感、安全感不断增强。以深化改革为动力，"一委一办一平台"（即城市管理委员会、城市管理委员会办公室、城市运行管理服务平台）工作体系建设统筹推进，"强基础、转作风、树形象"专项行动巩固深化，城市管理科学化、精细化、智能化水平不断提高。坚定文化自信，历史文化保护、传承和利用一体推进，从真重视、真懂行、真保护、真利用、真监督五个方面部署历史文化街区和历史建筑保护利用工作，讲好中国历史文化故事，推动历史文化遗产焕发新活力、绽放新魅力、赋予新动力。

行百里者半九十，千尺竿头须再攀。随着我国由高速增长阶段进入高质量发展阶段，城市发展由大规模增量建设转为存量提质改造和增量结构调整并重，从"有没有"转向"好不好"，进入城市更新的重要时期，亟需进一步提升品质、调整结构、完善功能、增强韧性，由外延粗放式发展向内涵集约式发展转变。面对新的形势和新的挑战，唯有脚踏实地、勇担使命，方能进而有为、行稳致远。

新的一年，要深入践行人民城市理念，把增进民生福祉、推进共同富裕作为出发点和落脚点，从城市更新、城市管理、历史文化保护等方面系统发力，紧紧围绕打造宜居韧性智慧城市的目标，推动城市实现更高质量、更有效率、更加公平、更

可持续、更为安全地发展。

积极推进城市更新行动,创造更加优美人居环境。人心往之,城必兴焉。要用心用情用力解决人民群众身边的急难愁盼问题,加快补齐影响城市竞争力、承载力、可持续发展的短板,努力为广大居民创造更加优美的人居环境。做实做细城市体检,系统推进"城市病"治理,做到"防未病、治已病"。把真功夫放到设计上,研究建立城市设计制度,明确从房子到小区、到社区、到城区、到城市不同尺度的设计管理要求,以精细化设计引导城市空间品质提升、塑造城市特色风貌。再改造一批城镇老旧小区,建设一批完整社区,补齐"一老一小"等设施短板,打造一批儿童友好空间建设样板,持续推进"口袋公园"、城市绿道建设和生活垃圾分类提质增效,探索在中小学校、幼儿园周边配套建设公园、公厕和等候区等场所设施,让居民生活更舒心、更安心、更放心。做好城市"里子"工程,大力推进城市地下管网改造,实施城市排水防涝能力提升工程,深入推进城市生命线安全工程建设,保障城市运行安全,提升城市韧性。

进一步提高城市管理水平,推动构建城市治理共同体。治国有常,而利民为本。要坚持人民城管为人民,深化改革,理顺体制,推动构建人人参与、人人负责、人人奉献、人人共享的城市治理共同体。加强城市管理统筹协调,推动地级及以上城市建立"一委一办一平台"工作体系,推动城市运行"一网统管",以数字化、智能化赋能城市治理现代化。提升城市管理执法质量,推动城管融入基层社会治理体系,推进严格规范公正文明执法,让城市管理执法切实体现城市居民利益、反映城市居民愿望、维护城市居民权益、增进城市居民福祉,营造更加公平有序的社会环境。

持续加强历史文化保护传承,留住城市的"根"与"魂"。万物有所生,而独知守其根。要统筹好保护与发展、保护与民生、保护与利用、单体保护与整体保护,在城市建设中加强历史文化保护传承,延续城市历史文脉,留住城市文化底蕴。一方面要把保护放在第一位,完善法规标准制度,加强历史文化名城名镇名村及历史文化街区、历史建筑、传统村落整体保护,坚决制止建设性破坏现象。另一方面要妥善处理好保护与发展的关系,推动活化利用、活态传承,让更多文化遗产活起来,促进历史文化和现代生活融为一体,彰显城市精神、实现永续传承。

风好正是起帆时,策马扬鞭再奋蹄。要持续深入践行以人民为中心的发展思想,锚定打造宜居韧性智慧城市的目标,切实增强做好城市工作的责任感、使命感,以坚定不移的信心、矢志不渝的决心、滴水穿石的恒心,凝心聚力谋发展,真抓实干促落实，为城市建设发展注入更多活力和动力，让人民群众在城市生活得更方便、更舒心、更美好，为中国特色城市发展道路续写新的华章！

(《中国建设报》2024年1月10日2版)

深入实施以人为本的新型城镇化战略

张理政

党的二十届三中全会审议通过《中共中央关于进一步全面深化改革、推进中国式现代化的决定》，明确提出"健全推进新型城镇化体制机制"。近日，为深入实施以人为本的新型城镇化战略，依据《国家新型城镇化规划（2021—2035年）》，国务院印发《深入实施以人为本的新型城镇化战略五年行动计划》（以下简称《计划》），提出坚持以人为本、遵循规律、分类施策、集约高效等原则，实现5年后常住人口城镇化率提升至接近70%、更好支撑经济社会高质量发展等目标，并明确部署了新型城镇化的"四大行动"。

一是坚持以人为本，实施农业转移人口市民化行动。"七普"数据显示，我国户籍人口城镇化率和常住人口城镇化率仍有18.5%的差距。《计划》提出"把推进农业转移人口市民化作为新型城镇化首要任务"，充分彰显了市民化在城镇化战略中的重要地位。此次《计划》明确要求推行以经常居住地登记户口制度，并由常住地登记户口提供基本公共服务，尤其强调保障农业转移人口住房保障权利、随迁子女在流入地受教育权利等，畅通市民化的长期堵点难点，并完善农业转移人口市民化激励政策，调动地方政府推动相关工作的积极性。"公共服务随人走"是政策层面的重要创新，通过推动"公共服务均等化"促进"人口迁移家庭化"，有利于农业转移人口对未来发展产生稳定预期，提升其人力资本积累和社会融入意愿，促进"人力资源资本化"和"社会阶层中等收入化"，对于推动市民化和新型城镇化具有重要意义，同步为新型工业化提供高水平人才和就业队伍支撑。

二是"人—产—城"融合，实施潜力地区城镇化水平提升行动。《计划》提出，在城镇化潜力较大的集中片区多措并举协调推进新型工业化城镇化，"人""产""城"相互依托、相互促进、融合发展。在"人"的方面，强化产业发展人才支撑。人才和就业队伍等要素至关重要。地方需要对接主导产业需要，培养职业技能人才和熟练就业队伍,才能吸引创新企业"以脚投票",更好带动产业发展。在"产"的方面,培育特色优势产业集群,促进产业园区提级扩能。在产业战略上,《计划》强调要依托各地区资源禀赋和产业基础,打造专业优势突出、协作配套紧密的产业集群,而非盲目低质同质化竞争。在具体操作上,要创新产业园区发展方式,例如,推广弹性出让、先租后让等灵活供地方式,为产业发展提供良好空间载体。在"城"的方面,增强城镇综合承载能力。《计划》从城镇体系角度,强调推动省域副中心、节点城市、县城和中心镇的发展,形成人口就近就业、大中小城市协调发展的良性互动格局。

三是聚焦协调发展,实施现代化都市圈培育行动。都市圈是城市群内部以超大特大城市或辐射带动功能强的大城市为中心、以1小时通勤圈为基本范围的城镇化空间形态,都市圈发展对于构建大中小城市和小城镇协调发展格局具有重要意义。2021年以来,已有南京都市圈、福州都市圈等10余个国家级都市圈获得批复,都市圈进入了较快发展阶段。面对都市圈发展在交通、产业、市场、公共服务等方面的难点堵点问题,《计划》聚焦"同城化"这一抓手,针对性提出了四项重点任务和工作要求。在工作方式上,要求更好发挥规划的统领作用,建立健全省级统筹的高位协调机制,对于推动都市圈中心城市和周边城市更好协同发展具有重要作用。在资金政策支持上,《计划》提出利用地方政府专项债券等资金支持都市圈建设项目,或通过纳入省级重大项目清单的方式对有关项目给予实际支持。

四是转变发展方式,实施城市更新和安全韧性提升行动。2023年我国城镇化率达66.2%,已经进入城镇化快速发展的中后期,城市发展进入城市更新的重要时期。《计划》充分响应时代需求,系统提出五大重点任务,不仅包括当前有关重点工作,如城镇老旧小区改造、保障性住房建设、"平急两用"公共基础设施建设、城中村改造等;也注重城市"里子"建设,要加强城市洪涝治理,努力防止"城市看海"等现象,实施城市生命线安全工程,统筹高质量发展和高水平安全;同时,还要将推进绿色智慧城市建设贯穿其中。在机制上,《计划》要求有效发挥中央财政性建设资金、中央财政城镇保障性安居工程补助资金、城中村改造专项借款、基础设施领域不动产投资信托基金等资金对有关项目的支持作用,建立可持续的城市更新模式,完善适应城市更新需求的土地和规划政策,确保行动落地见效。

城镇化的核心是人、关键在人,要依靠人民,也要由人民共享。在当前我国进一步全面深化改革和经济社会转型的关键时期,实施好以人为本的新型城镇化战略更有其特殊意义。要深入学习领会党的二十届三中全会精神,深刻践行"人民城市人民建、人民城市为人民"重要理念，认真贯彻落实《计划》各项要求和工作部署，持续发力、纵深推进新型城镇化，统筹新型工业化、新型城镇化和乡村全面振兴，为实现中国式现代化提供坚实支撑。

(《中国建设报》2024年9月12日5版)

推动高质量发展　城乡建设在行动

刘　锋

高质量发展是全面建设社会主义现代化国家的首要任务，是新时代的硬道理。城乡建设高质量发展是推进高质量发展、不断满足人民群众美好生活需要的重要内涵和载体。2024年8月23日，倪虹部长出席国务院新闻办公室"推动高质量发展"系列主题新闻发布会，介绍推进住房城乡建设高质量发展情况。住房城乡建设部坚持以习近平新时代中国特色社会主义思想为指导，完整、准确、全面贯彻新发展理念，坚持夯实基础、深化改革、真抓实干、开拓进取，城乡建设事业高质量发展不断取得新成就，谱写了扎实推进中国式现代化的生动住建篇章。

坚持以人民为中心，着力打造高品质生活的空间。城市是人民的城市，要坚持"人民城市人民建，人民城市为人民"，把增进人民福祉作为深化改革的出发点和落脚点。人民来到城市是为了生活得更好，人民是城市建设管理的参与者，也是城市发展成果的享有者，要把最好的资源留给人民。住房和城乡建设部坚持以解决人民群众急难愁盼问题为突破口，不断改善城市人居环境，持续提升城市生活品质。推动以"小切口"来改善"大民生"，加强群众身边的公园绿地、运动活动场地等建设，新增群众亟需的文化休闲、体育健身场地，积极推进口袋公园建设和公园绿地开放共享，为人民群众亲近自然、休闲游憩、运动健身提供场所，城市变得更加宜居，人民群众在城市生活得更方便、更舒心、更美好。

坚持以城市体检为抓手，深入实施城市更新行动。要适应新形势新要求，推动建立可持续的城市更新模式和政策法规。坚持"先体检、后更新"，把体检发现的问题作为城市更新的重点。大力推进城镇老旧小区改造，聚焦"为民、便民、安民"，通过楼道革命、环境革命、管理革命，改造提升水电气热等老化管线、加装电梯、增设养老托育等各类社区服务设施、增设停车位、增加电动汽车及电动自行车充电桩等，持续改善居民的居住和生活环境。2019年以来，累计新开工改造城镇的老旧小区25.88万个，惠及了4434万户、约1.1亿居民。同时，加快实施城市地下管线更新改造，结合改造实施城市生命线安全工程建设，通过数字化手段，实时监测城市供水、排水、燃气、供热、桥梁、管廊等各类市政设施，做到风险隐患早发现、早预警、早处置，推动风险防控从被动应对转向主动预防，让城市更智慧、更韧性。

坚持以城市规建治改革为动力，推进城市治理体系和治理能力现代化。要适应城市发展从"有没有"转向"好不好"、从追求规模扩张转向注重内涵提升的新要求，深化城市规划建设治理改革，更加注重提高发展质量和效益。规划方面，适应优化存量、完善功能、提升品质的实际需要，健全城市规划体系，进一步深化城市规划设计制度改革；建设方面，加强地下综合管廊建设和老旧管线改造升级，深化城市安全韧性提升行动，创新城市建设运营投融资机制；治理方面，强化系统思维，在统筹上下功夫，健全城市管理的统筹协调机制，加快城市运行管理服务平台建设和应用，推动城市管理融入基层社会治理，提高基层服务管理能力，让城市成为人民追求更加美好生活的有力依托。

中国式现代化，民生为大。城乡建设事关国民经济发展大局、事关百姓安居宜居，既是发展工程，更是民生工程。要认真贯彻落实党的二十大和二十届二中、三中全会精神，深入学习习近平总书记关于住房城乡建设工作的重要指示批示精神，聚焦制约住房城乡建设事业高质量发展的突出矛盾，坚持以改革谋动力、以改革激活力、以改革聚众力，不断完善体制机制，促进城乡建设事业高质量发展，为以全面深化改革推进中国式现代化添砖加瓦。

(《中国建设报》2024年9月13日4版)

落实好三中全会决策部署　推动城市高质量发展

李昂臻

　　城市是我国经济、政治、文化、社会等方面活动的中心，在党和国家工作全局中具有举足轻重的地位。2024年7月15日至18日，党的二十届三中全会在北京举行。全会审议通过的《中共中央关于进一步全面深化改革、推进中国式现代化的决定》（以下简称《决定》）中指出，"坚持人民城市人民建、人民城市为人民。健全城市规划体系，引导大中小城市和小城镇协调发展、集约紧凑布局"，"建立可持续的城市更新模式和政策法规，加强地下综合管廊建设和老旧管线改造升级，深化城市安全韧性提升行动"。《决定》饱含人民期待，凝聚全党智慧，是指导新征程进一步全面深化改革的纲领性文件。我们要全面贯彻落实党的二十届三中全会精神，准确把握城市发展的阶段性特征，深入推进城市领域各项改革，系统推进好房子、好小区、好社区、好城区建设，切实推动城市高质量发展。

　　民惟邦本，本固邦宁。习近平总书记指出，城市的核心是人；无论是城市规划还是城市建设，无论是新城区建设还是老城区改造，都要坚持以人民为中心，聚焦人民群众的需求；更好推进以人为核心的城镇化，使城市更健康、更安全、更宜居，成为人民群众高品质生活的空间。建设好人民城市，要聚焦人民群众急难愁盼的问题，以身到心更到的方式了解人民群众对城市发展的建议和期盼，真正做到问需于民、问计于民；想群众之所想，急群众之所急，真正做到打通堵点、化解难点、纾解痛点。建设好人民城市，要调动人民群众参与城市建设的积极性，激发人民群众与城市共发展的责任感和使命感，变"要我参与"为"我要参与"。建设好人民城市，要让人民群众共享城市发展和建设成果，顺应人民群众对高品质生活的期待，把宜居宜业作为城市建设的目标，把最好的资源留给人民，构建共建共治共享的格局。

　　山河为卷，改革为笔。习近平总书记指出，要坚持以改革为动力，不断破解城乡二元结构；构建科学合理的城市格局，大中小城市和小城镇、城市群要科学布局；推进国家治理体系和治理能力现代化，必须抓好城市治理体系和治理能力现代化。要深入实施新型城镇化战略，健全推进新型城镇化体制机制，着力提高城镇化发展质量。截至2023年年底，我国常住人口城镇化率达到66.16%，比2022年提高0.94个百分点。科学布局大中小城市、小城镇和城市群，与区域经济发展和产业布局紧密衔接，与资源环境承载能力相适应。深化城市建设、运营、治理体制改革，加快转变城市发展方式。以深化改革为动力，加强统筹协调，提高城市科学化、精细化、智能化管理水平。推动形成超大特大城市智慧高效治理新体系，建立都市圈同城化发展体制机制。深化赋予特大镇同人口和经济规模相适应的经济社会管理权改革。改革已经进入深水区，面对新情况新问题，要以创新的思维和胆略，汇聚改革合力，注重系统集成，为城市高质量发展持续注入强大动力。

为者常成，行者常至。习近平总书记指出，实施城市更新行动，加强城市基础设施建设，打造宜居、韧性、智慧城市。当前，城市发展进入了城市更新的重要时期，由大规模增量建设转为存量提质改造和增量结构调整并重，城市发展亟须进一步提升品质、调整结构、完善功能、增强韧性，由外延粗放式发展向内涵集约式发展转变。从2023年至今，全国共计实施城市更新项目6.6万个。2024年前5个月，全国新开工改造城镇老旧小区已达2.26万个，改造城市燃气等各类管道约10万公里。要继续坚持问题导向与目标导向相结合，从国家层面完善城市更新的目标任务、制度创新的举措和相关的保障措施，全面建立适应高质量发展要求的城市更新体制机制和政策体系。转变传统建设和开发方式，建立完善政府引导、市场运作、公众参与的城市更新可持续模式。一方面，创新市场化投融资模式，拓宽多元资金渠道，努力打通实施城市更新的"源头活水"；另一方面，积极探索由"开发方式"向"经营模式"转变，形成小规模渐进式、微利可持续的实施模式。此外，不断提高城市安全韧性水平，推进城市生命线安全工程建设，补足城市基础设施短板。让城市更健康、更安全、更宜居，成为人民群众高品质美好生活的空间。

致广大而尽精微。站在历史和全局战略高度，要全面践行人民城市理念，坚定不移把改革向纵深推进，以钉钉子精神把改革各项任务落到实处，在中国式现代化进程中推动城市高质量发展，以务实行动不断满足人民对美好生活的向往。

(《中国建设报》2024年8月26日3版)

奋力推进人民城市建设

刘 爽

习近平总书记多次强调，要坚持人民城市人民建、人民城市为人民，开创人民城市建设新局面，这是党的初心使命、人民至上的世界观方法论和以人民为中心的发展思想在城市领域的集中体现，为新时代城市工作指明了出发点和落脚点，提供了理念指引和行动指南，引领我国城市发展取得了历史性成就、发生了历史性变革。2022/2023中国城市规划年会以"人民城市，规划赋能"为主题，集思广益，凝聚共识，反映了行业奋力推进新时代新征程人民城市建设的共同心声和责任担当。

城市的目的是人，人民城市建设要始终坚持"发展为了人民"。《说文解字》中说："城，所以盛民也"。城市是人集中生活的地方，城市归根结底是人民的城市。人民对美好生活的向往，就是城市规划、建设、治理工作的奋斗方向。随着社会主要矛盾变化，人民群众对城市发展的要求从"有没有"转向"好不好"，期盼拥有更加舒适的居住条件、更加便利的公共服务、更加高效的市政设施和更加优美的城市环境。"民有所呼，我有所应。"要坚持以人为本，把人民城市理念贯穿城市规划、建设、治理全过程各环节，牢牢抓住安居这个人民幸福的基点，以让人民群众住上更好的房子为目标，从好房子到好小区，从好小区到好社区，从好社区到好城区，加快转变城市发展方式，实施城市更新行动，加强城市基础设施建设，打造宜居、韧性、智慧城市，为人民群众创造高品质的生活空间。

城市的主体是人，人民城市建设要始终坚持"发展依靠人民"。人民群众是社会历史的主体，是实现社会变革的决定力量。城市哺育了人民，人民塑造了城市，群众中蕴藏着无尽的城市规划建设治理智慧。要紧紧依靠人民建设城市，坚持问需于民、问计于民，向人民群众学习，尊重市民对城市发展决策的知情权、参与权、监督权，"群众的事同群众多商量，大家的事人人参与"，共同创造城市美好家园和幸福生活。充分发挥市场在资源配置中的决定性作用，更好发挥政府作用，鼓励引导社会力量参与城市建设。城市治理的"最后一公里"在社区，要坚持基层党建引领，发挥居民自治作用，"居民的事居民议，居民的事居民定"，增强社区居民归属感和主人翁意识，提高治理精准化精细化水平。要使政府有形之手、市场无形之手、市民勤劳之手同向发力，凝聚起推动城市高质量发展的磅礴力量。

城市的标尺是人，人民城市建设要始终坚持"发展成果由人民共享"。人民是我们党的工作的最高裁决者和最终评判者。广大人民群众共享改革发展成果，是社会主义的本质要求。城市规划建设治理的工作成效，最终要用人民满意度来衡量。人民是否满意，要看城市人居环境是否得到了明显改善，城市民生保障和公共服务供给水平是否有了持续提高，影响城市安全、制约城市发展、群众反映强烈的突出问题是否得到了有效解决，老百姓是否共享到了城市建设发展成果。要树牢共享发展理念，坚持问题导向和目标导向相结合，集中力量解决城市领域人民群众最关心、最直接、最现实的利益问题，一件事情接着一件事情办，一年接着一年干，尽力而为、量力而行，努力把城市建设成为人与人、人与自然和谐共生的美丽家园，让人民群众获得感、幸福感和安全感更加充实、更有保障、更可持续。

"治国有常，而利民为本"。党的二十大擘画了以中国式现代化全面推进中华民族伟大复兴的宏伟蓝图，对城市工作作出了全面部署。人民城市建设是推进中国式现代化的必然要求，是中国特色城市发展道路的核心要义。站在新的历史起点，我们要持续深入领悟和切实践行习近平总书记关于人民城市建设的重要论述精神，站稳人民立场、把握人民愿望、尊重人民创造、集中人民智慧，始终坚守初心、始终勇担使命、始终重视实践、始终遵循规律，不断提高城市规划、建设、治理水平，以群众看得见、摸得着、真实可感的工作成效，奋力开创人民城市建设新局面，谱写好强国建设、民族复兴伟业的"城市篇章"。

（《中国建设报》2023年9月26日2版）

城市更新　让生活更美好

刘　勇

当前，我国城市发展已进入城市更新的重要时期。各地因地制宜探索城市更新的实践模式，取得显著成效，展示了城市更新焕新居民生活、焕发城市活力、增强城市动力的生动画卷。近期，第三届北京城市更新论坛暨第二届城市更新周举办，开展政策宣传解读、最佳项目表彰、案例经验分享、重点城市交流等系列活动，并进行"体验美好的更新"为主题的线下体验活动，让更多人认识和了解城市更新。生动活泼的城市更新案例、丰富多样的打卡体验活动，让人们充分了解古都北京推进城市更新的进展和成效，感受魅力之都、活力之都、文化之都、宜居之都打造中的城市更新力量。

焕活焕新，感受城市更新巨大魅力。推进城市更新是城市发展进入存量时期城市工作的主要任务。各地扎实有序实施城市更新行动，如火如荼开展各类城市更新项目，显著改善人居环境，提升了城市活力、承载力与竞争力。通过老旧小区改造与完整社区建设，解决居民生活中的难点痛点堵点问题，创造高品质生活空间，增强了居民的获得感、幸福感、安全感。通过老旧街区、老旧厂区的活化利用，重新激发城市活力，增强城市功能，并有效释放投资与消费潜能，实现城市产业、就业、税收综合效益。围绕城市安全发展底线，通过燃气、供水排水、桥梁等市政基础设施更新改造，消除设施安全隐患、提升设施安全监测预警能力，提高了城市管理能力与安全韧性水平。通过历史文化街区修复和历史建筑修缮，留住城市特有的建筑风格、地域环境、风貌特色等"基因"，延续城市历史文脉，传承历史文化。

创新探索，总结城市更新实践经验。党的二十届三中全会提出"建立可持续的城市更新模式和政策法规"。近年来，各地积极探索城市更新的可持续实施模式与路径，形成宝贵经验，建立起全社会广泛参与城市更新的良好氛围。北京市统筹历史文化保护传承和有机更新，创新小规模、渐进式、可持续更新模式，形成城市更新共建共治共享格局，打造了越来越多的完整社区、精品街区、活力片区。上海市持续加强政策供给，着眼城市更新的启动、审批、建设、交付、运营全过程，全面梳理卡点堵点，加强政策设计和供给，不断完善"政策工具箱"。西安市创新城市更新投融资渠道，探索以城市更新基金引导社会资本及金融资源解决城市更新项目资金难题，完善城市更新中政府引导、市场运作的可持续实施模式。重庆市在城市更新中系统化、规范化推进"三师"专业群体参与，搭建集项目、企业、"三师"群体、金融产品、招商运营信息于一体的城市更新平台，完善政府引导、市场运作、专业参与的长效联动机制。要总结好可复制、可推广、可持续的经验模式，引导各地学习借鉴兄弟城市做法，更好地开展城市更新行动。

完善机制，推动城市更新走深走实。未来要以探索可持续的城市更新模式为主要方向，推动城市更新行动高质量实施。一是创新完善需求为导向、项目为牵引的城市更新体制机制。基于城市更新专项规划建立项目库，通过项目实施落实城市更新目标任务，并充分考虑项目实施中政府、居民、实施企业等多元主体的不同诉求，根据实际需求明确项目实施方案。二是坚持"先体检、后更新"，建立健全城市体检和城市更新一体化推进机制。把体检发现的问题作为城市更新重点，解决群众急难愁盼问题和影响城市竞争力、承载力、安全性、可持续发展的短板弱项。三是建立政策协同机制，完善金融、财税、土地等支持政策，鼓励社会资本参与，创新城市更新投融资模式。四是坚持系统推进与重点任务并行的城市更新实施方向。以好房子、好小区、好社区、好城区"四好"建设统筹推进城市更新，抓好城镇老旧小区改造、地下管线更新改造、城市内涝治理等重点工程。

城市更新是一项长期任务。要锚定"建立可持续的城市更新模式和政策法规"要求，畅通公众参与机制，支持市场企业开展项目实施，推动实现多元主体参与，继续在为民增福祉、为城添活力、更新可持续上作出新探索、创造新经验、打造新样板，以城市更新打开高质量发展新空间。

（《中国建设报》微信公众号2024年10月21日）

定期"体检"：让城市更健康

刘亚慧

习近平总书记指出，"城市是生命体、有机体，要敬畏城市、善待城市"。人为了健康需要体检，城市为了健康也要定期进行体检。近年来，住房和城乡建设部组织有关城市探索创新城市体检指标体系、方式方法和体制机制，一体化推进城市体检与城市更新工作，形成了可复制推广的经验。全国住房和城乡建设工作会议指出，2024年要全面开展地级及以上城市体检工作，在编制实施方案、年度计划，建立工作机制等方面做实做细。按照住房和城乡建设部印发的《关于全面开展城市体检工作的指导意见》要求，要把城市体检作为统筹城市规划、建设、管理工作的重要抓手，整体推动城市结构优化、功能完善、品质提升，打造宜居、韧性、智慧城市。

坚持问题导向，聚焦人民所盼所急。习近平总书记指出，"问题是时代的声音，人心是最大的政治"。进入新时代，城市发展从"有没有"向"好不好"转变，人民群众对住房品质、市政公共服务设施、城市环境等居住条件提出更高要求。城市体检顺应人民群众需求，以满足人民群众日益增长的美好生活需要为出发点，划细城市体检单元，从住房到小区（社区）、街区、城区（城市），找出群众反映强烈的难点、堵点、痛点问题。建立问题台账、录入信息平台并实施动态更新，为城市建设治理提供有力支撑。住房维度，查找住宅在安全耐久、功能完备等方面存在的问题；小区（社区）维度，从设施完善、环境宜居等方面入手找问题；街区维度，从功能完善、整洁有序等方面找问题；城区（城市）维度，查找生态宜居、历史文化保护利用等方面存在的问题。

坚持目标导向，查找城市短板弱项。"人们来到城市是为了生活，人们居住在城市是为了生活得更好"。近年来，我国城市快速发展，人居环境质量显著提高，但是也要看到，城市化进程中积累了不少矛盾和问题。城市体检体现的是对城市建设高质量发展问题的重视，提早诊病、及时治病。城市体检要尊重城市发展规律，把握全局和局部、当前和长远、宏观和微观、主要矛盾和次要矛盾、特殊和一般的关系，坚持目标导向，把城市作为"有机生命体"，整体谋划、系统分析，避免陷入头痛医头、脚痛医脚的恶性循环之中。城市体检指标体系要兼顾经济、安全、生态、文化等维度，综合查找产城融合、安全韧性、生态宜居等方面影响城市竞争力、承载力和可持续健康发展的短板弱项，为城市发展决策、优化城市系统治理提供参考依据。

强化结果运用，解决突出民生难题。城市体检工作重在发现问题和解决问题，城市体检出来的问题就是城市更新的重点。依据城市体检结果，因病施策、对症开方，建立健全"发现问题—解决问题—巩固提升"的城市体检工作机制，针对性地开展城市更新。要以城市体检为抓手，在解决人民群众急难愁盼问题上下功夫。稳步实施城市更新行动，加快推进老旧小区和危旧房改造、城市生命线安全工程建设、历史建筑和历史街区保护利用、新型城市基础设施建设等重点工作，实施城市精细化治理，把城市体检查找出来的问题尽早解决。

亡羊补牢虽未晚，未雨绸缪策更良。城市体检通过定期的数据监测评估，为城市把脉开方，力求未病先防、既病防变、瘥后防复。要加强组织领导、强化监测评价、动员公众参与，加大城市体检工作宣传力度，切实用好城市体检这一行之有效的手段，解决好群众最关心最直接最现实的利益问题，能立即改的立行立改，无法立即改的要制定实施计划，真正把好事办实、把实事办好，让城市更健康、更安全、更宜居，人民群众在城市生活得更方便、更舒心、更美好！

（《中国建设报》2024年2月21日2版）

把真功夫放到城市设计上

刘 勇

习近平总书记在2015年中央城市工作会议上指出，加强城市设计，实现对城市空间立体性、平面协调性、风貌整体性、文脉延续性的规划管控，留住城市特有的地域环境、文化特色、建筑风格等"基因"。2023年以来，住房和城乡建设部多次强调，推动城市高质量发展必须在设计上做文章，完善城市设计管理制度。

城市设计是解决当前城市主要矛盾的关键。扩张期的城市规划以空间管控为手段回答了"城市建与不建、能建多少、在哪里建"的问题，解决了"有没有"。目前，我国城市发展已从外延扩张转向内涵提升的城市更新时代，主要回答"建设什么样的城市、怎样建设城市"的命题。城市主要矛盾从解决"有没有"转向解决"好不好"，功能上补足城市设施短板，满足人民群众多样化需求；风貌上留住城市特有的地域环境、文化特色、建筑风格"基因"，传承历史文化、延续城市文脉、塑造城市特色；产业发展上活化利用闲置低效资源，激发创新活力。城市设计是营造城市美好生活的有力手段，强调以设计重塑城市格局、空间环境、建筑外观和风貌特色，顺应了新时期完善功能设施、塑造城市风貌、推动城市转型的要求。国际视野来看，巴黎以匠心独运的设计造就古典与现代融合、时尚与典雅并存；新加坡以设计提升城市空间与生活品质、激发创新活力。未来应该把真功夫放到城市设计上，作为引领城市更新、推进城市工作的重要抓手。

做好城市设计应在理念、内容、方法、制度上下功夫。当前，我国城镇化已经进入"下半场"，要以发展视角、系统观念、创新思维认识城市设计。理念上适应新形势，针对城市更新与高质量发展要求，转变规划管控思维，加强城市设计理念，建立城市设计的理论体系、方法体系和制度体系。内容上紧扣人民群众新期待，解决好人民群众急难愁盼问题，牢牢抓住让人民群众住上更好的房子这一目标，明确对建筑、小区、社区、街区、城市不同尺度的设计要求。方法上应用新技术、探索新模式，将建筑信息模型（BIM）、城市信息模型（CIM）等新技术应用到建筑设计与城市设计中，探索搭建政府、社会、市民共建共商共治的城市设计模式，充分发挥"三师"技术支撑作用，保证城市设计科学合理、好用适用。制度上对应新实践，完善城市设计管理制度，从"蓝图愿景"式设计转向"落地生根"式设计，将设计要求上升为管理制度，打通从城市设计、到建筑设计、再到工程设计的管理链条。

完善支持政策推动城市设计落地生根。一是强化组织领导，国家层面加强顶层设计，建立城市设计标准规范；省级层面加强工作指导与督促力度；城市政府制定完善城市设计方案。二是突出工作重点，坚持目标导向和问题导向结合，从居民美好生活目标与城市体检得到的问题出发，建立针对性的设计方案，突出做好城市核心区、历史风貌区、新城新区等重点地区的设计。三是深入总结前两批城市设计试点的经验和不足，继续推进城市设计试点工作，为工作全面开展积累经验。四是通过培育城市设计队伍、增加经费投入等方面健全城市设计保障措施。

城市建设的最高境界是实现诗意的栖居理想，设计是实现这一理想的桥梁。城市设计应该担负时代使命任务，以高水平设计塑造高质量城市环境与高品质居民生活，打造呼应山水格局的空间形态、蕴含诗情画意的城市景观、展现地域特色的城市风貌、彰显多元活力的魅力场所。

（《中国建设报》2023年11月28日2版）

以城市更新实施单元谋划城市更新项目实施

刘 勇

城市更新实施单元是近年来为编制城市更新专项规划、推动城市更新项目实施而提出的城市更新实施工具。近日,北京市印发《北京市城市更新实施单元划定工作指引(试行)》,从适用范围、划定原则、职责分工、工作重点、流程方法、保障措施等方面明确北京市城市更新实施单元划定的基本要求,为其他地区城市更新实施单元划定提供了参考。做好城市更新实施单元划定,以城市更新实施单元谋划城市更新专项规划与项目实施,能够更好地推动城市更新工作开展。

充分认识城市更新实施单元划定的意义。经过近年来各地城市更新实践探索,我国城市更新工作取得巨大成绩,积累丰富经验。但是,目前以单地块、碎片化为主的城市更新项目实施面临城市功能难协调、服务设施难配置、投入产出难平衡、参与主体力量弱等问题。城市更新实施单元是为便于统筹各类资源配置、平衡多方利益、优化功能布局、补齐公服配套、实现片区一体化更新及可持续发展而划定的城市更新活动相对成片连片的区域,强调将多个项目作为统一单元统筹谋划城市更新项目实施,有利于解决城市更新项目碎片化的问题。以城市更新实施单元推动片区、街区一体化更新,能够统筹存量空间资源利用,优化公共服务设施布局,完善民生保障、生态环境、历史保护等功能;能够通过地块捆绑、片区统筹、容积率转移等机制实现不同项目整体利益平衡,保障多方主体权益,提高市场主体参与城市更新的积极性;能够促进城市更新专项规划编制与实施机制的精细化,更好推动城市更新项目实施。

明确城市更新实施单元划定的基本原则与重点方向。针对具有更新需求和实施潜力的存量空间,围绕区域功能定位、更新任务目标、上位规划要求等开展城市更新实施单元划定。一是着力解决群众急难愁盼,完善公共服务设施。以人民美好生活向往为导向,聚焦群众生活反映强烈的难点痛点堵点问题,对存在安全隐患、环境质量差、公共服务设施亟须完善、不符合社会经济发展要求的成片连片区域优先划定。二是聚焦重点功能区域，促进空间资源统筹。将历史街区、滨水空间、轨道交通站点区域等重点功能空间，以推动区域资源整合、落实片区综合发展目标、优化空间设施配置为导向，统筹划定更新片区。三是构建协商机制，实现多元主体参与。将城市更新单元作为政府、产权人、社会资本等利益协商平台，通过政府工作统筹、公众意愿征集、专家论证咨询、社会部门监督等推动多方参与更新实施单元划定，形成多方利益共识。四是实现与上位规划衔接，提高规划实施可行性。通过城市更新实施单元边界划定、实施方案编制实现与上位规划衔接，明确更新单元的功能定位、综合效益、用地权属、建筑规模容量、城市风貌等管控与设计要求。

建立现状调查、意愿征集、单元划定、方案设计的城市更新实施单元划定流程。首先，进行综合研判与条件梳理，明确上位规划要求、土地利用、产业发展、设施配套等现状本底。其次，征集不同主体更新诉求，通过问卷、走访、座谈等途径了解拟划定实施单元范围内产权人、利害关系人的更新意愿，为单元更新改造实施方案提供支撑。然后，将区域综合性更新项目或多个相互关联的不同类型更新项目划为实施单元，明确单元边界，并确立单元空间产权归集、建筑规模容量统筹与调整、公共服务设施布局、城市风貌管控与设计等要求。最后，划定城市更新实施单元，并同步研究、统筹推进单元实施方案编制，作为城市更新项目实施的前提，强化城市更新实施单元在城市更新中的地位。

党的二十届三中全会提出"建立可持续的城市更新模式和政策法规"。应该用好城市更新实施单元这一政策工具，在划定城市更新实施单元基础上，编制好城市更新项目实施方案，助力城市更新工作推进与城市高质量发展。

（《中国建设报》微信公众号2024年10月16日）

提品质，惠民生，实施好城市功能完善工程

金生学

城市是现代文明的缩影，承载着人民群众对美好生活的无限向往。当前城市发展进入城市更新的重要时期，由大规模增量建设转为存量提质改造和增量结构调整并重，从"有没有"转向"好不好"。实施城市功能完善工程是城市更新行动的重要任务之一，对提升城市品质，改善居民生活具有重要意义。

树立系统思维，打造内外兼修的城市环境。天下之事，虑之贵详。城市功能完善要更加坚持系统观念，秉持改善城市形象，优化城市功能布局的理念，统筹好当前与长远、局部与整体、宏观与微观，将人、产、城等视为一个整体，从要素、结构、功能等方面入手，开展系统性谋划建设，促进生产、生活和生态空间的有机融合，实现经济、社会和生态效益的有机统一。西安市建国门老菜场市井文化创意街区项目对片区进行统一规划设计，充分发挥辖区资源禀赋，最大限度保留街区肌理、建筑本体结构，融合生活气息与时尚元素，通过建筑立面改造和环境设施修缮等，营造特色场所空间，成为城市打卡的"新地标"。

围绕人民城市，将以人为本思想贯穿全过程。城，所以盛民也。城市功能完善要以群众需求为导向，以群众满意为目标，围绕功能完备的城市设施要求，全面实施城市设施提升行动，着力锻长板、补短板，不断激发城市新活力，用民生"温度"刷新幸福"刻度"，切实提升人民群众的获得感、幸福感和安全感。上海市杨浦滨江公共空间无障碍环境建设项目将"我为群众办实事"体现到建设管理中，充分考虑听障、视障、肢残等特殊人群的现实需求，将"拥有良好的滨江视野"作为目标，让特殊群体能够便捷地到达亲水平台，保障社会公众平等参与、更好享受高品质生活，真正把项目建成群众放心、贴心、暖心工程。

鼓励变废为宝，盘活利用低效闲置资源。城市功能完善要把盘活存量资源作为城市更新的重要内容，深入挖掘存量资产的潜在效益，让闲置或低效使用的土地和

建筑物"活起来",转变为符合市场需求的功能区,提高资源利用效益,促进城市内涵式发展。南昌市雷公坳文化体育产业园项目有效盘活高速服务区内的闲置用地,将传统的高速公路服务区,改造升级为集运动健身、文化展示、文创办公、休闲娱乐、服务配套等功能于一体的文化体育服务综合体,在保护中实现了闲置土地盘活利用、历史建筑焕发活力、环境品质有效提升,产生了"一举多得"的效果。

"审大小而图之,酌缓急而布之"。完善城市功能,既是时代之需,也是民心之向。要顺应城市建设新形势、改革发展新要求、人民群众新期盼,全力推进基础设施建设,持续完善城市功能,提升城市品质,走内涵式、集约型、绿色化的高质量发展路子,努力创造宜业、宜居、宜乐、宜游的良好环境,为人民创造更加幸福的美好生活。

(《中国建设报》2024年8月26日3版)

用好城市更新"金点子"

赵 冰

为贯彻落实党中央、国务院关于实施城市更新行动的决策部署,近日,住房和城乡建设部印发《实施城市更新行动可复制经验做法清单(第三批)》,总结各地在建立城市更新工作组织机制、完善城市更新法规和标准、完善城市更新推进机制、优化存量资源盘活利用政策、构建城市更新多元投融资机制、探索城市更新多方参与机制等方面的经验做法。党的二十大以来,住房和城乡建设部有力有序推进城市更新工作,综合成效逐步显现,共形成三批可复制经验做法清单,为各地提供了有益参考。这三批经验做法侧重点各有不同,也反映出城市更新工作重点的渐次迭代。

抓制度框架建设和政策指引。近年来,地方政府持续出台相关政策,完善城市更新体制机制和政策措施。一是完善工作组织机制。由建立城市更新专项小组或工作联席会议制度、主要负责同志推动协调,到探索成立地方政府城市更新管理部门,城市更新工作组织更加制度化、规范化、常态化。湖北省各市(州)均成立了住房和城市更新局,负责城市更新问题研究、政策制定和规划计划编制工作。二是不断健全法规、政策和标准体系。辽宁、北京、上海、深圳、台州、郑州、石家庄、玉溪和邯郸一省八市出台了城市更新条例,重庆、沈阳等84个城市出台了城市更新管理办法,江苏、河北、四川等省印发了城市更新指导性文件,300多个城市编制了城市更新专项规划。三是强化绩效考核和资金激励作用。安徽将城市更新工作推进情况纳入对各城市政府的目标管理和绩效考核,对考核优秀的城市予以资金支持。四是强调重大项目谋划落地与管理。上海建立了市、区两级城市更新项目入库管理机制,河南建立了省级城市更新项目管理信息系统,做好项目审查、入库、动态管理。

重存量建筑空间资源盘活。存量更新时代,空间功能要与产业发展、民生改善、文化创新有机融合，才能更好地提升城市综合效益。建筑空间功能的迭代更替、融合复合将成为一种新常态。一方面，要加强存量用地用途转换和利用政策保障。北京鼓励产业用地混合利用，完善土地利用方式和年限。上海、重庆等地通过零星用地整合利用、用地指标弹性配置等方式，在存量用地用途转换过渡期内给予支持政策。另一方面，要更加关注存量建筑空间功能转换和产权管理。北京细化存量建筑用途转换正面清单和转换规模比例管控要求，苏州允许土地使用权和用途5年不变过渡期内临时改变建筑使用功能，并免征缴相关土地收益。武汉、南京等城市针对不同更新方式制定了相应的产权归集及不动产登记路径，便于实施主体灵活选择。

谋可持续投融资模式创新。城市更新项目的资金需求巨大，目前主要资金来源包括财政投入、银行信贷和专项借款、城市更新基金等，各地政府积极探索创新，多渠道拓宽融资路径。一是加大财政支持力度。成都、唐山等城市安排财政专项资金，以直接投资方式或资本金注入、投资补助、贷款贴息等方式进行支持。重庆、烟台发行政府专项债，为城市更新项目提供长周期、低成本资金。江苏出台"城新贷"财政贴息政策，对城市更新重点领域给予1个百分点省级财政贴息，鼓励市县政府配套贴息，大幅降低企业贷款利息负担。二是引导开发性、政策性金融机构参与。苏州、铜陵等地与国家开发银行签署战略合作协议，通过"政策性开发性金融工具+银行贷款"投贷联动、贷款利率优惠等方式，支持城市更新重点领域。三是畅通社会资本进入渠道。南通设立城市更新资金超市，组织各类金融机构、社会组织和个人等资金供应方与项目实施主体和运营单位等资金需求方进行沟通对接。

促多元主体协同参与。随着城市更新不断向纵深推进，更新对象更加多样，参与主体呈现国企央企补位、政企社会多元协同的趋势。一是鼓励国企央企参与更新。国企央企作为老旧厂房、工业区等资产产权方，逐步参与到城市更新行动中。天津建立城市更新与低效闲置国有资产盘活联动机制，解决基础设施短板、配套公共服务不全等问题。北京引导央企发挥产业链协同和资源统筹优势，实现城市与产业发展良性互动。二是引导经营主体市场化运作。合肥打通老旧厂房改造的建设审批堵点，形成建设策划、招商运营、艺术策展、活动策划、资产配置一体化更新路径。三是优化公众参与路径。重庆、威海等地建立"三师进社区""街长制""合伙人"等议事协商机制。南京、扬州采用小尺度渐进式、"一房一策"微改造、街道先行收储带动居民返租等方式，鼓励属地居民全过程参与更新设计、建设和后续经营。

行之力则知愈进，知之深则行愈达。实施城市更新行动，是适应城市发展新形势、推动城市高质量发展的重要战略举措，各地因势而谋、蓄势而进，涌现出不少城市更新"金点子"。要贯彻落实党的二十届三中全会提出的建立可持续城市更新模式和政策法规部署，聚焦群众关心的热点、更新工作的重点、项目落地的难点问题，持续探索总结经验，形成可复制、可推广的模式，推动城市更新走深走实。

(《中国建设报》微信公众号2024年11月16日)

总结好推广好城市更新试点工作经验

刘　爽

　　实施城市更新行动是提升人民生活质量、满足人民群众对美好生活需要的重要举措，也是激发城市活力、推动城市高质量发展的必然要求。2021年11月，住房和城乡建设部在北京等21个城市开展城市更新试点工作，两年多来，各地因地制宜探索城市更新工作机制、实施模式、支持政策、技术方法和管理制度，为更大范围推进城市更新工作积累了宝贵经验。

　　体检先行、设计赋能，筑牢城市更新之基。无体检，不更新。城市体检是城市更新工作的前置条件，城市设计是落实城市更新规划计划的有效手段。各地在实践中切实用好城市体检和城市设计两个工具，夯实城市体检"问题导向"的基础作用，把城市体检发现的问题短板作为城市更新的重点，对症下药治理"城市病"；发挥城市设计在技术层面的统筹协调作用，以精细化设计引导和规范城市更新项目实施，为人民群众打造高品质生活空间。例如，上海、天津、长沙、烟台等地建立从体检到更新的工作机制，将城市体检与城市更新规划计划、方案策划、实施项目衔接，分级分类查找城市问题短板、生成城市更新项目清单。南京、成都建立"体检—设计—实施—管理—运营"全链条实施体系，科学精准推进城市更新项目落地。宁波、衢州将城市设计成果作为控制性详细规划调整依据，高效盘活利用存量空间资源，在提升建成环境品质的同时，有效补齐公共服务设施短板。

　　有机更新、复合利用，守住城市更新之魂。习近平总书记强调，"历史文化是城市的灵魂，要像爱惜自己的生命一样保护好城市历史文化遗产"。各地结合自身的历史传承和区域文化，妥善处理传统与现代、继承与发展的关系，坚持在发展中保护、在保护中发展，通过城市历史文化挖掘、建筑改造利用、基础设施完善、绿化景观提升，保留城市传统历史风貌的同时满足现代生活需求。例如，苏州、成都、长沙等地对历史街区开展环境改善提升和街巷综合整治，将历史建筑进行重新修缮并植入新的功能，激活一处处古建老宅，持续打造城市生活新场景，为居民带来宜居生活新体验。景德镇加强陶瓷文化创造性转化，利用瓷厂旧厂房改出文创街区，在保留厂房历史文化的同时，将车间和窑炉改造为瓷艺制作和传统非遗手艺的体验地、年轻创业者和瓷器艺术家的展示空间，以文化释放新需求、创造新供给、催生新业态，擦亮"千年瓷都"的特色名片。

多元参与、长效治理，汇聚城市更新之势。习近平总书记指出，"城市发展要善于调动各方面的积极性、主动性、创造性，集聚促进城市发展正能量"。各地在实践中建立健全投融资机制和多主体参与机制，使政府有形之手、市场无形之手、市民勤劳之手同向发力，形成政府引导、市场运作、公众参与的可持续城市更新实施模式。例如，成都、唐山、烟台、苏州、上海、西安、重庆等地通过设立城市更新专项资金、发行政府专项债、争取开发性金融机构贷款、设立城市更新基金、引导产权人直接出资等不同方式，为城市更新资金来源提供保障支撑。北京、苏州、重庆深化政企协作，通过组建城市更新联盟、引入城市"合伙人"机制、开展"三师进企业"行动等，撬动市场主体参与积极性，形成建设运营管理长效机制。成都、杭州、青岛发挥群众主体作用，问计于民、问需于民，以协商自治方式推动老旧小区和城中村等片区更新改造，共商共建共享城市更新成果。

满眼生机转化钧，天工人巧日争新。要积极顺应城市发展新趋势、人民群众新期待，持续深入实施城市更新行动，因地制宜、积极探索，进一步加强试点工作经验总结、交流推广与成果转化，为中国特色现代化城市发展道路贡献力量。

（《中国建设报》2023年12月4日2版）

> 政研观察 ——述评新征程住房和城乡建设
> 高质量发展新实践

典型案例示范引领　城市更新稳步推进

李昂臻

城市更新是促进城市结构优化、功能完善、品质提升的综合性、系统性战略举措，是推动城市高质量发展的重要手段。实施城市更新行动，是城市建设进入新阶段的必然选择，是推进中国式现代化的内在要求，是践行人民城市理念的关键路径。各地积极探索、因地制宜、分类推进实施城市更新行动，积累了一批好经验好做法好案例。为发挥典型案例在创新理念方法、项目组织机制、实施运营模式等方面的示范作用，住房和城乡建设部近日印发《城市更新典型案例（第一批）》（以下简称《案例》），包含八大任务，二十八个典型案例，为积极推进城市更新行动，全面推动城市高质量发展提供了宝贵经验。

明确城市更新内涵，树立行动"定盘星"。谋定而后动。《案例》首次明确提出城市更新八大方面内容，精准概括了城市更新类型，分别为既有建筑更新改造、城镇老旧小区改造、完整社区建设、活力街区打造、城市功能完善、城市基础设施更新改造、城市生态修复、城市历史文化保护传承等任务，体现了城市更新行动的综合性和系统性。城市更新是推动城市高质量发展的系统性战略举措，将城市作为有机生命体，综合考虑了高品质物质空间和社会经济更深层次的需求，包括产业转型升级、经济可持续增长、历史文化保护传承、人居环境改善和人民福祉提升等多方面。《案例》结合实际、立足长远，从建筑、小区、社区、街区、城市不同空间尺度，以及公共服务、基础设施、生态环境、历史文化不同对象类型，剖析典型项目的经验做法，对于指导地方分层次、针对性和精细化地开展更新项目管控和推进实施具有重要作用。

坚持以人民为中心，筑牢民生"压舱石"。治国有常，利民为本。城市更新之"新"，不仅是"蝶变焕新"之"新"，更是民心所向之"心"，要把惠民生、暖民心、顺民意的工作做到群众心坎上。一是关注弱势群体需求，点亮人文关怀这盏明灯。牢牢抓住让人民群众安居这个基点，特别关注"一老一小"、残疾人等弱势群体的需求，并加快解决新市民、青年人等的住房问题，增进民生福祉，共享社会发展成果。例如，辽宁省沈阳市牡丹社区改造过程中，满足了老年人群多样化需求；上海市临汾路380弄社区更新项目，完善了适应全年龄的社区服务设施；上海市杨浦滨江公共空间无障碍环境建设项目，让残疾人、老年人更为方便地走进滨江等，《案例》中很多细节都体现了对不同社会群体的关注和关爱。二是聚焦人民急难愁盼问题，下好改善民生这盘棋。做到"民有所呼，我有所应"，始终坚守为民初心，集中力量解决群众最关心、最直接、最现实的民生问题，不断增强人民群众获得感、幸福感、安全感。例如，北京市中国建筑科学研究院建筑光伏零碳改造、昌盛园社区老旧小区改造、重庆市戴家巷老街区更新改造、广东省深圳市茅洲河治理等项目，都是直抵民心的民生工程，致力于办好从"好房子"到"好城区"的"四好"建设等民生实事。

倡导可持续实施模式，寻求运营"最优解"。积力之所举，则无不胜也；众智之所为，则无不成也。城市更新涉及多方利益主体，在不断实践中建立政府引导、市场运作、多元参与的可持续运营模式。一是创新投融资模式，拓宽多元资金渠道，激发社会资本参与的内生动力。例如，重庆市红育坡片区老旧小区改造、江苏省苏州市平江路历史文化街区保护更新等项目引导社会资本投入，通过政企合作、特许经营、联合出资、产权主体自筹等形式参与城市更新。二是积极探索以城市运营、增值服务为支撑的实施方式，形成小规模渐进式、微利可持续的模式。陕西省西安市建国门老菜场市井文化创意街区、安徽省合肥市园博园等项目，鼓励运营前置，探索"规划、设计、业态、运营"一体推进的实施模式。三是鼓励多元主体参与城市更新，建立共建共治共享的合作机制。重庆市九龙坡区民主村完整社区建设、广东省深圳市元芬新村城中村有机更新、福建省福州市三坊七巷历史文化街区保护更新等项目，体现了各级基层组织在城市更新中的纽带作用，平衡政府、企业、产权人、公众等利益诉求，并吸引多专业技术力量，打造城市更新"汇智"系统，实现多方互利共赢。

创新理念方法，打造项目"新亮点"。满眼生机转化钧，天工人巧日争新。《案例》在项目策划组织、规划设计、工程建设、运营管理等全生命周期中注重新技术、新理念应用，在政策实施、绿色低碳、科技赋能、产业升级等方面均有创新点。创新政策实施路径方面，北京市首钢老工业区（北区）更新项目优化片区规划指标统筹实施方式，探索灵活供地方式；江西省景德镇市陶阳里历史城区保护更新项目创新消防验收机制，妥善处理好修缮保护与消防验收的关系。践行绿色低碳理念方面，海南省琼海市博鳌零碳示范区项目，通过对区域存量建筑实施节能降耗和减碳降碳改造，实现区域零碳运行目标，发挥创新引领作用。科技赋能城市更新方面，广东省广州市城市信息模型（CIM）基础平台建设项目，研发关键核心技术，开展"规设建管运"全生命周期综合应用示范，成为数字化治理的典范。创新在心、求索在行，典型项目中的"新亮点"推动城市更新工作提速提质，更好助推传统产业迭代升级、闲置土地盘活利用、历史建筑焕发活力、环境品质有效提升。

蝶变跃升，向美而行。要进一步总结城市更新好经验好做法好案例，发挥以点带面、示范引领作用，用"绣花"功夫惠民生、留文脉、促发展、强根基，书写城市内外兼修的美丽蜕变，留住最抚人心的烟火气息，不断推动城市高质量发展取得新进展新成效！

（《中国建设报》2024年3月7日8版）

城市更新基金以"源头活水"激起"一池春水"

王 琰

当前,我国城市发展进入城市更新重要时期,由大规模增量建设转为存量提质改造和增量结构调整并重,城市可持续发展面临新的机遇和挑战。党的二十届三中全会通过的《中共中央关于进一步全面深化改革、推进中国式现代化的决定》提出,建立可持续的城市更新模式和政策法规。面对地方政府土地财政"红利消退",城市更新资金缺口等现实挑战,创新市场化投融资模式是建立可持续城市更新模式的关键环节。城市更新基金是创新市场化投融资模式的有效举措,有助于破解城市更新项目前期面临资金需求较大、投资风险较高等困境,畅通投融资机制,为城市更新注入"源头活水"。

一是放大政府投资"乘数效应",助力城市更新资金可持续。不同于财政贴息、直接发放奖补资金等传统财政投入方式,城市更新基金创新政府资金投入方式,实现"两个重要转变",即变行政性资金分配为市场化运作,变一次性政府投入为政府资金滚动投入,充分发挥政府投资激励引导作用,带动各类资金持续投入城市更新,以政府"小资金"撬动社会"大资本"。

二是有效联动区域内优势资源,推动城市更新资源整合可持续。城市更新基金以子基金为载体,深度挖掘和发挥区域比较优势,吸引拥有土地、资金、运营管理等资源的各类市场主体参与城市更新项目,服务地方经济社会发展;以产业园区为依托,培育具有本地资源禀赋优势和发展基础条件的特色产业,推动产业集聚汇聚发展势能。

三是积极倡导市场化运营,探索城市更新运营模式可持续。城市更新基金积极推动小规模、渐进式的"微更新、微改造"项目,寻求"微利可持续"的运营模式;引入专业机构改造存量空间,注入新业态,创造增量价值;通过专业化运营管理,提高项目运营效益,助力实现"三变",即存量变活水、资源变资产、资产变资金。

目前，据不完全统计，全国已有25个城市设立了城市更新基金，总资金规模达4400亿元，为实施城市更新行动注入新动力。例如，西安市于2022年设立母基金总规模100亿元的西安市城市更新基金，通过构建"母基金+区域子基金+项目子基金"的多层放大机制，引导社会资本及金融资源解决城市更新项目前期资本金筹集和后续融资难题；母基金对单个子基金投资金额不超过子基金规模的20%，充分发挥母基金引导作用；聚焦片区综合更新、老旧资产提升改造、产业园区建设三类重点项目，实现政府投资精准发力，推动千年古都焕发新活力。

财力是促进城市可持续发展的重要引擎。目前，在城市更新基金的财力支持下，一批城市更新项目已按下"启动键"，项目建设如火如荼，新业态新模式不断涌现，为城市带来了新的面貌和活力。要深入学习贯彻党的二十届三中全会精神，全面践行人民城市理念，改革创新城市投融资机制，建立完善政府引导、市场运作、公众参与的城市更新可持续模式，激起城市更新"一池春水"。

(《中国建设报》微信公众号2024年9月5日)

探索城市更新财务可持续之路

王 琰

近日，由中国建筑工业出版社出版的"城市更新行动理论与实践系列丛书"正式对外发布，该套丛书旨在聚智慧、搭平台、凝共识，致力于形成一套适应中国实际的城市更新理论体系，创造更多有理论高度、实践总结、指导实施操作的理论作品。《城市更新的财务策略》作为本套丛书的首册，把财务理论创新贯穿于城市更新实践前沿，探索城市更新财务可持续之路。

暮色苍茫看劲松，乱云飞渡仍从容。本书指出，在房地产市场供求关系发生重大变化的新形势下，原本不是核心关切的财务问题，成为几乎所有城市更新项目的最大卡点。本书聚焦规划师们较少关注的财务问题，开宗明义地指出，财务平衡是城市更新的基础，"大拆大建"式城市开发建设模式难以为继。面对新形势和新挑战，本书借助资产负债表和利润表提供的财务分析框架，为城市政府寻找城市更新财务可持续之路，并创造性地提出了新发展阶段城市更新的财务原则和可行模式。

长风破浪会有时，直挂云帆济沧海。我国城市发展已由大规模增量建设转为存量提质改造和增量结构调整并重阶段，顺应这一阶段性变化，本书从理论和实践两个视角分析城市更新财务平衡问题。

第一，以新思路引领城市更新财务可持续，看清"容积率幻觉"背后的财务真相。通过将财务分析工具引入城市规划领域，规划学和会计学在时间和空间两个维度发生了奇妙的化学反应。一是从时间维度看，书中揭示了城市化转型背后的财务逻辑变化。当城市化从资本型增长进入运营型增长阶段，城市更新的底层财务逻辑将由资产负债表的建立转向利润表的维护，收入（税收等）取代融资（卖地、负债等）成为维持城市"巡航"的主要动力。二是从空间维度看，本书打通了城市规划和城市经济之间的屏障。刻画出用地平衡表和城市财务绩效的关系，产业用地为城市政府带来收入，而公共用地和住宅用地均产生支出。书中明确指出，增量时代靠

"凑容积率"实现"财务平衡",给地方政府造成"容积率幻觉",认为只要增加容积率指标,土地出让金总能覆盖项目建设的支出,甚至还能盈利。但容积率不是能够任意取用的财富,提高容积率意味着进入存量时代后公共服务支出的大幅增加,不利于城市政府实现财务平衡。存量时代产业用地为城市政府带来税收等财政收入,对实现城市政府财务平衡有重要的积极意义。

第二,以新实践探索城市更新融资新模式,寻找增容式城市更新的破局之路。作为一本走在实践前沿的"案例集",实践篇是该书的最大亮点。实践篇生动阐述了打破增容式城市更新模式的前瞻性探索。例如,喀什老城采用"去房地产+"自主更新模式,在改善老城区居民生活条件的同时保护和更新老城。一方面政府和产权人重塑新角色,政府从大包大揽转向合作推动、产权人从坐等拆迁到自主改造;另一方面走出了一条从"大拆大建"转变为"'留改拆'并举、以保留利用提升为主"的新路子。上海上升新所更新探索出一套依托强运营与社会资本参与的更新模式。一是在长宁区政府支持下,通过补缴土地出让金实现用地性质变更、容积率提高,充分释放土地价值;二是引入市场化企业上海万科,依托专业化运营团队对园区进行设计、改造、运营,将原本封闭的科研院所更新为开放的文化艺术街区。

胜似春光,寥廓江天万里霜。2023年12月,全国住房城乡建设工作会议提出,城市更新是推动城市高质量发展的长期性、战略性行动,是住房城乡建设工作的重要抓手。随着城市更新深入发展,财务可持续的重要性将进一步凸显,关系城市高质量发展。本书在最后一章展望了城市更新财务可持续之路,这条路不仅关乎城市更新本身,更与城市高质量发展血脉相融,是一条理念更新之路和实践更新之路。

(《中国建设报》2024年2月26日4版)

探索城市更新的治理之路

刘 勇

城市更新是提升人民生活质量、满足人民美好生活向往的战略性行动。城市更新具有典型的治理特征，有必要从治理视角重新认知和解析城市更新。近期，《城市更新的治理创新》一书出版发行，本书从城市治理角度综合研究城市更新的实施路径，并从制度体系、规划方法和实施机制三个维度探讨我国城市更新治理体系创新的构建方向，是城市更新领域有益的研究探索，具有理论启发意义和实践指导价值。

践行人民城市理念，应该在城市更新中贯彻治理原则。兹乃民之天，治理根其中。增量建设时期，城市发展主要表现为城市建设活动以及由此带来的城市空间与城市形象的快速塑造，解决城市"有没有"问题。目前，我国城市发展已从外延扩张转向内涵提升的城市更新时代，存量空间的更新改造更多落脚在解决城市"好不好"问题，通过补充城市功能短板，满足人民更高品质生活需求。城市更新践行以人为核心、追求多元目标与多元主体利益诉求的宗旨，与城市治理强调以多方参与、多元共治提高城市服务水平的原则一脉相承，是治理理念在城市存量建设下的直接体现。因此，应该将治理视角纳入城市更新，探索城市更新的治理之路。城市更新中强调治理问题也体现了城市发展向管理时代转变，对提升国家治理体系和治理能力现代化具有重要意义。

城市更新治理主要体现在多元参与协同共治。能用众智，则无畏于圣人矣。城市更新治理是通过各参与主体及利益相关者的协同合作，推动实施城市更新，完善城市功能的过程。我国城市更新治理，经历了由政府主导的一元治理到政企合作的二元治理，再到多方参与下的多元治理模式转变，政府、企业、居民、社会组织等多元主体协同共治，治理体系不断完善。一是表现为保障各方利益平衡，实现多元更新目标。地方政府通过更新完善公共服务、激发经济活力来提高经济社会效益，权力主体保障自身合法权益并获取适当的产权收益，市场主体降低风险提高收益实现企业持续性发展，社会公众保障多元化的利益诉求。二是推动市场参与，提高城市更新可持续性。城市更新项目应该通过创新机制推动市场主体参与，吸引社会资本进入，建立城市更新实施的长效机制。三是发挥多元主体作用，形成工作合力。在政府、企业、居民协商基础上，推动社会组织、"三师"专业队伍等主体参与，发挥政府统筹引领、市场资源整合、居民共同缔造、专业团队技术支撑等作用。

推动实现城市更新治理制度创新。眼中形势胸中策，缓步徐行静不哗。优化城市更新治理应该谋划构建政策体系，推动城市更新的制度、规划、实施机制创新。一是以治理创新引领城市更新制度构建。从中央引导、地方实践的治理关系出发，国家层面继续加强城市更新政策与制度的顶层设计，地方因地制宜探索实践，根据具体工作不断完善配套政策体系。二是面向高质量发展实现城市更新规划创新。构建基于存量发展的城市更新规划制度，探索建立分层传导细化的规划体系，建立精细化的规划方法，推动城市更新规划落地实施。三是实现城市更新实施机制创新。以多元主体的利益诉求为目标，探索建立多元参与下的利益平衡机制、运行工作机制和协同治理模式。

城市更新的治理探索及时响应城市更新发展的时代叩问，对当下城市工作起到关键作用。但是，目前的理论研究和实践探索中，也存在一些有争议的观点，比如城市更新治理能否等同于空间治理？空间治理是空间要素配置使用中的治理过程；城市更新治理强调的是多元主体、多方利益的协调，空间要素是城市更新的基本要素与承载主体，城市更新治理可以以空间为依托，但是不能等同于空间治理。因此，需要继续完善城市更新治理制度，推动城市更新治理落地实施，更好地引导城市更新工作。

（《中国建设报》2024年5月17日4版）

建立可持续的城市更新模式与政策法规推动城市高质量发展

刘　爽

党的二十届三中全会提出，建立可持续的城市更新模式和政策法规。这一重大战略举措不仅是对现阶段我国城市发展新形势、新要求的准确研判和深刻把握，更是推动城市高质量发展的正确方向和关键举措。2023年，全国已实施城市更新项目超6.6万个，累计完成投资2.6万亿元，实施城市更新行动带来的综合性成效逐步显现。

城市更新作为一项综合性、系统性、长期性的行动，不仅是物质空间的重塑，更是社会结构、经济模式与治理理念的深刻变革。要通过政府协调各类存量资源，鼓励现有资源所有者、居民、企业以及社会专业机构等多元主体共同参与，实现资金来源可持续、空间利用可持续、运营管理可持续、社会治理可持续等多元目标，充分满足人民群众对美好生活的向往。

以创新完善体制机制为动力，激发城市更新活力。城市更新是一项系统工程，要创新完善以需求为导向、以项目为牵引的城市更新体制机制。一是精准把握更新需求，结合多元主体的多样化诉求和城市发展的现实需求进行有针对性的更新改造，增加城市更新的公众参与度，及时回应社会需求和关切。二是坚持系统思维，把握规划、建设、治理等多个环节，统筹投资、建设、使用、运营、管理全过程，从单一的物质空间改造转向社会、经济、文化、生态等多维度综合更新。三是建立健全城市更新项目评估体系，精选一批在项目实施模式创新、新技术新理念应用等方面具有代表性、示范性的项目，通过项目带动，形成可复制、可推广的经验模式。

以"先体检、后更新"为原则，提升城市更新魅力。把城市体检作为城市更新的基础和前提，建立健全城市体检和城市更新一体化推进工作机制。一是聚焦群众急难愁盼，从住房到小区（社区）、街区、城区（城市），划细城市体检单元，找出群众反映强烈的难点、堵点、痛点问题，把体检发现的问题作为城市更新的重点，推动城市功能完善、环境优化、品质提升。二是坚守底线思维，强化城市风险防范与化解，查找影响城市竞争力、承载力、安全性、可持续发展的短板弱项，大力推进城市生命线安全工程建设，加强城市内涝治理，提高城市安全韧性。三是辨析"主要矛盾"，针对城市更新重点任务分类施策，处理好历史城区保护与利用的关系、老旧厂区腾退和引进的衔接、老旧街区社会生态平衡的变化与重建等，促进经济效益、社会效益和生态效益相统一。

以建立政策协同机制为保障，形成城市更新合力。完善项目审批、土地、财税、金融等相关支持政策，建立政策协同机制，确保各项政策相互衔接、形成合力。在项目审批方面，加强项目实施管理，优化审批制度流程，完善城市更新项目储备库管理维护机制和分级分类审批机制。在土地方面，优化土地供应政策，保障城市更新项目的用地需求，重点突破产权变更难、用途调整难、功能混合难、审批流程长等问题堵点。在财税方面，给予适当的税收优惠和财政补贴，降低项目成本，提高投资回报率。在金融方面，创新投融资模式，鼓励社会资本参与城市更新项目，通过多元化融资、设立城市更新基金等方式，打通实施城市更新的"源头活水"。

建立可持续的城市更新模式和政策法规是城市高质量发展阶段的必然要求。要尊重科学、尊重规律、尊重实际，在实践中不断探索和完善城市更新体制、机制、法治建设，通过政府与市场、公众的共同努力，高质量实施好城市更新行动，让我们的城市更美好，百姓生活更宜居。

（《中国建设报》微信公众号2024年10月25日）

在青年与城市共同进步中实现高质量发展

逄 瑞

国家的希望在青年，民族的未来在青年。党和国家事业要发展，青年要优先发展。习近平总书记深刻指出，"把青年一代培养造就成德智体美劳全面发展的社会主义建设者和接班人，是事关党和国家前途命运的重大战略任务，是全党的共同政治责任"。青年因城市而聚，城市因青年而兴。改革开放40多年来，大量青年在城镇化进程中涌向城市，成为我国城市建设和发展的生力军。数据显示，我国青年常住人口城镇化率从1982年的22.5%上升到2020年的71.1%，青年人口城镇化水平始终高于总人口，未来还有进一步上升的空间。

党中央始终真情关心青年，真心关爱青年。以习近平同志为核心的党中央高度重视青年工作。2017年4月，党中央、国务院颁布《中长期青年发展规划（2016—2025年）》，这是习近平总书记亲自提议、亲自推动制定的我国第一个青年发展国家专项规划，标志着青年发展纳入党和国家政策体系的总体框架。为纵深推进《中长期青年发展规划（2016—2025年）》，2022年4月，17部门联合印发《关于开展青年发展型城市建设试点的意见》，鲜明提出"城市对青年更友好，青年在城市更有为"的发展理念，初步构建"7+5"的青年发展型城市政策框架。2023年10月31日，2023年世界青年发展论坛青年发展型城市主题论坛在深圳举办，论坛以"青年与城市协同发展"为主题，围绕青年和城市融合发展的有关议题深入研讨、交流思想，并对外发布《青年发展型城市建设深圳倡议》。

支持青年发展是增强城市发展活力、积蓄城市发展后劲的有效路径。我国城市发展已进入新的方位和起点，青年人口规模与结构也在发生历史性变化，城市能否为青年发展创造良好环境，决定了新发展阶段城市的竞争力。建设青年发展型城市是推进以人为核心的新型城镇化的应有之义，核心是坚持以人民为中心的发展思想，顺应广大青年对美好生活的期待，进一步提高城市规划、建设、治理水平，努力建设好房子、好小区、好社区、好城区，打造宜居、韧性、智慧城市，努力为青年解决后顾之忧，让广大青年放开手脚为美好生活奋斗，在城市中施展才华、追求梦想、建功立业。

住房城乡建设领域是建设青年发展型城市的"主战场"。新型城镇化为大城市带来2亿新市民、青年人，在城市中服务青年创新发展、助力青年干事创业，成为近年来住房城乡建设工作的重点：大力推进保障性住房建设，规范住房租赁市场，推动住房公积金缴存扩面，着力解决青年人住房困难问题，助力青年人在大城市安居圆梦；积极推动老旧小区改造和完整居住社区建设，补齐居住社区配套服务设施短板，优化青年人居住环境，解决青年家庭养老托幼难题；打造共建共治共享的社会治理格局，实现人民城市人民建，切实提升青年的参与感、获得感、幸福感、安全感；在城市有机更新中融入青年元素，打造青年运动、社交场所，发展青年喜闻乐见的消费模式和新型业态，促进城市年轻态发展，打造富有青年特色的城市名片。

"少年当有凌云志，万里长空竞风流"。城市为青年发展搭建舞台，青年为城市发展书写精彩。各级党委要以习近平总书记关于青年工作的重要论述作为根本方向和遵循，坚持党管青年工作原则，建立和完善在党的领导下各部门齐抓共管青年发展事业的工作格局，把促进青年全面发展摆在城市工作全局中更重要的战略位置，建设更加公平、安全、活力、包容、创新的青年发展型城市，让青年对支持政策有感知、对城市生活有归属。广大青年也将在以习近平同志为核心的党中央坚强领导下，把青春奋斗融入党和人民事业，在社会主义现代化建设的新征程中与城市共同发展、共同进步，让青春在强国建设民族复兴中绽放绚丽之花！

(《中国建设报》2023年11月7日2版)

建设青年发展型城市，让青年和城市"双向奔赴"

赵安然

建设青年发展型城市是建设"人民城市"理念的重要实践。近期，2024年世界青年发展论坛青年发展型城市主题论坛在浙江省杭州市举办。论坛以"发展新动力，城市新活力，青年新担当"为主题，探讨深化青年发展型城市建设之道。论坛上，中外嘉宾围绕在城市发展中融入青年元素、青年人口均衡发展与城市活力、青年发展型城市建设的理论与实践等话题深入交流研讨，针对教育、住房、社会融入等话题展开积极对话，并发布了青年发展型城市建设倡议。

青年是城市的活力所在，城市是青年的成长舞台。在人口老龄化趋势加快和经济社会快速转型的背景下，青年作为推动城市社会经济高质量发展生力军的重要性愈发凸显。根据第七次全国人口普查数据，我国青年常住人口城镇化率达71.1%，城市已经成为青年人口最集中、发展最活跃的区域。建设青年发展型城市，是扎实推进以人为核心的新型城镇化战略、积极践行青年优先发展理念的题中之义，将更好地满足青年多样化、多层次的发展需求，助力营造青年创新创造活力与城市创新创造活力相互激荡、青年高质量发展和城市高质量发展相互促进的良好政策环境和社会环境。

城市对青年更友好，青年在城市更有为。近年来，城市工作把服务青年发展作为重要内容，努力满足青年多样化需求，促进青年与城市协同、融合发展。通过建设保障性住房、创新住房公积金制度、打造完整社区，助力青年在城市进得来、留得下、住得安、能成业。从青年有闯劲、敢尝试、勇创新的特点出发，在城市建设中植入新业态、培育新经济，众多青年"主理人"给城市发展注入了新活力、增添了新特色。浙江省在全国率先提出建设青年发展型省份目标、编制发布省级青年发展综合指数，推动全省青年发展事业。四川省成都市印发《成都市青年发展型城市建设试点实施方案（2022—2024年）》，以"全力打造充满青春活力的公园城市示范区"为目标，针对教育、就业、住房、婚恋、生育、健康等14个方面提出了一系列具体举措，让城市对青年更友好。江西省赣州市对人才住房的保障和建设发展作出中长期规划和年度建设计划，逐步实现各层次人才差别化、全覆盖住房保障，切实保障青年人才的住房需求，助力推进人才强市发展战略。

青年在城市追梦，城市助青年圆梦。让广大青年在城市中安居乐业、扎根创业，关键要解决急难愁盼的实际问题。一是紧紧围绕安居这一人民幸福的基点，大力推进好房子、好小区、好社区、好城区建设，致力于打造更加宜居、宜业、宜游的城市。二是在城镇老旧小区改造、完整社区建设中配建符合青年需求的各类设施，让青年在城市中居住更便利。三是推动街区、厂区、园区功能转换、业态创新，培育创业就业新平台，让青年在城市中发展更广阔。四是利用各类空间资源，为青年文化娱乐、运动健身、休闲游憩提供新场景，为青年在城市中社交互动、休闲娱乐提供高质量空间。

青年是最富活力、最具创造性的群体，是整个社会中最积极、最蓬勃的力量，也必将在城市的发展建设中展现更大作为。要深入学习贯彻习近平总书记关于青年工作的重要思想和关于城市工作的重要论述，持续建设青年发展型城市，积极探索城市与青年双向奔赴、协同发展的有效路径，激荡城市发展的青春力量，使广大青年有获得感、幸福感、安全感，更加安心、放开手脚为美好生活而奋斗。

(《中国建设报》微信公众号2024年9月6日)

建设城市儿童友好空间，绘就城市发展美好底色

王　琰

近日，住房和城乡建设部、国家发展改革委、国务院妇女儿童工作委员会联合印发《城市儿童友好空间建设可复制经验清单（第一批）》，总结了各地在制度机制创新、儿童友好社区建设、公共服务设施适儿化改造、道路空间适儿化改造、公园绿地适儿化改造、校外活动场所建设6个方面的典型经验做法。城市儿童友好空间建设是贯彻落实党中央、国务院相关决策部署的重要举措，对于保障儿童权利、提升城镇化质量、满足人民美好生活需要都具有重要意义。

探索制度机制创新，实现"儿童友好"与"城市美好"双向奔赴。第七次全国人口普查数据显示，我国有2.98亿儿童，其中六成生活在城市。城市是儿童生活的重要载体，儿童友好是衡量一个城市发展水平和社会文明程度的重要指标。一是以健全工作机制为主线，着力构建协调推进体系。上海市建立起市区联动、部门协同、多主体协作的工作机制，纵向搭建"城市—城区—社区"三级工作体系，各部门各区将儿童友好空间建设纳入有关专项政策。二是以完善地方性管理规定为支撑，助力打造丰富多元的儿童友好空间。海南省海口市编制《海口市儿童友好城市空间建设导则（试行）》，塑造适宜儿童成长的生态游憩空间、文体演艺空间、学校教育空间、医疗照护空间、校外实践空间、交通出行空间等场景。三是以统筹街区空间建设为抓手，聚力让儿童友好理念落地生根。广东省佛山市新城片区统筹三公里范围内"一带九馆两小园"打造全方位全龄段儿童友好空间。

聚焦儿童需求凝聚合力，解锁儿童友好社区幸福密码。社区是儿童成长和生活的重要环境，建设儿童友好社区对促进儿童全面发展、提升社区整体幸福感具有重要意义。一是坚持因地制宜，"一米视角"打造儿童友好社区。江西省赣州市狮子岭社区有机嵌入儿童友好空间，配建幼儿园、儿童之家、童心书屋等儿童服务设施，为儿童营造宜居宜乐宜游的生活空间；浙江省衢州市新荷社区利用闲置空间

增设托育中心，拓展儿童活动空间，打造老幼融合的友好空间。二是坚持多元主体参与，充分发挥各方资源优势。浙江省杭州市滨江区将儿童友好作为社区建设重要内容，整合区、街道、社区与物业、运营单位各方力量，整体推进项目谋划、设计和实施。

为儿童营造适宜的城市空间，彰显城市温度与情怀。儿童是城市未来的主人，儿童友好是衡量一座城市温度的关键标准。儿童友好空间建设为儿童健康成长打造美好空间，为儿童全面发展保驾护航，让城市更有温度、更具活力。一是注重儿童视角，以公共服务设施、道路出行、公园绿地三类空间为着力点，全方位推进城市公共空间的适儿化改造。北京市昌平区将老厂房更新改造为北科婴幼学苑托育设施，满足婴幼儿游戏、运动、照护和教育需求；浙江省宁波市对江北实验小学周边街道的通行环境进行适儿化改造；重庆市渝中区从"一米高度"出发，将红岩公园建设为儿童友好公园，为儿童提供安全舒适的游乐空间。二是注重盘活存量资源，加强校外活动场所建设，助力儿童身心健康发展。山东省枣庄市在两岸公园内打造课外实践基地，建设健身广场、篮球场、非标准足球场地、活力乐园等儿童运动区、游乐区，融入文化要素，营造寓情于景的教育课堂。

儿童是国家的未来、民族的希望。新征程上，城市要扛起培养社会主义建设者和接班人的使命，积极推进儿童友好空间建设，促进儿童健康成长，为国家可持续发展提供宝贵资源和不竭动力。

（《中国建设报》微信公众号2024年11月18日）

浙江推动建设现代化美丽城区，绘就美丽中国"之江画卷"

王 琰

2003年以来，浙江"千万工程"（千村示范、万村整治）带来乡村巨变，这场变革肇兴于浙江乡村，其旺盛生命力和巨大感召力也促成城市与乡村的"双向奔赴"，推动浙江千余个小城镇发生举世瞩目新变化。现阶段，按照构建美丽城市、美丽城镇、美丽乡村有机贯通的美丽浙江建设体系的思路，浙江积极推动现代化美丽城区建设，以城区为基本单元推进美丽城市建设，绘就新时代人人心向往之的美丽中国"之江画卷"。

坚持品质提升与试点先行并重，在守正创新中走出中国式现代化浙江城市发展实践之路。近日，浙江省住房和城乡建设厅发布《浙江省现代化美丽城区建设方案编制导则（试行）》（以下简称《导则》），聚焦提升基础设施品质、生活服务品质、产业环境品质、特色人文品质和城市治理品质等五大品质，促进城区基础设施持续增强、生活服务大幅提升、产业环境明显改善、特色人文加速彰显、治理水平显著提高，实现美丽城区建设持续健康发展。

与此同时，浙江省积极探索开展现代化美丽城区建设试点，全力以赴推动项目落地落实。截至目前，浙江省住房和城乡建设厅已将杭州市余杭区等6个城区列入2023年全省现代化美丽城区建设名单，力争到2025年年底，加快打造15个以上现代化美丽城区。

坚持问题导向与目标导向相结合，在务实笃行中不断谱写美丽浙江建设的新篇章。建设方案编制以城市体检为抓手，聚焦重点问题短板提出破解思路，不断提升城市建设的整体性、系统性、协同性。《导则》提出，贯彻体检前置理念，以城市体检全面查找问题短板，明确改进方向，提出城区建设提升目标，并在此基础上统筹谋划城市基础设施和公共服务设施等城市建设项目，持续完善"城市体检—问题短板—项目清单—方案行动—建设运营—综合评价"的工作机制。

循迹溯源，全面推进美丽中国建设为浙江现代化美丽城区建设提供了根本遵循和行动指南。2024年1月11日，中共中央、国务院发布《关于全面推进美丽中国建设的意见》，提出建设美丽中国是全面建设社会主义现代化国家的重要目标。浙江省现代化美丽城区建设旨在打造现代化品质城市范例，为全面推进美丽中国建设作出应有贡献。

坚持因势利导和因地制宜，在系统谋划中打造存量时代统筹住建部门工作的新载体。随着我国城市发展进入城市更新的重要时期，由大规模增量建设转为存量提质改造和增量结构调整并重，城市建设的底层逻辑也发生深刻变化。在新时期新形势下，浙江积极探索以建设项目谋划为核心的住建部门工作新体系。

浙江在现代化美丽城区建设中统筹谋划建设项目，全力推进城市更新行动落地落实。《导则》强调应明确现代化美丽城区建设方向和目标，着眼城区各类功能体系提升和重点区块打造，提出建立"面向十年、锚定五年、谋准三年"的建设项目系统谋划机制，致力于将现代化美丽城区建设打造成为提高住建部门工作整体性、系统性的重要载体。

坚持循序渐进、久久为功，城乡融合持续深化。2003年，时任浙江省委书记习近平同志在大量调查研究基础上，作出了实施"千万工程"的重大战略决策。浙江沿着习近平总书记擘画的宏伟蓝图，锲而不舍深化"千万工程"，并将美丽乡村建设经验拓展推动到美丽城镇、美丽城市建设，推动城乡一体化，进一步拓宽"全域共富"之路，进一步迈向"城乡和美"之境，加快形成城乡融合发展新格局。

青山行不尽，绿水去何长。自古以来浙江就是山清水秀、繁华富庶之地，如今一幅各美其美、美美与共的美丽中国"之江画卷"徐徐铺展，"千万工程"绘就美丽乡村新图景，千余小镇开启美丽城镇新画卷，现代化美丽城区建设描绘新时代"富春山居图"，努力打造绿色低碳、环境优美、生态宜居、安全健康、智慧高效的美丽城市浙江样板。

（《中国建设报》2024年2月20日2版）

筑建高品质人居，推进宁夏"四好"建设

钟洁颖

习近平总书记指出，城市是人集中生活的地方，城市建设必须把让人民宜居安居放在首位，把最好的资源留给人民。近年来，住房和城乡建设部多次强调要建设好房子、好小区、好社区、好城区，努力为人民群众创造高品质生活空间。近期，宁夏回族自治区住房和城乡建设厅等16部门联合发布《关于统筹支持县（市、区）落实政策响应需求筑建高品质人居稳续推进城镇房地产高质量发展的指导意见》（以下简称《指导意见》），围绕"确定筑建高品质人居标准""完善相适应的政策""配套相衔接的支撑"三个方面，提出30项工作任务，着力满足群众高品质需求，增加城市魅力，增进城市文明，推进房地产业高质量发展。

突出四个层次，构建更加多元全面的高品质人居标准。住房、小区、社区、城区均是人民群众美好生活的空间载体，具有包含和协同发展的关系，缺一不可。《指导意见》分别从四个层次构建高品质人居标准，使人民群众安居的内涵更广阔、更立体、更丰富。在住房方面，提出要加强重要部位的建筑材料选用和材料设备管理，保证建筑物、构筑物结构安全可靠；在小区方面，要实现电动自行车集中充电管理，内部道路人车分流，促进物业企业服务更加规范专业；在社区方面，要打造"15分钟社区生活圈""5～10分钟社区生活圈"，开展"好家风好家训""文明家庭""五好家庭""书香家庭"等文明创建工作，营造富有特色的社区文化；在城区方面，要将绿色生态廊道布局纳入国土空间规划，保护利用好自然生态，注重健康植物引入，实现离尘不离城，适合深呼吸。

聚焦高品质，政策重心从"有没有"向"好不好"转变。《指导意见》分别从"好的人居设计、好的建造品质、好的安全保障、好的自然环境、好的育儿养老、好的康养生活、好的运动健身、好的科创运用、好的低碳实践、好的人文融汇、好的社群服务、好的物业服务"12个方面确定高品质人居标准。从具体内容上看，更

多集中反映"好不好"的要求。例如，在建造品质方面，提出要采用先进建造方式，严控建材供应链，严把材料进场关，消除质量通病，实现优质建造；在自然环境方面，要建设安静人居，减少声、光、电污染，实现人、建筑、自然和谐统一；在科创运用方面，要推进大数据、物联网、云计算等新一代信息技术融入群众生产生活，促进最新住宅科技成果和智能化技术运用全面普及；在低碳实践方面，要优先使用先进节能技术、低碳环保节能设备和部品部件，推广绿色建材、绿色施工和装配式建筑。

坚持需求导向，以人为本筑建高品质人居。《指导意见》坚持把人民对美好生活的向往作为筑建高品质人居的出发点和落脚点，多项任务直接回应了人民群众面临的急难愁盼问题和多层次多样化的新需求。例如，丰富家政、助餐、助行、上门服务品种，推行金牌管家服务品牌；减少声光电污染，营造适合深呼吸的自然环境；补齐"一老一幼"设施短板，让居民在家门口就能享受到养老托育服务；配建室内外活动场地和健身器材，满足全龄化运动需求；建设绿道、骑行道、游憩道、郊野公园等，提升居住体验。这些举措有助于为人民群众提供更多优质的公共产品和服务，在居家、康养、运动、休闲、娱乐等方面让百姓更满意更顺心，切实将提高人民生活品质落到实处、做到细处。

注重多策协同，以多部门联动助力高品质人居建设。《淮南子·主术训》有言："积力之所举，则无不胜也；众智之所为，则无不成也"。《指导意见》由16个相关部门联合发布，内容涉及规划、土地、教育、医疗、科技、人文、社群、商务、体育、金融等多个方面，需要发挥各相关部门的职能优势，加强政策协同和调控联动，实现"万人操弓，共射一招，招无不中"的效果。例如，科技部门要发挥科技对建设高品质人居的引领和支撑作用，推进新一代信息技术进社区、进小区、进家庭；文旅部门要坚持以文旅产业赋能城市更新，为居民"微度假""微旅游"创造条件；商务部门要完善城市综合体与社区商业协同发展格局，规范二手家具流通秩序和交易行为；体育部门要顺应运动健身多元化、智能化、便捷化发展方向，提供多样化的体育设施，适合全龄段居民健身运动；金融部门要保持房地产信贷、债券等重点融资渠道稳定，推动房地产开发企业与金融机构精准对接，提升企业融资便利度；其他相关部门要结合自身职责增加激励支持政策供给。

安居，得以乐业；乐业，才能兴邦。从原始洞穴到天然石木，从秦砖汉瓦到钢筋水泥，从低矮平房到现代楼房，千万年来，人们对更优居住空间的追求从未止步。《指导意见》展现了宁夏高品质人居的新愿景，要牢牢抓住让人民群众"安居"这个基点，跨地区、跨部门、跨层级协同推进高品质人居建设，扎实推进工作任务落实落细，走内涵式、集约型、绿色化的高质量发展之路，创造宜居、宜业、宜乐、宜游的良好环境，让老百姓过上更好的日子，努力打造"四好"建设的宁夏样板。

(《中国建设报》2024年4月26日2版)

凝心聚力推动城镇老旧小区改造再上新台阶

刘亚慧

"中国式现代化，民生为大"。城镇老旧小区改造作为重大民生工程和发展工程，党和国家高度重视，人民群众殷切期盼。近日，全国城镇老旧小区改造工作现场会在沈阳召开，深入学习贯彻习近平总书记关于城镇老旧小区改造的重要指示精神，认真落实党中央、国务院决策部署，总结工作成效，交流经验做法，部署做好下一步工作，致力于打造城镇老旧小区改造"升级版"，让人民群众共享中国式现代化建设成果。

始终坚持人民至上，永葆为民服务初心。"行源于心，力源于志"。前进道路上要秉持深厚爱民情怀，践行为民服务宗旨。坚持"发展为了人民"，牢牢抓住"安居"这个人民群众幸福的基点，以努力让人民群众住上更好的房子为目标，扎实推进城镇老旧小区改造，让人民群众生活得更方便、更舒心、更美好。坚持"发展依靠人民"，走好新时代党的群众路线，问需于民、问计于民、问效于民，充分发挥居民积极性、主动性、创造性，从生动鲜活的基层实践中汲取智慧，在推动共建共治共享中把好事办好、把实事做实。坚持"发展成果由人民共享"，让城市发展成果惠及更多人民群众。2019—2023年，全国新开工改造城镇老旧小区22万个，惠及居民3800多万户、约1亿人，让人民群众得到了看得见、摸得着的实惠。

始终坚持系统观念，全局谋划重点推进。城镇老旧小区改造牵涉面广、群众诉求复杂多样，是一个长期而复杂的系统工程。必须坚持用系统观念谋划和推进工作，以老旧小区改造为抓手，一体推进好房子、好小区、好社区、好城区"四好"建设。比如沈阳老旧小区改造前通过多种方式征集意见，改造中实时监管，改造后实行居民满意验收制度，将群众参与贯穿于项目决策、建设和管理各个环节，打造群众满意的高品质生活空间。北京依托"老街坊"议事厅、在职党员"双报到"等品牌，以党建引领基层治理能力提升，加快物业管理纳入社区治理步伐，群策群力推动老旧小区"改得好"，更要治理得好。重庆、长沙坚持保护活化并重，将城市历史记忆和特色风貌融入城市功能和人们的现代生活之中，"以用促保"推进活态传承。广州鼓励社会资本全链条或分阶段参与老旧小区改造过程，充分挖掘整合老旧小区低效闲置资源，以运营收益反哺社区管养，缓解改造资金来源单一问题。

始终坚持求真务实，笃行实干持续发力。"道阻且长，行则将至；行而不辍，未来可期"。只要锚定正确的前进方向，把工作抓实、基础打实、步子迈实，城镇老旧小区改造的美好愿景一定会一步步变成现实图景。在推动城镇老旧小区改造工作过程中，着力推进"楼道革命"，更新改造完成水电气热等老化管线管道近30万公里，加装电梯10.8万部，着力消除安全隐患，给人民群众带来"家门口的幸福"。着力推进"环境革命"，增设停车位325万个、电动汽车充电桩10.4万个、电动自行车充电桩68万个，增加文化休闲、体育健身场地2600多万平方米，增设养老、托育、便民市场等社区服务设施6.8万个，打通为民服务最后一百米，让人民群众有更多的归属感和幸福感。着力推进"管理革命"，把基层党建延伸到小区、楼栋，基层党组织更加坚强有力，治理机制不断完善，物业服务覆盖率大幅提高，答好"后半篇管理文章"，让人民群众的获得感更加可持续。

"虽比高飞雁，犹未及青云"。为民服务，永远在路上。要坚持好运用好城镇老旧小区改造工作实践中积累的丰富经验，思想上再重视，行动上再发力，措施上再精准，一件事一件事地抓，一件事一件事地办，一年接着一年干，既尽力而为又量力而行，强合力、求精准、干实在，再接再厉，不断满足人民群众的美好生活需要！

（《中国建设报》2024年6月12日2版）

> 政研观察 —— 述评新征程住房和城乡建设高质量发展新实践

老旧"焕"新 暖心为民 扎实推进老旧小区改造

李昂臻

老旧小区改造是提升群众获得感、幸福感、安全感的重要工作。近年来，我国城镇老旧小区改造工作取得显著成效。2019—2023年，全国新开工改造城镇老旧小区22万个，惠及居民3800多万户、约1亿人，让人民群众得到了看得见、摸得着的实惠。

坚持民生为要，实现宜居"升级"。要牢牢抓住"安居"这个人民群众幸福的基点，以努力让人民群众住上更好的房子为目标，扎实推进城镇老旧小区改造。一是着力推进"楼道革命"，老旧小区居住舒适度、安全韧性大幅提高，人民群众安全感更有保障。二是加快推进"环境革命"，让居民就近享受优质普惠的社区服务，人民群众幸福感更为充实。三是切实推进"管理革命"，人民群众获得感更加可持续。重庆聚焦基础设施陈旧、环境脏乱差、公共服务功能缺失、管理低效等老旧小区改造痛点难点，积极开展"三大革命"，为群众创造高品质的生活空间；山东淄博同步推进节能门窗更换、水电暖等设施改造；广东引导水电气信等公共服务单位出资支持老旧小区改造。2019—2023年，全国改造提升老化管线近30万公里，加装电梯10.8万部，增加休闲健身场地2600多万平方米，增设养老、托育、便民市场等社区服务设施6.8万个，消隐患、补功能、提环境，居民得到了实实在在的好处。

坚持以用促保，推动老街增"颜"提"质"。"让城市留住记忆，让人们记住乡愁"。老旧小区改造一方面要保留历史记忆和特色风貌，另一方面要立足区位优势、依托特色风貌、发掘历史人文资源等，积极发展新兴业态。通过引入新产业、培育新业态、塑造新模式，持续提升老旧小区的承载力与增长力，实现城市"颜值"与"内涵"双提升，为广大人民群众的幸福生活持续赋能。重庆九龙坡区民主村社区通过"留改拆增"微改造、巧利用、留文脉，既保留了历史印记，又完善了居住功能，还培育壮大了新兴业态。上海杨浦区长白新村街道228街坊，按照"征而不拆、保留记忆、留住乡愁"原则，对12幢老建筑进行"修旧如旧、整旧出新"改造，通过物理空间改造和公共服务植入的有机结合，228街坊实现了风貌重现和功能重塑，成为一个既留存工业印记和劳模荣光，又引领现代生活的新社区。通过在城镇老旧小区改造中统筹考虑历史文化活化传承，让"城市记忆"焕发新活力，赋予城市发展新动力、增添城市发展新魅力。

坚持共建共治，注重以"新"换"心"。老旧小区改造是推动社区共建共治共享的有利契机，通过构建多元主体参与的社会治理共同体，凝心聚力、精准服务，实现了物理"硬件"和治理"软件"同步升级。一是凝聚民意共识，强调公众参与。改造前问需于民，改造中问计于民，改造后问效于民，强化社区居民主体作用。重庆两江新区人和街道邢家桥社区先后组织召开党员会、居民会、院坝会70余场，听取意见5000多人次，到2020年年初，488套旧房焕然一新，群众向心力、凝聚力显著提升。二是强调党建引领，优化社区管理。推进党建与改造深度融合，充分发挥基层党组织战斗堡垒作用，强化网格化管理、信息化支撑，提高社区精细化治理、精准化服务水平，形成"党建引领、联动治理、多方参与"的基层治理新格局。天津和平区南市街道庆有西里社区在老旧小区改造中，通过将基层党组织"红色堡垒"与社区"红色网格"相结合，在不到两个月时间里就完成了意见建议征集工作。北京石景山区坚持通过党建引领基层治理，加快物业管理纳入社区治理步伐，实现老旧小区"改得好"，更要"管得好"。

民生连着民心，民心凝聚民力。老旧小区改造是民生大事，也是民心工程。一张张幸福洋溢的笑脸、一声声发自内心的肯定，正是老旧小区改造工作成果丰硕的真实写照。

(《中国建设报》2024年7月16日4版)

完善机制 合力聚势
助推老旧小区改造工作顺利开展

赵 冰

城镇老旧小区改造是惠及千家万户的民生工程，是实施城市更新行动的重要内容。2019年以来，以习近平同志为核心的党中央坚持以人民为中心的发展思想，高度重视老旧小区改造工作，全国累计新开工改造22万个小区、惠及居民3800多万户，工作成效显著。各地改造实践围绕工作统筹协调、改造项目生成、改造资金政府与居民合理共担、社会力量以市场化方式参与、金融机构可持续方式支持、动员群众共建、改造项目推进、存量资源整合利用、小区长效管理九个机制开展深化探索，形成了一批可复制可推广的政策机制。近期，住房和城乡建设部印发《城镇老旧小区改造可复制政策机制清单（第八批）》，重点总结各地在盘活利用存量资源、拓宽资金筹集渠道、健全长效管理机制等方面的政策机制。

存量盘活换增量，释放低效空间补齐公共服务设施短板。盘活存量资源是老旧小区改造的重要措施。各地灵活采取多种方式，整合利用不同类型闲置房屋和低效用地，用于物业、养老、托育等公共服务设施。浙江省绍兴市、河北省衡水市、四川省成都市等地通过土地用途调整、土地置换、"拆墙并院"释放低效利用空间等方式，解决了老旧小区公共空间和便民服务设施不足的问题。此外，各地积极推动落实存量资产盘活条件，以促进改造项目尽快落地。浙江省杭州市建立联审联验的审批办证机制，为改建项目新增社区配套用房合规办理产权登记提供了政策保障。

多元渠道筹资金，探索建立政府与居民、社会合理共担机制。老旧小区点多面广，改造需求多，资金缺口大，需以财政资金撬动社会资本，多元拓展改造资金筹集渠道。政府投资方面，省级财政部门安排补助资金，用于支持老旧小区的改造工作。四川、山东、河南等省设立改造专项补助资金，按照因素法对改造项目进行资金分配，开展绩效评价，实行量化管理，提高了财政资金使用效率。地方政府也可发行专项债券筹集资金用于老旧小区改造。湖南省怀化市、安徽省芜湖市、甘肃省嘉峪关市对改造项目进行打包，将项目资产运营收入用于专项债还本付息，解决了老旧小区改造资金不足的难题。居民出资方面，发挥财政资金的撬动作用，引导调动居民通过直接出资、筹措使用住宅专项维修资金等方式参与改造。广东省珠海市出台了建筑物本体整治奖补办法，按照财政与居民出资1∶1进行奖补，撬动居民出资2200万元，惠及居民6000余户。社会资本方面，国家鼓励金融机构和地方积极探索，以可持续方式加大金融对老旧小区改造的支持，运用市场化方式吸引社会力量参与。有效整合社会资源，引入优质运营项目，为居民提供便民服务，深度挖掘盈利点，增强小区造血功能。广东、山东、河南、陕西等地支持采用"改造＋运营服务"一体化运作、公共空间特许经营、闲置用房用地打包出租等方式，有效吸引了市场主体投资参与。

改管并重谋治理，健全老旧小区改造管理长效之策。功成在久不在速。改造成果能否持续，关键在于做好管理这一"后半篇文章"：谁来管、如何管、管理资金从哪里来。党的十九大报告指出，要加强社区治理体系建设，推动社会治理中心向基层下移，发挥社会组织作用，实现政府治理和社会调节、居民自治良性互动。改变的是机制，凝聚的是人心。广东、湖南、江苏等地动员引导居民企业出资、增加小区公共收益，有力补充了小区维护管理资金。山东省济宁市探索了"信托制"物业管理新模式，以小区业主大会为委托人、业主为受益人、物业企业为受托人，将物业费和小区公共收益设为全体业主共有的信托基金，有效提高了业主对物业公司的信任度，形成了良好的民主议事格局。

宜居环境系万家，点滴变化暖人心。城镇老旧小区改造在各地深入推进，多方共同发力，不断打通痛点堵点，破除机制障碍，畅通民心民意，持续推动城市高质量发展，不断提升群众的获得感、幸福感、安全感。

（《中国建设报》2024年2月19日2版）

老旧街区改造为城市细胞注入新活力

赵 冰

街区是城市的细胞,是城市形态结构和功能构成的基本单元,一般由城市干道围合出相对开放区域,承载着居住、商业、文化、休闲等综合功能。老旧街区具有独特的建筑风貌和文化底蕴,代表了城市的记忆和特色,是城市发展中留下的宝贵财富。但随着城镇化进程加速,老旧街区的发展面临诸多挑战,其保护和改造成为城市更新的重要组成部分,对提升城市居民生活品质具有重要意义。截至目前,全国已实施老旧街区更新改造2600多个。

与古为新,坚持老旧街区本土化改造。习近平总书记强调,要把老城区改造提升同保护历史遗迹、保存历史文脉统一起来,既要改善人居环境,又要保护历史文化底蕴,让历史文化和现代生活融为一体。在老旧街区更新过程中,要最大化挖掘地域文化特色,用建筑语言发扬当地的文化、传承历史记忆,在物质上、风貌上保留历史肌理。要赋予城市老旧街区新的文化内涵,形成独特的项目文化和体验,契合街区的地域文化、社会结构和生态环境,留住人和生活。比如,重庆市南岸区后堡社区更新中保留了"南坪关"、后堡长廊等原有载体,同时引进物业推行的"城市插件",既保留了原有的生活与文化,让居民们能够继续享受熟悉的烟火气,又通过商业运营,为社区注入了新的活力,提高了造血功能,实现了一半在地、一半再生。

共治共享,坚持多元协同合作更新。我国城市更新理念已从"拆改留"变为"留改拆",产权破碎化成为阻碍市场主体参与老旧街区改造的关键堵点。针对老旧街区中建筑类型多样、权属性质复杂、经营主体多元等特点,需要加快形成产权和使用权归集的有效路径,激活多元力量参与。南京市小西湖片区改变过去整个区域一次性完成改造的做法,根据空间格局及居民产权关系,以院落和单栋建筑为单位,采用小尺度、渐进式和"一房一策"等方式进行微改造。对于愿意出让产权的，按政策给予补偿；对于保留产权且出租给建设方的，腾出的空间用于公共配套；对于保留产权且愿意进行改造的，按照产权人付费、政府补贴的办法，由多方共同讨论改造方案。老旧街区改造不是独角戏，而是交响曲，居民可自主选择空间功能，全过程参与公共空间设计并合作建设，形成目标共商过程共建成果共享的城市更新格局。

业态焕新，坚持打造创新体验场景。老旧街区更新，既要重视引入新场景新业态，激发带动消费新活力，又要重视原有业态的保留升级，实现共融共生。特别是要满足多元化消费需求，让老街区成为标志性文化打卡点和城市会客厅，激活区域价值。南京市建邺区新城科技园内的西城夜未央项目，将两块城市绿地改造为特色主题街区，营造年轻人喜爱的新潮社交场所和生活方式，为10余万年轻人提供了多层次、多元化的休闲娱乐空间。北京市朝阳区The Box朝外年轻力中心项目采用了艺术、科技、娱乐文化相结合的商业模式，通过文化、社群和生活方式的综合性运营，为年轻消费者提供多元互动体验，构建数字文化创新体验中心。

激活城市细胞，改善老旧街区风貌、提升功能、唤醒活力。我们要以创新路径为老街注入新的生命力，让民生改善与历史传承相得益彰，市井烟火与现代时尚交织成趣，高质量推进城市更新行动。

(《中国建设报》2024年12月5日5版)

运用法治思维护航老旧小区既有住宅加装电梯

马宇佳

推进老旧小区既有住宅加装电梯工作，是落实积极应对人口老龄化国家战略部署，改善老百姓居住环境和出行条件，解决"悬空老人"、残疾人等群体上下楼难题的重要举措。近日，最高人民法院与住房和城乡建设部联合召开新闻发布会，交流分享地方老旧小区加装电梯典型案例并答记者问，为老旧小区加装电梯、妥善化解邻里纠纷提供行为指引和法治保障。

弘扬法治精神，筑牢"有爱无碍"法律基石。近年来，两部门通力协作，通过建立"总对总"在线诉调对接机制、发出和办理司法建议等方式，促进多元解纷，强化诉源治理，形成对老旧小区既有住宅加装电梯的法治合力。"一个案例胜过一沓文件"，此次活动以案释法，多角度解释加装电梯的规则，为人民法院和行政主管部门提供司法和执法指引，为小区业主提供行为规范和指导，是落实无障碍环境建设法的有力举措，有助于打造连续贯通、安全便捷、健康舒适、多元包容的无障碍环境。近年来，在各部门统筹协作、各地方共同发力下，全国老旧小区既有住宅加装电梯工作推进顺利，加装量逐年快速增长，截至2023年10月，全国老旧小区既有住宅已累计加装电梯10万部。

衔接法治德治自治，守望相助共建美好家园。"法安天下，德润人心"，法治是最可靠的底线保障，彰显法律尊严和社会公正，德治是最有效的源头治理，映射良好人际关系和文化底蕴。充分发挥基层群众自治性组织、公益组织等在化解纠纷中的作用，立足共谋、共建、共管、共享的总体要求，引导人民群众协商解决纠纷，全力在各方需求中寻求最大公约数，将纠纷解决在基层、化解于萌芽。例如，广西壮族自治区南宁市某老旧小区，在主张加装电梯的业主已经胜诉，并完成了电梯加装的情况下，党员业主主动找到反对安装电梯的二层业主协商，由楼上业主共同出资为二层老年业主免费增设电梯入户连廊，各方握手言和，实现了邻里关系的更加和谐。

主动担当作为，落实加装电梯各项工作。推进老旧小区加装电梯，要系统推进、多措并举。一是主动摸清需求底数，夯实数据底座。统筹需要与可能，指导各地开展加装电梯可行性评估，以适合加装、较难加装、不适合加装的楼栋底数为主要调查内容，全量掌握工作基础要素，做到情况明、底数清、数据准。二是切实加强安全管理，守牢安全底线。落实发展和安全要求，把安全发展理念贯穿既有住宅加装电梯各环节和全过程，压实各方责任，把加装电梯安全责任传导到基层末梢，确保电梯装得上、用得好。三是加快建立筹资机制，破解资金难题。采取"政策免一点、财政补一点、银行贷一点、居民出一点"的方式，充分发挥住房公积金、住宅专项维修资金的支持作用，畅通筹资渠道，着力解决好加装成本高问题。

"民惟邦本，本固邦宁"。老旧小区既有住宅加装电梯，事关百姓的切身利益，是一项打造高品质居住生活的基础性工程。应坚持人民至上，安全至上，以自治为基，法治为本，德治为先，扎实推进老旧小区加装电梯工程，让人民群众在更加宜居的环境中共享美好生活。

（《中国建设报》2023年12月5日2版）

着力破解住宅小区电动自行车停放充电难题

赵 燊

电动自行车以其便捷、环保、经济的特性，日益成为人民群众出行的重要工具。然而，电动自行车停放充电也逐渐成为一大难题，并伴生诸多安全隐患。近年来，河北省邢台市以居民实际需求为导向，加快推进住宅小区电动自行车集中停放场所和充电设施建设，聚焦基础设施建设滞后、集中充电收费过高、日常监督管理缺位等问题，以"小切口"撬动社区治理"大民生"，探索出一条可参考路径。

加大"统"的力度，高位推进，合力攻坚。成立工作领导小组，制定住宅小区电动自行车充电设施建设工作方案，明确指导思想、工作目标和重点任务。按照"属地负责、部门联动"原则，多部门协调联动，对绿地占用、消防安全、接入电价格、场地设置等问题，合力攻坚，逐一攻破。在因地制宜做好存量小区增设充电设施建设工作的同时，对未交付使用的新建小区按照有关要求规划设置电动自行车集中停放场所和充电端口。明确配置数量，住宅小区电动自行车停车泊位按照不低于2泊位/户设置，且每户不少于1个充电车位的标准配置充电设施。明确建设标准，电动自行车停车位智能充电控制设施应具备充满断电、充电异常自动断电、过载保护短路保护、充电故障报警等功能。

运用"保"的手段，积极探索，创新路径。在积极推动住宅小区充电设施建设的基础上，创新工作举措，督促第三方运营公司、物业服务企业等作为充电设施运营管理的主体单位，依据"谁运营、谁负责、谁投保"和"降低风险、保障居民、提高使用率"的原则，积极推进为集中充电车辆"上保险"。鼓励引导各地组织充电设施运营单位与保险公司紧密合作，结合实际情况，研究制定方案，积极为充电设施提供安全保障，更好地保障电动自行车充电安全，解决居民停车充电的后顾之忧。截至目前，已有2个住宅小区的充电设施运营方与保险公司签订了第一单保险，共涉及1700余个充电端口，保额合计金额100万元。

做好"治"的文章，多措并举，疏堵结合。引导各地建立多元化充电方式，统筹在公园、街道等公共场所增设充电桩、共享电动自行车，鼓励党政机关、事业单位在单位院内利用现有场地增设电动自行车充电桩，多途径疏解小区充电压力。规范电动自行车充电收费行为，明确充电设施接入居民用电价格相关政策，规范市场运行机制，倡导错峰充电、错时充电，降低充电成本，有效提高居民使用率。督促物业服务企业按照合同约定做好小区共用消防设施设备的维护，推动在楼宇电梯内加装电动自行车智能阻止系统，通过"人防+技防"持续引导居民加强电动自行车安全管理，消除入户充电、乱拉乱接电线等消防安全隐患。

住宅小区电动自行车停放充电是人民群众身边急难愁盼的关键小事，事关人民群众切身利益，事关城市安全运行和社会稳定。要坚持人民至上、生命至上，着力打造更加安全、便利、舒适的生活空间，切实提升广大人民群众的获得感、幸福感、安全感。

（《中国建设报》微信公众号2024年12月4日）

政研观察 ——述评新征程住房和城乡建设高质量发展新实践

"浙"里城镇老旧小区改造开新局

王 琰

城镇老旧小区改造是重大民生工程和发展工程,是城市更新的重点。近日,浙江省住房和城乡建设厅、浙江省发展和改革委员会、浙江省自然资源厅发布《关于稳步推进城镇老旧小区自主更新试点工作的指导意见(试行)》(以下简称《指导意见》),提出推进城镇老旧小区改造自主更新试点工作,引导群众从"要我改"到"我要改",营造业主主动参与、社会各界广泛支持的浓厚氛围,探索建立科学、简便、有效的管理流程与服务机制。《指导意见》发布后,引起很好的反响。

乘风破浪潮头立,扬帆起航正当时。随着城镇老旧小区改造的深入推进,城市更新阶段老旧小区改造可持续模式仍需探索,《指导意见》出台恰逢破局之时。一方面,大量城镇危旧住宅面临房屋结构安全隐患较大、适修性较差等一系列严峻挑战,仅靠环境提升改造无法破解危旧房难题,亟须创新更新改造模式,筑牢人民安居防线。同时,房屋所有人的维护更新责任仍需强化。另一方面,传统征地拆迁模式成本高昂,在地方财政收支矛盾依然较大的现实背景下,仅靠公共财政投入难以实现更新改造项目的财务可持续。

思深方益远,谋定而后动。《指导意见》在工作原则、组织实施、政策保障、工作要求等方面部署周密、安排细致,呈现诸多政策亮点。以强化业主主体作用和政府协调服务职能激发内生动力。《指导意见》指出坚持"政府引导、业主主体,因地制宜、分类指导,保障安全、优化流程,自愿申报、试点先行"原则,强调既要依照《中华人民共和国民法典》有关规定充分发挥业主主体作用,又要充分发挥政府协调服务职能。《指导意见》提出从三个方面加强政策激励,按照地方政策规定,可适当增加居住建筑面积、增配公共服务设施;增加的住宅面积、服务设施面积,可通过移交政府作为保障性住房、公共服务设施等方式用于冲抵建设成本;可以申请使用其名下的住房公积金,可减免城市基础设施配套费、经营服务性收费等相关费用，以优化制度供给适应城市更新阶段新需求。《指导意见》指出优化技术标准适用，明确在保障公共安全的前提下，更新改造中对建筑间距、建筑密度、绿地率等无法达到现行标准的，可通过技术措施以不低于现状条件为底线进行更新，并鼓励按照存量更新要求对相关规划技术规范进行适应性优化完善。

时来易失，赴机在速。《指导意见》是全国首个省级层面推进城镇老旧小区自主更新的指导意见，是可持续推进城市更新的一项创新举措。聚民力破题危旧房更新改造。《指导意见》鼓励以业主自主更新方式推进拆改结合型的城镇老旧小区改造。通过业主自主更新统筹解决老旧小区房屋结构安全、电梯加装、公共服务配套等问题，切实提高群众宜居水平和幸福感。建制度强化房屋所有人的维护更新责任。《指导意见》明确自主更新的相关制度安排，探索建立老旧住宅更新的有效路径，有利于落实房屋所有人法定维护更新责任，推动城市建筑可持续维护更新，实现从"改一时"到"改长久"。寻路径破解城市更新资金困局。自主更新探索以政策支持逐步撬动民间资金投入形成持续的现金流，走向政府引导、居民出资、市场参与的多元协作模式，寻找城市更新阶段的财务可持续之路。

乘势而上开新局，砥砺奋进谱新篇。浙江省自主更新的实践探索成效初步显现。江山永安里小区自主更新项目第一期364户业主已于2022年1月顺利交付入住，第二期、第三期项目也已顺利推进，实现了从"老破小"到"精巧美"的逆转；浙工新村危旧房有机更新项目2023年正式启动，以"拆改结合"为具体解危路径，通过居民合理投入、政府适当补贴、金融贷款支持等措施，有效实现项目资金总体平衡。随着《指导意见》的出台和浙江省城镇老旧小区改造自主更新试点工作的推进，必将涌现更多好经验、好做法、好案例，为破局城市更新提供新理念、新思路、新方法！

（《中国建设报》2024年4月24日2版）

发挥试点示范作用　推动完整社区建设

刘　勇

完整社区建设是面向人民美好生活向往、聚焦人民安居切身利益、解决人民急难愁盼问题的重要民生工作。2023年7月，住房和城乡建设部会同国家发展改革委等部门在全国106个社区开展完整社区建设试点。试点工作开展以来，各地不断探索完整社区建设的工作机制、建设模式、路径方法和配套政策，形成了一批因地制宜建设完整社区的样板。近日，住房和城乡建设部印发《完整社区建设案例集（第一批）》，选取了部分完整社区建设试点中的典型案例，总结梳理典型做法，为完整社区建设全面推动提供了宝贵经验。

补齐短板，完善服务设施。习近平总书记提出，社区是党委和政府联系群众、服务群众的神经末梢，要及时感知社区居民的操心事、烦心事、揪心事，一件一件加以解决。完整社区建设应该配备基本的公共服务设施、健全的便民商业设施、完备的市政配套设施，以设施完善提高服务水平，解决居民社区生活中"有没有"问题。各地完整社区建设实践中，主要聚焦居民生活中反映强烈的难点、痛点、堵点问题，以问题导向出发补齐服务设施短板，并探索建立了系统的问题发现与解决机制。例如，沈阳市牡丹社区坚持体检先行，以社区专项体检作为查找完整社区建设问题短板的方式，"民有所呼，我有所应"，将解决群众社区生活遇到的急难愁盼问题作为工作出发点。上海市临汾路380弄社区、奎屯市海纳尔社区等优先聚焦"一老一小"服务设施短板，完善社区生活场景营造，建设老年食堂、照料中心、中医理疗室、托育中心、成长驿站等设施，精准解决社区养老、托育服务不足问题。

改造提升，打造宜居环境。习近平总书记提出，强化社区为民、便民、安民功能，做到居民有需求、社区有服务，让社区成为居民最放心、最安心的港湾。完整社区建设应通过保障设施安全稳定运行、营造全龄友好生活环境、拓展居民公共活动空间等，不断提高居民的生活品质，解决社区居民生活"好不好"问题。各地完整社区建设中，主要结合老旧小区改造工作推动加装电梯、老化管网更新改造、公共绿地和健身场地建设、社区嵌入式服务设施建设等，不断提高社区宜居水平。例如，九江市公园社区通过建设环形绿道串联社区活动空间、打造休闲主题街区、构建山—水—城生态景观廊道等，推动社区、街区、景区"三区"融合，实现社区舒适乐居、街区活力多元、景区精致宜游的美好愿景。武汉市八古墩社区通过房屋改造、地下管网设施升级、加装停车设施、设计绿色空间等方式营造社区适居、安全、易行、乐活等场景，软硬结合将基础设施改善转化为生活体验提升，让小区居民从"住有所居"到"住有宜居"。

搭建平台，推进智慧服务。习近平总书记强调，要把更多资源下沉到社区来，充实工作力量，加强信息化建设，提高应急反应能力和管理服务水平，夯实城市治理基层基础。完整社区建设应该注重智慧赋能，通过信息平台提供精准服务，方便居民生活与社区管理。各地完整社区建设通过引入信息技术，以智慧物业平台、社区级城市运管服平台、智能家庭终端等服务平台的互联互通和融合应用，促进线上线下服务融合，满足社区居民多层次、多样化服务需求，提高服务质量与效率。例如，杭州市缤纷社区、银川市镇河塔社区等注重数字赋能，利用智能感知设备实现民生场景监控，提升社区管理、民生保障的精度和准度；并延伸数字服务，通过"小程序"等数字化手段为社区居民提供高效、便捷的生活服务。长沙市金科园社区针对听障人士的特殊需求，通过视频监控系统和手语无障碍导航系统提供精准可靠的手语翻译，解决特殊群体在运用智能技术方面的困难，共享数字便捷生活。

多方参与，健全治理机制。习近平总书记指出，加强社区治理，既要发挥基层党组织的领导作用，也要发挥居民自治功能，把社区居民积极性、主动性调动起来。完整社区建设应该健全社区治理体系，推动建立以人民为中心、多元主体参与的治理机制，以社区治理完善推动社区服务质量提高。各地实践中倡导社区治理由政府主导向多方参与转变，推动建立基层党组织领导、政府协调、业主参与、物业服务的社区管理机制，并积极引导市场主体、社会组织、"三师"群体的参与，构建共建共治共享的治理体系，营造共同的社区文化。例如，南京市月安社区以党建引领社区基层治理，建立社区"党建联席会、事务听证会、矛盾协调会、党群服务中心"的党建工作模式，有效解决居民身边的急事、难事。重庆市民主村社区积极推动"三师进社区""市民医生"行动，通过"三师"走进社区了解居民急难愁盼问题，"市民医生"把收集的社区改造建议及时反馈给规划设计团队，引导居民全程参与，形成完整社区建设合力。

利民之事，丝发必兴。社区是城市居民生活和城市治理的基本单元，是党和政府联系、服务人民群众的"最后一公里"。社区小事连着初心、系着民心，也是"国之大者"。要以习近平新时代中国特色社会主义思想为指导，扎实有效推进完整社区建设工作，进一步加强试点工作的跟踪评估、经验总结与宣传推广，因地制宜、分类施策，推动各地以点带面提升完整社区覆盖率，让社区成为居民最放心最安心的"幸福港湾"。

（《中国建设报》2024年2月26日4版）

坚持"民呼我为" 建好完整社区

刘 勇

完整社区建设是面向人民美好生活向往、聚焦人民安居切身利益、解决人民急难愁盼问题的民生工作。2023年7月，住房和城乡建设部等部门在全国106个社区开展完整社区建设试点。试点工作开展以来，各地聚焦为民、便民、安民服务，多措并举解决居民反映强烈的难点痛点问题，在完善服务设施、打造宜居环境、推进智慧服务、健全治理机制等方面探索可复制、可推广的工作经验，打造完整社区样板。近期，住房和城乡建设部印发《完整社区建设案例集（第二批）》，确定10个完整社区样板，总结典型案例经验做法，为各地完整社区建设提供宝贵经验。

充分认识完整社区建设重要意义。社区是居民生活和城市治理的基本单元。习近平总书记高度重视社区工作，强调将社区作为提供公共服务、完善社会治理、提高居民生活质量的重要空间，"强化社区为民、便民、安民功能，做到居民有需求、社区有服务，让社区成为居民最放心、最安心的港湾"，"把更多资源、服务、管理放到社区，更好为社区居民提供精准化精细化服务"。当前，一些社区存在设施不完善、公共活动空间不足、物业管理覆盖不高、管理机制不健全等突出问题，与人民日益增长的美好生活需要还有较大差距。推动完整社区建设是实现人民安居的重要环节。今年召开的全国住房城乡建设工作会议提出，牢牢抓住人民群众安居这个基点，推动好房子、好小区、好社区、好城区"四好"建设。完整社区建设强调在社区层面针对居民生活补设施、优服务，提高社区生活宜居性，是推动人民安居的重要举措。推动完整社区建设也是完善社会治理的重要方式。社区虽然是最小治理单元，"麻雀虽小，五脏俱全"，需要通过推动党建引领、多元参与、城管执法等在社区落地，完善社会治理体系。

准确把握完整社区丰富内涵。完整社区指居民适宜步行范围内有完善的公共服务设施、健全的便民商业设施、完备的市政配套设施、充足的公共活动空间、全覆盖的物业管理和健全的社区治理机制的居住社区，核心是通过社区内各类服务设施建设，为居民提供系统全面的生活服务。吴良镛先生提出完整社区概念时阐释："不仅包括住房问题，还包括服务、治安、卫生、教育、对内对外交通、娱乐、文化公园等多方面因素，既包括硬件又包括软件。"完整社区内涵非常丰富，反映社区居民生活多个维度的需求。既强调解决社区居民生活"有没有"问题，以问题导向出发补齐服务设施短板，又面向居民生活"好不好"目标，满足居民高质量生活追求；既要完善市政、商业、公共服务等各类硬件设施建设，又要提供高品质服务，满足居民多层次、多样化服务需求；既要提供完善设施与完备服务，还要健全社区管理，推动建立以人民为中心、多元主体参与的治理机制；既要综合运用传统管理与服务手段，又要智慧赋能提供精准化管理与精细化服务，提高服务质量与效率。

多措并举，扎实系统推进完整社区建设。一是完备设施建设，以社区专项体检找准居民生活中的急难愁盼问题，"民有所呼，我有所应"，从问题出发补充社区服务设施短板。例如，北京小马厂西社区、洛阳行署路社区聚焦"一老一小"服务设施短板，建设老年食堂、照料中心、托育中心、成长驿站等设施，精准解决社区养老、托育服务不足问题。二是打造宜居环境，通过保障设施安全稳定运行、营造全龄友好生活环境、拓展居民公共活动空间，不断提高居民生活品质，让社区居民从"住有所居"到"住有宜居"。三是注重智慧赋能，以智慧物业平台、社区级城市运管服平台、智能家庭终端等服务平台的互联互通和融合应用提供精准服务，方便居民生活与社区管理。例如，雄安新区贤溪社区、宁波明珠社区利用智能感知设备实现民生场景监控，提升社区管理、民生保障水平，并延伸数字服务，通过"小程序"等数字化手段为社区居民提供高效、便捷的生活服务。四是完善社区管理，推动建立基层党组织领导、政府协调、业主参与、物业服务的社区管理机制，并积极引导市场主体、社会组织、"三师"群体参与，构建共建共治共享的治理体系。

民生连着民心，民心凝聚民力。社区小事连着初心、系着民心，也是"国之大者"。要以习近平新时代中国特色社会主义思想为指导，全面贯彻落实习近平总书记关于社区治理的重要论述精神，系统全面推动完整社区建设工作，让完整社区建设工程成为民生工程、幸福工程。

(《中国建设报》2024年8月12日3版)

探索市场主体推动完整社区建设实施路径

刘 勇

完整社区建设通过补足社区公共服务设施、商业设施、市政配套设施、公共活动空间、物业管理服务等各类设施或服务短板，解决社区居民生活中的难点、痛点、堵点问题，不断提高社区居民生活水平，是实现人民安居的重要方式。但是，资金短缺问题一直是完整社区建设面对的重要挑战之一，亟待拓展资金来源，提高完整社区建设的可持续性。一些项目探索社会资本推动完整社区建设实施路径，例如西安市中铁尚都城社区以市场企业作为实施主体，自主推动完整社区建设，并且实现可持续改造建设运营。这一完整社区建设企业自主实施模式对于其他地区更好地推动完整社区建设提供了积极借鉴。

探索建立市场主体推动的完整社区改造建设、持续运营的实施模式。在住房城乡建设部门的指导下，专业的社区运营企业自主探索完整社区建设实施模式。首先，设立完整社区建设管理委员会统筹建设工作，并在社区专项体检与广泛采纳群众意见基础上，围绕"社区有什么""功能缺什么""急于补什么"制定完整社区建设实施方案，优先解决群众急难愁盼问题。其次，企业加强与社区合作，利用闲置空间适度改造，在现有配套基础上补齐社区服务设施短板，优先聚焦"一老一幼"需求完善养老与托育服务设施。再次，企业探索社区可持续运营模式，通过提供优质物业服务以及引入商业项目实现长期运营，后续运营收入弥补社区建设前期投入，实现完整社区的可持续改造建设，推动企业向集物业服务、商业运营、完整社区建设等多功能于一体的社区运营服务商角色转变。在这种情况下，企业改造运营具有良好的持续性，居民能够获得优质物业服务与生活服务，实现多方共赢局面。

市场主体推动完整社区建设需要具备一些必要条件。一是具有盈利空间是市场主体进行完整社区建设的基本前提。社区物业运营、商业与生活服务设施运营收入能够弥补前期改造投入，市场主体才有动力投入完整社区改造建设。二是改造的社区要有一定的设施基础。一方面，市场主体主导推动社区改造建设一般要求社区本身已经具有物业，社区内部道路、绿化、各类市政设施基本完善，只需要针对性补充建设居民迫切需要的养老、托育等设施，建设成本相对可控。一些建成年代较早、基础设施不完善的社区进行完整社区建设，一般与老旧小区改造同步推进，改造难度大，补充基本的生活设施、活动空间建设需要很大投入，市场主体缺少主动进入这类社区改造建设的动力。另一方面，养老、托育、公共活动空间等各类设施的补充建设需要占用一定规模房屋与空间，要求社区内部有一定规模闲置或者低效利用的设施与公共空间能够供改造利用。

完善市场主体推动完整社区建设的实现路径。一是选取条件适宜的社区。筛选满足设施相对完备、本身具有物业、有一定闲置空间用于补充设施短板等条件的社区进行改造。二是精准查找社区短板，通过适度改造补充服务设施。按照完整社区建设标准，通过社区专项体检找准社区设施与服务短板，"民有所呼，我有所应"，及时解决社区居民的操心事、烦心事、揪心事。三是培育具有社区运营能力的市场主体，推动市场主体向社区管家转变。完整社区改造建设后，应该通过持续性物业服务和商业设施运营补充前期投入并实现持续性经营，推动物业企业向多功能社区运营商转变，或者房地产企业由房屋开发建设企业向社区建设运营的全链条社区管家模式蜕变。四是完善市场主体推动完整社区建设的政策体系。建立完整社区建设分类推进机制与差异化支持政策，出台规范市场主体进行完整社区建设的指导办法，为企业进入提供政策与制度便利。

民生无小事，枝叶总关情。完整社区建设是一项重要的民生工程，应该针对不同类型社区，因地制宜、分类施策，建立不同的完整社区建设实施模式。对于没有营利空间的老旧社区，应该结合老旧小区改造采用政府主导负责的建设模式；对于具有一定盈利空间的老旧小区，可以采取"政府+市场"的实施模式，政府兜底补充完善基本设施，市场企业进行盈利空间挖掘提供高品质服务；对于大量的建造时间不算久远、不符合老旧小区改造标准的社区，可以探索市场主导的实施模式，企业通过物业服务、商业运营等盈利空间挖掘，推动完整社区建设的可持续性。

（《中国建设报》2024年10月11日4版）

社区基金为居民港湾建设造血助力

郭嘉颖

习近平总书记指出,社区是城市治理的基本单元,是党和政府联系、服务居民群众的"最后一公里"。探索设立社区基金,鼓励社会资金投向社区,促进公共资源的有效管理与调配,是提升社区服务供给能力和治理水平的创新举措。目前,上海、深圳、成都等地积极支持设立社区基金,用于开展社区营造、社区服务、社区改造等一系列促进社区发展、提升居民幸福指数的公益项目,为办好民生实事和公共事务,更好回应群众关切探索了有益经验。

创新多元供给模式,构建社区更新资金"蓄水池"。社区基金作为社区内生的、以资金为导向的治理主体,有助于改变以往由政府财政单一提供社区公共事务资金的局面,撬动更多社会力量参与社区建设运营。比如,成都市簧门街社区创新政府、社会组织、市场三位一体的"政企社"合作模式,设立簧门宜邻社区发展治理专项基金,在原始资金积累的基础上吸纳企业捐赠和居民捐赠,并通过探索社区资产的公益化运营,在"种子基金"的基础上持续注入资源;社区将闲置的公共空间进行改造,租借给市场机构开展教育、养老、托育、食堂等社区商业活动,建立透明公正的收益分配机制,将社区资产运营所获得的盈利资金按比例纳入社区基金,变被动"输血"为主动"造血",实现多方共赢。

发掘市场服务盲点,充当社区公共服务"催化剂"。社区基金聚焦"当前商业企业不愿做,社会组织不专业,政府提供服务不充分"的服务领域,填补社区服务空缺和盲区,用社区基金小杠杆撬动基层治理大效能。以社区环境小微更新为例,规划科学、绿化得当、干净舒适的社区环境,如今在人民群众生活幸福指数中的地位不断凸显,社区居民对提升院落附属设施、升级公共闲暇空间的需求也日益迫切。社区基金从人民群众最关心最直接最现实的利益问题出发,提供专项资金用于改善社区花坛窄小、车棚垮塌、楼顶漏雨、公共水管破损等问题,让社区的大事小情有人管、有钱办、有章循，有效改善了社区服务供给不平衡不充分的问题，从细微之处着手让老社区焕发新活力。

发挥资源链接优势，打造社会公益资源"交互台"。社区基金集多重角色于一身，既是支持社区公益事业的"造血者"，也是培育社区社会资本的"动员者"、完善社区公共服务的"推动者"和"协调者"。作为社区支持组织和开放中介平台，社区基金依托其规范的内部治理结构，不断挖掘新型资源主体、吸纳多元化资源，强化跨界主体间的合作，实现社会资源点、线、面、体的链接与拓展。社区基金与市场化机构一起，在互惠互利和协同发展中形成了完整的生态服务链。社区基金能够发挥其扎根于社区的在地优势，精准对接居民需求，有针对性地培育和引入第三方专业机构，让专业的人做专业的事，实现"取之社会，用之百姓，建设社区，服务居民"的资源循环。

中国式现代化，民生为大。要发挥好社区基金在改善社区民生、整合公益资源、拓宽资金渠道、提升社区治理能力等方面的综合作用，强化社区基金"政府引导+社会化发展"路径，将社区基金作为各类政策举措在社区层面落地的有效载体，撬动更多社会资源为社区治理注入"源头活水"，抓好为民谋利的"小事"，把以人民为中心理念落实在一件一件的实事之中，让发展成果更好惠及百姓，让社区真正成为居民最放心、最安心的港湾。

（《中国建设报》微信公众号2024年10月12日）

切实深化城市安全韧性提升行动

赵雨亭

城市安全事关人民群众切身利益,事关经济社会发展大局。我国存量房屋规模大,老龄化问题凸显,城市基础设施也进入集中老化期,加之极端天气、公共卫生事件等外部冲击,迫切需要防范化解安全风险,提升城市安全韧性。党的二十届三中全会提出,要深化城市安全韧性提升行动,这是增强城市抵御自然灾害、处置突发事件和危机管理能力的关键一招,是切实保障人民群众生命财产安全的重要举措。

尊重科学规律。城市发展是一个自然历史的过程,有其自身规律,做好城市工作,首先要认识、尊重、顺应城市发展规律,端正城市发展指导思想。要立足城市自身发展情况、面向人民需求、顺应时代要求,因地制宜、精准施策,保证工作经得起历史的检验、人民的检验。城市要为居民提供高品质的生活空间,以人民为中心是合规律性与合目的性的有机统一,要坚持人民城市人民建,人民城市为人民,问需于民、问计于民,深入实施城市更新工程,推动一大批老旧管道更新改造等民生工程,让人民群众在城市生活得更安心、更舒心、更美好,用人民群众满意度来检验城市安全韧性水平。

坚持系统观念。城市是一个复杂的巨系统,牵一发而动全身,必须坚持系统观念,统筹协调各个环节、各方力量,形成提高城市安全韧性的合力。无论是规划、建设还是管理,都要把安全放在第一位,建立高位协调机制,从构成城市诸多要素、结构、功能等方面入手,整体提升各环节、全流程城市安全韧性。"部、省、市、县"各级单位要通力合作,加强住建、自资、气象、水利、交通、应急等各个部门密切联合,强化政策协同、落实工作责任,形成齐抓共管的工作格局,推动城市安全源头治理、系统治理。

依靠制度创新。制度管长远、管根本,是保障城市安全韧性的重要因素。要从"机制、体制、法治""责、权、利""人、才、物"的角度夯实基础、深化改革，从制度层面保障城市安全。明确提升城市安全韧性行动任务，建立健全城市体检与城市更新一体化推进机制，坚持"先体检、后更新"，查找影响城市安全韧性的短板弱项。强化提升城市安全韧性行动保障，建立健全房屋体检、房屋养老金、房屋保险等制度，加强房屋和市政工程建设、运行使用全过程质量安全监督、落实安全责任终身追究制，构建安全风险分级管控和隐患排查治理的双重预防机制，切实提高发现问题、解决问题的意愿和能力，让城市安全管理有依据、有保障。

强化科技赋能。现代城市运行系统日益复杂，迫切需要抓住数字化发展机遇，以科技赋能城市安全管理。要推动新一代信息技术与城市房屋、基础设施建设深度融合，加快构建智能高效的城市现代化治理体系，对城市运行状态进行常态监测、动态预警、精准溯源、协同处置，科学防范燃气爆炸、房屋倒塌、路桥坍塌、城市内涝、管网泄漏等事故，对安全隐患做到早发现、早预警、早处置，推动风险防控从被动应对转向主动预防，从"人海战术"转向智慧防范，提高城市安全运行保障能力，推动城市安全发展。

提升城市安全韧性是"必修课"。要坚持人民至上、生命至上，更好地统筹发展和安全，守住安全底线，把安全发展理念贯穿城市工作全过程，把守护好人民生命安全和身体健康作为城市发展的基础目标，以高水平安全护航高质量发展，不断增强人民群众的获得感、幸福感、安全感。

（《中国建设报》2024年12月5日5版）

加快推进新型城市基础设施建设工作再上新台阶

王彬武

近日,中共中央办公厅、国务院办公厅印发《关于推进新型城市基础设施建设打造韧性城市的意见》(以下简称《意见》),要求深化城市安全韧性提升行动,推进数字化、网络化、智能化新型城市基础设施建设,打造承受适应能力强、恢复速度快的韧性城市,增强城市风险防控和治理能力。

《意见》提出了明确目标,到2027年,新型城市基础设施建设取得明显进展,对韧性城市建设的支撑作用不断增强,形成一批可复制可推广的经验做法。到2030年,新型城市基础设施建设取得显著成效,推动建成一批高水平韧性城市,城市安全韧性持续提升,城市运行更安全、更有序、更智慧、更高效。要坚持目标导向,把新型城市基础设施建设重点任务细化分解,明确时间表、路线图、任务书和工作要求,有力有效推进目标实现。

《意见》的印发是在前期有关部门扎实推动试点、积极总结成效基础上的再升级,更加注重城市设施韧性、管理韧性、空间韧性的持续提升,推动城市安全发展。2020年8月,住房和城乡建设部会同中央网信办等部门印发指导意见,要求加快推进基于数字化、网络化、智能化的新型城市基础设施建设,推动整体提升城市建设水平和运行效率,转变城市发展方式,拉动有效投资和消费。随后,选择在重庆、福州、济南等21个试点城市(区)开展新型城市基础设施建设试点。同时,还组织开展了城市信息模型(CIM)基础平台建设、智能市政、智能建造等一系列专项试点,初步探索出一批可复制可推广经验和可持续商业模式。

《意见》明确要求住房和城乡建设部牵头加强指导和总结评估,及时协调解决突出问题。各项重点任务的有效落实,需要加强部门协调、数据共享,比如,在完善城市信息模型(CIM)平台方面,要加强国土空间规划、城市建设、测绘遥感、城市运行管理等各有关行业、领域信息开放共享,汇聚基础地理、建筑物、基础设施等三维数据和各类城市运行管理数据。

新型城市基础设施与传统城市基础设施最大的区别在于其具有数字化、网络化、智能化特征，《意见》中37次出现"安全"，5次出现"数据安全"，因此，牢牢守住保障网络和数据安全底线是开展这项工作的重要要求。要严格落实网络和数据安全法律法规和政策标准，强化信息基础设施、传感设备和智慧应用安全管控，推进安全可控技术和产品应用，加强对重要数据资源的安全保障。强化网络枢纽、数据中心等信息基础设施抗毁韧性，建立健全网络和数据安全应急体系，加强网络和数据安全监测、通报预警和信息共享，全面提高新型城市基础设施安全风险抵御能力。

推进新型城市基础设施建设、打造韧性城市工作是党中央、国务院赋予住房城乡建设系统牵头的一项重要任务。要主动担当作为，加强改革创新，建立协同机制，努力为"打造宜居、韧性、智慧城市"贡献住建力量。

（《中国建设报》微信公众号2024年12月23日）

新城建为韧性城市建设赋能聚势

刘 锋

近日,中共中央办公厅、国务院办公厅印发《关于推进新型城市基础设施建设打造韧性城市的意见》(以下简称《意见》),要求推进新型城市基础设施建设(以下简称"新城建"),通过科技创新、数字赋能,推动新一代信息技术与城市基础设施建设深度融合,坚持以信息平台建设为牵引、以智能设施建设为基础、以智慧应用场景为依托,构建智能高效的新型城市基础设施体系,持续提升城市设施韧性、管理韧性、空间韧性,增强城市风险预警防控能力,提升城市治理水平,推动城市健康运行、安全发展。

新城建是推进城市设施韧性,保障城市安全运行的有效举措。强化城市设施的强适应性、快恢复能力,要依靠新一代信息技术,推动安全风险管理从"被动应对"转向"主动防范",通过数字赋能保障城市设施健康运行,让城市更安全、更智慧,让人民群众在城市生活更安心。《意见》要求实施智能化市政基础设施建设和改造,因地制宜对城镇供水、排水、供电、燃气、热力、消火栓(消防水鹤)、地下综合管廊等市政基础设施进行数字化改造升级和智能化管理,加快推进城市基础设施生命线工程建设,提高安全隐患及时预警和事故应急处置能力;加强对城市桥梁、隧道等设施的安全运行监测,强化燃气泄漏、加压调蓄设施防淹和安全,管网与水网、防洪与排涝等的智能化监控,保障市政基础设施安全运行,维护人民群众生命财产安全。

新城建是增强城市管理韧性,提升城市治理水平的强力支撑。推进现代信息技术与城市管理高效融合,提升城市管理能力,增强城市安全运行管理水平,是城市高质量发展的必然要求。《意见》要求完善城市信息模型(CIM)平台,搭建城市三维空间数据模型,提高城市规划、建设、治理信息化水平;完善城市运行管理服务平台,加强对城市运行管理服务状况的实时监测、动态分析、统筹协调、指挥监督和综合评价，推进城市运行管理服务"一网统管"，加强与应急管理、工业和信息化、公安、自然资源等部门城市运行数据共享，增强城市运行安全风险监测预警能力；同时，要建立房屋使用全生命周期安全管理制度、房屋建筑信息动态更新和安全隐患消除机制，逐步建立健全城市房屋建筑综合管理平台，提升房屋建筑管理智慧化水平。

新城建是提升城市空间韧性，打造高品质生活空间的有力抓手。智能化城市服务是满足人民群众美好生活需要，提高城市宜居水平的有力举措。《意见》提出要建设智慧住区，结合完整社区建设，实施公共设施数字化、网络化、智能化改造与管理，提高智慧化安全防范、监测预警和应急处置能力；创新智慧物业服务模式，实施城市社区嵌入式服务设施建设工程，提高居民服务便利性、可及性；建立健全数字赋能、多方参与的住区安全治理体系，强化对小区集中充电设施、消防车通道、安全疏散等隐患防治；开展数字家庭建设，以住宅为载体，利用物联网、云计算、大数据等实现系统平台、家居产品互联互通，构建跨终端共享的操作系统生态，提升智能家居设备的适用性、安全性，打造宜居舒适生活居住空间。

新城建是深化城市安全韧性提升行动，打造承受适应能力强、恢复速度快的韧性城市的重要推动力。各地要全面落实习近平总书记关于城市工作的重要论述，不断创新完善体制机制，强化科技引领、人才培养、安全保障，加强统筹协调和指导督促，主动担当作为，抓好组织实施，确保《意见》各项决策部署落地见效。

(《中国建设报》微信公众号2024年12月17日)

加快推动现代信息技术进家庭、进楼宇、进社区

郭嘉颖

提升住区和住宅智慧化水平，是构建智能高效新型城市基础设施体系的有力抓手，也是建设韧性城市的重要举措。近日，中共中央办公厅、国务院办公厅印发《关于推进新型城市基础设施建设打造韧性城市的意见》，提出发展智慧住区、开展数字家庭建设等重点任务，推动新型城市基础设施建设与新一代信息技术深度融合，让人民群众在城市生活得更舒心、更美好。

聚焦共享协作，打造一体化智慧生态系统。数字家庭是智慧住区的最小细胞，智慧住区是数字家庭建设实施基础。要注重智慧住区与数字家庭的协同发展，打造服务管理联动的有机生态体系。支持有条件的住区结合完整社区建设，实施公共设施数字化、网络化、智能化改造与管理。以住宅为载体，利用物联网、云计算、大数据、移动通信、人工智能等实现系统平台、家居产品互联互通，加快构建跨终端共享的统一操作系统生态。进一步加强智能信息综合布线，加大住宅和社区信息基础设施规划建设投入力度，着力提升满足数字家庭系统需求的电力及信息网络连接能力。

聚焦场景落地，满足全方位智能服务需求。持续完善智能产品在社区配套设施和住宅中的设置，努力构建"无处不智慧"的生活场景。支持智能信包箱（快件箱）等自助服务终端在住区布局，创新智慧物业服务模式，引导支持物业服务企业发展线上线下生活服务。鼓励既有住宅参照新建住宅设置智能产品，对传统家居产品进行电动化、数字化、网络化改造。实施城市社区嵌入式服务设施建设工程，提高居民服务便利性、可及性。积极顺应消费需求变化，不断提高商业质量，发展智慧商圈，持续优化智慧设施、智慧服务、智慧场景和智慧管理，满足居民品质化、多样化消费需求。

聚焦风险防治，构建多层次安全治理体系。以住区和住宅智慧升级为契机，推

动社会治理向末端延伸,做到第一时间感知隐患、第一时间处置问题。建立健全数字赋能、多方参与的住区安全治理体系,强化对小区电动自行车集中充电设施、住区消防车通道、安全疏散体系等隐患防治,鼓励对出入住区人员、车辆等进行智能服务和秩序维护,提升城市住区韧性。对新建全装修住宅,明确户内设置基本智能产品要求,鼓励预留居家异常行为监控、紧急呼叫等智能产品的设置条件,提升智能家居设备的适用性、安全性,满足居民用电用火用气用水安全需求。

"力,形之所以奋也"。创新是引领发展的第一动力,要把科技创新摆在城市工作更加突出的位置,以信息平台建设为牵引,以智能设施建设为基础,以智慧应用场景为依托,推动城市基础设施建设数字化转型,紧贴"安居""宜居"两大方向,把发展智慧住区、建设数字家庭作为提升城市居民生活品质的重要载体,不断推动人民群众获得感、幸福感、安全感实现新提升。

(《中国建设报》微信公众号2024年12月18日)

打造韧性城市离不开实施智能化市政基础设施建设和改造

赵雨亭

近日,中共中央办公厅、国务院办公厅发布的《关于推进新型城市基础设施建设打造韧性城市的意见》提出,实施智能化市政基础设施建设和改造。城市燃气、供水、排水、热力、桥梁、综合管廊等是"城市生命线""里子"工程,是维系城市正常运行、满足群众生产生活需要的必要设施,是维系城市正常运行的重要保障。要切实深化城市安全韧性提升行动,加快推进城市基础设施生命线工程建设,把大数据等信息技术融入城市运行安全管理,及早发现和管控风险隐患。

深入开展市政基础设施普查。要对市政设施进行全面摸底,建立覆盖地上地下的城市基础设施数据库,全面清晰地了解城市供水、排水、道路、桥梁等各类设施的现状底数。普查不仅要追求"结果",更要追求"效果",通过普查找准城市基础设施风险源和风险点,编制城市安全风险清单,明确工作的着力点。同时,还需要注重普查工作的持续性和动态性,定期对市政设施进行普查,及时掌握设施的最新状况并根据普查结果编制智能化市政基础设施建设和改造行动计划,确保每一项普查数据都能转化为打造韧性城市的实际动力。

强化燃气设施智能管控。要大力推广使用数字化先进技术、设备、工艺,实现燃气安全风险可视化、监测智能化、处置联动化,提高燃气管网感知能力和智慧化水平,消除事故高发环节的潜在隐患,推动城市燃气安全治理模式向事前预防转型。要完善燃气监管平台建设,实现对管网漏损、运行安全及周边重要密闭空间等的在线监测、及时预警和应急处置,并严格落实管道安全监管巡查责任,强化可追溯管理,切实提高燃气安全管理水平,确保燃气管线运行安全。

落实供水设施智能管控。建立居民小区供水加压调蓄设施信息动态更新机制,在新建居民住宅的加压调蓄设施同步建设水质指标智能监测设施,加快改造既有加压调蓄设施不符合卫生和工程建设标准规范的设施。及时排查消除雨水倒灌及取水设施被淹隐患点，落实居民加压调蓄设施防淹和安全防护措施，着力提高供水设施应对突发事件和自然灾害的能力，保障供水水质安全，增强供水系统韧性。

加强桥隧设施智能管控。为桥梁、隧道等设施安装传感器和视频监控设施，实时采集风速风向、温度、位移、应力等数据，全天候"把脉"桥梁、隧道等设施健康情况，及时发现异常情况，实现"早发现、早防治"。同时，将前端感知设备与桥梁、隧道等设施安全监管平台结合，确保"看得见、调得动、用得好"。运用自动缺陷检测系统、无人机、工程船、爬墩机器人、水下机器人等多种检测手段和设备，定期排查诊治，保障桥隧设施安全运行。

提升城市排水防涝智慧管理能力。通过远程管网控制平台，及时下达调度指令，建立高效的城区排涝通道、泵站、闸门、排水管网与周边江河湖海、水库等应急洪涝联排联调机制。在地下设施、城市轨道交通及其连接通道等重点设施布设水位监测设施和视频监控设施，24小时监测排水系统运行液位，对易涝积水点等重点区域重点监测，自动感知超警戒值情况，及时预警。因地制宜对地下车库等地下空间二次供水、供配电、控制箱等关键设备采取挡水防淹、迁移改造、防断电等措施，提高抗灾减灾能力，综合提升城市排水防涝能力。

当前，一些城市市政基础设施进入集中老化期，城市管理和运行安全风险加剧，亟需实施智能化市政基础设施建设和改造，逐步实现对市政基础设施运行状况的实时监测、模拟仿真、情景构建、快速评估和大数据分析，提高安全隐患及时预警和事故应急处置能力，保障市政基础设施安全运行，打造韧性城市。

（《中国建设报》微信公众号2024年10月20日）

双智协同　助力韧性城市建设

赵 燊

城市出行服务与人民群众生活息息相关,是打造宜居韧性智慧城市、助力城市高质量发展的重要着力点。近日,中共中央办公厅、国务院办公厅印发《关于推进新型城市基础设施建设打造韧性城市的意见》(以下简称《意见》),明确提出要推动智慧城市基础设施与智能网联汽车(以下简称"双智")协同发展。加快推进双智协同发展,对服务城市智慧交通管理、改善人民群众出行体验、赋能治理"城市病"有重要推动作用,是坚持以人民为中心的发展思想、统筹高质量发展和高水平安全的重要体现。

构建"智"的体系。《意见》提出,要以支撑智能网联汽车应用和改善城市出行为切入点,建设城市道路、建筑、公共设施融合感知体系,深入推进"第五代移动通信(5G)+车联网"发展,逐步稳妥推广应用辅助驾驶、自动驾驶,加快布设城市道路基础设施智能感知系统,提升车路协同水平。智慧城市基础设施是支撑城市运行的神经网络,通过物联网、云计算等先进技术手段,实现对城市各环节的精准感知;智能网联汽车则是遍布于城市大街小巷的神经元,与各类智慧城市基础设施进行信息交换。双智协同发展,不仅是技术上的深度融合,更是理念上的同频共振,合力打造"人—车—路—云"高度协同的智慧交通生态系统。

拓展"用"的场景。《意见》提出,要推动智能网联汽车多场景应用,聚合智能网联汽车、智能道路、城市建筑等多类城市数据,为智能交通、智能停车、城市管理等提供支撑。应用场景是牵引双智协同发展的主要驱动力,智能网联汽车是当前汽车产业发展的大趋势,为智慧城市基础设施带来广阔的集成应用场景,要梳理出与双智协同发展相适配的应用场景,让双智协同发力更精准、产出效益更高。比如,厦门BRT系统通过5G网络进行精准控制,实现车辆在站台的精准停泊;长沙智慧公交系统基于LTE-V2X与红绿灯互联,实现精准引导、公交优先,使公交车的行驶时间优化13%左右。

提升"韧"的水平。《意见》提出，要加快完善应急物流体系，规划布局城市应急物资中转设施，提升应急状况下城市物资快速保障能力。由感而治，以数赋能，双智协同发展架构下的应急物流体系建设通过车车、车路协同，完善动态交通诱导、交通信号智能控制、城市大范围交通协调联动与应急处置等方面的工作，提升城市道路交通系统运行、服务和管控的智能化水平，增强道路交通网络的整体服务效能和韧性，是城市在突发事件中实现自动感知、快速反应、科学决策的关键基础设施，是打造承受适应能力强、恢复速度快的韧性城市，增强城市风险防控和治理能力的重要一环。

当前，智慧城市与智能交通在信息化、智能化相关技术快速发展的大背景下形成协同交点。智慧城市基础设施为智能网联汽车发展提供"硬环境"，智能网联汽车为智慧城市基础设施管理与服务强化"软实力"。要稳步推进双智协同发展，加快部署"聪明的车"、建设"智慧的路"，探索汽车产业转型、城市功能提升的新路径，让汽车产业在城市应用场景中创新、城市在汽车产业推动下发展，实现城市运行更安全、更有序、更智慧、更高效。

（《中国建设报》微信公众号2024年12月19日）

新城建为城市高质量发展增添新动力

刘 锋

"晨光出照屋梁明,初打开门鼓一声"。近日,由住房和城乡建设部网络安全和信息化工作专家组组织编写的"数字中国建设出版工程·'新城建 新发展'丛书"由中国城市出版社正式出版发行。丛书分7册介绍了城市信息模型基础平台(CIM)、市政基础设施智能感知与监测、智慧城市基础设施与智能网联汽车、城市运行管理服务平台、智慧社区与数字家庭、智能建造与新型建筑工业化、城市体检方法与实践七大板块,探讨新型城市基础设施建设(简称"新城建")各项重点任务的实施理念、方法、路径和实践案例,是国内首套系统介绍新城建理论体系与落地应用的系列丛书,为各级政府及主管部门推进新城建提供了学习资料,也为社会各界更好地了解并参与新城建提供了有益借鉴。

加快推进新城建是立足新发展阶段、贯彻新发展理念、构建新发展格局的有效抓手。"满眼生机转化钧,天工人巧日争新"。城市是我国经济社会发展的重要引擎,也是扩大内需的主战场。习近平总书记指出,加快构建以国内大循环为主体、国内国际双循环相互促进的新发展格局。要牢牢把握扩大内需这个战略基点,加强国内大循环在双循环中的主导作用。推进新城建是贯彻落实习近平总书记重要指示批示精神和党中央、国务院重大决策部署的重要举措,是实施扩大内需战略、推动城市工作提质增效的重要路径。新城建致力于数字化、网络化、智能化,对充分释放我国城市发展潜力,带动有效投资,培育新的经济增长点,激发消费潜力,建设强大国内市场,转变城市开发建设方式,提升城市建设水平和运行安全,增强人民群众获得感、幸福感、安全感具有重大意义。

科技赋能城市基础设施建设是提升城市治理水平,促进城市高质量发展的有力支撑。"删繁就简三秋树,领异标新二月花"。习近平总书记指出,让城市更聪明一些、更智慧一些,是推动城市治理体系和治理能力现代化的必由之路,前景广阔。推进现代信息技术与住房城乡建设事业深度融合，是应对城市发展安全风险和挑战、提高城市风险防控能力的必然要求。建设城市信息模型（CIM）基础平台是让城市规划、建设、治理全流程、全要素、全方位数字化的重要手段。搭建市政基础设施智能感知与检测平台是以精细化管理确保城市基础设施生命线安全的有效途径。智能网联汽车是实现让"聪明的车"行稳致远、"智慧的路"畅通无阻，车联网与智能车的有机结合。城市运行管理服务平台是城市统筹协调、指挥调度、监测预警等的信息化平台。智慧社区与数字家庭是以科技赋能推动治理理念创新、组建城市治理"神经元"的重要应用。智能建造与新型建筑工业化是促进先进制造技术、信息技术、节能技术与建筑业融合发展的有力抓手。

推动城市管理和服务智能化，是解决人民群众急难愁盼问题，提升城市宜居水平的重要手段。"行之力则知愈进，知之深则行愈达"。习近平总书记指出，抓城市工作，一定要抓住城市管理和服务这个重点，不断完善城市管理和服务，彻底改变粗放型管理方式，让人民群众在城市生活得更方便、更舒心、更美好。新城建深入贯彻以人民为中心的发展思想，助力城市管理和好社区建设，聚焦城市停车难、养老、托幼、就医、物业等与老百姓切身利益相关的急难愁盼问题，不断满足人民群众生活新需求，让城市更聪明更智慧、社区生活更美好。依托城市运行管理服务平台，运用人工智能算法，有效解决老百姓面临的停车难、物业服务不到位等问题；通过拓展应用，以"智慧助医""智慧助老"等为切口，探索社区居家养老服务的"智慧助老"模式；通过智慧环保、智慧工地、智慧管养等应用系统，实现了环境问题实时感知、实时监测、及时处置，为人民群众提供更加安全可靠、舒适便捷的生活环境。

全国住房城乡建设工作会议提出，加快推进"数字住建"落地实施。落实全国城乡建设工作会议精神，住房城乡建设系统正举全行业之力推进"数字住建"建设，这是新时期推进城市高质量发展的重要举措，而推进新城建将是建设"数字住建"的有力支点。我们相信，新城建的持续发展，必将为新一代信息技术提供广阔的应用场景，为开创城市高质量发展新局面赋以强大的驱动力！

（《中国建设报》2024年4月11日8版）

统筹推进CIM基础平台建设
筑牢城市高质量发展空间底盘

赵　燊

　　建设城市信息模型（CIM）基础平台是让城市规划、建设、治理全流程、全要素、全方位数字化的重要手段，不仅涉及模型内容直观可靠表达等理论技术层面的科学问题，还涉及平台全生命周期建设和运维、信息安全有效使用等实施层面的技术和管理难点。"数字中国建设出版工程·'新城建 新发展'丛书"分册《城市信息模型（CIM）基础平台》系统介绍CIM技术国内外发展历程和理论框架，提出平台设计和建设的技术体系、基础架构和数据要求，并结合实践案例，展现了CIM基础平台对各类数字化、智能化应用场景的数字底座支撑能力，系统性强，技术内容翔实，有助于读者全面了解和学习CIM相关技术与应用。

　　九层之台，起于累土。城市是复杂的巨系统，CIM基础平台的定位是城市三维数字底座，在原有网格化信息系统的基础上，整合包括覆盖地上地下的市政基础设施数据、国土空间数据、BIM数据、社会资源数据、物联感知数据等，构建起三维数字空间的城市信息有机综合体，是开展"新城建"工作、实现各类智慧应用的重要支撑。为贯彻落实党中央、国务院关于网络强国、数字中国的战略部署，自2018年起，由住房和城乡建设部联合多部委持续推进CIM基础平台建设工作。CIM基础平台的搭建致力于打破"新城建"工作中的数据、业务壁垒，基于一张统一的"三维空间数据底板"实现数据层面的共享融合、技术层面的协同赋能和业务层面的互联互通，不仅要实现对于整个物理城市的数字孪生，更重要的是其作为一种与真实世界相对应的信息载体，能将城市的物理实体、社会实体、流动空间等有效链接，让各类信息数据可以动态、有序、精准"对齐"，进而为城市治理、社会治理提供高效数据支撑。

　　积诚伴群疑，实践激众喻。2018年以来，住房和城乡建设部先后在6个城市

（地区）开展CIM平台建设试点，进行经验探索，各试点城市积极响应政策文件，根据自身发展基础及特点，大力推进CIM基础平台建设工作。本书的实践篇列举了广州市等4个地区的CIM基础平台建设实践案例，并从建设情况、成果、特色、效益以及可借鉴的经验等方面对每个案例进行了介绍。广州市CIM基础平台的定位是为广州市提供数字化公共底座，具有"数据精、平台实、业务智、应用广、标准全"的特点；南京市通过CIM基础平台为建筑、市政规划报建审查审批极大限度地提供了机器审查的帮助；北京大兴国际机场临空经济区通过CIM基础平台进行智慧园区建设，基于平台实现业务办理、辅助智慧招商等应用。

  凡事预则立，不预则废。本书在全面、详细梳理和阐释CIM基础平台内容的基础上，前瞻性地提出对CIM基础平台发展的未来展望。CIM基础平台的推广应用需要更加规范的标准体系、国产化的数据库、更智能的基础平台服务，以及更有力的安全保障。未来，CIM基础平台可以与多应用场景进行联合，通过CIM基础平台提供协调联动的在线服务并提升这些应用与空间属性的结合深度，从二、三维一体化的全新视角支撑城市规划、建设和管理，为城市高质量发展筑牢空间底盘。

（《中国建设报》2024年4月15日2版）

智能感知与监测,让城市运行更安全、更智慧

赵雨亭

数字化、智能化、网络化是保障安全的新动能,近日,中国城市出版社出版了"数字中国建设出版工程·'新城建 新发展'丛书"第二册《市政基础设施智能感知与监测》,本书聚焦市政基础设施监测预警的技术与创新实践,从理念与技术革新、创新实践案例等角度,系统阐述了我国市政基础设施安全运行监测的发展概况,智能感知与监测的总体架构、安全监测方法,各地实践案例,以及未来展望。

安全是发展的前提。随着城镇化持续推进,人口和功能继续向城市集聚,与城市运行密切相关的供水、排水、供热、桥梁、管廊等城市生命线系统变得愈加复杂。当前,城市发展进入城市更新阶段,城市市政基础设施进入集中老化和风险凸显期,城市管理和运行安全风险加剧。为有效防范安全事故,维护人民群众生命和财产安全,党中央、国务院强调,城市基础设施建设要坚持把安全放在第一位,要实施城市更新行动,构建系统完备、高效实用、智能绿色、安全可靠的现代化基础设施体系。

洞若观火,消未起之患。市政基础设施智能感知与监测从城市整体安全运行出发,以预防燃气爆炸、桥梁倒塌、城市内涝、路面塌陷、大面积停水等事故为目标,以公共安全科技为核心,以物联网、云计算、大数据等信息技术为支撑,感知城市运行状况,分析城市生命线风险及耦合关系。实现对市政基础设施的风险识别、分析研判、辅助决策,使市政基础设施管理实现"从看不见向看得见、从事后调查处置向事前事中预警、从被动应对向主动防控"的根本转变。

他山之石可攻玉。防范城市风险,确保城市运行安全,是全球城市共同愿景。美国较早提出城市基础设施智慧化,通过提升隧道、移动桥梁、交通信号和街道的监测能力,增强城市韧性。英国从数字化、可视化平台、绿色化等多角度入手,广泛地实施城市基础设施智慧化。日本通过综合管廊等城市基础设施和各类建筑的网

格化、智能化管理，提高城市服务水平。韩国通过在城市内设置传感设施，随时监测城市状况，并构建起监测和应急联动机制。新加坡将国家智能传感器平台作为国家战略项目，并探索利用其制定智能解决方案。

弄潮儿向涛头立。围绕党中央重大决策部署，地方积极开展实践、勇于探索。合肥市成立由城乡建设委员会、财政局、重点工程建设管理局和清华大学合肥公共安全研究院等单位组成的专项工作小组，建设合肥城市生命线安全运行监测中心，建立风险立体化监测网络，实现"风险定位—前端感知—专业评估—预警联动"全流程管理。佛山市通过汇聚各部门既有数据源和新生成的城市监测数据，搭建佛山市城市安全运行监测中心，针对各部门需求，建设相关安全应用专项。安徽省从摸清城市地下管网信息、建立城市生命线安全技术规范、打造全省监管"一网管"、鼓励市场参与汇聚建设合力、重产业集群培育五个方面大力推进城市生命线安全工程建设。

精感石没羽，岂云惮险艰。2023年12月，全国住房城乡建设工作会议提出，要深入推进城市生命线安全工程建设。为此，需要从体制机制、法律法规、标准体系等制度层面，以及从研发应用等技术层面不断完善。本书突出理论与实践结合，既总结经验、又展望未来，有助于相关人员加深对市政基础设施智能感知与监测的理解、认知，并为相关工作提供有益参考，助力城市生命线安全工程建设，保障城市安全运行。

(《中国建设报》2024年4月11日8版)

筑牢城市基础设施生命线安全运行底线

刘　勇

　　城市供水、排水、燃气、热力、桥梁、管廊等重要基础设施，是维系城市正常有序运行、满足群众生产生活需要的生命线。近日，住房和城乡建设部印发《关于推进城市基础设施生命线安全工程的指导意见》，提出推进城市生命线安全工程的重要意义、目标任务和保障措施，是筑牢城市安全运行底线的一项重要政策文件。

　　推进城市生命线安全工程意义重大。习近平总书记高度重视城市安全，强调要牢固树立安全发展理念，坚持人民至上、生命至上，防范重特大安全事故发生；无论规划、建设还是管理，都要把安全放在第一位，把安全工作落实到城市工作和城市发展的各个环节各个领域；增强抵御自然灾害、处置突发事件和危机管理能力，形成全天候、系统性、现代化的城市运行安全保障体系。党的二十大报告提出，强化重大基础设施等安全保障体系建设，提高公共安全治理水平；提高城市规划、建设、治理水平，打造宜居、韧性、智慧城市。推进城市生命线安全工程，是认真贯彻落实习近平总书记关于城市安全重要论述的实际行动；是践行人民至上、生命至上安全发展理念的重要举措；是适应城市更新时期打造宜居韧性智慧城市的必然要求；是抓住数字化转型机遇，推进城市治理体系和治理能力现代化的重要途径。

　　城市生命线安全工程是城市更新的重要内容之一。当前我国城镇化率已经达到65.22%，城市发展进入城市更新期，这一时期，城市大规模、高速度发展过程中积累的矛盾和问题日益突出。部分基础设施"先天不足"，建成时间早、设计标准低、长期高负荷运行，集中进入老化期；一些老旧设施更新缓慢，存在"带病"作业问题；燃气、供水、排水、供热等地下管网运行管理缺乏有效统筹；一些超特大城市和处于自然灾害高风险区城市，基础设施运行风险易发多发。总体来看，我国城市基础设施安全运行形势严峻复杂，燃气爆炸、城市内涝、管网泄漏、路面塌陷等安全事故风险仍然存在，迫切需要采取有力措施，提高城市安全韧性，有效防范化解城市安全风险。

城市生命线安全运行关键是加强监测预警，推动公共安全治理模式向事前预防转型。一方面要摸清基础设施底数与风险点，夯实数据底座。在基础设施普查的基础上，建立城市基础设施数据库，做到情况明、底数清；运用好城市体检工作方法，开展风险评估，找准城市基础设施的风险源，编制风险清单。另一方面需要科技赋能城市生命线安全运行，搭建监测系统与信息平台。以现代信息技术为支撑，实现地下管网、桥梁、隧道等设施运行的全面感知、自动采集、监测分析、预警上报与平台处置，以科技织密城市生命线安全运行监测系统，科学防范各类事故，推动城市安全风险防控从事后处置、被动应对转向事前准备、主动预防，从人海战术转向智慧预防。通过科技赋能与风险监管监测，消除风险隐患，遏制城市基础设施运行重特大事故发生。

生命重于泰山，城市生命线安全须臾不可放松。推进城市生命线安全工程是一项系统工作，理念新、标准高、任务重。各地要坚持人民至上、生命至上、安全第一发展理念，以时时放心不下的政治责任感和务实的工作作风，扎实推进城市生命线安全工程，为人民群众筑牢安全屏障，为全面建设社会主义现代化国家提供更加安全稳定的环境。

（《中国建设报》2023年10月26日2版）

一网统管　打造城市智慧管理新高地

郭嘉颖

　　住房和城乡建设部高度重视运用智慧科技赋能城市治理，将城市运行管理服务平台（以下简称"城市运管服平台"）建设列入新城建重点任务之一。近日，中国城市出版社的"数字中国建设出版工程·'新城建　新发展'丛书"正式出版，分册《城市运行管理服务平台》深入浅出地阐释了城市运管服平台的总体框架、关键技术、实践案例和未来展望，为社会各界更好参与新城建提供了有益借鉴。

　　告别九龙治水，攥指成拳形成城市治理合力。城市运管服平台旨在构建党委政府领导下的"一网统管"工作格局，形式上是城市管理模式的创新，实质上是城市治理体制机制的变革。通过打造跨部门、跨地区、跨层级的业务应用场景，以线上信息流、数据流倒逼体制机制改革、体系重构和流程再造，推动城市政府全面梳理业务流程，建立起全生命周期监管机制，有助于改变以往多头管理的被动局面，系统提升城市风险防控能力和精细化管理水平。本书系统梳理了国家、省、市三级城市运管服平台的基本架构和运行机制、数据共享和流转体系、管理监督和评价体系等，为深入理解城市运管服平台"一张网"提供了重要参考。

　　聚焦急难愁盼，为民提供精准精细精致服务。为人民群众提供普惠、便利、快捷的公共服务，是城市运管服平台的核心目标。各地积极开展实践探索，借助城市运管服平台解决市民关注的热点难点问题，打造善感知、有温度、会呼吸的智慧城市。沈阳等地聚焦市民衣食住行等日常需求，探索开发好游园、查店铺、停好车、找公厕等市民端应用，真正实现民有所呼、我有所应。上海等地聚焦工程建设、住宅小区、地下空间及管网管线等领域的风险隐患，创新研发违建治理、渣土管理、群租治理、燃气安全、防台防汛等智能应用场景，为城市运行"观全面、管到位、防有效"提供支撑，为基层"高效处置一件事"赋能助力。

　　释放产业红利，盘活资源促进数字经济发展。城市运管服平台作为数字经济发展的重要载体，正在加速释放产业红利，助推城市高质量发展。物联网、大数据、人工智能、5G移动通信等前沿技术在城市运管服平台中的广泛应用，不仅催生出数据治理产业、专业装备产业、基础平台产业、应用场景产业、综合运营产业等多个新兴产业板块，也将数字化、智能化、网络化发展模式融入各行各业中，成为产业创新升级的重要驱动力量。本书揭示了城市运管服平台对促进数字经济发展的多维作用和潜在价值，有助于社会各界正确认识城市管理数字化转型，不断开辟数字经济增长新空间，持续探索跑得通、有成效、可复制推广的经验模式。

世异则事异，事异则备变。我国城市发展进入城市更新的重要时期，建设城市运管服平台，是系统提升城市风险防控能力和精细化管理水平的重要途径，是运用数字技术推动城市管理手段、管理模式、管理理念创新的重要载体，对促进城市高质量发展、推进城市治理体系和治理能力现代化具有重要意义。期待本书能为广大读者提供启发和参考，进一步集各方之智，聚各界之力，不断提升城市管理精细感知、精确认知、精准行动能力，让城市更美丽、环境更宜居、运行更顺畅，让人民群众生活更舒心。

(《中国建设报》2024年4月22日4版)

车城并进　同题共答智慧新城建

赵　燊

城市出行服务是提升群众生活水平和满意度的重要领域。智慧城市与智能交通在信息化、智能化相关技术快速发展的大背景下形成协同交点。智慧交通成为城市智慧化建设的重要牵引力量，城市也为汽车行业转型升级提供丰富的应用场景。"数字中国建设出版工程·'新城建　新发展'丛书"分册《智慧城市基础设施与智能网联汽车》系统梳理了实现智慧城市基础设施与智能网联汽车（以下简称"双智"）协同发展的基础设施、数据汇集、车城网支撑平台、示范应用、关键技术和产业体系，总结各地实践经验，提出技术研发趋势和下一步发展建议，打造集技术、产业、数据、应用、标准于一体的"双智"协同发展体系，探索汽车产业转型、城市转型新路径，更好助力城市高质量发展。

试点先行，抢占"双智"先机。我国是世界上首个系统性开展"双智"协同发展的国家，具备先发优势。自2021年4月起，住房和城乡建设部、工业和信息化部两次印发通知，先后确定上海、北京、重庆、深圳等16个城市为"双智"试点城市。在两部门的指导下，16个试点城市以加强智慧城市基础设施建设、实现不同等级智能网联汽车在特定场景下的示范应用为目标，加快建设"智慧的路"、部署"聪明的车"、建设"车城网"平台，不断提升城市基础设施智能化水平，在产业生态构建、应用场景商业化落地等方面取得了一定实效，为解决和改善城市病、促进智能网联汽车发展作出了积极贡献。

植根实践，构建政策标准。在政策创新方面，广州推出了《关于逐步分区域先行先试不同混行环境下智能网联汽车（自动驾驶）应用示范运营政策的意见》等文件；长沙出台了《关于长沙市智慧停车管理平台建设的指导意见》等文件。在标准编制方面，广州、武汉、重庆等城市组织本地企业、高校、科研机构等产业力量参与双智标准研究与制定，结合自身地缘与产业特点，在顶层设计、基础设施建设、平台建设、示范应用等方面，开展了大量探索与实践，逐渐形成了匹配地方特色的建设标准与规范，同时，各城市积极推动相关标准的共建互认，由成效显著的城市分别牵头编制"双智"标准化文件。

提质增效，带动效应凸显。"双智"协同发展涉及城市交通基础设施的改造和建设、智能网联汽车的研发升级和推广应用，为相关产业链上的大数据运营、人工智能、信息消费等上下游企业提供了新的机会，也为各个城市相关战略性新兴产业集聚发展提供了契机。同时，各城市依托智能基础设施，结合地方特色与产业基础，实施了一系列特色项目，推动示范应用更与民生贴近，推动打造新产业。比如，广州积极探索自动导引停车、自主代客泊车等智慧化停车示范应用，"广州泊车"小程序用户量已达100万人次，接入近3100家经营性停车场、约145万个泊位的实时动态信息；长沙对2000余辆传统公交车进行网联化、智能化改造，在主动安全、准点率、交通信号优先等方面开展示范应用，有效提升市民出行效率，已累计服务200万以上人次。

于道各努力，千里自同风。当前，汽车产业正在加速向电动化、网联化、智能化转型升级，城市和汽车融合发展进入了新的阶段，成为我国新型城镇化进程中的重要组成部分。乘"新城建"之东风，以智慧城市为平台，以智能网联汽车为抓手，推动汽车在城市应用场景中创新、城市在汽车带动下发展，必将走出新时代具有中国特色的城市和汽车发展之路，在实现中国式现代化的历史进程中，为一域增光，为全局添彩。

(《中国建设报》2024年4月11日8版)

动静两相宜　智慧停车赋能城市治理

赵　燊

城市是车流、人流、信息流高度集聚的复杂巨系统，行车、停车决定了城市运行的顺畅与否。据公安部统计，截至2024年6月底，全国机动车保有量达4.4亿辆，有26个城市保有量超300万辆。如何有效解决停车难、停车慢、停车乱等"城市病"，考验着一座城市的治理水平。通过潮汐停车、错时共享等智慧停车技术手段，将空置停车资源充分调动起来，将远近停车空间联动起来，是实现停车资源高效配置、有效破解停车难题的对症良方。

智慧停车，重新定义停车服务。近年来，我国城市停车设施规模持续扩大，停车服务不断改善，但仍存在供给能力短缺、治理水平不高、市场化进程滞后等问题。停车服务需要从"场"精细到"位"，不到"位"就大大削弱了服务效能。传统的停车服务大多体现在缴费停放环节，而智慧停车服务则是"停前—停中—停后"的全流程服务闭环。"停前"包括查询目的地交通路线、查询停车场和剩余车位信息并预定停车位等；"停中"包括行车导航、语音交互提示车位剩余变动、到场自动切换室内导航等；"停后"是引导入位、停车优惠推荐、车场商户消费券推荐、停车计费展示、缴费开票快速离场等，全方位提高停车体验。

智慧停车，"智"在何处？一是停车位查询与预订。智慧停车系统可以实时更新停车场库的车位信息，并通过手机APP、微信小程序等渠道向用户展示，用户可以根据自身需求提前预订车位。二是导航与反向寻车。通过智慧停车系统，用户可以获取最优的停车导航路径，快速找到停车场；在取车时，系统也能帮助用户快速找到车辆停放的位置，提高取车效率。三是自动支付与无感支付。智慧停车支持在线支付、无感支付等多种支付方式，用户无需排队等待，即可快速完成停车费用的支付。四是数据统计与分析。智慧停车系统能够收集并分析停车数据，为城市管理者优化停车资源配置、调整停车收费政策等提供决策支持。

智慧停车,"惠"在何处?一是提高停车效率。智慧停车向科技要效率,通过自动化、智能化的管理方式,显著提高停车的效率和便利性,节省用户的时间成本。二是缓解城市停车难。智慧停车系统通过数据分析和预测,可以更加合理地规划和使用停车资源,有效缓解城市停车难。三是助力节能减排。智慧停车避免了盲目驾驶寻找车位的情况,显著减少了因寻找停车位而产生的无效行驶,从而节省燃油、减少尾气排放。四是提升城市治理水平。解决好群众关切的停车难问题,体现的是为民服务的理念和水平,考验的是城市现代化治理的智慧和能力,智慧停车的普及和应用有助于提升和展示城市的现代化管理水平。

智慧停车,"停"在何处?一是智能改造,优化"存量"。利用统一的接口协议将具备开放条件的机关企事业单位学校停车场、商业设施公共停车场、居住小区配建停车场纳入智慧停车管理平台,通过盘活共享存量进行智能化建设,形成统一的停车信息资源池,实现停车管理智能化、信息公开化、泊位编码化。二是合理规划,创造"增量"。以科技赋能,深挖空间潜力,在符合规划的基础上,既"向上"又"向下"要空间,加大公共停车资源的供给。合理施划调整主次干道停车泊位,"调"出车位;充分利用城市地下空间、边角空地等建设公共停车场(楼),"挤"出车位。

城市更智慧,人民更幸福,加快发展智慧停车已成为城市高质量发展的重要课题。静态交通处理得好,就能让动态交通更畅通,能源消耗和空气污染也更少,城市就更宜居。从积极打造城市级停车"一张图",到理顺停车资源"时空分布",再到盘活"停车+消费""停车+文旅"等多元生态,智慧停车为市民游客提供了停车新方式、新体验,为城市治理带来了新路径、新收获,以小切口撬动大民生,助力城市高质量发展。

(《中国建设报》2024年8月19日3版)

创新引领 科技赋能 全面提升城镇燃气智慧化水平

郭嘉颖

燃气安全事关千家万户，关系群众切身利益。以智慧燃气建设为抓手，推动燃气规、建、管、运、服一体化管理，是压实燃气安全"一件事"全链条责任，全面提升燃气领域本质安全水平的重要举措。国务院安全生产委员会、住房和城乡建设部已先后印发《全国城镇燃气安全专项整治工作方案》《全国城镇燃气安全专项整治燃气管理部门专项方案》，要求全面提升信息化水平，依靠科技赋能提升本质安全水平、保障燃气安全运行。以物联网、大数据、人工智能为代表的新一代信息技术在燃气管理中的应用，为不断筑牢燃气安全防线，推动燃气管理从被动"遇见"向主动"预见"转变提供了新的机遇。

以理念创新为重点，指导鼓励燃气行业智慧转型。当前，新一轮科技革命和产业变革深入推进，前沿技术交叉融合与快速迭代正在重塑燃气产业体系，创造出丰富的未来场景和创新价值。全方位推进燃气行业智能化建设，健全智慧燃气应用体系，已成为燃气行业提质增效、转型发展的关键手段。要牢牢把握数字化、网络化、智能化融合发展的契机，指导和鼓励燃气行业精准定位发展方向，大力推进智慧燃气发展。高站位谋划智慧燃气建设工作，加强顶层统一规划设计，从标准规范、法规规章、政策要求等方面统筹发力，加快推动燃气行业智慧转型。

以科技创新为抓手，持续提升燃气本质安全水平。本质安全提升是智慧燃气建设的核心任务之一。要坚持关口前移、预防为主，加快推动燃气管网设施更新改造，运用数字化手段提高燃气管网感知能力和智慧化水平，确保燃气管线运行安全。切实保障瓶装燃气使用安全，对瓶装燃气的充装、配送、储存、使用、监管等全生命周期环节实施安全防护改造，完善智能化充装、联锁控制、远程监控等设施建设，改造终端燃气设施，消除事故高发环节的潜在隐患。大力推广使用先进技术、设备、工艺，实现燃气安全风险可视化、监测智能化、处置联动化，着力提升城镇燃气安全水平,保障人民群众生命财产安全。

以管理创新为契机,加快建立燃气安全长效机制。智慧燃气平台建设应用是由点及面提升燃气监管信息化水平、全面提升城镇燃气管理效能的重要切入点。充分利用新一代信息技术,强化数据互通,加强燃气监管平台与城市安全风险监测预警平台的充分衔接,实现对管网漏损、运行安全及周边重要密闭空间等的在线监测、及时预警和应急处置。强化风险监管效能,将燃气设施管理信息逐步纳入政府大数据平台,及时掌握燃气设施风险隐患分布,实现城镇燃气设施"一张图"监管。建立常态化联合监管机制,加快谋划和实施燃气规、建、管、运、服一体化管理应用,统筹部门资源,明确、分解、落实责任分工,充分发挥智慧燃气管理协同效应,合力推动城镇燃气监管全链条落地。

察势者明,趋势者智。智慧燃气建设不单是技术层面的革新,更是管理理念和治理模式的深刻变革。要盯牢城镇燃气安全风险监测预警需求,持续深化燃气安全理念创新、科技创新、管理创新,推动城镇燃气安全管理从看不见向看得见、从事后调查处理向事前事中预警、从"被动应对"向"主动防范"转变。坚持系统谋划、深度思考,既要"操其要于上",强化顶层设计和整体统筹,也要"分其详于下",把握实践探索工作的着力点,树立长远眼光,有序推动城镇燃气智慧化升级。

(《中国建设报》2024年9月12日5版)

深刻汲取事故教训　切实保障燃气安全

赵雨亭

2024年1月27日，国务院事故调查组公布了宁夏银川富洋烧烤店"6·21"特别重大燃气爆炸事故调查报告。报告指出，事故暴露了地方党委政府及其有关部门单位燃气安全专项整治敷衍了事、源头管理失职失责、气瓶检验充装弄虚作假、燃气经营配送使用管理混乱、餐饮场所安全失管漏管、执法检查宽松软虚等主要问题。事故令人痛心，教训十分深刻，要以案为鉴、举一反三，坚决防范遏制各类燃气事故，切实保障燃气安全。

牢固树立安全理念。人命关天，安全是发展的前提。调查报告指出瓶阀更换工作该坚决改而没有改，该立即换而没有换，更为严重的是涉事气瓶已经过了检验周期，越了安全红线没改没换，生命通道的安全出口无保障，该坚守的安全红线没有守住。要坚持人民至上、生命至上，这个观念一定要非常明确、非常强烈、非常坚定。要紧绷思想之弦、树牢底线思维，增强忧患意识、危机意识和风险意识，坚守住发展决不能以牺牲安全为代价这条红线，坚决杜绝形式主义、官僚主义，切实抓紧抓实燃气安全风险防范各项工作。

严格落实安全责任。安全是天，责重如山。调查报告指出地方燃气安全整治工作部署不紧不实，燃气管理部门"只管合法不管非法"、检查流于形式，监管和审批部门不履职不作为，该有的强烈责任感放松懈怠、掉链断档。过好安全这一关，首先需要抓好"责任关"。燃气安全涉及部门多、责任链条长，每一次疏忽和失守，都是隐患向着灾难奔跑的加速器，任何一个环节没有做到"万无一失"，就有可能导致"一失万无"的后果。要以时时放心不下的责任感，进一步压实燃气安全责任，聚焦燃气生产、流通使用、隐患治理等各环节，齐抓共管，形成合力，健全风险防范化解机制，坚持从源头上防范化解燃气安全风险，坚决遏制重特大燃气安全事故发生。

从严狠抓安全监管。监管长出牙齿,安全才有保障。调查报告指出燃气领域"无证经营""违规检验""违法充装""黑气瓶泛滥""气贩子倒卖"等违法行为猖獗,历经多次整治仍然没有得到解决,该用的监管整治硬措施没有真正硬起来。要切实加大监管力度,坚持安全第一、预防为主,加快推动安全治理模式向事前预防转型。下决心下大力气采取强有力的措施,抓实抓细行业监管,重拳治理阻碍燃气安全的顽瘴痼疾,对于弄虚作假、对身边风险隐患视而不见的企业,该限期整改的限期整改,该关停的关停,该惩处的要依法依规严肃处理。坚持问题导向,注重从体制机制、法规规章、技术标准、技术手段、规划布局、市场准入、设施设备、监管执法等方面一抓到底,补齐燃气安全管理"软肋",从根本上消除事故隐患。

共同筑牢安全防线。唯有使燃气安全意识成为全民共识,才能全面提高全社会的防范和化解燃气安全风险隐患的意识和能力。要狠抓社会末梢,提升基层能力水平。事故暴露出相关从业人员不掌握基本的安全知识和技能,未能做到认识危险、化解危险、降低危害,社会末梢防线溃败。要加强燃气生产、流通、使用企业日常燃气安全培训,切实增强从业人员安全意识和职业技能。面向社会公众加强宣传教育,推动燃气安全进社区、进农村、进学校,让安全文化的触角延伸到每个角落,普及燃气安全使用知识,形成人人讲安全的社会氛围。鼓励企业与院校开展联合培养,补齐专业人才短板。建立健全举报、投诉和奖励机制,加强社会监督。

以案促改、以案促治。燃气使用涉及千家万户,与人民群众生产生活贴得最近。要深刻汲取事故教训,进一步增强防范化解重大风险的思想自觉、政治自觉和行动自觉,抓好燃气安全专项整治工作各项任务落实,全面建立燃气安全管理长效机制,夯实燃气安全管理基础,做到从根本上消除隐患、从根本上解决问题,切实维护好人民群众生命财产安全,不断增强人民群众的获得感、幸福感、安全感。

(《中国建设报》2024年2月5日2版)

以对人民高度负责的精神高质量
推进城镇燃气安全专项整治工作

李嘉琦

2023年8月，国务院安全生产委员会印发《全国城镇燃气安全专项整治工作方案》（以下简称《方案》），组织集中力量开展城镇燃气安全风险隐患排查治理。近两个月以来，各有关部门、各地区认真落实《方案》部署，扎实开展专项整治工作，推动重点任务落实，取得了积极成效。但督导检查发现，专项整治工作进展还不平衡，部分地方存在推进力度不够、部门之间推诿扯皮、排查治理责任悬空、现场检查不实不细、监管执法力度不足等问题，必须对照《方案》要求，落实责任、全面发力、奋起直追、赶上进度。

燃气安全涉及千家万户，事关人民群众生命财产安全，事关社会大局和谐稳定。近年发生的一些燃气安全重特大事故损失十分惨重。习近平总书记作出重要指示批示，要求牢固树立安全发展理念，坚持人民至上、生命至上，以时时放心不下的责任感，抓实抓细工作落实，盯紧苗头隐患，全面排查风险。这次专项整治工作就是坚决落实习近平总书记重要指示批示精神，深刻汲取事故教训，紧盯城镇燃气领域"气、瓶、阀、软管、管网、环境"六大方面突出问题，按照"聚焦重点、集中攻坚、系统治理、全面整改、建立机制"总体思路，围绕"大起底、大整治、大保障、大提升、大督查、大评估、大宣传、大培训"八大任务，全链条整治城镇燃气安全风险隐患，坚决防范重特大事故发生，切实保障人民群众生命财产安全。

任务已经明确，关键在于落实。专项整治工作要取得实效，必须压紧压实各方责任。要全面落实地方属地责任，坚持"促一方发展，保一方平安"，建立健全工作机制，确保措施、人员、资金到位，切实把燃气安全责任和压力传导到基层末梢，全力打好专项整治硬仗。要切实履行行业监管责任，住房城乡建设、市场监管、商务、应急管理、交通运输、公安、消防救援以及教育、文化旅游、卫生健康、民政等相关部门，要按照职责分工，聚焦企业经营、生产充装、输送配送、用户使用、燃气具生产流通使用、监管执法等各环节，紧盯餐饮企业等人员密集场所燃气安全风险隐患，突出重点分领域集中攻坚。要着力压实企业主体责任，督促燃气经营企业、充装企业、餐饮企业等认真贯彻执行安全生产法律法规，全面落实安全生产主体责任和关键岗位安全责任，常态化开展安全技能培训，切实提高安全防范和应急处置能力。

保障城镇燃气安全，科技赋能和文化建设不可或缺。科技是第一生产力。要坚持走科技兴安之路，充分运用数字化智慧化手段，推动城市燃气安全治理模式向事前预防转型。为此，要全面推进城市基础设施生命线安全工程，完善燃气监管平台建设，实现对管网漏损、运行安全及周边重要密闭空间等的在线监测、及时预警和应急处置，提升对燃气气瓶充装和实施强制性产品认证的燃气具的智能化监管水平，强化可追溯管理。良好的安全文化有利于不断强化人的安全意识、提高人的安全素质、养成安全行为习惯，使人们从"要我安全"转变为"我要安全"。要持之以恒抓好安全文化建设，利用线上线下各种方式和载体，广泛宣传燃气安全法律法规、使用常识、警示案例等，将燃气安全知识纳入中小学安全教育内容，不断提升社会公众防范和化解燃气安全风险隐患的意识和能力，形成"人人讲安全、个个会应急"的社会氛围。

生命高于一切，安全重于泰山，燃气安全无小事。全国城镇燃气安全专项整治工作责任重大，任务艰巨。各有关部门、各地区要以对人民高度负责的精神，坚持以人民为中心的发展思想，统筹发展和安全，克服侥幸心理、麻痹思想、厌战情绪，全力以赴抓好专项整治工作各项任务落实，坚决打好集中攻坚战，持续巩固提升工作成效，推动基本建立燃气安全管理长效机制，切实提高本质安全水平，不断增强人民群众的获得感、幸福感、安全感，让人民群众在安全稳定的社会环境中共享美好生活。

（《中国建设报》2023年10月9日2版）

用心用情保障人民群众安全温暖过冬

刘 锋

党中央、国务院历来高度重视冬季保暖保供工作。北方地区冬季保暖保供是重大的民生工程、民心工程，涉及千家万户、事关百姓冷暖，直接关系人民群众的切身利益和真实感受。近日，北方采暖地区今冬明春城镇供热采暖工作视频会议召开，总结上一季城镇供热采暖工作，分析当前面临的形势，部署新一季城镇供热采暖工作，强调做到安全保暖保供的重大意义，坚持目标导向、问题导向，抓实抓细冬季保暖保供各项工作，真正把好事办实、把实事办好、让群众受益，切实保障人民群众安全温暖过冬。

始终把人民群众冷暖放在心上。群众利益无小事，人民利益是我们党一切工作的出发点和落脚点。要贯彻落实以人民为中心的发展思想，践行全心全意为人民服务的根本宗旨，切实提高政治站位，坚持系统观念、底线思维，从政治和大局的高度来认识和推进冬季保暖保供工作。要进一步增强主动服务意识、提升服务质量，扎实开展"访民问暖"活动，从方便管理向方便群众转变，用心用情用力做实供暖保障各项工作。畅通群众沟通投诉受理渠道，及时协调解决供热过程中的各种问题和居民的合理诉求，真正把党和政府的温暖送到千家万户，真正让人民群众的幸福指数更有温度。

践行责任担当、强化工作协同。保暖保供工作涉及多部门、多环节、多主体，要统筹兼顾、协同推进、共同发力。要严格落实各方责任，强化工作统筹力度，加强协调调度和工作衔接，提高管网运行效率。积极做好煤、气等的保量工作，守住民生用能底线。发挥供热能源保供协作机制作用，政企协作、部门联动，全力做好能源保供、加大供热企业纾困支持力度等各项工作，切实防范个别企业、个别时段出现"煤荒""气荒"问题。着力稳定能源价格，保持民生用气、用电价格稳定。完善应急保供工作预案，特别要做好应对极寒天气的工作预案。加强供热链条的末端压力和温度监测,切实保障供热质量,确保达到供热温度要求。各地区各有关部门单位要加强协同配合、科学调度、狠抓落实,凝心聚力共同做好今冬保暖保供工作。

树牢风险意识,守住安全底线。要统筹发展与安全,筑牢安全风险意识,把维护人民群众生命安全和身体健康放在首位。要全面认真排查化解用气、用煤、用电等关键环节的风险隐患,细化落实防范举措。加强值班值守、日常巡查,确保供热安全稳定运行,坚决防范供热生产安全事故。强化科技赋能应用,以科技为动力,增强供热运行监测的智能化、智慧化水平,提高安全检测、风险预警、应急处置能力,坚决守住安全底线。

"民生无小事,枝叶总关情"。做好民生工作,贵在真心真情实意,关键是要实实在在解决人民群众的实际问题和困难。"细节见真情",供热保暖看似小事,实则是民生大事,直接关系人民群众的获得感、幸福感、安全感。要坚决贯彻落实党中央、国务院决策部署,坚持人民至上,以解决人民群众的急难愁盼问题为出发点,不忘初心、守住民心,扎扎实实做好保暖保供工作,切实为人民群众安全温暖过冬保驾护航。

(《中国建设报》2023年11月8日2版)

切实保障今冬明春城镇供热安全稳定运行

郭嘉颖

近日,住房和城乡建设部会同国家发展改革委、国家能源局、中国气象局召开北方采暖地区今冬明春城镇供热采暖工作视频会议,贯彻党中央、国务院有关决策部署,研究落实今冬明春城镇供热采暖工作,强调用好已建立的制度机制,加强综合研判,靠前谋划、主动作为,以实际行动保障人民群众温暖过冬。

坚持人民至上,切实提升供热服务水平。城镇供热采暖工作关系亿万群众冷暖,要始终坚持把人民利益摆在第一位,守好供热质量和服务这一供热采暖工作的"生命线"。各地城镇供热主管部门要督促供热企业严格执行国家标准,推动供热服务标准化、规范化。继续开展城镇供热"访民问暖"活动,围绕人民群众反映的具体供热问题,主动介入、及时跟进、积极协调,靠前为群众解难题。完善供暖行业服务质量规范和评价体系,畅通服务热线和问题反馈渠道,提高供暖季"接诉即办"服务时效。积极为居民提供用热咨询、维护维修、用热安全检查等服务,真正做到"点对点"联系,"一对一"服务,确保人民群众家暖、心暖。

提前谋划部署,提高供热运行保障质效。强化风险意识,未雨绸缪做准备,紧盯重点区域和关键环节,早动员、早安排、早落实,扎实推进供热采暖各项工作。要加强设施巡查巡检,督促供热企业全面做好供热设施设备运行维护,健全完善安全预防控制体系,发现问题立即整改、消除隐患。保障煤炭资源供应,围绕协调煤源、资金保障、运输储备等环节帮助供热企业解决供暖用煤,支持供热企业正常运行。强化应急队伍和人员物资储备,完善应急预案,确保在出现设施故障、极端天气等情况时,反应迅速、处置妥善。要紧绷安全稳定运行这根弦,靶向治疗、对症下药,确保冬季供热采暖安全平稳运行。

加强部门联动,确保用能稳定可靠供应。结合形势和工作需要,强化部门间的沟通协调,有效运用市场化手段和改革措施,形成最大合力。要发挥好煤电油气运等保障机制作用，坚持日调度、周平衡，狠抓各项措施落地落实，持续推动能源保供工作。多措并举加强供需调节，积极推进能源保供稳价工作，制定切实可行的能源储备方案，确保能源供应稳定。严格落实城镇供热运行保障工作信息报送机制，按时调度和报送供热能源保障、供热基本情况、访民问暖、诉求解决等有关情况，第一时间发现问题、报告问题、研究问题、解决问题，做到早知情、早处理、早解决。

民生是人民幸福之基、社会和谐之本，必须时刻把群众的冷暖放在心上、抓在手上，把城镇供热保障工作抓实、抓好、抓出成效。要认真履行保障民生、供热取暖主体责任，紧盯重点、扭住难点，把各项保障措施落实落细、落到每家每户的供暖温度上，坚决守住群众温暖过冬民生底线。

（《中国建设报》微信公众号 2024 年 10 月 24 日）

全面推进城市综合交通体系建设
助力城市高质量发展

张理政

习近平总书记指出,"交通是现代城市的血脉。血脉畅通,城市才能健康发展"。改革开放特别是党的十八大以来,我国城市综合交通体系建设取得历史性成就,成为名副其实的"交通大国"。2023年11月27日,住房和城乡建设部印发《关于全面推进城市综合交通体系建设的指导意见》(以下简称《意见》),深入贯彻落实国务院关于进一步规范城市交通基础设施规划建设的有关部署,有力有序有效推进城市综合交通体系建设工作,推动我国向"交通强国"迈进。

坚持规划先行,建设协同高效的城市综合交通体系。当前,我国城市综合交通体系建设衔接不畅、协同不足问题较为突出,尤其是随着城市由增量扩张向存量发展转型,城市综合交通体系建设的侧重点也需要从空间布局、规划建设转向交通治理、品质提升。对此,《意见》提出要科学编制并实施城市综合交通体系规划,统筹存量和增量、地上和地下、传统和新型城市交通基础设施发展"三大关系",完善城市快速干线交通、生活性集散交通、绿色慢行交通"三大系统",明确将公共交通优先发展放在城市综合交通体系建设的首要位置,推动多种交通方式融合发展。这些举措结合已经发布的《城市综合交通体系规划标准》GB/T 51328—2018、《城市轨道交通线网规划标准》GB/T 50546—2018、《城市步行和自行车交通系统规划标准》GB/T 51439—2021等系列国家标准,有助于全方位统筹协调交通基础设施建设,谋定而后动,强化城市综合交通体系的系统性、完整性、协同性。

突出民生导向,建设以人为本的城市综合交通体系。城市综合交通体系建设与居民日常生活息息相关,要始终坚持"以人民为中心"的发展思想,以满足居民美好生活需求为出发点和落脚点开展工作。当前,"停车难""充电难"已经成为人民群众普遍反映的出行难题。对此,《意见》提出加快补齐城市老旧小区、医院、学校、轨道交通外围站点等重点区域的停车设施短板，同时提出加强充换电站等配套能源设施统筹建设，对加油加气站、充换电站、综合能源站、"多站合一"的配套能源供应站点以及居住区共建共享充电基础设施建设都作出了明确要求。这些举措将有效推动"出行难"问题的解决，实现"以停促行""人享其行"。

统筹发展安全，建设双轮驱动的城市综合交通体系。习近平总书记强调，"坚持统筹发展和安全，坚持发展和安全并重，实现高质量发展和高水平安全的良性互动"。城市综合交通体系建设也要统筹好发展和安全这两大关系，既要守牢安全底线，也要推动绿色智能转型发展。一方面，安全是绿色智能发展的基础。《意见》提出要提升城市交通基础设施的安全保障能力，增强对自然灾害和突发事件的预防抵御、应急反应、快速修复能力，这将铸牢城市交通基础设施绿色发展和智能化改造的安全底座。另一方面，绿色智能发展是提升安全水平的手段。《意见》明确，要建设城市交通基础设施监测平台，与城市运行管理服务平台、城市信息模型（CIM）基础平台深度融合，提升城市交通基础设施建设和运行的数字化、标准化、智能化水平，这将为建立覆盖城市交通基础设施规划、设计、建设、运营、维护、更新全生命周期的管理模式提供技术支撑，增强城市交通基础设施安全韧性。发展和安全二者辅车相依，双轮驱动，共同推进高质量、高水平的城市综合交通体系建设。

《易经》云："天地交而万物通也"。城市综合交通体系是城市骨架和血脉，做好城市综合交通体系建设工作，不仅能够改善民生，满足人民群众美好生活需要，切实提高人民群众的获得感、幸福感、安全感，也能推动城市高质量发展，促进各类生产要素畅通循环，为建设社会主义现代化城市打下坚实基础。要加强统筹协调，强化实施评估，做好宣传引导，加快构建系统健全、功能完备、运行高效、智能绿色、安全韧性的城市综合交通体系。

（《中国建设报》2023年12月7日2版）

深入贯彻新发展理念,做好做足城市水文章

李昂臻

近日,中共中央、国务院印发《关于全面推进美丽中国建设的意见》,指出我国经济社会发展已进入加快绿色化、低碳化的高质量发展阶段,要加快形成以实现人与自然和谐共生现代化为导向的美丽中国建设新格局。水是生命之源、生产之要、生态之基,是美丽中国建设不可或缺的要素。水是支撑城市经济社会发展的重要因素,牢牢守护好滋养城市发展的"水脉",对于城市的持续健康发展意义重大。新时代新征程上,要完整、准确、全面贯彻新发展理念,鉴古明今思来,明确目标任务,实现水城相融、人水和谐的美丽画卷。

以历史视角来追溯,水城千年共融共生。"太一生水,生天、生地、生万物"。从古至今,水与中华文明有着非常密切的关系。"山水大聚会之所必结为都会,山水中聚会之所必结为市镇,山水小聚会之所必结为村落"。理水营城的实践体现了古人的智慧和他们对人与自然关系的深刻理解。在院落尺度,体现了微观层面"辨方正位,天人合一"的理念。中国古代民居通过巧妙地设计,实现雨水梯级循环利用,体现了人水和谐的系统性和科学性。在城市尺度,构建了中观层面"依山傍水,城水和谐"的图景。"圣人之处国者,必于不倾之地,而择地形之肥饶者。乡山,左右经水若泽"。唐长安城"八水绕长安",苏州古城"排蓄结合,系统疏导",无一不体现着我国古代选址、营城理念将水系、水功能与生活、生产、文化等多方面融为一体,造就了国人的山水情怀,体现了灿烂辉煌的东方智慧,构筑了多姿多彩的中国古代城市发展历史。在流域区域尺度,形成了宏观层面"综合统筹,因势利导"的系统。我国古代非常重视对水系湖泊的系统性利用,在保障流域安全、支撑生产生活等方面发挥了重要的作用。"未能抛得杭州去,一半勾留是此湖"。以西湖为例,经过长期持续的疏浚治理,发挥了供水、农业灌溉、防洪防潮、航运等多种功能,支撑了区域社会发展,为杭州城的繁荣作出了贡献。营城先理水,这

是古人智慧的结晶，是生态文明的体现，也是建设美丽中国的必然要求。

以时代脉络来衡量，城市治水管水成效显现。一泓清水，用之不觉、失之难存。我们始终坚持以提高用水效率为核心，以转变用水理念为突破口，有力保障了城市经济社会发展和人民群众正常生产生活。与2000年相比，2022年全国城市用水人口增长了126%，但城市年用水总量基本维持在650亿立方米左右，仅占全国用水总量的10%左右，却支撑了全国60%以上的人口。在构建统筹考虑水资源供给、水环境治理、水生态修复、水安全保障的城市水系统方面迈出重要步伐，形成了工程治理与生态治理相结合、机制建设与公众参与相结合的治理模式。在黑臭水体治理方面，地级及以上城市黑臭水体治理成效持续巩固，推动县级城市黑臭水体治理，消除比例达到60%。在排水防涝能力提升方面，扎实推进城市排水防涝工程体系建设，落实城市防汛主体责任，加强城市易涝点整治，提高城市安全度汛能力。在制度创新方面，积极推动城市供水条例（修订）等立法进程，完善相关制度机制。总体上看，城市治水管水工作在改善城市生态环境质量、推进城市绿色低碳发展、提升城市韧性、优化城市人居环境品质上取得了积极成效，对于扎实推动城市更新行动、推进美丽中国建设，发挥了重要的作用。

以新发展理念为引领，做好做足城市水文章。要清醒看到，城市水资源不平衡、不充分的问题仍然较为突出，城市水系统建设的整体性有待提高，城市供排水等市政基础设施补短板任务依然较重，与满足人民美好生活的需要和高质量发展还有差距。新时代新征程城市治水管水工作机遇和挑战并存，必须突出"创新、协调、绿色、开放、共享"新发展理念的引领作用。

一是统筹治水，强化系统思维。以构建健康水循环系统为目标，统筹城市水资源、水环境、水安全、水生态，强化水系统规划建设整体性、系统性，统筹推进高质量发展和高水平安全。统筹自然生态各要素，不能"就水论水"；加强统筹协调管理，避免"各管一段"。推进城镇供水、排水等老旧管道更新改造力度，同步加强信息化、智能化建设改造力度；加快补齐城镇污水收集和处理设施短板，提升生活污水收集效能；实施城市排水防涝能力提升工程，加强排水防涝工程体系和应急救援体系建设。推进城市治水管水体系化建设，推动基础设施质量提升、效能提档，为协同推进城市更新行动发挥重要作用。

二是多维治水，推动人水和谐。水润民心，泽被万物。在流域区域尺度，践行生态文明思想，传承理水智慧。水是整个生态的核心，没有水就没有生态，没有生态就没有文明。强调尊重、顺应和保护自然，贯彻落实蓝绿灰结合的生态治水管水理念，促进城市有机生命体与自然和谐共生。在城市尺度，"以水定城、以水营城、城水联动",科学处理城水关系,加强城市水系、供排水系统和城市外围河湖、湿地的有机连接,积极推动多类型的城水和谐规划建设实践,增强城市韧性。在小区尺度,结合完整社区建设,一方面加强源头管控,补齐供排水等基础设施短板,办好民生实事;另一方面,营造全民节水、惜水、亲水的良好氛围,践行绿色低碳生活方式。

三是长效治水,建立创新举措。加强顶层设计,做好城市涉水基础设施领域"十五五"专项规划前期研究。坚持制度创新,强化政策支持和制度保障,探索适宜的建设发展模式。夯实法治基础,加快相关条例等行政法规制定(修订)进程。强化科技驱动,依托科技创新平台和专家智库,集中攻关突破"卡脖子"技术,实现科技赋能。

以水为脉,治水兴城。站在新的历史起点,要以"新"的理念、"大"的情怀、"闯"的勇气、"拼"的劲头、"实"的干劲,实现城市治水管水更高质量、更有效率、更可持续、更为安全的发展,努力建设人水和谐的美丽中国。

(《中国建设报》2024年1月31日2版)

> 政研观察 ——述评新征程住房和城乡建设高质量发展新实践

推进城市节水，建设美丽城市

李昂臻

习近平总书记高度重视城市节水工作，指出要深入开展节水型城市建设，使节约用水成为每个单位、每个家庭、每个人的自觉行动。习近平总书记的重要指示为新时期做好城市节水工作提供了根本遵循和思想指引。2024年5月11日至17日是全国城市节约用水宣传周，本次宣传周的主题是"推进城市节水，建设美丽城市"。全国城市节约用水宣传周开始于1992年，迄今已连续举办33届，推动全社会形成节水、惜水、亲水的良好氛围。

强化城市节水是建设美丽城市的必然要求。水润民心，泽被万物。加强新时期城市节水工作，对于推进城市绿色发展，建设美丽城市具有重要意义。一是进入高质量发展阶段的客观要求。我国已由高速增长阶段转向高质量发展阶段，城市发展进入了城市更新的重要时期，坚持"节水优先"，"以水定城、以水定地、以水定人、以水定产"，优化城市功能布局，构建城市健康水系统，符合城市由外延粗放式发展向内涵集约式发展的转变要求。二是落实绿色低碳发展的内在需要。节水即是减排，节水即是治污。通过系统性节水，推进优水优用、循环利用和梯级利用，可以节约城市新鲜水取用量和污水外排量，降低城市水系统运行过程中的能耗，实现降碳减排，推动形成绿色低碳发展方式和生活方式。三是建设美丽中国的应有之义。牢固树立绿水青山就是金山银山的理念，站在人与自然和谐共生的高度谋划发展。深入实施节水行动，将节约用水贯穿于经济社会发展全过程各领域，是建设美丽城市、美丽中国的必由之路。

城市节水成效显现是建设美丽城市的主要目标。善节水者，必善用水。近年来，我国城市节水工作取得积极成效，城市用水效率显著提升，有力推动了资源节约和绿色发展。据统计，2012—2022年，全国城市节水量累计达到598亿立方米。2022年，全国城市再生水利用量达180亿立方米，较2012年增长了将近5倍。截至目前，创建十一批共145个国家节水型城市，其用水总量占全国城市用水总量的60%，带动全国城市节水工作走深走实。我们在看到城市节水成效的同时，也要正视问题和挑战。我国城市节水不平衡、不充分的问题仍然较为突出，我国人均水资源占有量不足世界水平的1/3，近2/3城市存在不同程度的缺水问题，部分城市空间布局和规模与水资源、水生态、水环境承载能力不相适应，城市供排水等市政基础设施补短板任务依然较重，全社会的节水意识还需要进一步提升。

持续推进城市节水是建设美丽城市的重要抓手。要围绕全国城市节水宣传周主题，创新节水理念，完善节水机制，提升节水效能，积极发挥街道、企事业单位、社区及行业协会作用，由此推动城市节水工作高质量发展，不断满足人民对美好生活的向往。

一是完善法规制度，筑牢城市节水法治保障。在夯实法治基础方面，贯彻《节约用水条例》。聚焦城市节水全链条治理，围绕城市用水全过程管理，健全法治化治理体系。在健全管理机制方面，压实各方责任。加强用水定额管理，强化计划用水与定额管理制度要求，推进节水统计、节水"三同时"管理等制度落实。在完善价格机制方面，充分发挥价格机制在水资源节约、用水需求调节方面的作用，抑制不合理的用水需求。

二是创新理念节水，引导群众提升节水意识。在城市更新行动中系统性推进城市节水工作，统筹推进供水安全保障、海绵城市建设、污水再生利用、水环境改善等工作，进一步提升城市内涝防治能力、改善生态环境质量，增强人民群众获得感、幸福感、安全感。此外，加强城市节水宣传，推动节水减排、绿色低碳理念深入人心。创新宣传形式，注重宣传实效，提升人民群众节水意识和参与度，形成全民节约用水的社会风尚。

三是强调技术创新，着力提高城市用水效率。积极推广城市节水新标准、新规范、新技术，激励节水技术创新和设备研发。在生活节水方面，全面推广节水器具使用，管住"一点一滴"。在市政节水方面，狠抓供水管网漏损控制。"忘闻问切"捕捉漏点，"精准开方，治好病根"。在生产节水方面，推进节水型企业建设。在生态节水方面，推动再生水就近利用、生态利用、循环利用。

水是生存之本、文明之源，是推进美丽中国建设的必备要素。要把城市节水放在更加突出的位置，以全国城市节水宣传周为契机，增强人民群众参与节水工作的积极性和主动性。以水为笔，奋力绘就人水和谐的美丽画卷。

（《中国建设报》2024年6月4日4版）

以试点示范经验助推海绵城市建设

刘 勇

2013年中央城镇化工作会议上,习近平总书记提出"要建设自然积存、自然渗透、自然净化的海绵城市"。海绵城市建设作为落实习近平生态文明思想和新发展理念的重要举措,对于改善城市生态环境、提升城市安全韧性、促进城市建设方式转型具有积极作用。2015年以来,住房和城乡建设部会同相关部门先后在90个城市开展海绵城市建设试点、示范工作,各地认真落实工作要求,形成了一批可复制、可推广的政策机制。近日,住房和城乡建设部印发《海绵城市建设可复制政策机制清单》,总结试点示范城市在工作组织、统筹规划、全流程管控、资金保障、公众参与等方面的探索实践,为深入推进海绵城市建设提供了宝贵经验。

加强工作组织与规划统筹,完善顶层设计。海绵城市建设涉及规划、建设、水务、市政、园林等多部门的建设要求,需要加强顶层设计,从工作组织、协调机制、法律法规与标准规范、规划设计、考核评价等方面,提出指导海绵城市建设的政策机制,保障海绵城市建设系统、有序开展。例如,北京、金华等组建专门处(科)室或服务中心作为海绵城市建设管理专职机构,秦皇岛以住建、水利、自然资源等部门组成的联席会议制度统筹协调海绵城市建设中的重难点问题,完善海绵城市建设的领导体制与工作机制。上海、武汉等超特大城市分层级、分区域编制海绵城市建设专项规划,形成市区两级互为支撑、各有侧重的规划管控体系,强化海绵城市建设的规划指导。

实现建设运维全流程管控,推动工作落实。综合采用渗、滞、蓄、净、用、排等方法,将海绵城市建设理念落实到城市开发建设各个环节,避免海绵建设"碎片化"问题,以工程项目全生命周期视角落实海绵城市建设的管控要求。在建设项目的立项、用地出让与建设许可阶段,明确海绵城市管控指标,加强对规划设计方案的专项技术审查。例如,深圳规定出具地块规划设计条件时,要根据项目类型、地块面积等明确海绵城市建设具体指标要求。在工程施工与竣工验收阶段，强化海绵城市建设项目工程质量监管，并探索实行海绵城市设施专项竣工验收或联合验收机制。在运行维护阶段，落实维护主体，建立长效运维机制。例如，金华以"谁投资，谁管理"原则，按照政府投资、社会投资、特许经营、政府与社会资本合作模式等分类确定运维主体。通过健全全流程管控机制，将管控要求落实到海绵城市建设项目立项、用地审批、建设许可、工程施工、竣工验收、运行维护全生命周期的各个阶段，推动海绵城市建设理念、建设方式、建设要求真正落地生根。

强调资金保障与公众参与，健全长效机制。海绵城市建设是长期性任务，要创新政策制度，建立健全海绵城市建设长效机制，推动政府、企业、公众广泛参与。一是加大政府投入，建立政府持续投入机制，统筹利用各级各类财政资金。二是拓展融资渠道，通过创新融资机制，鼓励社会资本参与。例如，潍坊建立政府与社会资本风险分担、收益共享的合作机制，采取多种形式鼓励社会资本参与海绵城市投资建设和运营管理。三是鼓励公众参与，加强宣传引导，营造"全民共建共享"的海绵城市建设氛围。例如，昆山持续开展海绵城市"进校园、进社区"系列活动，通过现场设置科普类海绵设施模型等方式，向公众普及海绵城市建设理念。

清水润城，城水共兴。海绵城市建设是重要的安全举措、生态举措、民生举措，是推动城市高质量发展的重要支撑。要用好试点示范城市的好经验、好做法，因地制宜、统筹谋划，以时时放心不下的责任感，推动海绵城市建设取得新进展、新成效。

(《中国建设报》2024年6月4日4版)

用统筹的方式、系统的方法
扎实推进城市排水防涝工作

赵雨亭

治理城市内涝既是重大民生工程，也是重大安全工程。近日，住房和城乡建设部办公厅印发关于做好2024年城市排水防涝工作的通知，指导督促各地切实提高政治站位，充分认识当前城市排水防涝工作的严峻形势，守牢安全底线，扎扎实实做好2024年城市排水防涝工作，全力守护人民群众生命财产安全。

宁可十防九空，不可失防万一。要以时时放心不下的责任感扎实做好城市排水防涝工作，压实城市人民政府排水防涝工作的主体责任，明确相关部门职责分工，将排水防涝责任落实到具体单位、岗位和人员，把各项前置防御工作做实做细。抓好排水防涝设施规划建设和项目储备，明确城市排水防涝体系建设的时间表、路线图和具体建设项目，做到竣工一批、在建一批、开工一批、储备一批。加强对城市排水防涝工作的监督检查，对于因责任落实不到位而导致的人员伤亡事件，要严肃追责问责。

功夫在平时。要坚持平战结合，抓住汛前关键时机，全面开展体检自评估，建立发现问题、解决问题、评估效果、巩固提升的工作机制。排水防涝设施设备检查维护是保障城市排水防涝的基础，要加强对排水管网清疏养护和设施日常维护工作，确保设施设备处于能够随时启用的"热备"状态；合理开展河道、湖塘、排洪沟、道路边沟等整治工程，提高行洪排涝能力，确保与城市管网系统排水能力相匹配。易涝点和隐患点是城市排水防涝的短板，要定期排查易涝积水风险，及时更新易涝点台账，区分轻重缓急、影响程度，制定"一点一策"方案，落实具体工程建设任务，分类予以消除。

不谋全局者，不足谋一域。系统建设城市排水防涝工程体系是治理城市内涝的重要措施。要综合采取雨水"渗、滞、蓄、净、用、排"措施，统筹推进排水管网、排涝泵站、调蓄设施、排涝通道和重要点位防护设施建设，加快构建"源头减排、管网排放、蓄排并举、超标应急"的城市排水防涝工程体系。要统筹排水防涝设施建设与市政设施建设特别是洪涝灾后恢复重建、污水处理设施建设、城镇老旧小区改造等有机结合。同时，结合城市基础设施生命线工程建设，因地制宜地在排水设施关键节点、易涝积水点布设必要的智能化感知终端设备。

用众人之力，则无不胜也。完善城市内多部门统筹协调的工作机制，建立健全有利于排水防涝系统化管理的工作制度，形成工作合力。要强化与气象、应急、水利、交通等部门的信息共享和联动协作，密切关注雨情、水情、涝情，及时启动应急响应。建立健全城区水系、排水管网与周边江河湖海、水库等"联排联调"运行管理模式。要加强统筹调度，根据气象预警信息及时有序实施城市排涝、河道预降水位，把握好预降水位时机，避免"洪涝叠加"或形成"人造洪峰"。

加强城市内涝治理是满足人民美好生活需要、打造高品质生活空间的客观要求。要统筹好发展和安全两件大事，正确认识城市内涝治理的长期性，坚持系统观念，全面落实工作责任，推进城市排水防涝体系建设，平日做好设施设备维护、易涝点和隐患点整治，及时做好联排联调，全面提升城市防洪排涝能力，将城市排水防涝作为保障城市安全发展的重要任务抓实抓好，切实保障人民生命财产安全，促进城市可持续发展。

（《中国建设报》2024年4月19日2版）

智慧赋能城市排水系统管理能力提升

赵雨亭

城市排水系统管理的协同性和精准度体现着城市建设治理水平的提升。近日，住房和城乡建设部就《城镇排水管网数字化通用技术要求》向社会公开征求意见，为智慧排水建设提供了标准支撑。通过智慧赋能，加强对城市排水系统智慧化管理，实时监测运行、科学预判风险、高效处置事件，打造"人防+数防"的多元管控模式，是高效精准防治城市水污染和内涝灾害、保障居民生命财产安全、保护人居环境、提升城市安全韧性的重要举措。

智慧管理平台为排水系统织牢协作之网。发挥智慧管理平台信息汇聚作用，汇集城市雨情、水情、积水、地形、道况等多方面基础信息数据，畅通住建、气象、水利、公安、交通运输、自然资源等多部门信息共享渠道，通力协作、凝聚合力，做到从"各自为战"到"协同作战"的跨部门、跨层级、跨领域协同治理，提高部门间高效协作能力。

监测预警装置为排水系统擦亮敏锐之"眼"。通过市政排水管网地理信息系统（GIS），采集排水管网、泵站、污水处理厂等设施基础数据和业务数据，与城市地图叠加，形成数字化排水管网动态清晰一张图，提升日常管理、应急抢险等工作效率。在排水管网重要节点布置物联感知设备，全天候监测排水系统运行液位，因地制宜对流速、流量、水质指标监控，对易涝点、重点排水户接户井等重点区域重点监测，自动感知超警戒值情况，及时预警，有效弥补人工巡检在即时性、连续性和精准性方面的不足。

预测预报模型为排水系统赋予智慧之"脑"。结合降雨时空分布变化特征以及城市人口、供水量、污水处理量、排水流量等监测数据，借助5G、云计算、人工智能等技术，模拟排水管网的水力运行状态和水质参数的变化规律，实现事前精准模拟。打造高精度、高效率防治城市水污染和内涝灾害模型，对城市内涝积水、水质污染的预测预报与实时风险研判，编制城市内涝风险图，为事中决策提供依据，为事后应急方案和规划设计修订提供支撑，做到"防患于未然、化解于萌芽"。

调度控制平台为排水系统装上高效调度之"手"。通过定位装置、移动终端和高清视频等智能化管理设备，实时定位作业车辆和人员的位置，实时掌握应急物资的数量和分布，实时跟进排水管网建设和抢险工程，打造实时指挥调度体系，实现人、车、物、工程高效联动响应。通过远程管网控制平台，及时向下级调度中心下达调度指令，远程控制城区自动化水闸和泵站，有效提升城区联排联调水系调度效率和城市内涝与水污染风险管控水平。

智慧排水是推进城市基础设施生命线安全工程的重要内容，是推动超大特大城市智慧高效治理的必要一招，是推动城市治理体系和治理能力现代化的具体实践。要统筹好发展与安全，抓住数字化、智能化、智慧化转型机遇，乘科技之风，因地制宜地推动"眼明脑灵手巧"的智慧排水建设，切实推动城市水污染和内涝等安全风险防控从"事后处置、被动应对"转向"事前监测、主动预防"，从"人海战术"转向智慧防控，大幅提高城市的安全运行保障能力，着力打造宜居、韧性、智慧城市。

（《中国建设报》2024年12月23日3版）

政研观察——述评新征程住房和城乡建设高质量发展新实践

创新水系治理联排联调机制，共筑城市排水防涝安全防线

刘 爽

城市排水防涝是守护城市生命线的重要环节，也是城市治理水平和治理能力的重要体现。今年以来，随着全国各地进入主汛期，南方多地出现超历史极值的强降雨，部分地区出现严重洪涝灾害，防汛形势严峻，给城市排水防涝工作带来巨大考验。福建省福州市自2017年起创新实施水系联排联调机制，融合城市应急防涝、内河"水多水动"和"网厂河一体化"管理3个应用场景，综合施策、系统治涝，取得了显著成效。近日，住房和城乡建设部党组书记、部长倪虹带队到福州市调研，总结"联排联调"等内涝治理经验，主持召开城市排水防涝工作座谈会，并对下一步工作提出要求。

强化责任落实，发挥联排联调机制统筹协调作用。城市排水防涝工作的有效开展，离不开科学高效的体制机制支撑。一是要落实省负总责、城市具体落实的城市内涝治理管理体制，切实发挥省、市两级排水防涝责任人的组织领导作用。二是发挥好联排联调机制作用，建立本省跨区域应急联动机制，实行省内统一指挥、统一调度和领导带班、24小时值班值守机制，灾情发生后立即组织抢险队伍排涝救灾。福州市创新城区水系治理体制机制，通过整合隶属多部门的涉水机构，成立联排联调中心统筹负责城区水系管理调度指挥，同时建立跨部门、跨领域的协同工作机制，实现多部门信息共享、资源共享、应急联动。实行"网厂河一体化"管理机制，构建城区排水防涝"一张图"指挥体系和全过程考核体系，推动城区内河水系治理和内涝防治向综合系统治理转型。

补齐设施短板，完善城市排水防涝工程体系。城市排水防涝是一项系统工程，要持续完善"源头减排、管网排放、蓄排并举、超标应急"工程体系，提升城市韧性。一是系统推进排水管网和泵站建设改造，加快补齐设施短板。二是加强隐患排

查，做好易涝积水点和风险点整治，重点加强地下空间的防涝措施。福州市通过开展晋安河直排闽江通道工程，"六湖三园一池"调蓄工程，2500多公里地下管网清疏、改扩建工程，不断完善城市排水设施体系，提升设施排涝能力。科学调度水库流量，通过减少及停止生态补水、城区水体预排预泄、沿江闸站只出不进、上游水库错峰调蓄等调度措施，实现城区水库及重要水体水位的有效控制。斗门调蓄池在地上设置公交停车库、地下设置约16万立方米的调蓄池，充分利用地下空间调蓄雨水。

夯实治理基础，加强防水排涝"软件"保障支撑。一是加强专业化人员、装备队伍建设，持续开展各类应急培训和专项演练，提升应对突发事件、抢险救援、灾后恢复的能力。二是科学编制城市排水防涝专项规划，加强降雨规律分析，系统谋划建设项目，提高工程设计标准。三是加强科普宣传，规范信息发布，增强公众防灾避险意识。福州市持续加强应急队伍建设，在常规排涝抢险队伍基础上，通过引进机动救援支队、采购社会化抢险服务等方式，组建防汛应急抢险队等机动应急抢险力量，有力保障对紧急险情的快速响应和有效处置。强化科技赋能，充分运用物联网、大数据等先进技术，建设集"眼、脑、手"功能为一体的智慧平台，实现对城区库、湖、池、河、闸、站的智慧精准管控。通过水系智慧管理与数字应用的深度融合，推动由人防"治水"向数字"智水"转型。

风雨不动安如山，扎实防涝保民安。要持续深入学习贯彻习近平总书记关于防汛救灾、城市内涝治理工作的重要指示精神，秉持"人民至上"初心，践行"生命至上"使命，将时时放心不下的责任感转化为"事事心中有底"的行动力，绷紧"防汛弦"，拉满"排涝弓"，扎实做好城市排水防涝工作，切实保障人民群众生命财产安全和社会大局稳定。

(《中国建设报》2024年8月19日3版)

提升城市生活污水收集效能

李昂臻

近日,住房和城乡建设部、生态环境部、国家发展改革委、财政部和市场监管总局联合印发了《关于加强城市生活污水管网建设和运行维护的通知》(以下简称《通知》)。《通知》贯彻落实党中央、国务院关于全面推进美丽中国建设的有关部署,坚持问题导向、重点突破、建管并举、系统整治、精准施策,明确了工作目标,提出了推进设施体系建设、加强管网设施管理、完善管网运行维护机制等重点任务和保障措施,体现了国家对于补齐城市污水管网短板、建立运行维护长效机制、切实提升城市生活污水收集效能的总体部署和工作要求,满足人民群众日益增长的美好生活需要。

提升城市生活污水收集效能是贯彻美丽中国建设部署的必然要求。污水收集是污水处理的前提和保障,近年来各地积极推进生活污水处理提质增效工作,城市生活污水收集效能得到提升。但一些城市的污水管网还存在底数不清、质量和效能不高、管理不到位等问题,主要原因在于对排水体制认识不到位,重厂轻网留下的"后遗症",管理运维机制不完善,资金保障不充足等。《通知》的印发,对于显著提升城市生活污水收集处理综合效能、加快推进美丽中国建设具有重要意义。一是有利于深入打好污染防治攻坚战。2022年全国城市污水处理率达到98%,而全国城市生活污水集中收集率约为70%,污水收集效能仍有较大的提升空间。补齐生活污水管网短板,建立运行维护长效机制,能够基本消除城市建成区生活污水直排口和设施空白区,有助于统筹水资源、水环境、水生态治理,锚定美丽中国建设目标。二是有利于增强人民群众获得感、幸福感、安全感。做好城市生活污水收集处理工作,就是守护好绿水青山,就是切实解决人民群众关心关切的问题,想人民之所想,行人民之所嘱,不断书写增进民生福祉、提高人民生活品质的答卷。

推进设施体系建设是提升城市生活污水收集效能的关键环节。《通知》以效能提升为核心，以管网补短板为重点，持续推进设施体系建设，进一步明确工作的底层逻辑、顶层设计、实践路径。到2025年，城市污水处理厂进水生化需氧量（BOD）浓度高于100毫克/升的规模占比达到90%或较2022年提高5个百分点。到2027年，城市生活污水集中收集率达到73%以上，污水收集效能明显提升。在污水收集系统问题排查方面，各地要按照每5～10年完成一轮城市生活污水管网排查滚动摸排的要求，持续推进管网现状评估和修复工作。在污水管网加快改造方面，全面开展超使用年限、材质落后、问题突出排水设施的更新改造。在污水收集和处理设施补空白方面，针对城市新区、老旧城区、城中村和城乡接合部的不同需求，分别提出了工作要求。在雨季溢流污染总量削减方面，要求各地要因地制宜削减雨季溢流污染入河量，降低溢流污染对河道水质波动的影响。

完善管网运维管理长效机制是提升城市生活污水收集效能的重要保障。城市地下管网是城市"里子"工程，事关城市运行，事关民生改善，是一举多得的工程。《通知》强调要加强管网设施的运维管理，从被动响应变为主动响应，保证管网设施的安全性和可靠性，提高管网的使用效率，由此显著提升城市生活污水收集效能。一是加强管网设施管理。强化排水许可管理，到2025年，各城市重点排水户全面落实排水许可要求；加强执法监督，形成执法合力，加强溯源执法；严格质量管控，严格实行工程质量终身负责制。二是完善管网运行维护机制。明确管网运行维护主体，建立常态化长效运维机制；持续推进"厂网一体"专业化运行维护，建设污水管网全覆盖样板区。三是加大支持力度。健全污水管网建设和运行维护费用保障制度，合理调整污水处理收费标准；完善资金筹措机制，拓宽投入渠道，稳步有序、共同推进这项民生事业。

利民之事，丝发必兴。各地区、各部门应充分认识城市生活污水管网建设和运行维护的重要意义，推进设施体系建设、完善管网运维管理长效机制，查漏补缺、久久为功，把惠民生、暖民心、顺民意的工作做到群众心坎上，不断增强人民群众的获得感、幸福感和安全感。加快补齐城市生活污水管网短板，显著提升城市生活污水收集效能，让城市发展更有"温度"，让民生福祉更有"质感"。

（《中国建设报》2024年4月11日8版）

切实把城市黑臭水体治理工作落到实处

李昂臻

民生为本,治水为要。城市黑臭水体治理事关生态建设、城市发展、民生福祉。为深入学习贯彻习近平总书记关于城市黑臭水体治理的重要指示精神,坚决落实党的二十大精神,牢固树立和践行"绿水青山就是金山银山"的理念,进一步推动城市黑臭水体治理工作,住房和城乡建设部城市建设司近日在福建省厦门市召开城市黑臭水体治理现场会,强调要统一思想、提高站位,以更大的力度、更有效的措施抓好责任落实,确保如期高质量完成治理任务。

城市黑臭水体治理工作成效显著。治理城市黑臭水体,是落实以人民为中心的发展理念的必然要求,也是坚持新发展理念、将生态和安全放在更加突出位置的一项重要举措。党的二十大提出"基本消除城市黑臭水体"的任务要求。目前,全国地级及以上城市建成区黑臭水体基本消除,地级及以上城市持续巩固治理成效,推动建立长效机制;县级城市扎实推进治理工作,整体已完成年度80%工作目标,昔日一条条黑臭水体变成一道道靓丽风景线,人居环境得到改善,人民群众获得感、幸福感、安全感明显提升,取得了令人瞩目的成绩。同时要正视存在的问题,例如,水体返黑返臭,以及"重治标轻治本""重建设轻管理""重工程轻机制"等,清醒认识城市黑臭水体治理面临的严峻形势。要以高度的政治责任感,以更大的力度、更有效的措施抓好落实,坚决打好城市黑臭水体治理攻坚战。

强化责任落实,加强监督考核,巩固城市黑臭水体治理成效。水润民心,泽被万物。城市黑臭水体治理为中央统筹、省总负责、地方实施、多方参与的工作机制,各城市要落实城市人民政府主体责任,将黑臭水体治理工作摆在突出位置,推动上下联动、多元共治,明确消除时限,治理完成的水体要防止返黑返臭。各省级主管部门要切实担负起城市黑臭水体治理指导督促的责任,定期将区域内城市黑臭水体治理进展情况向社会公开。有关部门要进一步加大工作力度,加强督导考核,对于城市黑臭水体治理工作滞后、存在返黑返臭问题的，将采取更加严厉的措施督促改进。此外，要引导公众参与，面向广大群众开展形式多样的宣传工作，建立健全多级联动的群众监督举报机制。

着力补齐短板，建立长效机制，确保高质量完成黑臭水体治理目标。智者乐水，仁者乐山。城市黑臭水体治理是一项系统工程，要实现"2025年，县级城市建设区黑臭水体消除比例达到90%，已经完成治理、实现水体不黑不臭的县级及以上城市，要巩固城市黑臭水体治理成效"的目标，必须高质量纵深推进城市黑臭水体治理。一方面要强调系统治水。统筹城市黑臭水体治理和污水处理提质增效，加快推进设施补短板，提高收集处理效能，减少入河污染排放；强化"污涝同治"，算好安全账、环境账、经济账，确保"雨水排得畅，河水不倒灌，污水处理好"。另一方面要强调制度治水。城市黑臭水体治理三分在建、七分在管，要积极推行厂网一体专业化运维模式，构建边界清晰、权责明确、按效付费的考核体系；严格排水、排污许可管理，加强证后监管和处罚，筑牢黑臭水体"长制久清"基石。此外，要加大资金保障力度，尤其要抢抓机遇，用好"两重""两新"资金支持政策，坚持问题导向和目标导向相结合，系统谋划项目，加快设施建设，持续强化城市黑臭水体治理工作。

溪水清澈，见底如镜。与大江大河相比，房前屋后的黑臭水体对群众健康和生产生活的影响更直接，群众的感受也更深切。经过近些年的大力整治，越来越多的城市呈现出水清岸绿、鱼翔浅底的美丽生态新画卷。要推动地方深入开展黑臭水体整治，进一步巩固城市黑臭水体治理成效，让治理成果更多、更好地惠及群众。

（《中国建设报》微信公众号2024年12月16日）

开展污水处理绿色低碳标杆厂遴选，助力美丽中国建设

王琰

近日，国家发展改革委、住房和城乡建设部联合发布《关于开展污水处理绿色低碳标杆厂遴选工作的通知》（以下简称《通知》），提出拟遴选建设一批污水处理绿色低碳标杆厂，发挥示范引领作用，推动行业绿色低碳转型，助力美丽中国建设。

深刻认识和把握污水处理绿色低碳标杆厂的重要意义。一是推动污水处理减污降碳协同增效的重要抓手。党的十八大以来，我国污水处理工作取得显著成效，但污水处理过程中温室气体排放较多、能源资源回收利用水平不高等方面仍然存在不足，亟待补齐短板。《通知》提出，2025年年底前，建成100座能源资源高效循环利用的污水处理绿色低碳标杆厂，将推动行业技术进步，开启行业绿色低碳进阶之路。二是实现碳达峰碳中和战略目标的有力举措。我国生态文明建设进入以降碳为重点战略方向的关键时期。据统计，污水处理行业碳排放量约占全社会温室气体排放总量的1%~3%，推动行业减排降碳势在必行。污水处理绿色低碳标杆厂聚焦重点领域精准发力，探索行业绿色低碳发展新路径，是积极应对气候变化的前瞻性谋划，是打赢碳达峰碳中和这场硬仗的有效举措。三是全面推进美丽中国建设的重要助力。截至目前，我国已建成城市和县城污水处理厂近5000座，总处理能力超过2.5亿立方米/日，城市污水处理率超过98%。污水处理绿色低碳标杆厂有助于全面提高污水处理综合效能，提升环境基础设施建设水平，推动碧水保卫战取得新成效，为美丽中国建设添砖加瓦。

《通知》坚持遴选与新改扩建两手发力，从工作思路、组织程序、工作要求等三方面对遴选建设一批污水处理绿色低碳标杆厂做出系统部署。一是以遴选标杆厂为先导，用足用好存量资源。在已经建成、运行良好的污水处理厂中，围绕水质、节能、降碳、资源利用、环境友好、系统协调等指标进行综合评价，评选出一

批代表性标杆厂。二是以新改扩建为支撑，做优做强增量资源。对标遴选出的标杆厂相关指标和经验做法，结合中央预算内投资、大规模设备更新等工作，鼓励支持新建、改建、扩建一批污水处理厂并同步完善配套管网，提升生活污水收集处理效能，降低能耗物耗和二氧化碳排放，促进能源资源综合回收利用。三是以动态管理为抓手，充分发挥标杆厂示范引领作用。对遴选的绿色低碳标杆厂开展复核，对新改扩建的污水处理标杆厂项目按期组织验收。

坚持分类施策、靶向发力，有力有序开展污水处理绿色低碳标杆厂遴选建设工作。一是突出高标准引领，树立行业高质量发展新标杆。《通知》指出，申报参加遴选的污水处理厂，要求日处理量20000立方米以上，近一年进水BOD浓度达到100毫克/升以上或近三年增幅不低于10毫克/升，出水水质达标率、污泥无害化处置率均达到100%。二是强化资金保障，为绿色低碳标杆厂新改扩建项目保驾护航。《通知》提出，将对各地申报的绿色低碳标杆厂新改扩建项目组织评审，对符合条件的，通过污染治理中央预算内投资专项和超长期特别国债给予支持。

充分发挥中央和地方两个积极性，健全协同推进的工作机制。一是国家两部委系统谋划、聚焦重点，激发绿色低碳发展"新引擎"。《通知》指出，国家发展改革委、住房和城乡建设部总结宣传推广标杆厂建设和管理经验做法，通过绿色低碳标杆厂遴选建设工作，推动污水处理行业绿色低碳水平持续提升。二是地方两部门统筹兼顾、久久为功，打好标杆厂遴选建设工作"组合拳"。《通知》提出，地方各级发展改革委、住房城乡建设主管部门要发挥好统筹协调作用，形成工作合力，确保绿色低碳标杆厂遴选建设工作取得实效。

碧水青山气象新，江山如画美不言。党的二十大报告提出，协同推进降碳、减污、扩绿、增长，推进生态优先、节约集约、绿色低碳发展。随着遴选建设污水处理绿色低碳标杆厂工作的深入开展，必将推动污水处理行业绿色低碳转型，助力绘就碧水清流的美丽中国画卷！

（《中国建设报》2024年8月12日3版）

持之以恒抓好垃圾分类工作
坚定不移走好绿色发展之路

郭嘉颖

习近平总书记指出,实行垃圾分类,关系广大人民群众生活环境,关系节约使用资源,也是社会文明水平的一个重要体现。推行垃圾分类和资源化利用,是满足人民美好生活需要的"关键小事",更是贯彻新发展理念、推动绿色高质量发展的重要举措。近日,住房和城乡建设部城市建设司组织召开全国城市生活垃圾分类工作电视电话会议,认真贯彻落实习近平总书记重要批示和关于垃圾分类系列重要论述精神,坚持以人民为中心的发展思想,着力解决各地垃圾分类工作中的突出问题,持续深入推进城市生活垃圾分类提质增效,助力提升生态文明建设水平和全社会文明程度。

筑法治之基,夯实垃圾分类法规制度保障。"法者,治之端也"。将生活垃圾分类纳入法治框架,运用法治思维、法治方式解决垃圾源头减量和分类管理过程中的顽症难题,是现阶段垃圾分类工作的主要着力点。要健全法规制度,推动尚未完成立法的省市加快制定出台地方性法规或政府规章,落实相关法律法规规定,与时俱进填补空白点、完善薄弱点,更好发挥法治固根本、利长远的保障作用。坚持教育和强制相结合,强化单位、家庭、个人依法履行垃圾分类的责任义务。加强监督执法,敢于较真碰硬,做到垃圾分类执法检查常态化,对群众反映强烈的突出问题依法予以处罚,维护法律法规的权威性、严肃性。坚持不懈以良法促进发展、保障善治,确保垃圾分类工作取得实实在在的成效。

行协作之力,统筹推进垃圾分类体系建设。"众力并,则万钧不足举也"。垃圾分类和资源化利用是一项系统工程,需要坚持系统观念,统筹谋划推进。要进一步压实各级主体责任,建立健全市、区、街道、社区党组织四级联动机制,构建一级抓一级、层层抓落实的工作格局。加强部门联动配合,推动形成以城市环卫部门为主,生态环境、商务等部门密切配合、齐抓共管的工作机制。扎实推进垃圾分类体系建设,有效协同垃圾分类前端、中端、末端环节,推动解决"先分后混""混收混运"问题。切实规范可回收物利用,加强垃圾分类体系和再生资源回收体系衔接,在提高投放便利性、分类准确性和资源化利用质效上下更大功夫。

积宣传之势,持续引领绿色文明社会风尚。"欲事立,须是心立"。垃圾分类是一场全民性的"生活革命",关键在于激发起全社会人人参与、人人奉献的内生动力。要积极营造氛围,以全国城市生活垃圾分类宣传周等活动为契机,综合运用多媒体多渠道进行高频次宣传,让垃圾分类成为群众认可、媒体关注、各界热议的低碳生活新时尚。创新宣传方式,加强"一对一、面对面"入户宣传引导,开展"小手拉大手"等校园宣传教育,提升宣传工作的有效性和针对性。培育文明习惯,常态长效开展"家庭绿色账户"、积分兑换等具有吸引力和号召力的活动,引导居民从"我不分"向"我要分""我会分"转变,带动全民自觉成为垃圾分类的参与者、践行者、推动者。

始简毕巨,行则将至。推行城市生活垃圾分类和资源化利用,不仅是"攻坚战",更是一场"持久战"。要贯彻落实习近平总书记给上海市虹口区嘉兴路街道垃圾分类志愿者的回信精神,以久久为功、功成不必在我的工作情怀,用心用情推动垃圾分类工作再加力、再深化、再提升。积极开展试点示范,下大力气把好经验固化下来,把好做法推广开来,持续推进垃圾分类工作在更大范围内开花结果。坚持把垃圾分类作为推动城市绿色高质量发展的关键支撑,真正实现环境效益、经济效益、社会效益多赢,为建设美丽中国,全面推进人与自然和谐共生的现代化作出新的更大贡献。

(《中国建设报》2024年1月26日2版)

践行垃圾分类，引领绿色低碳生活新时尚

郭嘉颖

习近平总书记高度重视垃圾分类工作，指出垃圾分类就是新时尚，要开展广泛的教育引导工作，让广大人民群众认识到实行垃圾分类的重要性和必要性。开展公共机构生活垃圾分类宣传和志愿服务活动，是贯彻落实习近平总书记关于垃圾分类系列重要指示批示及重要回信精神的具体实践。2024年5月22日～5月28日，住房和城乡建设部会同国家机关事务管理局等部门将共同开展第二届全国城市生活垃圾分类宣传周活动，以"践行新时尚 分类志愿行"为主题，旨在宣介工作进展成效、发起志愿服务行动倡议、开展科普宣教，对于提升社会文明程度、助力生态文明建设具有重要意义。

坚持文明养成，在培养垃圾分类意识习惯上下功夫。"君子务本，本立而道生"。推行垃圾分类，本质上是绿色生活方式的构建，关键在于推动"新时尚"理念内化为自觉行动落实和文明习惯养成。要充分发挥公共机构示范作用，带头厉行节约反对浪费，推行绿色办公，抓好源头减量，引导广大职工支持理解生活垃圾分类，推动习惯养成和文明素养提高。在创新宣传方式上持续发力，以"分类微课堂""分类快闪秀""分类达人说"等活动为抓手，充分运用网络宣传、公益演讲等具有吸引力、感染力、号召力的新方法新手段，确保垃圾分类热度不减、氛围更加浓厚，真正让低碳生活、绿色生活理念内化于心、外化于行。

坚持友爱互助，在巩固扩大志愿活动成效上下功夫。"孤举者难起，众行者易趋"。志愿服务组织和志愿者扎根基层、分布广泛，在带动更多居民养成分类习惯中发挥了重要作用，是推行垃圾分类工作中不可或缺的一环。要紧紧围绕"践行新时尚 分类志愿行"的主题，巩固和扩大"五个一"志愿服务活动成效，宣传推广公共机构生活垃圾分类优秀志愿者先进事迹，把志愿服务的种子播撒进更多党员、干部、职工心中。大力弘扬志愿服务精神，常态化动员公共机构职工就近就便参与垃

圾分类志愿服务。完善队伍建设长效机制，指导志愿服务组织完善内部治理，发挥志愿者在基层治理中的独特作用，进一步形成人人践行、全社会参与的生动局面。

坚持示范引领，在统筹推动抓点连线扩面上下功夫。"壹引其纲，万目皆张"。近年来，全国垃圾分类工作驶入"快车道"，各地紧盯科学规划、设施建设、安全运行关键环节，注重依法建章立制、督促指导，取得了积极进展和成效。要把全国城市生活垃圾分类宣传周活动作为展示生活垃圾分类成效的重要契机，转化推广46个重点城市先行先试成果，发挥生活垃圾分类示范工作的引领带动作用。依托公共机构生活垃圾分类示范点建设，宣传推广示范点在投放制度、激励机制、宣传教育、志愿服务、监督检查等方面的好经验好做法，以点带面、点面结合，示范带动地级及以上城市公共机构全面实施生活垃圾分类，持续巩固生活垃圾工作成果。

"凿井者，起于三寸之坎，以就万仞之深"。做好垃圾分类工作任务艰巨、责任重大，只有笃行不息、一以贯之、久久为功，才能持续推动垃圾分类工作在更大范围内开花结果。要切实把习近平总书记给上海市虹口区嘉兴路街道垃圾分类志愿者的回信精神和关于垃圾分类工作的系列重要论述学习好、领悟透、落到位，结合开展第二届全国城市生活垃圾分类宣传周活动，把垃圾分类这件群众身边的"关键小事"放在推动社会文明进步、摆在为人民群众办实事"国之大者"的高度抓实落细，以更大力度、更实举措、更高标准全力推动垃圾分类事业实现高质量发展。

(《中国建设报》2024年6月4日4版)

坚定信心 下定决心
持续推动垃圾分类工作走深走实

郭嘉颖

习近平总书记十分关心垃圾分类这件"关键小事",强调要加强引导、因地制宜、持续推进,把工作做细做实,持之以恒抓下去。近日,住房和城乡建设部在浙江省宁波市召开全国城市生活垃圾分类工作现场会,深入学习贯彻习近平总书记关于垃圾分类的系列重要指示批示精神,认真贯彻落实党中央、国务院决策部署,进一步坚定信心、下定决心,下更大功夫推动垃圾分类工作从"有没有"向"好不好"转型,以务实行动和有力举措推动城市生活垃圾分类工作提质增效。

抓重点,纲举目张加大可回收物回收利用力度。"明者因时而变,知者随事而制"。近年来,各地强化立法推动、制度建设、设施配套、经验总结,推动垃圾分类工作取得实质性进展。但也有一些城市垃圾分类工作存在分类标准要求"细而杂"、投放点设置不合理等问题,亟须优化完善垃圾分类工作思路,着重在回收利用上下功夫。要加快完善可回收物体系建设,合理布局交投点、中转站、再生资源分拣中心,推进生活垃圾分类网点与废旧物资回收网点"两网融合",抓好大件垃圾回收利用,促进可回收物应分尽分、应收尽收。放手发动群众,采取补贴、积分等激励措施,积极探索"一袋式"上门回收等模式。充分考虑群众接受度、便利度,优化分类方式、标准、要求,让群众参与分类投放的获得感更加充实。

树典型,由点及面扩大垃圾分类制度覆盖范围。"事必有法,然后可成"。试点是改革的重要任务,更是改革的重要方法,要准确把握"点"与"面"的关系,坚持试点先行和全面推进相促进,推动垃圾分类工作取得实实在在的成效。要抓好示范创建,积极指导15个地级及以上城市打造各具特色的垃圾分类示范样板,发挥基层首创精神,大力推进探索创新,加快形成更多特色鲜明、亮点突出、可复制推广的典型案例。在做好地级及以上城市垃圾分类工作的基础上,加大力度推进县级市试点，因地制宜地探索符合地域特点和群众习惯、简便易行的分类模式，发挥头雁效应，驰而不息带动更多地区提升生活垃圾分类工作质量。

造氛围，持之以恒奏响垃圾分类的时尚最强音。"所当乘者势也，不可失者时也"。随着垃圾分类日益成为群众认可、媒体关注、社会热议的绿色低碳生活新时尚，更需应势而动，广泛开展多层面多形式的宣传动员活动，引导更多社会公众加入践行新时尚的行列中来。要将志愿服务作为推进垃圾分类的重要抓手和有效途径，进一步壮大志愿者队伍，促进垃圾分类志愿服务制度化、规范化、常态化，带动更多居民养成垃圾分类文明习惯。提升宣传工作的有效性和针对性，以宣传周活动为契机，推动垃圾分类进社区、进家庭、进学校、进企业、进机关、进商超、进宾馆、进窗口、进军营，营造全社会关心、支持、参与垃圾分类的良好氛围。

"看似寻常最奇崛，成如容易却艰辛"。垃圾分类关系人民群众切身利益，关乎生态文明建设，关系公民文明素质提高。要把思想和行动统一到习近平总书记系列重要指示批示精神上来，以时不我待的紧迫感和久久为功的坚韧劲，始终保持奋发有为的精神状态，以有效抓手之"无厚"，入关键环节之"有间"，持续不懈抓推进抓落实，不折不扣完成好各项目标任务，确保垃圾分类各项举措部署落到实处、取得实效，为推动高质量发展、创造高品质生活作出新贡献。

(《中国建设报》2024年6月17日2版)

发挥志愿服务积极作用，推动垃圾分类成为低碳生活新时尚

金生学

志愿服务是润物无声的爱心善举，也是社会文明进步的重要标志。近日，广州市印发《志愿者开展生活垃圾分类工作指引（试行）》（以下简称《指引》），推动垃圾分类志愿服务制度化、规范化、常态化。

规范流程，明确要求，推动垃圾分类工作提质增效。广州市积极探索创新，在推动垃圾分类志愿服务上察实情、出实招、求实效。《指引》是开展垃圾分类志愿服务行动的重要指南，详细规定了垃圾分类志愿者的主要工作职责，具体明确了垃圾分类入户宣传、投放点位分类引导、投放点位巡查、垃圾分类宣教培训等服务的工作流程。同时，《指引》是提升垃圾分类志愿服务效能的有力支撑，建立了垃圾分类志愿服务活动信息反馈机制，要求志愿者反馈实施情况和居民意见，确保及时发现和解决潜在问题。

奉献友爱、互助进步，让志愿服务奏响垃圾分类新乐章。在党和国家的号召下，垃圾分类志愿者走进社区、走进乡村、走进基层，普及垃圾分类知识，传播低碳生活理念，让更多的人走进垃圾分类、做好垃圾分类，全力推进垃圾分类全区域化、精细化。垃圾分类志愿者以无数微光汇聚时代暖流，用坚持和奉献让垃圾分类意识深植于心，彰显了社会文明的温度和高度，成为助推垃圾分类事业的重要力量。

人人参与、人人受益，让垃圾分类成为低碳生活新时尚。垃圾分类是一项系统工程，需要各方协同发力、精准施策、久久为功。垃圾分类理念的持续宣传和方法的逐步普及，归根结底需要广大群众积极参与、主动作为。垃圾分类志愿者来自群众，根植群众，服务群众，是低碳生活新时尚的倡导者和推动者。《指引》既适用于加入生活垃圾分类工作志愿者队伍的志愿人员，也适用于自发性参与垃圾分类工

作、活动或服务的非志愿者个体,强调了全民积极参与的重要性,有利于推动形成人人参与、人人奉献的良好垃圾分类志愿服务氛围。

随着垃圾分类工作的持续推进,广大志愿者心手相牵、无私奉献,用实际行动彰显了责任意识、使命担当。新征程上,要广泛弘扬志愿服务精神,更好发挥志愿服务的积极作用,推动垃圾分类成为低碳生活新时尚。

(《中国建设报》2024年8月19日3版)

公园绿地开放共享 让城市生活更美好

刘亚慧

习近平总书记指出，城市是人集中生活的地方，城市建设必须把让人民宜居安居放在首位，把最好的资源留给人民。城市公园绿地开放共享是新形势下满足人民群众美好生活需求的新举措，是实现还空间于城市、还绿地于人民的具体体现，是"人民城市人民建，人民城市为人民"理念的生动实践。近日，全国城市公园绿地开放共享现场会在合肥召开，深入学习贯彻习近平总书记关于城市园林绿化工作的重要指示精神，总结城市公园绿地开放共享试点工作进展，交流地方经验做法，致力于推动城市园林绿化高质量发展。

民有所呼，我有所应。公园绿地是城市生态系统的重要组成部分，是美丽中国建设的重要内容。随着经济社会发展和人民生活水平不断提升，人民群众对城市高品质生活空间有了新追求，对城市绿色生态空间有了新期待。住房和城乡建设部积极回应群众呼声，推动城市公园绿地开放共享，按照试点先行、积累经验、逐步推开原则，探索通过建立多部门协同工作机制、发挥科技创新带动作用、加强信息化监管系统建设等举措，努力缓解城市绿地休闲空间缺失民生难题，满足人民群众亲近自然、休闲游憩、运动健身等新的需求。

民有所盼，我有所为。推动城市公园绿地开放共享试点是2023年全国住房城乡建设工作会议部署的一项重点工作。自年初以来，各地在实践中不断创新，完善配套服务设施，建立轮换制养护等管理机制，积极拓展"公园+""草坪+"等功能。全国836个市县已公布开放共享城市公园6112个，开放草坪面积9636公顷，受到城市居民广泛认可与普遍欢迎。武汉首批开放23个城市公园绿地共计56万平方米，划分帐篷区和活动区；石家庄制定"一园一策"管护方案，最大限度地延长开放共享时间，方便市民开展踢球、玩飞盘等活动；无锡制定工作导则对绿地分类选址、空间配套、植栽配置、活动类型等科学指引；厦门选取13个旅游景点和公园，建立20个试点区域，行人可尽情欣赏滨海风光；广州精心策划草地潮玩集市、草地花艺展、草地科普展、草地灯光秀、草地音乐节等，让市民游客享受高品质户外绿色活动空间。

民有所求，我有所谋。城市公园绿地开放共享是人文关怀的表达，也是城市精细化治理的体现，更是多方合作群策群力的成果。要坚持完善体制机制，真正把小事办好、把好事办实。要进一步探索公园绿地全生命周期管理机制，完善公园绿地配套服务设施，为广大市民游客带来更舒适的游园体验；强化科技赋能，提升公园绿地精细化管理水平；畅通多主体参与渠道，探索开放共享新内容、新模式；宣传尊重自然、爱护自然的绿色价值观念，让全民参与公园绿地共治，推动公园绿地开放共享常态化，努力构建方便可达、功能完善、环境优美的高品质生活空间。

"青青河畔草，郁郁园中柳"。城市公园绿地承载着人民对美好生活的向往，洋溢着市民的欢声笑语。要深入贯彻习近平生态文明思想，坚持人民至上，树立系统观念，尊重城市园林绿化建设规律，顺应城市更新要求，不断提高园林绿化规划设计、工程建设和管理服务水平。同时，要增强文化自信，深入总结中国园林文化精髓和特色，传承中国传统技艺，促进中国园林文化的创造性转化和创新性发展。公园绿地开放共享小切口，城市为民服务大文章，要围绕解决群众急难愁盼，不断开动脑筋、探索创新，用实际行动为人民群众创造高品质生活空间，推动新时代美丽中国建设。

（《中国建设报》2023年10月11日2版）

建设城市公园 共享城市之美

赵 燊

近日,住房和城乡建设部出台《城市公园管理办法》(以下简称《办法》),为改善城市生态和人居环境、促进城市公园事业高质量发展提供法治保障,以更好满足人民群众共享绿色空间的多元需求,切实提升人民群众的获得感和幸福感。

谋定事前之"规"。城市公园要聚焦人民群众对生态环境、健康安全、优质公共服务等方面日益增长的美好生活需要,充分考虑时代、社会发展和广大群众的文化、生活习惯等因素,强化空间和设计的亲和性、开放性与可达性,持续提高开放空间利用程度、提升交往空间的人本品质。在城市公园规划阶段,《办法》强调要依据城市绿地系统规划等相关规划,构建布局均衡、类型丰富、功能完备、品质优良的城市公园体系;在城市更新过程中,根据城市体检结果完善城市公园体系,及时提出优化城市公园布局、完善服务设施的方案或者计划,按照职能分工予以实施;在审查城市公园建设项目设计方案时,应重点审查功能布局是否合理,满足功能需要的园路、活动场地以及停车位、公厕等设施是否适宜,公园主要出入口的设置是否与城市交通、游客流量等相适应等,提升服务便利性。

做好事中之"建"。城市公园建设必须着眼公园功能完善和内涵提升,努力挖掘资源禀赋、要素配套、重大平台等方面的优势,不断强化科技赋能、提升建设水平和服务质量,构建体现城市自然禀赋、生活情趣、人文精神的城市公园体系。在城市公园建设阶段,《办法》强调要加强信息化建设,提高城市公园管理的数字化、智能化水平,鼓励开展城市公园事业的科学技术研究,推广应用新材料、新工艺、新技术,提升城市公园品质和功能;建设项目要突出人文内涵和地域特色,融合历史、文化、艺术、传统工艺等;要按照无障碍设施工程建设标准,配套建设无障碍设施,既有城市公园不符合无障碍设施工程建设标准的,应当组织实施改造;要根据城市防灾减灾等相关规划,协同配合有关部门利用城市公园建设应急避难场所，增强城市安全性。

厘清事后之"治"。城市公园是发展新经济、培育新消费、植入新服务的重要场景，要建立健全公园管理制度，转变保护管理理念，提高运营服务水平，平衡好"管"与"放"的关系，在保护中开放，在开放中保护，让城市公园在城市发展和百姓幸福生活中发挥更大的作用。在城市公园保护和管理阶段，《办法》强调要保护城市公园内古树名木、具有文化价值的建（构）筑物和历史遗迹遗存、具有科学价值的自然遗迹；保护自然山体、水体、地形、地貌以及湿地、生物物种等资源和风貌；组织开展城市公园绿地开放共享工作，指导城市公园管理单位开放城市公园中具备条件的草坪和林下空间；城市公园管理单位应当公布草坪和林下空间的开放时间、范围等信息，完善周边环境卫生、安全监控等配套设施，并根据游客规模、植物特性和气候条件等因素对开放草坪实行轮换养护管理；城市公园管理单位应按照有关规定组织开展配套服务项目经营活动，提供便民服务。

人民城市人民建，人民城市为人民。党的二十大报告强调，中国式现代化"是物质文明和精神文明相协调的现代化""人与自然和谐共生的现代化"。《办法》全面践行"人民城市"重要理念，鼓励单位和个人通过认种认养、捐资捐物、志愿服务等形式，依法参与城市公园的规划、建设、保护和管理工作，推动城市公园共建共治共享。要把城市公园建设作为中国式现代化推进成效的具象体现、作为推进美丽中国建设的重要抓手，坚持全民共建、全民共享，以更好地满足人民群众对美好生活的期待为出发点和落脚点，不断打造城市高品质宜居生活空间。

（《中国建设报》2024年12月16日3版）

小切口 大民生
口袋公园建设助力打造高品质生活空间

赵 燊

当前，我国城市建设已经由大规模增量建设转为存量提质改造和增量结构调整并重，从"有没有"转向"好不好"，进入城市更新的重要时期，如何利用有限的土地打造高品质生活空间是个难题。口袋公园的出现让问题出现了转机。如同人们所穿衣服上的口袋，口袋公园很小却很方便，顾名思义是指面向公众开放、规模较小、形式多样、具有一定游憩功能的公园绿化活动场地，面积一般在400～10000平方米，具有选址灵活、简洁实用、环境友好等特点，涵盖休闲游憩、儿童游戏、运动健身、文化展示、科普教育等功能。为科学推进口袋公园建设、优化城市绿色空间布局、完善配套服务功能、提升维护管理水平，住房和城乡建设部组织编制了《口袋公园建设指南（试行）》（以下简称《指南》），以加强城市口袋公园规划、建设、管理工作。

人民城市人民建，人民城市为人民。《指南》全面践行"人民城市"重要理念，明确了口袋公园建设需遵循的五大原则。一是可大可小，因地制宜。结合实施城市更新，留白增绿、拆违建绿、见缝插绿等建设口袋公园。充分尊重和利用场地原有地形和植被，突出地域文脉特征，形成"一园一品"景观格局。二是全龄友好，便民亲民。充分考虑周边群众需求，重点选址公园绿化活动场地服务半径覆盖不足的区域，落实适老化和儿童友好等要求，增加活动场地，完善配套设施，打造多元活动场所。三是科学布局，安全舒适。选址和建设应尽量规避各类潜在风险因素，科学进行功能布局，有效控制公园中的各类休闲活动对周边居民造成的干扰。四是以需定供，节俭务实。落实节约型园林和绿色低碳理念，根据群众使用需求合理配置设施，优先应用乡土植物，倡导使用节能、节水的材料、技术和工艺。五是多元交流，共建共享。探索建立"政府引导、社会参与"的多元建设管理机制，引导市民参与公园选址、设计、建设和养护管理，共建共享美好环境。

方寸之间有天地，细微之处见乾坤。口袋公园的建设聚焦自然美景的引入、历史文化的延续和艺术审美的升级。在选址布局方面，《指南》提出要按照弥补服务盲区、结合城市更新布局和保护利用历史文化资源的布局要求，旧城区应充分挖潜城区内的边角地、空闲地、拆违腾退土地及其他可利用空间等规划建设口袋公园，提高公园绿化活动场地服务半径覆盖率，推进既有公共空间改造提升；新城区应结合绿地相关专项规划，以"300米见绿，500米见园"为目标，增补配置口袋公园，构建布局均衡、配套合理的城市公园体系。在设计营造方面，《指南》提出满足周边人群的使用需求、营造开放共享的公园环境、注重简洁合理的空间布局、保障安全舒适的环境氛围和展现各具特色的场所主题的五大要求，并明确了口袋公园在活动场地、道路铺装、绿化种植、景观小品、文化展示和安全保障等层面的设计营造细则。在管理维护方面，《指南》提出应坚持"三分建设，七分管养"，在园容卫生、绿化养护、设施管理和安全管理等层面加强口袋公园日常运行维护管理，提高管理服务水平。

推窗见绿，出门入园。作为一个联通碎片空间、兼具多样使用功能的复合型开放空间，口袋公园让居民在家门口邂逅"诗与远方"。推进口袋公园建设，对于织补拓展城市绿色公共空间、推动存量空间资源优化提升、满足居民休闲游憩需要、完善城市功能品质等具有重要意义。口袋公园建设是高度契合高质量发展要求的城市空间探索，从使用人群所需出发，激发城市活力，重塑场地精神，倡导生活新风尚，让设计深入人心，让景观融入生活，让星罗棋布的口袋公园点亮原本紧张单调的都市日常，于无声处厚植城市高质量发展沃土，不断打造城市高品质宜居生活空间。

（《中国建设报》2024年7月16日4版）

深化城市运营体制改革

赵 冰

党的二十届三中全会发布的《中共中央关于进一步全面深化改革、推进中国式现代化的决定》(以下简称《决定》)中提出深化城市建设、运营、治理体制改革,加快转变城市发展方式,充分凸显了运营在城镇化下半场城市工作中的重要地位。城市运营是政府、企业和社会主体共同参与,运用政策、市场和法治手段,提升城市资源配置效率,实现城市资产增值和综合效益最大化的过程,对于推动城市高质量发展具有重要意义。此次《决定》提出深化城市运营体制改革,是践行人民城市理念的内在要求,是推动城市开发建设方式转型的现实选择,是为城市发展提供持续性现金流的重要保障,是吸引多元主体参与城市更新的重要抓手,也是盘活城市低效资产的关键举措。

深化城市运营体制改革,首先要坚持一个中心。城市运营强调以人民为中心,解决好人民最关心最直接最现实的利益问题,让居民和人才"用脚投票",在城市竞争中吸引、积蓄更多人力资本。其次要算好"三本账"。一是"经济账",从规划设计到运营维护要做到收支平衡;二是"资产账",提升城市资源和要素配置效率,实现城市资产的自我滚动、积累和增值;三是"社会账",吸引产业和创新要素,提高城市建设品质,增进社会福祉。最后要统筹多元主体。深化城市运营体制改革是一个系统工程,需要政府、市场和社会各方的共同努力。政府提供政策支持和制度保障,市场提供资金、技术和管理经验,社会力量参与监督、反馈和共同治理,探索政府引导、市场运作、公众参与的可持续模式。

在推进改革过程中,一是深化市场主体改革,实现城市资产高效运营和有效增值。城投公司向城市运营业务板块延伸,房地产开发企业探索"房地产+"模式,提供高品质生产生活空间和服务。坚持建管并重、统筹协调,分类开展资产盘活利用,探索资产集中运营管理。二是增加地方自主财力,为城市运营提供持续稳定的财政资金支持。完善财政转移支付体系，提升市县财力同事权相匹配程度。研究把城市维护建设税、教育费附加、地方教育附加合并为地方附加税，授权地方在一定幅度内确定具体适用税率。合理扩大地方政府专项债券支持范围。三是构建多元化可持续的投融资机制，吸引社会资本参与城市运营。鼓励社会资本通过特许经营等方式参与城市建设和更新改造。发挥政府投资基金的引导作用，发展耐心资本，支持符合条件的项目发行基础设施领域不动产投资信托基金。四是盘活存量和低效用地，促进城市内涵、集约、创新发展。制定专项规划，明确城市运营的目标、实施策略和重点任务。加快发展建设用地二级市场，促进土地资源要素市场流通，提高土地要素配置效率。健全土地混合开发利用相关制度和土地用途转换规则，促进土地节约集约利用。

在城市运营体制改革过程中，各类主体要携手并进，以人民需求为核心，充分发挥财政政策的引导和杠杆作用，鼓励带动社会资本参与，以市场化手段积极盘活存量资产，提升城市运营效率、品质与活力，不断推动城市高质量发展取得新成效。

（《中国建设报》微信公众号2024年10月10日）

扎实做好市政基础设施资产管理

王 琰

为规范和加强市政基础设施资产管理，更好发挥市政基础设施公共服务功能，近日，财政部、住房和城乡建设部等部门联合印发《市政基础设施资产管理办法（试行）》（以下简称《办法》）。《办法》包括总则、配置管理、维护和使用管理、处置管理、基础管理、信息化管理、资产报告、监督检查、附则9章47条，旨在为市政基础设施资产管理工作提供政策制度保障。

《办法》出台恰逢其时，既充分体现政策的连续性、稳定性，又主动适应市政基础设施资产管理面临的新形势、新挑战。我国市政基础设施规模庞大、种类丰富，比如，截至2022年年底，全国城市道路长度超过55.2万公里，城市轨道交通建成和在建总长度达到1.44万公里，供水和排水管道总长度达到202万公里，累计开工建设综合管廊6655公里，资产总规模庞大且持续增长。随着我国城市发展进入城市更新的重要时期，大规模增量建设阶段形成的市政基础设施亟需科学有效的资产管理，《办法》有助于摸清资产底数，盘活存量资产，切实提升资产管理质效，具有很强的现实指导意义和可操作性。

坚持统筹谋划，着力夯实制度基础。一是明确适用范围，推动政策有力有效实施。《办法》指出，本办法适用于执行政府会计准则制度的行政事业单位管理维护的市政基础设施资产管理活动。二是理清各部门职责边界，构建权责清晰的工作机制。我国市政基础设施资产管理是一项综合性、系统性工作，《办法》明确市政基础设施资产管理实行分级分类、分工负责的管理体制；财政部门、主管部门、建设单位、管护单位按照职责分工负责市政基础设施资产管理工作。三是健全政府会计核算和国有资产报告制度，提高规范化管理水平。《办法》指出，对采用各类投资建设方式形成的市政基础设施资产，严格资产确认和登记入账核算；将市政基础设施资产管理情况全部纳入行政事业性国有资产报告，做到全口径、全覆盖，不重不漏。

践行全生命周期管理理念，提升资产管理效能。一方面以关键环节为着力点，精准施策促提升。针对配置管理、维护和使用管理等环节，《办法》提出，主管部门应当根据城市发展规划、城市需求，结合财政承受能力，坚持绿色环保、节能高效、可持续发展理念，科学配置市政基础设施资产；管护单位应当按照国家有关规定和技术标准，对市政基础设施资产进行日常检查与维护，确保市政基础设施资产处于正常运行状态。另一方面以全过程绩效管理为抓手，持续发力添动能。《办法》指出，财政部门、主管部门、管护单位应当建立市政基础设施资产的全过程绩效管理制度，开展事前绩效评估，加强绩效目标管理，实施绩效运行监控，将绩效评价结果与新建项目决策、建设资金和管护费用安排挂钩，提高财政资金资产配置效益。

凝聚监管合力，筑牢风险防范底线。一是筑牢违法违规举债的"防火墙"，从源头上防范地方政府债务风险。《办法》指出，政府投资建设的市政基础设施资产应当依法严格履行基本建设审批程序，落实资金来源，加强预算约束，防范政府债务风险。《办法》强调，严禁为没有收益或收益不足的市政基础设施资产违法违规举债，不得增加隐性债务。二是健全责任追究工作机制，切实维护资产安全。《办法》提出，财政部门、主管部门、管护单位及其工作人员在市政基础设施资产管理工作中存在滥用职权、玩忽职守、徇私舞弊等违法违规行为的，依法追究相应责任。

市政基础设施是国有资产的重要组成部分，是保障城市正常运行的重要资源，对城市可持续发展具有重要意义。《办法》的深入实施，必将推动市政基础设施焕发新活力，为城市高质量发展注入新动能、塑造新优势！

（《中国建设报》微信公众号2024年10月9日）

政研观察 ——述评新征程住房和城乡建设高质量发展新实践

加强城市工作统筹
推进城市治理体系和治理能力现代化

李晓西

近日，重庆市城市治理委员会召开第一次会议，学习贯彻习近平总书记关于城市工作的重要论述和视察重庆重要讲话重要指示精神，推动建立健全"大综合一体化"城市综合治理体制机制，努力打造宜居韧性智慧治理新样板，加快建设超大城市现代化治理示范区。重庆市在强化城市工作统筹、推进城市治理体系和治理能力现代化方面提供了有益经验。

加强党的领导，建立健全党委统一领导、党政齐抓共管的城市工作格局。重庆市成立了城市治理委员会，市委书记、市长兼任城市治理委员会主任职务，切实加强了党对城市工作的领导。坚持和加强党对城市工作的领导，必须坚持不懈用党的创新理论凝心聚魂，学深悟透习近平总书记关于城市工作的重要论述，切实用以武装头脑、指导实践、推动工作。各省、自治区、直辖市党委和政府要坚决贯彻落实党中央决策部署，统筹推进本地区城市现代化建设，围绕国家提出的总目标，确定本地区城市发展目标和重点。城市党委和政府是城市工作的责任主体，要依据国家、省区市确定的目标和要求，制定本市现代化行动方案，明确总体要求、实施步骤、措施保证，提高城市治理能力和水平。街道、社区党组织是党在城市工作的基础，要加强和改进城市基层党建工作，推动党组织向最基层延伸，健全社区治理体系，不断塑造中国特色基层治理的显著优势。

强化科技赋能，推动城市治理手段、治理模式、治理理念创新。重庆市加快建设三级数字化城市运行和治理中心，构建城市运行和治理数字化智能化体系，建设燃气、供水、污水、垃圾等数字孪生系统，以科技赋能城市现代化治理。要加强科技引领，开展城市信息模型（CIM）平台建设，推动城市物理空间数字化和各领域数据、技术、业务融合，为智慧城市建设提供支撑；创新城市管理手段和模式，面向宜居、韧性、智慧城市建设要求，深化运用大数据、云计算、区块链、人工智能等前沿技术，加快建设城市运行管理服务平台体系，推动城市运行"一网统管"；推动基于数字化、网络化、智能化的新型城市基础设施建设，推进智能化市政基础设施建设和改造，实施城市生命线安全工程建设，推动城市安全风险从被动应对转向主动预防，提高城市韧性。

健全治理机制，构建人人参与、人人负责、人人奉献、人人共享的城市治理共同体。重庆市提出深化新时代"枫桥经验"重庆实践，健全社会力量、社会组织参与基层治理机制，迭代党建统领"141"基层智治体系（第一个"1"指基层治理指挥中心，"4"指党的建设、经济发展、民生服务、平安法治4个板块，最后一个"1"指基层网格），打造城乡社区基层治理共同体，构建共建共治共享基层治理新机制。要协同发挥政府和市场"两只手"作用，建立公开透明的市场秩序，鼓励社会资本参与城市公用设施投资运行，着力激发各类市场主体参与城市治理的积极性、主动性；聚焦人民群众的急难愁盼问题，从房前屋后的实事做起，从身边的小事做起，以"为民小事"撬动"幸福大事"，提高城市精细化治理水平，让人民群众在城市生活得更方便、更舒心、更美好；把尊重民意、汇聚民智、凝聚民力、改善民生贯穿城市治理全过程，充分尊重人民群众的主体地位和首创精神，发动群众共建美好城市、共创美好生活。

推进城市治理体系和治理能力现代化，既是国家治理体系和治理能力现代化的重要内容，也是提升城市居民获得感、幸福感、安全感的有力手段。新征程上，要深入学习贯彻党的二十大和二十届二中、三中全会精神，加快推动城市治理体系和治理能力现代化，走好中国特色城市发展道路，为强国建设、民族复兴伟业贡献力量。

（《中国建设报》微信公众号2024年10月26日）

创新探索城市综合治理体制机制

刘 锋

近日,重庆市发布《重庆市大综合一体化行政执法条例》(以下简称《条例》),自2024年12月15日起施行,明确了包括城市管理、市场监管、生态环境、文化旅游、交通运输、应急管理、农业7支综合行政执法机构和乡镇(街道)综合行政执法机构的"7+1"体制架构,通过健全综合行政执法队伍规范化管理制度,全面促进执法队伍能力提升,努力实现"一支队伍管执法""一张清单定权责",对同一类、同一个实施"综合查一次",推动建立健全大综合一体化城市综合治理体制机制。

明确责任分工,加强工作合力。《条例》明确要建立综合行政执法制度,由市、区县(自治县)人民政府相关部门负责相应行业领域内的综合行政执法。实行以区县(自治县)为主的行政执法体制,市级行政执法部门负责制度设计、统筹协调、监督指导,承担重大违法案件查处和跨区域执法的组织协调等,区县(自治县)行政执法部门负责日常行政检查和一般违法案件查处。《条例》提出要建立行政执法事项总清单、综合行政执法事项清单和部门行政执法事项清单"三张清单",由市、区县(自治县)人民政府统一领导本行政区域的行政执法工作,建立健全行政执法协调监督工作体系;司法行政部门代表本级政府承担行政执法监督具体事务;行政执法部门负责本行业领域内的行政执法工作,并对具体承担相关行政执法的机构进行指导监督等。

创新协同方式,提升执法效能。《条例》明确行政执法机关要建立健全跨部门、跨区域、跨层级的行政执法协同工作机制,完善联合监管、联合执法、执法协助等工作机制,共享监督管理、行政处罚、专项整治等信息,推进违法线索、证据材料、执法标准、处理结果的互通、互认。行政执法机关在执法过程中依法获取的证据材料,其他行政执法机关经查证属实且符合证据效力要求的,可以作为行政执法证据使用。同一行政执法机关对同一市场主体实施多项行政检查的,或者不同行政执法机关对同一市场主体实施行政检查的，按照有关规定同时一次性开展。同时，健全首问负责制，畅通投诉举报渠道，健全投诉举报处理机制，对收到的投诉举报事项，按照首问负责制予以登记，依法及时处理或者移送。

完善规则标准，强化责任落实。《条例》明确市级行政执法部门要落实行业监管主体责任，制定并公开行业监管规则和监管标准，明确行业监管的对象、内容、方法、频次等，增强行业监管的稳定性和可预期性。鼓励跨区域、跨部门联合发布统一的监管规则和监管标准。市司法行政部门会同市级行政执法部门对行业监管规则和监管标准开展评估论证；不同市级行政执法部门制定的行业监管规则和监管标准相互冲突的，及时修改完善。多个行政执法机关对同类市场主体实施监管的，要对执法事项、监管规则等进行综合集成。同时，要求建立全市统一的行政执法以及执法监督数字应用，行政执法机关通过全市统一的数字应用开展工作，实现行政执法事项、行政执法主体、行政执法人员、行政执法活动的线上管理、实时监督。

行政执法关乎人民群众切身利益，关乎党和政府形象。要坚持党的领导，落实为民服务理念，建立完善内部监督机制，加强对本行业领域内行政执法工作的指导监督，将行政执法工作纳入法治建设考核，强化对行政执法工作的统筹协调、规范管理、指导监督、激励保障，全面推进严格规范公正文明执法，切实提升行政执法质效。

（《中国建设报》微信公众号2024年12月8日）

政研观察 ——述评新征程住房和城乡建设高质量发展新实践

在统筹协调上下功夫　谱写城市管理新篇章

郭嘉颖

习近平总书记指出,"城市的竞争力、活力、魅力,离不开高水平管理""治理和管理一字之差,体现的是系统治理、依法治理、源头治理、综合施策""要树立全周期管理意识,加快推动城市治理体系和治理能力现代化"。

进入高质量发展新阶段,城市发展进入城市更新的重要时期,由大规模增量建设转为存量提质改造和增量结构调整并重,从"有没有"转向"好不好"。做好城市工作,要树立系统思维,认识、尊重、顺应城市发展规律。牵住城市管理统筹协调的"牛鼻子",增强城市工作的整体性、系统性和协同性,打破"碎片化"治理的藩篱,是尊重和顺应新时期城市发展规律的客观要求。

近日,住房和城乡建设部在山东省临沂市召开加强城市管理统筹协调暨城市运行管理服务平台建设现场会,深入学习贯彻习近平总书记关于城市工作重要论述,充分认识加强城市管理统筹协调的重要意义,总结推广地方经验做法,推动健全完善城市管理统筹协调机制,探索城市治理体系和治理能力现代化的新路径。

高位统筹,打造城市管理系统工程。"不谋全局者,不足谋一域"。城市管理是一项系统工程,要强化系统观念,突出前瞻性思考、全局性谋划、战略性布局、整体性推进,保障城市健康有序运行。要建立健全党委政府主要负责同志牵头的城市管理协调机制,切实解决城市管理统筹不到位、权责不明晰等问题;要切实发挥好城市管理委员会牵头抓总、高位统筹作用,城管办指挥调度、监督考核作用,强化部门联动,形成工作合力;要坚持党政齐抓共管、多元协同共治,整合城市管理各类资源,调动各方力量,坚持"共下一盘棋""共答一张卷",形成服务城市高质量发展的强大动能。

一网统管,打造城市管理智慧工程。以城市数字化转型为契机,充分运用现代信息技术推动城市治理手段、治理模式、治理理念创新。加快城市运行管理服平台建设，围绕城市运行安全高效健康、城市管理干净整洁有序、为民服务精准精细精致，以物联网、大数据、人工智能、5G移动通信等前沿技术为支撑，构建部、省、市三级"横向到边、纵向到底"的互联互通、数据同步、业务协同的平台体系，把分散式信息系统整合起来，做到实战中管用、基层干部爱用、群众感到受用，推动形成城市运行管理"一网统管"新格局，打造智慧管理"新高地"。以大数据慧治、大系统共治、大平台共享为目标，有效破解互联互通难、信息共享难、业务协同难等问题，更好助力城市科学化、精细化、智能化管理，努力构建现代化城市治理新模式。

以人为本，打造城市管理民生工程。"利民之事，丝发必兴"。习近平总书记强调，城市工作做得好不好，老百姓满意不满意，生活方便不方便，城市管理和服务状况是重要评判标准。问需于民、问计于民，及时精准地回应群众诉求，满足人民群众对美好生活的向往，是新时期城市管理工作的重要任务。老百姓每天的吃用住行，一刻都离不开城市管理和服务。要紧盯人民群众急难愁盼的"关键小事"，多部门通力合作落实惠民便民服务各项措施，以细心、耐心、巧心在补齐民生短板、解决民生难题上下更大功夫。要坚持"人民城市人民建、人民城市为人民"，打通服务群众的"最后一公里"，不断增强人民群众的获得感、幸福感、安全感。

城市治理是国家治理体系和治理能力现代化的重要内容。"一委一办一平台"有机融合的城市管理统筹协调工作机制，是实践证明行之有效的可复制、可推广的经验做法。城市管理工作要以"一委一办一平台"工作体系为抓手，健全城市统筹管理协调机制，构建各层级同频共振、各部门同题共答的城市管理工作新格局，切实提高城市科学化、精细化、智能化管理水平，加快推进城市治理体系和治理能力现代化，合力谱写新时代城市高质量发展新篇章。

（《中国建设报》2023年12月13日2版）

聚焦群众所需所盼　稳步推动城市管理融入基层治理

郭嘉颖

近日，住房和城乡建设部城市管理监督局在四川省成都市召开推动城市管理融入基层治理暨城市小微公共空间整治提升工作现场会，深入学习习近平总书记关于城市工作和基层治理的重要论述，贯彻全国住房城乡建设工作会议部署，交流城市小微公共空间整治提升工作典型做法，推动形成共建共治共享的社会治理格局。

坚持党建引领，实现城市管理和社区治理互促互进。"欲筑室者，先治其基"。基层党组织是党执政大厦的地基，地基固则大厦稳。党建引领基层治理强化了基层党组织的战斗堡垒作用，保证了基层治理始终保持正确政治方向。要以党建引领推动城市管理融入基层治理，把党的领导优势转化为城市管理和社区治理效能。以城市管理进社区工作为载体，把城市管理和服务延伸下沉到社区，打通联系服务群众"最后一公里"，稳步推进城市管理与社区治理的党务、服务、业务融合发展，让城市管理真正根植社区、融入社区。坚持"党建引领，政府主导，社会参与，群众自治"原则，全面提升社区服务质量和管理水平，在加强基层基础工作、提高基层治理能力上下更大功夫。

坚持问题导向，切实解决群众关注的急难愁盼问题。"利民之事，丝发必兴"。推动城市管理融入基层治理，要坚持以人民为中心的发展思想，把服务居民、造福居民作为社区治理的出发点和落脚点。聚焦人民群众普遍关注、反映强烈、反复出现的城市管理突出问题，畅通群众表达诉求的渠道，扎扎实实为群众做好事、办实事、解难事。坚持有什么问题就解决什么问题，什么问题突出就重点解决什么问题，围绕老旧小区、学校、医院等周边区域功能设置不合理、便民服务设施不足、环境卫生死角等问题开展整治提升，尽力而为、量力而行，在解决群众烦心事、忧心事、揪心事上持续用力，为人民群众打造更加优美、更加宜居、更加安心的家园。

坚持系统思维，统筹推进小微公共空间的整治提升。"理必有对，生生之本也"。城市小微公共空间的整治提升是一项系统工程，不仅要实现空间环境的改善，也要兼顾基层治理、民生改善、文化保护等多重目标。要着眼整治提升工作的整体性、关联性、结构性，理顺条块和市、区、街道职责分工，高效整合各方资源和多方力量，实现治理项目全要素整体设计、一体推进、闭环管理。将城市小微公共空间整治提升与城市更新、老旧小区改造、完整社区建设等工作相结合，确保各项工作彼此协调、相辅相成，满足人民群众在绿色休闲、文化娱乐、运动健身、停车出行等方面生产生活需求，让整治改造成果更好地融入社会发展、惠及百姓生活。

"民之所忧，我必念之；民之所盼，我必行之"。城市工作做得好不好、老百姓满意不满意、生活方便不方便、城市管理和服务状况是重要评判标准。要坚持以习近平新时代中国特色社会主义思想为指导，以服务人民群众为导向，以城市小微公共空间整治提升为抓手，统筹谋划、稳步推动城市管理融入基层治理，切实解决人民群众急难愁盼问题，让人民群众获得感、幸福感、安全感更加充实、更有保障、更可持续。

（《中国建设报》2024年7月16日4版）

扎实推进宜居宜业美丽村镇建设

刘亚慧

抓好村镇建设工作是统筹新型城镇化和乡村全面振兴、促进各类要素双向流动、推动形成城乡融合发展新格局的重要任务。近日,全国住房城乡建设工作会议在京召开,会上回顾总结了2023年村镇建设工作取得的成效,部署2024年村镇建设领域的重点任务,指出各地要在统筹新型城镇化和乡村全面振兴中找准定位,学习运用"千万工程"经验,推进县、镇、村建设,打造宜居宜业美丽村镇。

星光不问赶路人,时光不负奋斗者。在过去的一年,全国住房城乡建设系统坚决贯彻落实党中央、国务院决策部署,坚持稳中求进工作总基调,完整、准确、全面贯彻新发展理念,牢牢抓住让人民群众安居这个基点,压茬扎实推进村镇建设事业。践行实的要求,以农房建设为重点,深入实施农房质量安全提升工程,有序推进危房改造和农房抗震改造工作,持续改善农村住房品质,让农民群众"住上好房子、过上好日子"。做好暴雨洪涝灾区灾后农房恢复重建工作,为受灾群众建设"放心房""暖心房",用心用情让群众温暖过冬。加大统筹力度,以乡村建设评价为抓手,查找农民群众急难愁盼问题,努力创造宜居宜业的现代生活条件。开展暖心行动,以推进小城镇现代化建设为指引,推进生活污水垃圾设施建设和农村生活垃圾收运处置体系建设,切实改善居住环境。做好人的工作,以人才建设为支撑,加大定点帮扶和对口支援力度,组织送医送教下乡。加强工匠培训,带动乡村建设工匠职业技能和综合素质提升。发掘新的故事,一体推进历史文化保护、传承和利用,让历史文化和现代生活融为一体,留住乡亲、护住乡土、记住乡愁。

凝心聚力谋发展,乘势而上开新局。此次全国住房城乡建设工作会议深刻分析住建事业发展面临的新形势、新要求,明确村镇建设下一步要重点抓好的四项工作任务。一是加强县城建设。坚持体检先行,在符合条件的县城开展基础设施和公共服务设施建设补短板行动,提高县城综合承载力;有序推动县城基础设施和服务向周边村镇延伸覆盖，提高县城辐射带动乡村能力。二是推进小城镇建设。积极推进建制镇污水垃圾设施建设补短板，逐步改善城镇生活品质；开展抵边小城镇建设试点，帮助小城镇提升产业承载能力和人口聚集能力。三是继续实施乡村建设行动。落实乡村建设评价体系，为有序实施乡村建设行动提供有力支撑。持续做好农村危房改造和农房抗震改造，保障人民群众住房安全；着力推动现代宜居农房建设，引导和支持农民建设一批农村"好房子"。四是加强传统村落保护利用。持续完善制度体系，健全传统村落保护利用制度；加大宣传推广支持力度，留住乡愁古韵，挖掘释放多元价值。

夯实基础固根基，深化改革强动力。站在新的历史起点上，要切实增强做好村镇建设工作的责任感、使命感，牢牢把握"夯实基础、深化改革"这一主线，抓住机遇、战胜挑战，不断完善体制机制，着力在村镇建设领域法治、标准、科技、统计、人才等建设上下功夫，全力打造宜居宜业美丽村镇。补齐短板、夯实基础，在改善民生上下功夫。坚持因地制宜、系统推动，"乘众人之智、用众人之力"，保障农房安全，协同推进县城和小城镇基础设施建设，为人民群众营造宜居宜业、安全舒适的生活空间。精准施策、深化改革，在推动城乡融合上拓新局。聚焦人民群众急难愁盼问题，创造性地开展工作。创新体制机制，强化科技引领，吸引人才回流，多元参与、共建共享，共同推动县域内城乡融合发展。

追风赶月莫停留，平芜尽处是春山。要持续巩固村镇建设成果，同时间赛跑、与困难较量，把村镇建设作为培养锻炼干部的广阔舞台，激发广大干部的积极性、主动性、创造性。凝心聚力、攻坚克难、改革创新，以坚定的信心和时不我待的精神状态，慎终如始抓落实，全力推进宜居宜业美丽村镇建设，把村镇建设成令人向往的美好家园！

(《中国建设报》2024年1月11日2版)

设计下乡绘就美丽乡村新画卷

王 琰

近年来，住房和城乡建设部指导各地深入贯彻落实党中央、国务院关于加快推进乡村人才振兴的决策部署，于2022年10月印发首批设计下乡可复制经验清单，总结各地在完善设计下乡政策机制、强化设计下乡人才队伍建设、健全落实激励措施、保障工作经费、提升服务能力和水平、加强宣传推广等方面的经验做法。近日，印发第二批可复制经验清单（以下简称《清单》），重点总结各地在完善设计下乡服务内容、提升设计下乡服务能力和水平、健全落实保障激励措施等方面的经验做法。

设计下乡为建设宜居宜业和美乡村提供人才支撑。习近平总书记指出，要引导规划、建筑、园林、景观、艺术设计、文化策划等方面的设计大师、优秀团队下乡，发挥好乡村能工巧匠的作用，把乡村规划建设水平提升上去。2018年以来，住房和城乡建设部在全国范围内开展设计下乡工作，引导和支持规划、建筑、景观等领域设计人员投身乡村建设，助力乡村振兴高质量发展。不少地区探索建立起驻镇规划师、驻村规划师等制度，组织动员各方设计力量深入乡村，成功培养了一批既懂现代建造技术，又熟悉乡村文化的乡村建设工匠队伍，为提高农房质量安全水平、全面实施乡村建设行动提供有力人才支撑。如浙江省杭州市、陕西省富平县等地探索建立"一师两员"（驻镇规划师+乡村规划员+乡村规划联络员）制度、驻村规划师制度。

设计下乡为现代宜居农房建设提供设计指导。今年年初召开的全国住房城乡建设工作会议提出，推进现代宜居农房建设。设计下乡组织专业技术人员深度参与农房规划设计、建设施工、监督管理等环节，坚持问题导向、需求导向，指导农房设计与建设，提升农房质量安全水平，完善农房功能，提高农房品质，适应村民现代生活需要。如广东、湖北等地通过组织技术单位编制农房设计图集、制订农房建设指引、提供现场技术指导等方式，引导建设具有地域特色的高品质农房；河南、宁夏等地充分发挥专业技术人员在农房安全隐患排查中的作用，指导各地及时消除房屋安全隐患。

设计下乡为提升农民现代生活条件提供技术保障。习近平总书记指出，要瞄准"农村基本具备现代生活条件"的目标，组织实施好乡村建设行动。设计下乡以解决农村人居环境突出问题为主攻方向，以村庄规划和设计、垃圾污水处理设施建设和运营等为服务内容，持续提升乡村规划建设水平。坚持因地制宜、循序渐进，通过给予专业技术指导，优化村庄公共活动空间的布局和建设，加强农村基础设施和公共服务设施建设。推动建设美丽宜居乡村，更好地满足村民养老、托幼、文化娱乐等美好生活需求，让农民就地过上现代文明生活。如四川省成都市充分发挥乡村规划师作用，明确由规划师对乡村建设项目的规划和设计方案进行技术把关，有效提升乡村规划水平；江西省组织污水治理专家为农村排污设施改造提升工程提供技术指导，实现农村生活污水治理水平提升和生态环境改善。

春风送暖进农家，日照新楼映彩霞。美丽乡村欣欣向荣，设计下乡大有可为。要深入学习贯彻习近平总书记关于实施乡村振兴战略的重要论述，充分认识设计下乡在实施乡村振兴战略、推动乡村高质量发展和促进城乡融合发展等方面的重要意义。要发挥住建部门牵头作用，指导各地建立健全设计下乡长效机制，进一步完善激励政策，凝聚推动设计下乡工作的强大合力。要着力宣传推广地方典型经验做法，鼓励各地因地制宜确定设计下乡服务重点，持续提升乡村规划设计水平，加快建设宜居宜业和美乡村。

(《中国建设报》2023年10月31日2版)

建设装配式绿色农房 打造农村"好房子"

金生学

习近平总书记指出，良好的人居环境是广大农民的殷切期盼，要坚持绿色发展，打造农民宜居乐业的美丽家园。近日，湖南省召开全省装配式绿色农房工作现场推进会，提出要逐步形成装配式绿色农房发展"湖南模式"。

突出科技赋能，提高农村房屋建设技术含量。装配式绿色农房将绿色低碳技术、新型建造技术相结合，采用工业化生产方式建造，充分应用新产品、新材料、新工艺，具有设计科学、施工便捷、质量好、绿色环保、舒适性和安全性高、使用寿命长等特点，深受群众的认可和欢迎。作为建筑行业的"新质生产力"，这种新型建造方式有效提高了农房的设计、建造水平，能够"像造汽车一样造房子"，快速建成一批功能现代、成本经济、结构安全、绿色环保的农村"好房子"，为广大农民提供高质量的建筑产品。

强化低碳环保，提升农村房屋建筑能效水平。我国近年来积极推动建筑节能环保，从既有建筑绿色化改造到绿色建材，再到装配式建筑，持续提升绿色建筑占比。装配式绿色农房根植绿色发展理念，为乡村振兴提供高效节能、环保舒适的农房建设解决方案。依靠良好的保温隔热性能，能够减少对空调和暖气的依赖，推动农房用能结构低碳转型。建设过程采用工厂预制构件，现场组装的方式，有助于减少现场扬尘、建筑垃圾以及污水等，降低能源资源消耗，推动农房节能环保。绿色建材的选择和应用，将改善室内空气质量，进一步减低建筑对人体健康和生态环境的影响。

扩大产业内需，完善现代化建筑产业体系。当前建筑业处于改革深化阶段，正朝着工业化、绿色化等方向转型升级。装配式绿色农房开辟了建筑业发展新赛道，"前途广阔、大有可为"，将成为建筑业投资的新蓝海。据了解，全国农村每年有很多新建或改建农房，若按2025年实现装配式建筑占新建建筑比例30%以上的目标要求，每年建设装配式农房，加上装配式内装、智能家居系统、健康养老系统等，市场规模将超过万亿。湖南省住房和城乡建设厅负责同志在现场推进会上提到，今年前三季度全省完成装配式农房建设696栋，完成产值3.2亿元，2026年全省将力争完成3万套装配式绿色农房建设、产值150亿元的倍增目标。

加强试点示范，积累农房现代化建设经验。作为一种新型农房类型，装配式绿色农房仍处于初期发展阶段，亟待进一步探索和升级。多地坚持试点先行，以点带面、渐次推进装配式绿色农房建设，力争形成更多具有借鉴意义的经验做法，在更大范围内推广应用。比如，湖南省开展装配式绿色农房建设试点，通过以奖代补方式对试点县（市、区）给予500万元财政补贴。安徽省选择合肥、六安、广德等地作为装配式绿色农房区域试点地区，推动装配式技术"上山下乡""进村入户"。

功崇惟志，业广惟勤。装配式绿色农房建设是推动乡村高质量发展的有力抓手，也是建设宜居宜业和美乡村的重要举措。要在充分尊重农民意愿的基础上，有序推进装配式绿色农房建设，加快建设一批符合低碳绿色发展标准的农房样板，让村居建设更绿色，让农村住房更安全，让村民生活更舒适。

（《中国建设报》微信公众号2024年11月8日）

加强乡村建设工匠培训管理　夯实乡村建设之基

王彬武

　　乡村建设工匠是承揽农村房屋建筑和小型工程的主力军，加快对他们的培训和管理，提升其技能水平和职业素养，对于提升农房质量和品质、建设宜居宜业和美乡村具有重要意义。为加快推进这项工作，住房城乡建设部会同人力资源社会保障部印发《住房城乡建设部　人力资源社会保障部关于加强乡村建设工匠培训和管理的指导意见》（以下简称《指导意见》），提出要扎实开展乡村建设工匠培训、积极培育乡村建设工匠队伍、加强乡村建设工匠管理，并明确了加强组织领导、保障工匠权益、加强宣传引导等保障措施。

　　《指导意见》的出台意义重大、正当其时。近年来，住房和城乡建设部会同有关部门持续推进乡村建设工匠培训和管理，以推动工匠职业化、规范化为切口，将保障工匠队伍权益、提升职业荣誉感、认同感作为工作方向，取得积极成效。2022年7月新修订的《中华人民共和国职业分类大典》将乡村建设工匠纳入其中，这标志着长期活跃在乡村的本土建设者们有了正式的职业称谓，将为全面实施乡村建设行动、促进乡村振兴提供有力人才支撑。明确定位后的下一步重点工作，就是要加快建立工匠职业标准体系、培训体系和考核认定体系等。目前，依据国家职业分类大典有关要求，两部门正加快组织编制乡村建设工匠职业标准，明确从业要求、等级设定、考核和认定等，开展了万名"乡村建设带头工匠"培训活动，编制乡村建设工匠培训通用教材，这些都为文件的印发和贯彻落实奠定了良好基础。

　　各地在乡村建设工匠培训和管理方面积累了宝贵经验。目前，全国已有多个省份在省级层面出台了乡村建设工匠地方政府规章或行政规范性文件，如湖南省发布《湖南省乡村建设工匠管理办法》，浙江省、四川省等出台了《农村建筑工匠管理办法》。山西省鼓励培训合格的农村建筑工匠等从业人员成立农房建设专业合作社及各类小型合作制企业，大大提高了乡村建设工匠的积极性。广东省、福建省等地建立了工匠名录并利用政府网站向社会公布,浙江省建立了农房建设"浙建事"信息系统,公布了省内乡村建设工匠名录,建立了星级评价标准,可供建房村民自主选择。一些地区还成立了乡村建设工匠协会,为工匠提供专业技能培训、政策法律咨询等方面的支持和服务。一些地方举办工匠技能大赛,充分展示手艺绝活儿,弘扬工匠精神。各地的积极探索既为《指导意见》的出台提供了实践经验,又为文件的有效落实提供了宝贵土壤。

《指导意见》的落实将有效助力农村"好房子"建设。经培训合格的乡村建设工匠,将进一步熟悉农房和乡村建设审批程序,提升施工专业技能、法律意识和安全意识,牢牢守住农房建设安全底线。根据住房和城乡建设部乡村建设评价结果,44%的村民对自己的住房不满意,村民普遍认为农房在空间布局、功能设计、居住的舒适度等方面与城市住宅差距较大。在了解掌握各类新型建造方式基础上,结合村民需求,乡村建设工匠将更加有能力进一步提升农房建设品质。《指导意见》提出将工匠个体培训和工匠队伍培育相结合,畅通工匠学习、晋级渠道,激发内生动力,促进工匠职业技能与综合素质同步提升,督促工匠及时跟进学习新材料、新技术、新建造方式等,推广农房标准图集,严格执行国家和地方标准规范,有助于提高工匠队伍与新时代好房子建设标准"接轨"的专业能力,为农民群众建造更好的住房。

"山河扶绣户,日月近雕梁""檐飞宛溪水,窗落敬亭云""神形吊顶玉龙梁,雕琢工艺尽极致"这些优美的诗词充分展现了神州大地上人、建筑和大自然融为一体的和美画卷,这些都离不开乡村建设工匠的智慧与付出。相信随着乡村建设工匠培训和管理各项工作的有序推进,乡村建设工匠的职业荣誉感进一步增强,将在我国广袤的乡村沃土、希望的田野上建设起一幢幢美丽宜居的现代化农房!

(《中国建设报》2024年2月26日4版)

让"土师傅"变"巧工匠" 谱写乡村建设新篇章

刘亚慧

近日,住房和城乡建设部、人力资源和社会保障部联合发布关于开展乡村建设工匠职业技能等级认定工作的通知,要求规范、有序开展乡村建设工匠培养和管理工作,建立完善工匠职业技能等级认定工作机制,优化工匠队伍结构,培育扎根农村、服务农民的工匠队伍。

政府"搭台子",为职业技能提升"铺路子"。习近平总书记强调,要推动乡村人才振兴,把人力资本开发放在首要位置,打造一支强大的乡村振兴人才队伍。为深入贯彻习近平总书记关于推动乡村人才振兴的重要指示精神,近年来住房和城乡建设部会同人力资源和社会保障部等部门持续推进乡村建设工匠培训和管理。将乡村建设工匠纳入2022年7月新修订的《中华人民共和国职业分类大典》中,从此长期活跃在乡村的本土建设者们有了正式的职业称谓。以提高工匠技能水平和综合素质为目标,住房城乡建设部、人力资源社会保障部联合印发《住房城乡建设部 人力资源社会保障部关于加强乡村建设工匠培训和管理的指导意见》,提出扎实开展乡村建设工匠培训,积极培育乡村建设工匠队伍,加强乡村建设工匠管理。以满足乡村建设工作需求为出发点和落脚点,各地积极探索先试先行,从强化思想引导、搭建交流平台、建立多种机制等方面进行创新。充分利用当地培训平台、基地等资源,采用线上线下相结合、理论实践相结合等方式,帮助工匠提高专业技能水平。

考核"压担子",为技能人才成长"搭梯子"。开展乡村建设工匠职业技能等级认定工作是优化考核评价机制、畅通职业发展通道、延伸拓展其成长进步阶梯的重要举措。坚持统筹协调、合力推进,省级住房和城乡建设部门与人力资源和社会保障部门建立对接沟通机制,严格按照职业技能等级认定要求,联合征集遴选符合要求的等级认定机构。严格开展工匠职业技能等级认定考评和督导工作,持续加强工匠职业技能等级认定考评员、督导员队伍建设。坚持考评结合、逐级认定,省级住房和城乡建设部门督促指导工匠职业技能等级认定机构严格按要求组织开展理论知识考试、操作技能考核或综合评审。五级/初级工、四级/中级工、三级/高级工须进行理论知识考试和操作技能考核，二级/技师、一级/高级技师在考试考核基础上，采取审核上报材料、答辩等方式进行综合评审，合格者按相应等级发证。坚持实事求是、客观公正，省级人社部门会同住房城乡建设部门对本地区的工匠职业技能等级认定机构开展效果评估，依法依规进行动态调整，对存在虚假培训、违规发证问题造成不良社会影响的，依法依规严肃查处并撤销其认定资格。

培训"扶上马"，推动就业增收再"送一程"。强化等级认定结果应用，做好传技带富的"后半篇文章"。一是及时将认定结果通过网站、媒体、工匠信用评价系统等向社会公开，支持有需要的建设单位、个人优先选择有职业技能等级证书的工匠。比如广东省、福建省等地建立了工匠名录，通过政府网站向社会公布；浙江省建立了农房建设"浙建事"信息系统，工匠信息备案入库，相关资质在线查询，可供建房村民自主选择。二是支持符合条件的工匠依法承揽农村小型工程建设、农房建设、农村房屋安全隐患日常巡查等工作，比如简易项目"直包到匠"，农民能独立投标承建小型工程，村民可以在家门口就业。三是打好"服务+监督"组合拳，推动形成良性竞争和正向激励。比如，山西省鼓励培训合格的农村建筑工匠等从业人员成立农房建设专业合作社及各类小型合作制企业，按照有关财税减免等政策给予扶持；浙江省杭州市举办乡村建设工匠技能竞赛，近百名能工巧匠同台竞技，充分展示手艺绝活儿，弘扬工匠精神。

推动乡村人才振兴是党中央、国务院的重大决策部署，要始终坚持以人民为中心的发展思想，持续完善工匠培训管理工作机制，共同努力打造"乡村建设工匠"金名片，为全面实施乡村建设行动、建设宜居宜业和美乡村提供强有力的人才支撑！

（《中国建设报》微信公众号2024年11月12日）

以规范农村生活垃圾管理为抓手，持续推动农村人居环境整治

赵安然

全国住房城乡建设工作会议提出，要推进县、镇、村建设，打造宜居宜业美丽村镇。农村生活垃圾治理是持续改善农村人居环境的重要内容。近日，福建省住房和城乡建设厅制定并印发《福建省农村生活垃圾管理规定》（以下简称《规定》），按照政府主导、全民参与、因地制宜、注重长效、综合利用、统筹推进的原则，对农村生活垃圾的规划编制与设施建设、清扫分类与投放、收集运输与处理、保障措施、监督管理等活动作出规范。

知之而后信之，信之而后行之。规范农村生活垃圾管理，意识培养为首。《规定》要求，农村生活垃圾主管部门指导乡镇人民政府和村民委员会开展宣传教育，普及垃圾减量分类知识，倡导绿色环保生活方式，定期开展公共区域公益卫生活动。同时，引导村民委员会利用村广播室、文化活动室、道德讲堂、黑板报、村务宣传栏等载体，采取村民喜闻乐见的形式，宣传生活垃圾减量分类知识、先进典型事迹等，增强村民环境保护意识。

谋定后动，规划为先。推动农村生活垃圾管理，要坚持以规划为引领，统筹谋划、合理布局。《规定》提出，县（市、区）农村生活垃圾主管部门应当提请本级人民政府编制本行政区域内农村生活垃圾治理专项规划或者实施方案，并与乡村建设规划和村庄规划相衔接，按照专项规划或实施方案做好本行政区域内农村生活垃圾收集、运输、处理设施和场所的建设。此外《规定》强调，农村生活垃圾中转站的选址，应当符合相关规划要求，不得在水源地保护区域、永久基本农田集中区域、生态保护红线区域和其他需要特别保护的区域选址。

立责于心，履责于行。清晰的责任划分是做好农村生活垃圾管理的关键。《规定》明确农村生活垃圾管理实行责任人制度。村民宅基地、住宅及房前屋后的垃

圾，村民或者使用者为责任人。村民住宅小区的垃圾，实行物业管理的，物业服务企业为责任人；没有实行物业管理的，村民委员会为责任人。同时，《规定》提出农村常住人口每500人至少应配备一名保洁员，保洁员主要负责公共区域和公共建筑周边的清扫保洁等。

科学分类，精准指导。做好垃圾分类是农村生活垃圾管理的重要抓手。《规定》依据政府推动、全民参与、城乡统筹、因地制宜、简便易行的原则，按照可回收物、易腐垃圾、有害垃圾、其他垃圾四类推行农村生活垃圾分类制度。对于农村生活垃圾无法分类投放的，可以根据农村生活垃圾特点，由村民将农村生活垃圾先分为"干湿"两大类。在垃圾处理方面，《规定》要求农村生活垃圾应就近就地减量分类处理。城乡接合部或者列入小城镇规划建设村庄的生活垃圾，纳入城市垃圾分类、收集、运输、处理系统。鼓励以县域为单位，将村庄保洁、垃圾转运和公厕管护捆绑打包市场化，提升农村生活垃圾管理专业化、标准化水平。

保障有力，行事无忧。规范农村生活垃圾管理需要强有力的保障和监督措施。《规定》提出，县（市、区）农村生活垃圾主管部门应当提请本级人民政府按照产生者付费原则，逐步建立农村生活垃圾处理收费制度。农村生活垃圾处理收费标准应当根据本地实际确定，充分征求公众意见，并向社会公布。县级以上农村生活垃圾主管部门应建立农村生活垃圾管理社会监督机制，公开监督举报电话、网站等，建立农村生活垃圾收集点、垃圾中转站监督公示牌制度。统筹采取层级指导和"四不两直"暗访等方式，加强农村生活垃圾监督管理，发现问题督促整改，按照《福建省城乡生活垃圾管理条例》规定进行处置，并指导完善长效机制。

不弃微末，久久为功。农村生活垃圾治理是满足农民美好生活需要的"关键小事"，更是一场"攻坚战"和"持久战"。要锚定打造宜居宜业和美乡村的目标，以规范农村生活垃圾管理为重要抓手，持续推进人居环境整治工作，不断完善基础设施、补齐短板弱项、健全长效机制，让村容村貌越来越美丽，生活越来越舒适。

（《中国建设报》2024年9月12日5版）

加快推进宜居宜业美丽小城镇建设

刘亚慧

习近平总书记2023年5月在听取陕西省委和省政府工作汇报时指出，因地制宜发展小城镇，促进特色小镇规范健康发展，构建以县城为枢纽、以小城镇为节点的县域经济体系。2023年9月，习近平总书记在黑龙江主持召开新时代推动东北全面振兴座谈会上指出，加强边境村屯公共服务设施建设，全面推进乡村振兴，努力留住现有人口，帮助县城和小城镇提升产业承载能力和人口聚集能力。

新时代做好小城镇建设工作意义重大。小城镇是"城之尾、乡之首"，在推进新型城镇化、乡村振兴等国家战略中发挥着不可替代的节点作用。习近平总书记在十九届中央政治局第八次集体学习时指出，"我们一开始就没有提城市化，而是提城镇化，目的就是促进城乡融合"。小城镇承载和服务的人口众多，据统计，2020年全国1.88万个小城镇镇区常住人口1.6亿人，占全国城镇人口的17.7%，同时小城镇还为约5亿农村人口提供公共服务。2023年年初，住房城乡建设工作会议提出，要落实国家新型城镇化规划要求，以建设现代化国家的眼光和标准，因地制宜、分类指导，推进小城镇现代化建设；要提高基础设施、公共服务设施建设水平，改善人居环境，打造宜居宜业的美丽小城镇。

小城镇建设发展的不平衡不充分问题仍然突出。近年来，随着京津冀、长三角、珠三角、成渝等城市群都市圈的快速发展，大中小城市和小城镇协调发展的城镇格局初步建立，但小城镇在要素集聚、空间效益以及对乡村的辐射作用等方面还有差距。特别是近年来一些地区中心城市建设、美丽乡村建设力度较大，但小城镇建设的要素投入严重不足，各类政策"进城到村不入镇"，人居环境质量、基础设施和公共服务承载能力与经济社会发展不相适应。据统计，2021年全国建制镇建设市政公用设施投入约1849亿元，而城市市政公用设施建设固定资产投资达到23372亿元。

推进小城镇现代化建设重在因地制宜、补齐短板、突出特色。我国幅员辽阔、各地区资源禀赋差别巨大，要遵循小城镇发展规律，科学确定小城镇建设内容，开展试点示范行动，多措并举打造一批各具特色、宜居宜业的现代化美丽小城镇。以污水垃圾治理、镇容镇貌整治提升为着力点，改善小城镇人居环境；以满足老百姓生产生活需求为导向，着力提升普惠性、基础性、兜底性基础设施服务水平；以"一老一幼"、政务服务设施建设为切口，提高公共服务能力；以保护塑造特色风貌、发展特色产业为抓手，带动小城镇建设提档升级。用绣花功夫把小城镇建设工作做扎实、做到位，精准施策补齐建设短板。

"青山横北郭，白水绕东城""葱葱城郭丽，淡淡烟村远"，这些优美的诗句表达了人们对美丽小城镇的由衷向往。在全面建设社会主义现代化国家新征程上，要深入学习贯彻习近平总书记重要论述精神，切实增强推进小城镇建设高质量发展的责任感和使命感，凝心聚力、攻坚克难，建设现代化宜居宜业美丽小城镇，不断增强人民群众的获得感、幸福感、安全感。

(《中国建设报》2023年10月16日2版)

以试点示范为切入点因地制宜推进小城镇建设

金生学

开展试点示范是推动改革发展的重要工作方法。习近平总书记指出，试点是改革的重要任务，更是改革的重要方法；试点能否迈开步子、蹚出路子，直接关系改革成效；要发挥好试点对全局性改革的示范、突破、带动作用。2023年全国住房城乡建设工作会议多次提及"试点""示范"，要求坚持试点先行，先立后破，加快形成与高质量发展要求相适应的制度体系、发展模式。近期，住房和城乡建设部主要负责同志在《学习时报》上发表"谱写住房和城乡建设事业高质量发展新篇章"指出，住房和城乡建设各项工作要在重点上求突破，注重稳中求进、试点先行、精准发力，以点带面推动工作全面开展。

因地制宜推进小城镇建设也要把试点示范作为重要切入点。近年来，很多地方根据实际选择在产业发展、历史文化、自然资源、空间景观等方面具有潜力的小城镇开展试点示范建设，开展专项行动或重大工程，分类探索建设模式，集中整治人居环境，完善基础设施和公共服务，保护特色风貌，并在土地、资金、技术等方面提供要素保障。比如，浙江分类施策，将小城镇分为都市节点型、县域副中心型、特色型和一般型四类，创建了363个美丽城镇省级样板。四川、山东、陕西分别开展"省级百强中心镇培育创建工作""小城镇创新提升行动试点""乡村振兴示范镇建设"，引导优势资源向试点示范镇倾斜。吉林、江西等地对示范镇项目建设、产业发展、特色培育等方面开展督导考核，制定考核办法和评估体系，将考核评估结果作为地方工作实绩的重要内容和资金分配的依据。

今年以来，习近平总书记在陕西、黑龙江、江西等地考察时强调，要因地制宜发展小城镇，提高小城镇产业承载能力和人口聚集能力，构建以小城镇为节点的县域经济体系，建设一批具有自然山水特色和历史人文内涵的小城镇。要充分发挥好小城镇试点示范的突破、带动作用，推动小城镇持续健康发展。注重在体制机制上试，强化统筹协调，建立完善省、市、县、镇联动推进机制。注重在工作方法上试，加强设计引领，引导规划、建筑、景观、市政等专业技术人员下乡服务。注重在资金渠道上试，探索建立多元、可持续的投融资模式。注重在群众参与上试，充分发挥广大人民群众共建美好家园的积极性和主动性。

百舸争流，奋楫者先。小城镇建设正迎来新的发展机遇，要用好试点示范这一重要方法，加快形成和推广一批好的经验做法，持续发力、久久为功，高水平打造现代化宜居宜业美丽小城镇。

(《中国建设报》2023年11月23日2版)

做好城乡历史文化保护传承　绘就新时代文化长卷

赵雨亭

近日，住房和城乡建设部部长倪虹在《求是》杂志上发表文章"扎实做好新时代城乡历史文化保护传承工作"，深入学习贯彻习近平总书记关于加强城乡历史文化保护传承的重要论述，系统总结新时代城乡历史文化保护传承工作成效，提出进一步强化这一重要工作的思路和举措。

泱泱中华，万古江河。城乡历史文化遗产承载着中华优秀传统文化，蕴藏着中国人民的伟大创造、卓越智慧和共同记忆，展示着城市内涵、品质、特色。习近平总书记高度重视城乡历史文化保护传承工作，作出了一系列重要论述和指示批示，明确了这项工作的根本目标、基本原则、价值取向、思想方法、时代要求，指引我国城乡历史文化保护传承工作取得历史性成就、发生历史性变革。

像爱惜自己的生命一样保护好历史文化遗产。保护传承城乡历史文化就是守护中华民族的根脉。必须守护根脉，以"对历史负责、对人民负责"的崇高使命感，把城乡历史文化保护工作摆在住房城乡建设事业的突出位置，全面统筹、上下联动，强化责任落实，完善制度机制。要落实党委政府主体责任，不断完善党委领导、政府协调、相关部门履职尽责和社会各方共同参与的工作格局；建立实施各级住房城乡建设部门向党委年度专题报告制度；加强干部教育专题培训，专项警示教育，做中华文化的热烈拥护者、忠实学习者。

始终把保护放在第一位。城乡历史文化遗产不仅生动述说着过去，而且深刻影响着当下和未来，只有当下保下来，后面才能传承发展好。必须坚持保护第一，健全全过程保护工作机制，系统完整地保护好前人留下的文物古迹、历史文化名城、名镇、名村、历史街区、历史建筑、工业遗产，以及非物质文化遗产。要建立健全城乡历史文化遗产资源管理制度，持续开展普查认定；抓好城乡历史文化保护传承体系规划，让保护提前介入城乡建设；衔接好城市体检，稳妥开展修复修缮；

让监管"长牙带刺"，建立城乡历史文化保护传承日常巡查管理制度，坚决纠治拆真建假、失管失修、利用不当等突出问题。

让历史文化和现代生活融为一体。城乡历史文化遗产既是历史文化的物质载体，也是人民群众生产生活的重要空间载体。必须坚持人民至上，要把老城区改造提升同保护历史遗迹、保存历史文脉统一起来，把保护传承工作与增进民生福祉紧密结合起来，既要改善人居环境，又要保护历史文化底蕴。在历史文化街区和历史地段改造提升过程中，要聚焦人民群众急难愁盼问题，补齐水、暖、电、气、热等基础设施和公共服务设施短板，消除建筑结构和消防安全隐患；在传统村落保护利用过程中，要推动农村危房改造、基础设施和公共服务完善，切实把保护价值体现在人民群众获得感、幸福感、安全感的提升上。

处理好城市改造开发和历史文化遗产保护利用的关系。城乡历史文化有着深厚历史渊源和广泛现实基础，以用促保、让文物活起来，是推动中华文明创造性转化和创新性发展的必然要求。必须坚持守正创新，切实做到在保护中发展、在发展中保护。要打牢人才的基础作用，发挥各方主体的积极作用，创新历史建设、工业遗产活化利用的技术标准、实施路径，积极探索适宜的活化利用方式；依托历史文化街区和历史地段建设文化展示、休闲体验等特定功能区，培育新业态，创造新就业；更多地采用"绣花""织补"等微改造方式，让城市留下记忆，让人们记住乡愁。

在交流互鉴中使历史文化不断焕发新的生命力。灿若星河的中华文化，既是民族的，也是世界的。要坚持交流互鉴，更好传承历史文化遗产，共同推动人类文明发展进步。加强文化遗产保护经验交流，积极推动文化遗产领域国际合作；推动住房城乡建设领域国际文明对话，向世界展示中华文明特有的人居理念和营建智慧，与世界各国携手共同建设和平家园、安宁家园、繁荣家园、美丽家园、友好家园，推动宜居和高质量城市建设，为推动构建人类命运共同体注入深厚持久的文化力量。

文脉悠远，弦歌不辍。新时代新征程，城乡历史文化保护传承事业迎来历史上最好的发展时期，城乡历史文化保护传承工作格局加快建立，多层级多要素的保护传承体系逐步完善，全社会共同保护的共识不断凝聚，城乡历史文化和现代生活融为一体的生动局面正在形成。要始终坚持守护根脉、保护第一、人民至上、守正创新、交流互鉴，以城乡历史文化遗产保护传承厚植城市根基，为实现中华民族伟大复兴的中国梦凝聚磅礴力量，为人类共同缔造的世界文明注入源头活水。

（《中国建设报》2024年4月30日3版）

在城市更新中加强历史文化保护传承

刘 爽

近日,习近平总书记对加强文化和自然遗产保护传承利用工作作出重要指示,强调要进一步加强文化和自然遗产的整体性、系统性保护,切实提高遗产保护能力和水平,守护好中华民族的文化瑰宝和自然珍宝。城乡历史文化遗产是城市内涵、品质、特色的重要标志,也是中华优秀传统文化的重要载体。在城市更新中,系统保护、利用、传承好历史文化遗产,对延续历史文脉、坚定文化自信、推动城乡建设高质量发展具有重要意义。近年来,各地推动城市更新与历史文化保护传承有机融合,坚持保护与发展并重,让历史文化遗产在城市更新中焕发新的生机与活力。

传承历史文脉,推动活化利用。习近平总书记指出,要本着对历史负责、对人民负责的精神,传承历史文脉,处理好城市改造开发和历史文化遗产保护利用的关系,切实做到在保护中发展、在发展中保护。一方面要坚持守护根脉的根本目标、坚持保护第一的基本原则,另一方面要积极推进活化利用,以用促保激发内生活力。福州三坊七巷在对文物保护单位、未定级文物点、历史建筑及传统风貌建筑修旧如旧的基础上,以"文化+文创"为主导,加强业态准入管控与传统业态扶持,吸引脱胎漆器、中华老字号等54家企业入驻,促进文旅融合发展。景德镇对老街区、老厂区、老里弄和老窑址等实施立体控制和保护,活化利用老作坊、老工厂,修缮形成瓷文化研学体验基地、传统制瓷研学修学及展示中心,以文化创意赋能陶瓷产业发展,擦亮了"千年瓷都"的靓丽名片。

改善人居环境,提升城市品质。习近平总书记强调,要把老城区改造提升同保护历史遗迹、保存历史文脉统一起来,既要改善人居环境,又要保护历史文化底蕴,让历史文化和现代生活融为一体。通过实施历史文化街区综合环境提升工程,补齐水、暖、电、气、热等基础设施和公共服务设施短板,消除建筑结构和消防安全隐患,留住原居民、"烟火气",让居民在老城区、老街区也能享受现代生活的美好。扬州仁丰里历史文化街区聚焦解决人民群众急难愁盼问题，按照"一户一策"的原则为居民修建厕所、改造厨房，在维护老街巷原始风貌的同时改善居民生活条件；重点推动以"一水一电一消防"为主要内容的基础设施提升工程，整治私搭乱建、私拉乱接、私放乱堆等乱象，有效改善了街区生活环境。南京小西湖探索"微管廊"更新模式，率先敷设安全系数高、维护成本低的地下微型综合管廊，将市政管线有序下地，实现雨污分流，消除积淹水问题，切实提高片区居民的生活质量。

多元主体参与，共筑保护合力。习近平总书记指出，市民是城市建设、城市发展的主体。要尊重市民对城市发展决策的知情权、参与权、监督权，通过各种手段问需于民、问情于民、问计于民，鼓励企业和市民通过各种方式参与城市建设、管理。在城市更新中要坚持共建共治共享，激发各方主体参与的主动性、积极性，形成城乡历史文化保护传承合力。苏州市平江路历史文化街区保护更新采用"政府支持引导—国企提供存量资产—民企投资运营"的方式，吸引社会资本参与，共同推动片区更新。广州泮塘五约街巷保护更新过程中建立由政府代表、专业技术代表、社区社工、居民代表、商户代表、媒体代表等多方组成的"共同缔造"委员会工作机制，实现规划建设多元主体协商，促进社区空间环境共建共治。

文物不言，自有春秋；物质有形，精神不朽。要坚持以习近平新时代中国特色社会主义思想为指导，深入贯彻落实习近平总书记关于加强历史文化保护传承利用的重要指示精神，以"功在当代、利在千秋"的责任感和使命感，在城市更新中持续加强历史文化保护传承与利用，使历史文化遗产不断焕发新活力、绽放新光彩、彰显新价值，更好地满足人民群众的美好生活需求。

（《中国建设报》2024年10月11日4版）

切实做好历史文化街区和历史建筑保护利用传承工作

钟洁颖

在城乡建设中做好历史文化街区和历史建筑的保护、利用和传承工作，对于坚定文化自信、弘扬中华优秀传统文化、塑造城镇风貌特色、推动城乡高质量发展具有重要意义。住房和城乡建设部在苏州召开的历史文化街区和历史建筑保护利用现场会强调，要深入学习贯彻习近平文化思想，全面落实党中央、国务院决策部署，强化责任，狠下功夫，推动城乡建设中历史文化保护传承工作不断取得新成效。

习近平总书记高度重视城乡历史文化保护传承工作，多次作出重要论述和指示批示。在保护方面，习近平总书记强调，"历史文化是城市的灵魂，要像爱惜自己的生命一样保护好城市历史文化遗产""城市规划和建设要高度重视历史文化保护，不急功近利，不大拆大建"；在利用方面，习近平总书记提出，"要系统梳理传统文化资源，让收藏在禁宫里的文物、陈列在广阔大地上的遗产、书写在古籍里的文字都活起来"；在传承方面，习近平总书记指出，"不仅要在物质形式上传承好，更要在心里传承好""传承文化不是要简单复古，城市建设会不断融入现代元素，但必须同步保护和弘扬传统优秀文化，延续城市历史文脉"。

历史文化名城名镇名村、传统村落、历史文化街区、历史建筑等构成了传承中华优秀传统文化最综合、最完整、最系统的载体。近年来，各地在对历史文化街区和历史建筑等进行保护、利用和传承过程中，积累了丰富经验，取得了积极成效。例如，苏州平江历史文化街区和福州三坊七巷历史文化街区坚持"修旧如旧"，完整保存了古代遗留下来的建筑形式和空间格局，引入苏州评弹、福州闽剧等非遗文化项目，推动古建文物活化利用和传承。又如，景德镇陶阳里历史文化街区坚持"文旅融合"，突出陶瓷特色，将老里弄、老街巷、老窑址、老字号、老房子等串联起来连片修复，把人文、科技、时尚等元素融入陶瓷文化，实现陶瓷文化保护与文旅产业发展的良性互动。

下一步，要持续深入学习贯彻习近平文化思想，全力推进城乡建设中历史文化的保护、利用和传承工作，在真重视、真懂行、真保护、真利用、真监督上下功夫。一是坚持保护第一，充分认识保护历史文化街区和历史建筑的重要性与紧迫性，把是什么、为什么、怎么办想明白，按照应保尽保的原则，加强普查认定，推进历史文化街区划定和历史建筑确定，完善保护制度机制，把老城区改造提升同保护历史遗迹、保存历史文脉统一起来。二是坚持以用促保，充分挖掘历史文化街区和历史建筑的社会教育作用和使用价值，在保持原有外观风貌、典型构件的基础上，通过加建、改建和添加设施等方式，使其适应现代生产生活需要，更好地服务于公众。三是坚持监管并重，建立健全日常巡查、定期评估、抽查检查、违法处理等制度机制并严格执行，及时总结推广各地在保护利用传承工作中的好经验好做法。

岁月失语，惟石能言。古街、古建筑不仅承载着城市的历史记忆和精神基因，更内嵌着城市的发展密码。当前，我国城市发展正由"增量扩张"转向"存量提质"，如何处理好"老"与"新"、"保护"与"更新"的关系，考验着一个城市发展的历史耐心。要本着对历史负责、对人民负责的精神，留住城市特有的街区风貌和建筑风格，延续和传承城市文脉，坚定文化自信，留住乡愁记忆，展现中国特色、中国风格、中国气派。

(《中国建设报》2023年12月6日2版)

扎实推动历史文化街区保护利用工作取得新成效

张 仲

历史文化遗产承载中华民族的基因和血脉，蕴藏中国人民的智慧和记忆，见证中华文明的传承和创新。党的二十大报告中明确提出，"加大文物和文化遗产保护力度，加强城乡建设中历史文化保护传承"。2024年8月16日，住房和城乡建设部印发《住房城乡建设部办公厅关于印发历史文化街区保护利用可复制经验做法清单（第一批）的通知》，认真总结历史文化街区保护利用中的典型经验做法，为各地有关部门提供参考借鉴。

秉持基本原则，切实加强保护修缮。一是延续街区历史风貌。山西省平遥县坚持"最小干预"原则开展保护；山东省青州市搭建专业团队，量身定制方案；莆田市在实施历史建筑、传统民居保护性修缮和风貌整治工程过程中，尽可能保持原有形制、风貌、材料、工艺。二是保护街区传统格局。江西省永新县坚持"因地制宜"原则，采用微更新方式，改善立面、加固结构、延续传统格局、强化多元特色。三是保护修缮历史建筑。天津市坚持保护修缮和活化利用相统一的原则，创新技术方法，采用先进材料，保留文化元素；眉山市重点修补加固建筑受损部位，提高安全等级；歙县多措并举，加强防蚁能力、提升消防和节能水平。

坚持人民至上，有效提升人居环境。一是提升街区安全韧性。厦门市、重庆市沙坪坝区和黄山市坚持人防和技防相结合，通过定期巡查和技术应用，加强防火、防洪、防震工作。二是完善基础设施和公共服务设施。安阳市充分挖掘利用空间资源，更新改造供水、供电、供暖、供气、排水等设施设备；北京市东城区、扬州市探索增设停车位、食堂、公厕等，切实增强群众获得感、幸福感、安全感。三是改善居民住房条件。喀什市强调加强民居保温效能；云南省红河州、湖州市探索在原有建筑中增设厨房、厕所、淋浴房等现代化设施，提升绿化水平，满足居民对居住的个性化需求。

把握时代要求，充分发挥遗产价值。一是创新街区价值特色展示手段。苏州市等地探索运用数字、信息技术展现街区实景，让更多的人民群众通过信息网络平台观看了解历史街区，实现实体空间和数字空间的有效融合。二是发挥街区文化教育宣传功能。杭州市、佛山市、武汉市和荆州市等地全方面挖掘，多元化展示，广维度宣传，让老建筑鲜活起来，让老故事生动起来，系统展示历史街区中蕴含的历史文化价值。三是传承中华优秀传统文化和产业。漳州市、景德镇市、汕头市等地保护和活化利用传统生产场所和场景，吸引和培育优秀传统文化产业工匠，促进传统文化产业升级，实现"留下来"；宜兴市借助新技术、新渠道，加强宣传销售，实现"走出去"。四是引入新功能新业态新活动。北京市石景山区与专业管理团队合作，优化街区规划设计、工程建设、招商运营、街区管理；抚州市、贵州省黎平县开展特色文化活动，打造地区品牌文化，加强对外交流。

夯实基础保障，持续创新体制机制。一是制定地方性法规和管理规定。各地结合自身特点和需求，在不降低现有消防安全水平的基础上，出台相关消防管理规定和技术指引；完善建筑修缮技术指引与激励政策，探索引导居民在延续传统风貌的前提下开展自主修缮。二是出台保护利用相关支持政策。江苏省、福建省积极争取奖补资金，在工程计价、银行贷款、创新性金融产品等方面给予更大支持。三是加强工作组织和日常监管。广州市构建"政府主导、企业运作、多方参与、利益共享"机制；如皋市设立历史文化名城公益保护检察工作站，妥善解决历史建筑公私权属纠纷、街区风貌保护等6项难点问题；云南省巍山县建立房屋装修源头联合管控机制，出台相关实施导则，提供消防技术指导，给予相应意见建议。四是鼓励引导社会力量和居民参与。广州市通过党建引领，吸引包括企业、专家、居民、媒体在内的多方主体共同参与，实现历史文化街区保护利用工作的共商共建共治共享；上海市建立日常巡查管理制度，及时发现和制止违法违规行为；镇远县创设"古巷管家"基层治理模式，结合"党支部+社区治理"，选派党员干部下沉，并从社会志愿者中吸纳人员共同组建管家队伍。

新时代新征程，历史文化街区保护传承工作承担着新使命、新任务，要进一步积极统筹好保护与发展、保护与民生、保护与利用、单体保护与整体保护，健全保护利用工作机制，推动现有基础的活化利用，强化监督检查和考核问责，夯实保护传承的人才、法治基础保障，扎实推动历史文化街区保护利用工作不断取得新成效。

（《中国建设报》微信公众号2024年9月4日）

以历史文化名城为载体加强历史文化保护传承

张 仲

习近平总书记强调,历史文化是城市的灵魂,要像爱惜自己的生命一样保护好城市历史文化遗产。住房和城乡建设部与中央广播电视总台签约战略合作框架协议,联合推出大型系列纪录片《文脉春秋》。该片生动反映了绍兴、剑川、阆中、潮州、歙县、佛山、扬州、泉州、平遥和九江等历史文化名城的城市建设样貌、生产生活特色、传统文化脉络,展现了中华传统历史文化建筑的独特魅力,讲述了跨越千年、相隔万里又激发今人共鸣的中国故事。

"百花洲上新台,檐吻云平,图画天开"。历史文化名城传承的基因诠释文化何以中国。习近平总书记指出,在历史长河中,中华民族形成了伟大民族精神和优秀传统文化,这是中华民族生生不息、长盛不衰的文化基因,也是实现中华民族伟大复兴的精神力量。传统文化基因的传承需要物质作为载体,让人看得见、摸得着。而名城、名镇、名村中的空间布局、传统建筑、古老道路,无不诉说着华夏各地纯粹、具有地域特色、体现中国智慧的生产生活方式,是传承中华优秀传统文化最综合、最完整、最系统的载体。在南国潮州古城,800年前建立世界上最早的启闭式桥梁——广济桥,古人用"过河拆桥"的智慧,解决了过桥和过船的问题。在西南剑川古城,始建于明洪武年间的街道,没有沿用常见的十字布局,而是采取"四门向左、正街相错"的丁字形的布局。作为军事要塞,可以迷惑敌人形成迷宫;身处多风地带,又可以阻挡寒风穿城而过。在江南歙县古镇,美轮美奂的徽派建筑以白墙青瓦为特色,简约大方,实则别有洞天,精心设计的马头墙既可在多风的梅雨季节防止瓦片滑落,又能在火灾发生时有效阻隔火势。

"静影沉璧,渔歌互答,此乐何极"。历史文化名城弘扬的精神诠释民族何以伟大。习近平总书记强调,文物承载灿烂文明,传承历史文化,维系民族精神,是老祖宗留给我们的宝贵遗产,是加强社会主义精神文明建设的深厚滋养。我国古代建筑的细节中充满对自然世界的敬畏和顺应，城市建设秉承着与生态环境和谐共存的理念，一砖、一瓦、一梁独具匠心，穿越千百年，我们依旧能从中读出古人丰富的设计智慧和思想内涵，无不体现中华民族伟大的哲学理念和价值追求。即便放到现在，对于我们当前城市和乡村的高质量发展依旧具有重要启发。徜徉在千年古城阆中，依然能够倾听高山、流水、古城彼此相依的和谐共鸣，窥探先辈们建设城市的高超智慧，感受传统文化中天人合一的伟大境界。顺德老城的岭南老宅，当年的工匠们用蚀刻、磨砂等工艺在从欧洲运来的彩色玻璃上，雕刻我国传统字画。西方的材质，东方的文化，在岭南园林流光溢彩、相得益彰，体现自古以来，我国海纳百川、吸收海外优秀物质文化的兼容并包。

"近帘钩、暮雨掩空来，今犹昨"。历史文化名城记录的情感诠释文明何以不朽。习近平总书记高度重视城市建设过程中保留过去的情感记忆，他强调，让城市留住记忆，让人们记住乡愁。亭台楼阁、城墙古道，并不是冷冰冰的器物，而是承载着炽热情感的鲜活生命。春秋迭易，岁月轮回，不变的是那些穿越漫长时空、千年不朽的情感、思绪和记忆。漫步在拥有2500年历史的绍兴古城，仿佛看到越王勾践在城墙下励精图治训练出三千越甲，王羲之在楼阁上抚案握笔挥洒出千古佳作，王阳明在庭院中格物致知领悟到心学奥义，周树人在书屋里握着小刀认真刻下"早"字。在扬州古城，品着早茶，体会李白"烟花三月下扬州"的闲情逸致；泛舟瘦西湖，欣赏与当年乾隆下江南同款景致。

"以古人之规矩，开自己之生面"。历史文化名城是中国文化独树一帜、中华民族生生不息、中华文明源远流长的伟大见证。坚持加强历史文化名城的科学保护，更好传承城乡历史文化。坚持挖掘历史文化名城的文化价值，更好宣传中国建设故事。坚持凝练历史文化名城的精神内涵，更好地体现习近平文化思想的深化、内化和转化，推动中华优秀传统文化创造性转化和创新性发展。

(《中国建设报》2023年12月19日3版)

历史文化名城和街区保护提升的建设指引

赵安然

历史文化名城名镇名村和街区等是重要的历史文化遗产，也是人民群众乡愁的见证，需要下大力气进行保护提升。近日，住房和城乡建设部办公厅、国家发展改革委办公厅联合印发《历史文化名城和街区等保护提升项目建设指南（试行）》（以下简称《建设指南》），提出了项目建设总体要求，明确了六类主要建设内容，旨在进一步提升项目谋划、建设、实施和管理水平。

党中央、国务院高度重视历史文化保护工作。自1982年国务院设立历史文化名城制度以来，至今已有42年的实践历程。2008年国务院出台《历史文化名城名镇名村保护条例》，为历史文化保护工作奠定法制基础。党的十八大以来，习近平总书记在中央城镇化工作会议、中央城市工作会议等多次就坚定文化自信、加强城乡历史文化保护传承工作作出重要论述，提供了根本遵循和行动指南。2021年8月，中共中央办公厅、国务院办公厅印发《关于在城乡建设中加强历史文化保护传承的意见》，从顶层设计明确了目标任务。近年来，住房和城乡建设部会同有关部门持续完善历史文化保护相关法律规范，发布《关于进一步加强历史文化街区和历史建筑保护工作的通知》等政策文件和《历史文化名城保护规划标准》GB/T 50357—2018、《城乡历史文化保护利用项目规范》GB 55035—2023等标准规范。本次《建设指南》的出台是促进历史文化保护传承工作全面融入城乡建设和经济社会发展大局的又一具体行动。

各地积极探索历史文化名城和街区保护的模式、方法、路径，为《建设指南》的出台提供了宝贵的实践经验。江苏省苏州市自1982年获批国家历史文化名城以来，坚持"整体保护老城、开发建设新城、新城反哺老城"思路，通过城区合并、连片保护等方式打造出全国首个也是目前唯一的国家历史文化名城保护示范区。江西景德镇以改造、再生城市开放空间为抓手，立足陶瓷文化，积极培育陶瓷传统产业文化活态社区博物馆，拓展公共遗址展示空间。福建福州主城区的三坊七巷历史文化街区，基本完整保留唐宋"鱼骨状"坊巷格局，遵循真实性和完整性原则，采取"镶牙式、微循环、小规模、不间断"的方法有序进行保护修复，搬迁、拆除与街区风貌冲突和不协调的建筑。

抓好历史文化名城和街区保护工作要做好"三个统筹"的大文章。一是统筹保护与发展，既在保护中发展，也在发展中保护。《建设指南》提出，项目建设应遵循应保尽保、延续文脉的原则，做到不大规模成片集中拆除现状建筑、新增建设规模、强制性搬迁居民，不随意迁移、拆除历史建筑、不破坏传统格局和街巷肌理、不破坏地形地貌等"六不"。二是统筹保护与民生，在加强保护的前提下融入让群众生活更舒适的理念，为人民生活改善创造有利条件。《建设指南》要求，项目建设内容应切实解决人民群众急难愁盼问题，注重对周边环境配套改善，包括改善公共空间、历史水系、街巷广场铺装、标识系统等，提升人居环境品质。同时，要做好非物质文化遗产传承展示，满足群众基本的文化生活需要。三是统筹保护与利用，让历史文化遗产资源活起来、用起来，让人民群众获得实实在在的好处。《建设指南》规定要维护历史建筑和传统风貌建筑场地环境、平面布局、立面形式，保持原有高度体量、外观形象、色彩、结构和室内有价值的部件，做好保护修缮、结构加固、适应性改造与利用工作。

抓好历史文化名城和街区保护工作要完善基础设施服务体系和加强安全运行管理。《建设指南》提出，一是利用既有设施，构建适应性强的防灾应急和自救体系，包括完善给水、排水、电力、电信、热力、燃气等各项基础设施，配建消防、防洪、防雨防潮、白蚁防治、防雷等防灾减灾设施，适度加建停车设施等。二是通过技术手段，结合智慧化交通、消防、工程管线等领域动态监测与管理系统建设，做好数字化采集，开展对历史文化遗产的动态监测与预警，安全管理历史文化街区，及时发现问题和反馈问题。

源浚者流长，根深者叶茂。新时代新征程，要切实把习近平总书记重要论述和指示批示精神转化为保护传承历史文化的生动实践和具体成效，推动《建设指南》落实落细，倍加呵护古城肌理和传统街巷等特色风貌，倍加珍惜历史文化街区、古建老宅等宝贵历史遗存，采用"绣花"功夫，像对待"老人"一样尊重和善待城市中的老建筑，真正让城市留下记忆，让人们记住乡愁。

(《中国建设报》2024年3月19日2版)

推动传统村落保护利用工作迈上新台阶

赵安然

传统村落是中华优秀传统文化的基因库,承载着中华民族的历史记忆,也寄托着人们浓浓的乡愁。保护利用传统村落是守护中华农耕文明的必然要求,是全面推进乡村振兴的重要抓手,也是持续增进民生福祉的客观需要。近日,住房和城乡建设部在江西省上饶市婺源县召开全国传统村落保护利用工作推进会,总结工作成效,交流经验做法,并对下一阶段重点任务作出明确部署。

习近平总书记高度重视传统村落保护利用工作,多次实地考察中国传统村落并作出重要指示,指出"农村是我国传统文明的发源地,乡土文化的根不能断""乡村文明是中华民族文明史的主体,村庄是这种文明的载体,耕读文明是我们的软实力"。这些重要指示,为做好传统村落保护利用工作指明了方向,提供了根本遵循和行动指南。住房和城乡建设部、文化和旅游部、财政部三部门联合印发了《关于加强传统村落保护发展工作的指导意见》,全面开展"中国传统村落名录"认定工作,不断强化推进传统村落保护与利用的政策和机制保障。截至目前,我国共有8155个村落列入中国传统村落保护名录并实施了挂牌保护,16个省份共5028个村落列入省级传统村落保护名录,保护了55.6万栋传统建筑,传承发展5965项省级及以上非物质文化遗产。

地方因地制宜探索传统村落保护利用路径。住房和城乡建设部发布《传统村落保护利用可复制经验清单》,总结各地在完善传统村落保护利用法规政策、创新传统村落保护利用方式、完善传统村落保护利用工作机制、传承发展优秀传统文化等方面经验做法。江西、贵州、福建、山西和四川等省份均已出台了专门的省级传统村落保护发展条例;福建省屏南县创新传统建筑保护修缮机制,传承传统建造技艺;江西省婺源县采取"整体保护+旅游激活"的双轮驱动策略,大幅推进了传统村落文化旅游产业的蓬勃发展;贵州省黔东南州建立"理事会""议事会""寨管委"等村民自治组织，发动村民参与项目建设和村落管理；青海省黄南州开展"文化进万家—视频直播家乡年""新春非遗大集"线上活动、"非遗购物节"等宣传展示活动，助力传承发展非物质文化遗产等。这些创新性举措为传统村落的保护与利用打开了新的视角。

下一阶段，提升传统村落保护利用工作水平，重点需在四个方面下功夫：一是要进一步加大保护力度，持续实施好住房城乡建设部门向本级党委年度专题报告城乡历史文化保护传承工作制度，推动将传统村落纳入中华文明标识体系，组织开展中国传统村落调查评估，让传统村落的"生命力"更强。二是要进一步推动活化利用，继续开展传统村落集中连片保护利用示范，补足村庄基础设施和公共服务设施短板，发展休闲旅游、文化创意等产业，持续开展"设计下乡"，提升建筑质量安全和居住品质，让传统村落的"烟火气"更旺。三是要进一步突出文化传承，加强常态化、多元化宣传推广，推动村史村志编写，研究梳理传统营建营造智慧，让传统村落的"文化味"更浓。四是要进一步强化制度保障，完善法规政策标准，建立多方参与的合作机制，加强专业人才队伍建设，让传统村落的工作基础更牢。

新时代新征程，持续做好传统村落保护利用工作，要坚持保护为先、利用为基、传承为本，坚持村民主体、政府主导、社会助力，让古老的乡村彰显出新时代的魅力与风采。

（《中国建设报》微信公众号2024年10月28日）

IV

建筑业篇
——为社会提供高品质建筑产品

  建筑业是重要的实体经济，是我国国民经济重要支柱产业，为经济社会发展提供重要支撑。

  推进建筑业转型升级，要坚持标准引领、科技赋能，以改革完善建设工程招标投标、工程监理、工程造价、竣工验收等一揽子基础性制度为重点，着力打造现代化建筑产业体系，构建诚信守法、公平竞争、追求品质的市场环境，促进建筑业高质量发展，努力为全社会提供高品质建筑产品。

> 政研观察 ——述评新征程住房和城乡建设
> 高质量发展新实践

中国建造的方位与担当：辨方明势

郑岩声

习近平总书记指出，正确认识党和人民事业所处的历史方位和发展阶段，是我们党明确阶段性中心任务、制定路线方针政策的根本依据。新时代新征程推动中国建造发展，首先要明确方位阶段，找准时空坐标，贯通历史、现在和未来，研准而后谋，谋定而后动。

第一，以大历史观来审视，中国建造发展源远流长。从在中华大地上有人类活动记载以来，就有住房和其他建筑的遗迹。中华文明探源工程第五阶段成果显示，在牛河梁遗址又新发现9座台基构成的大型台基建筑群，焦家遗址新发现目前黄河中下游最早的史前城址，良渚遗址外围新发现近20条水坝，陶寺遗址新确认一处目前考古发现新石器时代最大的单体夯土建筑，不难看出古代先民的建造实践已经类型多样、规模宏大。历史长河中的中国建造作品犹如群星璀璨，万里长城、故宫、都江堰、京杭大运河、坎儿井、赵州桥、莫高窟等等，精彩绝伦、数不胜数。关于建造的历史典籍也非常丰富，《周礼考工记》《营造法式》《洛阳伽蓝记》《梓人遗制》《木经》《园冶》《工程做法》等，无不充分凝结着古代人民高超的建造智慧和技艺。中国建造是当仁不让的中华优秀传统文化创造者、传承者和践行者。

第二，以时代视角来观察，中国建造始终使命必达。中国建造总是与时代使命同频共振、与人民利益同心共鸣。1949年以后，中国建造挺膺承担"一五"计划156项重大项目，为我国建立独立完整的工业体系奠定了基础。中华人民共和国成立十周年，人民大会堂等首都十大工程，建设速度快、工程质量好，创造了中国社会主义建筑新风格。改革开放以后，邓小平同志发表关于建筑业的著名讲话，建筑业改革作为城市改革的突破口全面展开。自此，中国建造持续蓬勃发展，建筑业日益成为我国国民经济的支柱产业。特别是党的十八大以来，在以习近平同志为核心的党中央坚强领导下，中国建造发展取得了历史性新成就。建成了世界最大的住房保障体系，14亿城乡居民住房条件明显改善；港珠澳大桥、北京大兴国际机场、北京冬奥场馆等一批世界级标志性重大工程相继建成使用，展现了我国先进的设计建造水平；建筑业企业在"一带一路"上加快"走出去"，"中国建造"品牌享誉全球。中国建造始终不忘初心，砥砺奋进，为经济发展和民生改善提供了坚实支撑、作出了重要贡献，深度参与和见证了中华民族从站起来、富起来到强起来的伟大历史进程。

第三，以辩证思维来分析，中国建造机遇挑战并存。当前我国已经踏上全面建设社会主义现代化国家、以中国式现代化全面推进中华民族伟大复兴的新征程，这就是中国建造的历史方位。在这一宏观方位下，中国建造既面临着转型发展的历史机遇，也面临着不少新的形势挑战。

一是从主要矛盾变化看，我国社会主要矛盾变化体现在中国建造领域，就是人们对建筑产品的需求从"有没有"转向了"好不好"，期盼拥有更舒适安全的居住条件、更便捷高效的基础设施和更优美宜人的城乡环境；同时，随着人口结构变化，建筑产品需要更加关注老人、儿童、残疾人以及新市民、青年人、进城务工人员等群体。要满足人民美好生活需要，中国建造要在理念、方法、制度上加快转型。

二是从城乡发展阶段看，我国城镇化进程步入了"下半场"，城市发展由大规模增量建设转为存量提质改造和增量结构调整并重，进入城市更新时期；房地产供求关系发生重大变化，从总量短缺转为总量基本平衡、结构性供给不足。这给中国建造的传统发展空间提出了挑战，需要激发新动能、创造新舞台。

三是从突出风险问题看，过去在大规模扩张时期积累的一些矛盾风险逐步显现。存量房屋、市政设施规模大、老龄化凸显，安全隐患不容忽视。近年来，既有房屋使用、市政设施运行、工程施工等方面事故时有发生，给人民生命财产安全造成严重损失。同时，由于"大量投资、大量建设、大量消耗"的开发建设方式，建筑领域碳达峰碳中和任务十分艰巨，必须付出艰辛努力。

四是从行业困难短板看，当前一些建筑企业的经营困难较多，亟须在满足合理融资、清理拖欠账款方面加大力度。科技创新仍然是建筑业的"阿喀琉斯之踵"，我国工程建造技术体系和产品装备总体虽然达到国际先进水平，但是施工现场生产作业方式仍然比较传统，行业与新一代信息技术等融合程度不高。此外，中国建造在企业核心竞争力、工人技能素质、工程建设组织方式、市场环境秩序等方面都还亟待提升优化。

在清醒认识挑战的同时，我们更要看到，我国经济回升向好、长期向好的基本趋势没有改变，城镇化仍在深入发展，基于超大规模市场的国内大循环，科技革命、品质提升和消费升级引致的新需求,"一带一路"深入推进带来的国际市场,都会给中国建造以持久的时空动力。更重要的是,我们有以习近平同志为核心的党中央坚强领导、有中国特色社会主义强大的制度优势,中国建造发展更有信心和底气。

回顾和分析中国建造的前世今生、成就问题和机遇挑战,就是要更加自信自强、辨明方位、认识形势,在此基础上,顺势而为、迎势而上、乘势而起。

(《中国建设报》2023年12月27日3版)

中国建造的方位与担当：循道立命

郑岩声

《韩非子·解老》有云：道者，万物之所然也，万理之所稽也。《诗经·大雅》中说：周虽旧邦，其命维新。在中国式现代化的磅礴远航中，中国建造要循大道、担使命，为一域增光、为全局添彩！

习近平总书记对中国建造寄予殷切期望，在2019年新年贺词中指出，中国制造、中国创造、中国建造共同发力，继续改变着中国的面貌；在中央城镇化工作会议上指出，建筑质量事关人民生命财产安全，事关城市未来和传承；在党的二十大上强调要"实施城市更新行动，加强城市基础设施建设，打造宜居、韧性、智慧城市"，要"统筹乡村基础设施和公共服务布局，建设宜居宜业和美乡村"，要"加强城乡建设中历史文化保护传承"，要"推进工业、建筑、交通等领域清洁低碳转型"，为中国建造发展指明了前进方向，提供了根本遵循。2023年2月，中共中央、国务院印发了《质量强国建设纲要》，明确提出打造中国建造品牌和打造中国建造升级版，指出了推进中国建造的路径和举措。住房和城乡建设部提出，建筑业要守好为全社会提供高品质建筑产品的初心，以人民满意为目标，以科技创新为引领，以深化改革为动力，以文化自信为根基，以人才建设为支撑，以全球市场为舞台，不断提升中国建造的核心竞争力和世界影响力。这些都是中国建造的发展之道，必须认真贯彻落实。

中国式现代化是最大的政治，具有人口规模巨大、全体人民共同富裕、物质文明和精神文明相协调、人与自然和谐共生、走和平发展道路的鲜明特征。中国建造要承担新的历史使命，就必须落实好、体现好这些鲜明特征，打造中国特色的中国建造，可以概括为"八大建造"。

一是人民建造。这是中国建造的本质属性。中国建造要践行以人民为中心的发展思想，坚持建造为了人民、建造依靠人民、建造成果由人民共享，牢牢抓住安居这个幸福基点，以让人民住上更好的房子为目标，从好房子到好小区，从好小区到好社区，从好社区到好城区，助力打造宜居、韧性、智慧城市，建设宜居宜业和美乡村，为人民群众创造高品质的生活空间。

二是卓越建造。这是中国建造的匠心追求。中国建造要秉持执着专注、精益求精、一丝不苟、追求卓越的工匠精神，牢固树立质量第一意识，加强建筑质量管理制度建设，强化建筑工人专业技能培训，像古人建长城在每块砖上留下人名一样，落实工程质量责任追溯追究，坚决打击质量不法行为，以匠心铸就品质工程、精品工程、百年工程。

三是支柱建造。这是中国建造的发展担当。中国建造要稳固国民经济支柱产业的重要地位，适应城镇化、人口结构变化和城市建设、房地产等发展阶段转变的新形势，在努力稳住开发建设基本盘的基础上，深度参与实施城市更新行动，在既有建筑更新改造、老旧小区改造、新城建等方面抢占新蓝海，特别是要积极参与保障性住房建设、"平急两用"公共基础设施建设和城中村改造"三大工程"，持续为经济社会高质量发展提供强有力支撑。

四是科技建造。这是中国建造的腾飞动力。中国建造要把科技创新摆在重要位置，牢牢抓住新一轮科技革命和产业变革的时代机遇，持续巩固大跨度桥梁、高速铁路、特高压输变电、超高层结构等世界领先技术，集中攻关"卡脖子"技术，大力推广能够集成应用到住宅等民生工程上的惠民实用技术，加快发展智能建造，运用互联网思维提高建筑品质，以新质生产力赋能中国建造高质量发展。

五是绿色建造。这是中国建造的鲜明底色。中国建造要树牢绿水青山就是金山银山的理念，站在人与自然和谐共生的高度，统筹策划、设计、采购、生产、施工各环节，统筹建材、机械设备、建筑运行维护各要素，推动建造方式和生活方式转型，实现建筑全生命周期的绿色低碳发展，为"双碳"目标做贡献。

六是文化建造。这是中国建造的深厚底蕴。中国建造要增强文化自信和家国情怀，坚守中华文化立场，全面贯彻新时期建筑方针，着力建设体现地域特征、民族特色和时代风貌的优秀建筑，治理"贪大、媚洋、求怪"建筑，让我们的中国建筑真正成为凝固的诗、立体的画、贴地的音符，成为推动中华优秀传统文化创造性转化、创新性发展和延续文脉、记住乡愁的重要载体。

七是安全建造。这是中国建造的坚守底线。中国建造要坚持人民至上、生命至上，以人民的生命安全和身体健康作为基础性目标，把安全发展理念落实到各方面和各环节，切实加强房屋和各类基础设施建造、运行、使用、维护全过程安全监管，严防重特大事故发生，以高水平安全保障高质量发展。

八是天下建造。这是中国建造的博大胸襟。中国建造要胸怀中华民族伟大复兴战略全局和世界百年未有之大变局,用好国内国际两个市场,以推动共建"一带一路"为机遇,扭住基础设施联通这个重点,广泛参与沿线国家基础设施以及住房、市政等民生项目建设,加快推进工程建设标准"走出去",为世界贡献中国建造智慧,促进全球人居事业可持续发展,推动构建人类命运共同体。

守好初心和使命,加快工业化、数字化、绿色化转型升级,坚定不移推动高质量发展,中国建造应该也一定能够成为中国式现代化的筑基铁军和建设先锋,为强国建设、民族复兴伟业添砖加瓦、增光添彩!

(《中国建设报》2024年1月3日2版)

中国建造的方位与担当：汇智聚力

郑岩声

中国建造涉及建筑产品全生命周期、全工程类别、全产业链条、全城乡领域、全内外市场，是一项宏大的系统工程，光靠一个部门、一种力量单兵推进是远远不够的。《文子》有云：积力之所举，则无不胜也；众智之所为，则无不成也。只有各个方面协同集成、统筹推进、持续发力，才能推动中国建造行稳致远。

第一，有为政府要持续发力。一要完善顶层设计，抓紧修订建筑法等相关法律法规，为中国建造提供坚强法治保障，同时要锚定中国式现代化建设目标，面向2035年乃至21世纪中叶，制定中长期发展规划，从产业发展、队伍培育、市场环境、技术创新、法规标准等方面前瞻思考、系统谋划、整体推进中国建造。二要深化改革创新，发扬建筑业改革先锋传统，加快推进工程建设组织方式、建造方式、用工方式变革，构建"宽进、严管、重罚"的监管模式，形成利于"好房子"建设的标准体系、政策体系、技术体系和产业体系，构建诚信守法、公平竞争、追求品质的市场环境。三要用情助企纾困，坚持"两个毫不动摇"，研究制定针对建筑业企业的减税降费政策，一视同仁支持不同所有制企业满足合理融资需求，积极推动企业账款清欠工作，促进解决流动性紧张问题，最大限度地帮助企业缓解经营困难。

第二，有效市场要持续发力。一要形成新优势。企业原来在"有没有"时期，是拼速度、拼规模，现在到了"好不好"时期，就要转向拼质量、拼科技、拼品牌，谁能建设社会和群众满意的好建筑、好房子，谁就会有市场、谁就会有发展。二要开辟新赛道。在新形势下，企业要向城市更新要市场、向"三大工程"要市场、向细分领域要市场、向新的区域布局要市场，努力开拓新的发展空间，转型是痛苦的，但早转型、早适应、早占据市场主动。三要探索新模式。当前，不少大型企业由单一的建设施工逐步拓展为投融资、设计、生产、施工、运维一体化的运营模式，形成了全产业链的核心竞争力，而中小企业要走"专精特新"之路，深耕某一领域走向小而美、精而强。只有这样，头部标杆企业和"专精特新"企业在面临市场冲击时才能都展现出强劲韧性。

第三，有力社会要持续发力。一是协会学会要当好政企桥梁。组织联系建筑业领域广大企业从业者和科技工作者，切实履行好提供服务、反映诉求、规范行为的重要职能，为建筑企业转型升级、科技创新和高质量发展发挥独特的积极作用。二是大专院校要加强人才培养。完善中国建造学科设置，推动产学研深度融合，努力造就建筑领域更多大师、战略科学家、一流科技领军人才和创新团队、青年人才、卓越工程师、大国工匠、高技能人才，夯实中国建造的人才支撑。三是智库机构要强化智力支持。广大智库要结合自身特色优势，认真研究分析行业发展的新形势新问题，发挥好研究支撑、应急参谋和正确舆论引导的作用，为中国建造发展出谋划策、建言献策。

中国建造是建筑业改革发展领域最具共识、最为响亮、最有标志性的主题，吸吮着5000年中华文明的丰厚养分，扎根在960万平方公里的祖国家园，游弋于全球190余个国家和地区，其根至深、其貌至伟、其声至响、其行至远，是中国特色、中国风格、中国气派的集中体现。

南宋理学家张栻有句名言：行之力则知愈进，知之深则行愈达。建筑行业要持续深入学习习近平新时代中国特色社会主义思想，全面贯彻党的二十大精神，认真落实中央经济工作会议精神，把推进中国式现代化作为最大的政治，把坚持高质量发展作为新时代的硬道理，准确识变、科学应变、主动求变，举全行业之力打造中国建造升级版，加快建设建造强国，为推进中国式现代化、不断增进人民福祉作出新的更大贡献！

(《中国建设报》2024年1月4日2版)

不断稳定建筑业支柱作用
打造"中国建造"闪亮名片

牛伟蕊

在近日召开的全国住房城乡建设工作会议上,倪虹部长围绕推动建筑业转型升级,作盘点、辨形势、明路线,在建造方式、市场环境、质量安全、消防工作四个方面提出了建筑业板块的重点任务,聚力打造"中国建造"升级版。要认真贯彻落实会议部署,扎实推动建筑业改革发展工作取得新进展、新成效。

玉柱擎天山河固,金梁架海社稷坚。建筑业是改革开放的"排头兵",国民经济的"顶梁柱",转型升级的"主力军"。改革开放之初,建筑业率先进行全行业改革,极大激发了市场主体活力,创造了持续快速发展的辉煌成就。党的十八大以来,建筑业增加值占国内生产总值的比重始终保持在7%左右,在促投资、稳增长、保就业方面发挥了重要作用。过去这一年,建筑业紧紧围绕让人民群众安居这个基点,转型升级持续向纵深推进。一手抓建筑市场,资质审批效率不断提升,清理拖欠企业账款工作积极开展,建筑市场监管向着"宽进、严管、重罚"有序转变;一手抓施工现场,智能建造试点工作深入推进,房屋市政工程安全生产治理行动卓有成效,绿色建材产品认证作用更加凸显;同时落实新时期建筑方针,针对设计创作、设计技术、标准规范等方面的工程设计人员能力提升公益性培训成功举办,为打造"好房子"样板赋能蓄力。

栉风沐雨皆无阻,关山初度路犹长。当前,建筑业行业改革进入深水区,发展方式进入调整期,安全隐患仍然存在,基础支撑尚存短板,转型升级势在必行,改革创新任重道远。从中央的要求来看,习近平总书记高度重视住房城乡建设事业,就建筑业发展作出一系列重要论述和指示批示,为"中国建造"指明了前进方向,这就要求建筑业必须强信心、增底气,奋力为推动中国式现代化建设和住房城乡建设事业再上新台阶添砖加瓦。从人民的需求来看,我国社会主要矛盾已经转化为人民日益增长的美好生活需要和不平衡不充分的发展之间的矛盾，人民群众对于建筑产品的需求从"有没有"转向"好不好"。好的建筑产品，离不开好的市场环境、好的组织模式、好的建造方式，这就要求建筑业必须循初心、提品质，实现从大到强、从有到好的高质量发展。从行业的追求来看，在大规模扩张时代结束的背景下，传统建筑业粗放型发展模式已难以为继，科技贡献率和劳动生产率不高、与新一代信息技术融合发展不够、建筑产业工人队伍不强等问题逐渐凸显，这就要求建筑业必须求变革、看长远，不断激发新动能、拓展新领域、开辟新赛道。

东风浩荡征帆满，初心如磐谱新篇。2024年乃至更长时间，建筑业发展要以深化供给侧结构性改革为主线，以工业化、数字化、绿色化为方向，以为全社会提供高品质建筑产品为使命，以打造"中国建造"升级版为目标，从四个方面把握重点、持续用力、下足功夫。一是革新建造方式，这是建筑业转型升级的必由之路。推进城乡建设领域碳达峰工作，抓好智能建造城市试点，稳步发展装配式建筑，实现绿色、低碳、高效发展。二是强化市场监管，这是优化建筑市场环境的关键所在。对存在违法违规行为的企业实施重点监管，完善资质动态核查机制，高质量开展清理拖欠行业企业账款工作，着力扮演好"管"和"服"两面角色。三是守牢安全底线，这是统筹发展和安全的必然要求。启动住宅质量多发问题整治行动，抓好房屋体检、养老金、保险制度试点，排查整治在建房屋市政工程项目风险隐患，以高水平安全促进高质量发展。四是做好消防审验，这是预防工程火灾的有力手段。充实消防审验技术工作力量，完善国家工程建设消防技术标准体系，严厉打击使用假冒伪劣建筑防火材料、设施设备和技术服务造假的行为，遏难于未发、防患于未然。

砥柱中流，屹屹其守。建筑业的辉煌成就和蓬勃发展，彰显了"中国建造"的时代奇迹，展现出大国崛起的伟岸身影。肩负着新阶段的新使命，作为重要支柱之一的建筑业，将以人民满意为目标，以科技创新为引领，以深化改革为动力，以文化自信为根基，以人才建设为支撑，以全球市场为舞台，始终屹立在奔腾向前的时代洪流中，不断打造"中国建造"品牌，为全面建设社会主义现代化国家、实现中华民族伟大复兴中国梦的新征程作出新的更大贡献。

(《中国建设报》2024年1月9日2版)

贯彻落实党的二十届三中全会决策部署
坚定不移将建筑业改革向纵深推进

牛伟蕊

党的二十届三中全会审议通过的《中共中央关于进一步全面深化改革、推进中国式现代化的决定》(以下简称《决定》)既是党的十八届三中全会以来全面深化改革的实践续篇，也是新征程推进中国式现代化的时代新篇，是指导各行业、各领域进一步全面深化改革的纲领性文件。作为最早进入市场经济、率先进行改革的行业之一，建筑业要深入领会和把握党的二十届三中全会精神，准确研判和聚焦高质量发展阶段面临的新形势、新问题，坚定不移地把全行业改革向纵深推进。

统市场、谋开放，构建高水平社会主义市场经济体制。高水平社会主义市场经济体制是中国式现代化的重要保障，也是建筑业改革发展的主要依托。在国内市场方面，《决定》围绕处理好政府和市场关系这个核心问题，把构建高水平社会主义市场经济体制摆在突出位置，指出要构建全国统一大市场，促进各种所有制经济优势互补、共同发展，完善市场准入制度和各项基础制度，推动要素畅通流动和资源高效配置，实现既"放得活"又"管得住"。建筑业要统筹好大型央企、国企和中小型民营企业发展，改革完善招标投标、监理、造价、竣工验收等制度，激发主体活力、释放市场潜力，构建诚信守法、公平竞争、追求品质的市场环境。在国际市场方面，《决定》要求坚持以开放促改革，在扩大国际合作中提升开放能力，建设更高水平开放型经济新体制。建筑业要依托我国超大规模市场优势，以国内大循环吸引全球资源要素，增强国内国际两个市场两种资源联动效应，支持企业"扬帆出海"，加强与东盟国家和其他"一带一路"国家的合作交流，同步推进重大标志性工程和"小而美"民生项目，推动职业资格国际互认和建设标准对接融合，以中国方案和中国智慧更加擦亮"中国建造"品牌。

勇创新、促转型，发展建筑领域新质生产力。高质量发展是全面建设社会主义现代化国家的首要任务，发展新质生产力是推动高质量发展的内在要求和重要着力点，也是建筑业持续健康发展的强大动力。《决定》指出要促进实体经济和数字经济深度融合，加快推进新型工业化，加强关键共性技术、前沿引领技术、现代工程技术、颠覆性技术创新，支持企业用数智技术、绿色技术改造提升传统产业，协同推进降碳、减污、扩绿、增长，因地制宜发展新质生产力。建筑业是新质生产力发展和应用的重要场景，要把握数字化、网络化、智能化融合发展的契机，以绿色低碳为底色，以智能建造和新型建筑工业化协同发展为抓手，不断深化供给侧结构性改革，持续在工业化、数字化、绿色化转型上下功夫。在技术突破方面，聚焦BIM三维图形引擎等建筑业信息化关键技术的自主研发和国产化应用；在要素变革方面，推动建筑产业工人等劳动者、施工机械设备等劳动资料、建材产品等劳动对象的优化组合和更新跃升；在节能减碳方面，一体化发展绿色建材、绿色建造、绿色建筑，优化建筑用能结构；在产业催生方面，发展生成式人工智能设计、建筑产业互联网平台等新兴产业；在生产关系方面，以为社会提供高品质建筑产品为初心扩大有效供给，大幅提升全要素生产率，以高技术、高效能、高质量的新质生产力塑造发展新动能新优势。

塑人才、强科技，培养大国工匠和建设英才。教育、科技、人才是中国式现代化的基础性、战略性支撑，建筑业的改革发展离不开人才培养和科技创新。《决定》强调要深化教育综合改革，加强基础学科、新兴学科、交叉学科建设和拔尖人才培养，加快建设高质量教育体系；深化科技体制改革，统筹强化关键核心技术攻关，加强创新资源统筹和力量组织，强化企业科技创新主体地位，推动科技创新和产业创新融合发展；深化人才发展体制机制改革，着力培养造就卓越工程师、大国工匠、高技能人才，完善青年创新人才发现、选拔、培养机制，打通高校、科研院所和企业人才交流通道，建设一流产业技术工人队伍。建筑业要畅通教育、科技、人才的良性循环，在教育方面，重点加强智能建造等相关学科建设，实施土木工程类专业的教学改革，建设中国特色、世界一流的建筑领域优势学科；在科技方面，培育壮大领军企业，鼓励中小企业走"专精特新"道路，加强对部品部件、关键材料、核心软件、短板装备等研发应用的资金支持，巩固提升世界领先技术，集中攻关"卡脖子"技术，大力推广惠民实用技术；在人才方面，创造空间、搭建舞台，既培养知识型、技能型、创新型的"大国工匠"，也成就院士、大师、青年科技人才等"建设英才"。

奋楫会当击水，改革未有穷期。在当前以中国式现代化全面推进强国建设、民族复兴伟业的关键时期，建筑业要以党的二十届三中全会精神为根本遵循和行动指南，自觉把改革摆在更加突出位置，以统市场释活力，以谋开放应变局，以勇创新求突破，以促转型增动能，以塑人才提质效，以强科技筑根基，稳扎稳打把改革任务落到实处，坚定不移地将改革向纵深推进，为中国式现代化添砖加瓦、保驾护航，在新时代新征程中开辟广阔前景、谱写绚丽篇章。

(《中国建设报》2024年9月12日5版)

从全球工程前沿看土建工程未来发展方向和趋势

王益鹤

习近平总书记指出,加快实现高水平科技自立自强,是推动高质量发展的必由之路。工程科技是改变世界的重要力量,工程前沿代表工程科技未来创新发展的重要方向。为研判工程科技前沿发展趋势,敏锐抓住科技革命新方向,中国工程院等联合发布了《全球工程前沿2023》报告。报告凝练获得187项全球工程前沿,研判重点工程前沿未来5～10年的发展方向和趋势。根据前沿所处的创新阶段,工程前沿分为侧重理论探索的工程研究前沿和侧重实践应用的工程开发前沿。其中,土木、水利与建筑工程领域有10项研究前沿和10项开发前沿上榜,涉及结构工程、建筑学、地质工程、交通工程、市政工程、水利工程、城乡规划与风景园林、测绘工程、土木建筑材料、岩土及地下工程等学科方向。报告聚焦工程科技中具有前瞻性、先导性和探索性的主要研究和技术方向,对土建工程未来发展有重要影响和指导作用。

人工智能引领,提供新动能。人工智能正带来范围更广、层次更深的变革。一方面,人工智能持续演进,成为前沿性首要技术。例如,工程研究前沿Top1,"基于人工智能的结构损伤识别及性能预测",旨在利用人工智能方法,从大量多源多模态数据中提取复杂的损伤特征模式,析出结构性能表征的关键参数,并基于实时数据的自我学习和强化机制,实现对结构损伤的准确识别及性能预测;工程开发前沿Top1,"排水管道漏损智能探测与修复技术",旨在通过数字底座技术、智能探测技术、智慧评估技术、高效修复技术,实现排水管道的结构性缺陷识别和修复。另一方面,"人工智能+"行动开启,广泛提升应用价值。人工智能与工程技术加速融合,强有力地推动了基础理论创新和产业化应用,正加快现实生产力提升。2024年政府工作报告提出,深化大数据、人工智能等研发应用,开展"人工智能+"行动。"人工智能+"首次写进政府工作报告。人工智能在土建工程领域的广泛应用将开启新篇章。

交叉融合创新，发展新模式。当前，全球科技创新进入空前密集活跃的时期，跨界融合、交叉扩散、群体突破的特征日益明显。一是学科交叉融合持续推进。人工智能、机器人、可再生能源等新技术加速向各领域渗透融合，迈向智能化、无人化、精准化、低碳化，催生全球科技和产业发展新模式。一方面，学科从单项创新到系统集成。通过技术集成、资源优化配置达成整体目标，呈现出显著的创新特色。另一方面，学科从并行发展到交叉融合。科研领域出现多技术融合、齐头并进的变革，前沿技术创新释放聚合效应。二是研究前沿与开发前沿加速融合。如"在役道路、轨道与机场工程"，属于工程研究前沿与工程开发前沿的共同范畴。传统的"基础研究—应用研究—开发试验"创新链条呈现出非线性互动特征，研究前沿和开发前沿的界限不断打破，研究前沿中有开发任务，开发前沿中有科学问题与理论研究，两者呈融合发展趋势。

现实应用驱动，拓展新格局。应用前沿深入发展，以应用场景为驱动，以解决复杂问题为导向。一是从技术研发到场景应用。如"城市历史文化资源保护与利用的数字化技术体系"，将最新的智能化数字技术导入传统的历史文化资源保护与利用领域，提高资源保护工作的体系化、拓展历史文化资源利用的广度和深度。未来重点发展方向为多源数据融合、风险监测感知、评估推演预警、空间规划响应、价值传播利用和规划技术集成。二是多目标协同、多维度兼顾解决复杂问题。如"巨型地质灾害链时空分布与智能化评估"，未来主要发展趋势在于巨型地质灾害链时空分布模式判别和灾变机理明晰，并在此基础上融合多源数据和智能算法预测地质灾害链的发展趋势、评估潜在的风险与影响，同时开发基于智能技术的地质灾害链实时监测与早期预警系统，构建超大尺度巨型地质灾害链智能化风险评估和防控决策体系。

以需求为导向，提升新品质。需求是技术演进的根本动力，工程前沿的发展将更加聚焦满足人民美好生活的新需要，更加聚焦满足高质量发展的新需求。首先，工程前沿主要面向构建智能安全结构设施和拓展人类发展空间需求。例如，"基于人工智能的结构损伤识别及性能预测""结构与工程系统全寿命抗灾韧性"等前沿，面向智能安全结构设施；"安全韧性导向的高密度城市人居环境空间优化""人工智能支持下的大型公共建筑空间策划生成技术"等前沿，面向高质量城市和空间环境。其次，持续在工业化、数字化、绿色化转型下功夫，努力为全社会提供高品质产品。例如，"装配式构件与模块化结构"等前沿体现了工业化转型；物联网、大数据、人工智能等技术的融合体现了数字化升级；"城市更新中的减碳方法与技术""多源固废制备负碳建筑材料技术"等前沿展现了绿色低碳发展理念。

科技赋能发展，创新决胜未来。土建工程领域的每一个方向，都蕴含着无尽的可能和机遇。工程前沿趋势的研判，对把握科技发展大势，降低科技革命的不确定性，推动工程科技的创新发展具有重要意义。新的起点上，要紧紧抓住有利时机，用好有利条件，因地制宜发展新质生产力，加快推动建筑业转型升级和高质量发展。

(《中国建设报》2024年4月3日2版)

以高质量发展奋力书写建筑业新篇章

王益鹤

建筑业是我国国民经济的重要支柱产业。党的十八大以来，在以习近平同志为核心的党中央坚强领导下，住房和城乡建设部深入贯彻落实习近平总书记关于住房城乡建设工作的重要指示批示精神，完整、准确、全面贯彻新发展理念，真抓实干，开拓进取，住房城乡建设事业高质量发展取得新成就，为推进中国式现代化作出了积极贡献。2024年8月23日上午，在国务院新闻办公室举行的"推动高质量发展"系列主题新闻发布会上，住房和城乡建设部党组书记、部长倪虹表示，高质量发展是全面建设社会主义现代化国家的首要任务，是新时代的硬道理。在建筑业发展方面，我们深化建筑业改革，推进建筑业工业化、数字化、绿色化转型升级，努力为经济发展、民生改善作贡献。

成绩显著，树"中国建造"品牌英姿。高质量发展是能够激励科技创新的发展。党的十八大以来，我国建筑业深入实施国家创新驱动发展战略，以技术创新引领传统建筑产业转型升级，推动我国从"建造大国"向"建造强国"转变，擦亮了"中国建造"品牌。一些具有自主知识产权和国际先进水平的建筑施工设备成为建筑业的"国之重器"，如造楼机、盾构机、架桥机等；一系列世界顶尖水准的工程项目建成并投入使用，如大兴机场、港珠澳大桥、深中通道等；一批中国建筑企业的重大项目"走出去"成为标志性工程并得到全世界190个国家的认可，如卡塔尔世界杯主体育场卢塞尔体育场、埃及新行政首都中央商务区、马来西亚吉隆坡标志塔等。由"大"向"强"，今天的中国建筑业，正在高质量发展中蝶变，逐步迈向价值链中高端，不断增强生存力、竞争力、发展力和持续力，打造"中国建造"金字招牌。

笃行致远，推进建筑业转型升级。我国建筑业正进入以新型工业化变革生产方式、以数字化推动全面转型、以绿色化实现可持续发展的创新发展新时代。发布会指出，在改革目标上，将着力打造现代化建筑产业体系，推动建筑业工业化、数字化和绿色化转型升级；在方法和路径上，将以科技赋能来提高建筑业发展的质量和效益；在制度和机制上，将健全建筑工程建设标准体系，重点改革工程监理、工程造价、工程竣工验收等相关基础性制度，不断完善建筑市场和工程质量安全监管体系，构建诚信守法、公平竞争、追求品质的市场环境；在人才队伍建设上，重点打造一支专业敬业的人才队伍。宏伟蓝图已经绘就，时代号角催人奋进，改革任务清晰、方向明确。致广大而尽精微，政府要做好顶层设计，行业企业要同心协力，共同推动工业化、数字化、绿色化的建筑业高质量发展新图景。

初心如磐，打造高品质建筑产品。中国式现代化，民生为大。民生性强是住房城乡建设工作最突出的一个特点。建筑业改革的初心，就是努力为全社会提供高品质建筑产品，为建筑业高质量发展和人民美好生活不断奋进。要深刻践行"创新、协调、绿色、开放、共享"的新发展理念，着力打造精品工程。强化和突出建筑的"产品"属性，设计好、建造好、维护好建筑产品。坚持以人民为中心，加快推进建筑品质提升，"建设让人民满意的好房子"将成为建筑业高质量发展的工作着力点。我们要共同努力，围绕改革初心，不断将建筑业改革向纵深推进。

回首波澜壮阔处，奋楫扬帆新征程。站在新的历史起点，我们要继续树"中国建造"品牌英姿，推进建筑业转型升级，打造高品质建筑产品，在笃定前行中不断绘就建筑业精彩画卷。

（《中国建设报》2024年9月13日4版）

服务"双循环"新发展格局
实现建筑业高质量发展

牛伟蕊

自"构建以国内大循环为主体、国内国际双循环相互促进"的新发展格局提出以来，我国以新发展理念为"指挥棒"，持续推动高质量发展取得新成效。建筑业作为国民经济的重要组成部分，在把握机遇的同时，也发挥优势，积极服务和融入新发展格局。2024年2月，住房和城乡建设部召开服务"双循环"建设企业座谈会，进一步为新发展格局下建筑业转型升级和建设企业未来发展增强了信心、指引了路径。

建筑业是稳定经济发展的"压舱石"、服务国家战略的先行者。党的二十大报告对推动高质量发展作出六大战略部署，加快构建新发展格局是其中之一。"双循环"是推动我国开放型经济向更高层次发展的内在要求，是重塑我国国际合作和竞争新优势的战略举措。其核心要义是将实施扩大内需战略同深化供给侧结构性改革有机结合，促进各类生产要素充分流动，推动产业结构优化和转型升级。建筑业作为国民经济的支柱产业，是稳增长的"压舱石"、保就业的"蓄水池"、促投资的"助推器"，规模大、要素多、底盘稳，有效拉动了建材、冶金、有色、化工等50多个上下游产业的发展，是构建新发展格局的重要支点。建设企业作为建筑市场主体，是建设现代化产业体系的生力军，为提升建筑产业质量竞争力、增强建筑产业链供应链韧性作出了显著贡献，是服务"双循环"的重要力量。

提质增效、建设"四好"，更好服务国内大循环。构建新发展格局的根本要求，就是要提升供给体系的创新力和关联性，解决好各类"卡脖子"和瓶颈问题，畅通国民经济循环。推动好房子、好小区、好社区、好城区建设一头连着经济发展，一头连着民生改善，是以住房消费升级带动建筑产业升级的重要抓手。以"四好"建设为契机提升国内大循环效率和水平，一是要以高品质产品供给引领和创造新需求。牢牢抓住让人民群众安居这个基点，大力推动建筑业供给侧结构性改革，打通资源链、重塑产业链、提升价值链，实现建筑产品品质再上新台阶。二是要以高质量科技创新赋能和驱动新发展。不断巩固"空中造楼机"等世界领先技术，集中攻关BIM等"卡脖子"技术，大力推广数字家庭等惠民实用技术，加快形成建筑行业"新质生产力"。三是要以高标准市场体系释放和激发新活力。通过建设全国统一大市场进一步畅通国内大循环，在强化建筑市场监管的同时，着力营造诚实守信、公平竞争的市场环境，让企业放得开、留得住、动力足。

抢抓机遇、扬帆"出海"，促进国内国际双循环。党的二十大报告提出，推进高水平对外开放，依托我国超大规模市场优势，以国内大循环吸引全球资源要素，增强国内国际两个市场两种资源联动效应。国内国际市场一个是蓄力储能的平台，一个是大显身手的舞台，都是建筑业发展的重要空间。从国内市场来看，一方面，我国已转向高质量发展阶段，制度优势显著，经济长期向好，物质基础雄厚，人力资源丰富，建筑业持续发展具有多方面优势和条件；另一方面，新型城镇化建设快速推进，新基建和传统基建进入融合发展加速期，"双碳"目标提出和智能建造发展也为建筑业提供了新的市场机遇。从国际市场来看，一方面，"一带一路"沿线投资规模加大、产业融合加强，基础设施"硬联通"、规则标准"软联通"不断深化，释放出巨大的国际合作潜力；另一方面，不少发达国家面临基础设施更新改造，市场空间值得进一步挖掘。建筑业既要把握国内市场机遇，筑牢高质量发展的基础条件；又要开拓国际市场空间，以高水平对外开放推动内外循环互促，从而实现更有活力、更有韧性、更加均衡、更可持续的发展。

乘"双循环"东风，开高质量新局。构建新发展格局是事关全局的系统性、深层次变革，是立足当前、着眼长远的战略谋划。位处"两个一百年"奋斗目标的历史交汇期，要继续完整、准确、全面贯彻新发展理念，坚定不移深化改革、扩大开放、推动创新，以建筑业转型升级服务新发展格局，以"双循环"促进行业"大发展"，推动形成更高质量的国内大循环和更高水平的国际循环，向着中国式现代化建设宏伟目标阔步前行。

（《中国建设报》2024年3月27日2版）

从热点事件看2023年建筑业发展四大主题

牛伟蕊

2023年是全面贯彻党的二十大精神的开局之年。住房城乡建设系统攻坚克难、步履铿锵，完成了一项项重点工作，发布了一系列重要政策，为建筑业高质量发展保驾护航。参照《建筑时报》经网上投票和专家评定发布的2023年中国建筑业十大新闻，可将年度建筑业发展成就与趋势概括为四大主题——育新机、提品质、优服务、强技术。

于变局中育新机。我国城市发展已经步入城市更新的重要时期，由外延式扩张转向内涵式发展，由大规模增量建设转为存量提质改造和增量结构调整并重。一方面，城市更新市场潜力巨大。2023年7月，住房和城乡建设部印发《关于扎实有序推进城市更新工作的通知》，提出坚持城市体检先行、发挥城市更新规划统筹作用等五方面具体任务。对现有城市资源价值的发现、发掘、提升和创新主要通过既有建筑更新改造、完整社区建设、活力街区打造、基础设施更新改造等途径实现，正逐步成为建筑业顺应城市发展阶段开拓业务的新蓝海。另一方面，"三大工程"建设加速布局。2023年4月召开的中央政治局会议提出，要规划建设保障性住房，在超大特大城市积极稳步推进城中村改造和"平急两用"公共基础设施建设。国务院常务会议审议通过《关于规划建设保障性住房的指导意见》，并召开规划建设保障性住房工作部署电视电话会议。这是党中央、国务院根据我国房地产市场新形势作出的重大战略部署，能够通过改善民生、拉动投资、扩大内需为建筑业转型升级和高质量发展带来新机遇。

守牢底线提品质。2023年2月，中共中央、国务院印发《质量强国建设纲要》，将"提升建设工程品质"作为重要方面之一。其中提到的重点任务体现出建筑业提"质"包括两层含义，一是关乎人民群众生命财产安全的质量；二是关乎人民美好生活需要的品质。首先，守牢质量安全底线是建筑业发展的基础和前提。随着现代信息技术的快速发展和广泛应用,完善建筑工程质量保障体系有了新手段。2020—2022年,我国开展了第一次全国自然灾害综合风险普查工作,这是一项重大的国情国力调查。其中,住房城乡建设部门承担了任务量最大的房屋建筑和市政设施调查工作,第一次全面摸清了我国房屋建筑和市政设施的"家底",第一次形成了反映房屋建筑空间位置和物理属性的海量数据,城乡房屋建筑第一次有了"数字身份证",迈出了通过数字化手段提升房屋全生命周期安全管理水平的关键一步。其次,提供高品质建筑产品是建筑业发展的初心和目的。当前,人民群众对住房和城乡建设的要求从"有没有"转向"好不好",要以"四好"建设让人民群众的居住生活更加舒适美好,离不开建筑业承担的建设活动和提供的建筑产品。从好房子研究设计,到绿色建材认证,再到建造方式革新,品质提升已覆盖建设工程全生命周期,正稳扎稳打、全面推进。

多措并举优服务。建筑业改革,关键是处理好政府与市场的关系,让市场在资源配置中起决定性作用,更好发挥政府作用。实现有效市场与有为政府良性互动,要求政府既要以"管"规范市场秩序、杜绝违法违规行为,又要以"服"优化市场环境、激发市场主体活力,管服并行,寓服于管、以管促服。在惠民利企方面,2023年住房和城乡建设部相继发布《关于推进工程建设项目审批标准化规范化便利化的通知》《关于进一步加强建设工程企业资质审批管理工作的通知》《关于开展工程建设项目全生命周期数字化管理改革试点工作的通知》等,不断深化工程建设项目审批制度改革,科学优化建设工程企业资质审批管理机制,加快推进工程建设项目全生命周期数字化管理,更好满足企业和群众办事需求。在纾难解困方面,高度重视并积极参与国务院清理拖欠企业账款专项行动,努力为企业解决急难愁盼问题。这都是在"严管"基础上提升政府服务效能、助力行业健康发展的体现。

创新驱动强技术。习近平总书记指出,关键核心技术是要不来、买不来、讨不来的。只有把关键核心技术掌握在自己手中,才能从根本上保障国家经济安全、国防安全和其他安全。2023年年底,中国工程院院刊《工程》发布"2023全球十大工程成就",金沙江白鹤滩水电站入选。白鹤滩水电站是实施"西电东送"的国家重大工程,是当今世界技术难度最高的水电工程,创下了6项世界之最,攻克16项世界级核心科技难关,形成127项关键技术突破,是我国水电建设史上的里程碑。除此之外,一系列领先技术和高端装备在各类工程建设项目中得以应用,如中国首创的"空中造楼机"使得百米高空的建筑施工作业如履平地,推动了全球建筑科技创新;由中国企业自主攻关的国产盾构机在国内市场占有率已达90%以上,打破了国外技术垄断……这些"国之重器"创造的建筑奇迹正不断上演,反映出我国高水平科技自立自强正在加快实现,"中国建造"精益求精,在全球工程建造领域的影响力进一步提升。

　　行而不辍,履践致远。2023年,我国建筑业不断加快转型升级,为经济社会发展、城乡建设和民生改善作出了重要贡献。"育新机"是开拓发展空间的崭新赛道,"提品质"是满足人民群众需求的核心要义,"优服务"是营造良好市场环境的有力举措,"强技术"是实现可持续发展的内生动力,这四大主题是建筑业高质量发展之路上将要持续进行的重大课题。继往开来,载着来之不易的丰硕成绩,我国建筑业将在新征程上扬帆奋进,再谱华章。

(《中国建设报》2024年2月26日4版)

建筑业在稳增长和惠民生中彰显担当

袁利平

中华人民共和国成立75年来,特别是党的十八大以来,我国建筑业综合实力明显提升,对发展经济和改善民生作出了重要贡献。当前,我国正由"建造大国"向"建造强国"稳步迈进,建筑业将持续发挥稳增长和惠民生的作用,让人民更好地共享住房和城乡建设发展成果。近日,国家统计局发布《建筑业持续发展 建设成就惠及民生》,集中呈现了建筑业的发展成果。

规模增长,贡献提高。伴随新中国站起来、富起来到强起来,建筑业保持较快增长,1953—2023年,建筑业总产值年均增长12.9%,2023年完成总产值31.6万亿元。中华人民共和国成立之初,百废待兴,建筑业是最早复苏的产业之一,随着156项重点工程建设陆续展开,1956年,全国建筑业企业完成总产值达到146亿元,跨越百亿大关。改革开放后,以经济建设为中心,建筑业总产值先后突破千亿大关、万亿大关、十万亿大关。党的十八大以来,建筑业规模继续保持较快增长,先后迈过二十万亿元大关、三十万亿元大关。与此同时,建筑业增加值稳步增长,2023年,全国建筑业企业实现增加值8.6万亿元,占国内生产总值的6.8%,对GDP的贡献率为8.8%,比45年前提高7.5个百分点,建筑业支柱产业地位稳固。

主体增加,就业扩大。建筑业企业数量不断增加,1952年,我国具有编号的建筑业企业仅有62家。改革开放后特别是党的十八大以来,建筑业市场主体快速发展,截至2023年年末,全国具有总承包或专业承包资质的建筑业企业达到15.8万家,发生了翻天覆地的变化。企业发展为就业提供大量机会,建筑业作为劳动密集型的产业,吸纳就业作用显著。中华人民共和国成立之初,我国有组织的建筑施工人员不足20万人,到2023年年末,有资质的建筑业企业从业人员达5254万人,建筑业成为吸纳就业的重要领域,为促进新型城镇化、推动共同富裕贡献行业力量。

量质双升,科技赋能。我国建筑业企业综合实力稳步提升。2023年,全国建筑业企业签订合同额72.5万亿元，2003—2023年年均增长达17%，与此同时，建筑业企业盈利能力也不断增强，1993—2023年，全国建筑业企业资产总额、营业收入、利润总额都以年均超过15%的速度增长。生产效率不断提升，2023年，建筑业企业按建筑业总产值计算的劳动生产率达到46.5万元/人，是1980年的100倍以上。劳动生产率的提高来源于人才专业素质和施工技术装备水平的显著提升，一批重大建筑技术实现了突破，具有世界顶尖水准的工程项目接踵落成，建筑信息模型（BIM）、大数据、智能化、移动通信、云计算、物联网等信息技术集成应用能力不断提升。

优化结构，开拓国际。建筑业行业结构不断优化。1993年以来，土木工程建筑业、房屋、建筑安装业、建筑装饰装修和其他建筑业产值年均增长都在14%以上，产业链现代化水平不断提高，基建、冶金、有色、煤炭、石油、化工、电力、水利、机械等建筑行业布局逐渐完备，建造流程逐渐向上游勘探设计和下游工程监理拓展。同时，建筑业以技术创新引领产业转型升级，建筑节能改造有序推进，绿色建筑快速发展，为减少碳排放，逐步实现"双碳"目标贡献力量。在"一带一路"倡议引领下，建筑业"走出去"步伐加快，《工程新闻记录》发布的国际承包商250强榜单显示，2023年度81家中国建筑业企业上榜，企业数量和国际业务总额均居全球首位，"中国建造"国际竞争力不断增强。

完善基建，改善民生。我国建筑业持续推进重大基础设施建设，完善民生基础设施。2023年年末，全国铁路营业里程达到15.9万公里，其中高铁营业里程占世界高铁总里程三分之二以上；公路里程543.7万公里，建成定期航班通航机场259个，5G网络已覆盖全国地级以上城市及重点县市。城市供水排水、燃气供气管道、污水处理厂布局合理，设施配套、功能完备、安全高效的现代化基础设施体系不断完善。住房建设能力不断提升，人民居住条件持续改善，城镇居民人均住房建筑面积平稳增长，历史性解决了农村贫困群众的住房安全问题。大力推进我国教育、文化、医疗等社会领域工程建设，截至2023年年底，全国建成普通高等学校3074所，公共图书馆和博物馆数量合计达10079个，医疗卫生机构数量107万个，人民获得感、幸福感和安全感有所提升。

锚定目标，初心如磐。回望过去，我国建筑业成就斐然。新时代新征程上，建筑业将充分发挥支柱产业作用，与各行业产业携手同行，为全社会提供高品质建筑产品，为不断满足人民对美好生活的向往、实现中华民族伟大复兴的中国梦添砖加瓦、贡献力量。

（《中国建设报》微信公众号2024年9月24日）

向"新"跃升　借"智"增效
加快形成建筑业新质生产力

王益鹤

习近平总书记指出，发展新质生产力是推动高质量发展的内在要求和重要着力点。建筑业作为国民经济的传统支柱产业，是稳增长、扩内需的重要领域，是发展新质生产力的重要场景。近日，湖北省建筑产业新质生产力发展大会在武汉举办。大会以"科技赋能·智造荆楚"为主题，深入学习贯彻习近平总书记关于发展新质生产力的重要论述，贯彻落实住房和城乡建设部、湖北省委省政府部署要求，明确提出湖北省建筑业新质生产力的目标任务、实施路径和主要举措，集中展示了近年来湖北省建筑业特别是推进智能建造所取得的主要成就，以智能建造新质生产力赋能建筑业转型升级和高质量发展。

工业化转型"绿色协作力"，催生新产业。一方面，建筑工业化是实现绿色低碳、产业发展的关键。绿色发展是高质量发展的底色，新质生产力本身就是绿色生产力。要以建筑工业化引领绿色生态，运用新技术、新材料、新方法，促进建筑业高质量发展。另一方面，要运用工业化思维和组织方式来改造传统建筑业。新质生产力的主要载体在产业，要构建建筑产业生态，从设计生产施工一体化操作，到装饰装修一体化实施，到物维运管一体化服务，有力打通智能建造的产业链条，为创造新产业新业态提供有力支持。据悉，湖北省正在搭建住房供应链、智能建造供应链、绿色建材供应链三大供应链系统，通过搭建三个平台，打通从建材生产，到规划、设计、PC制造，到现场吊装、智能建造，再到后期运营的全产业链全生命周期，实现基于BIM的数字驱动、以需定供、个性定制、柔性生产，像造汽车一样造房子，像汽车4S店一样提供好服务。

标准化引领"品质生产力"，发展高质量。一是要增加智能建造标准供给。当前，智能建造在我国还处于初级阶段，相关的标准和规范体系仍不完善。缺乏统一的标准和规范，可能导致技术应用的混乱，阻碍建筑业可持续发展。要加快智能建造标准研究应用，围绕建筑业全生命周期，面向信息技术、网络安全、实施平台等多应用场景，开展智能建造标准研究，促进智能建造科技成果的标准转化和实施应用。二是要利用标准化提升建筑品质。进入新时代，建筑品质的提升是人民群众的迫切需求。推进智能建造是加速工程品质提升的重要方法。在标准引领方面，湖北省成立智能建造产业协作联盟、无图数字建造联盟，推动智能建造标准体系不断完善，发布了《智能建造评价标准》DB42/T 2159—2023、《住宅建筑模数化设计导则》，通过标准化，助力生产效率和产品品质的提升。

数字化驱动"数字生产力"，创造新模式。数字化指以数据要素为基底、以数字技术为引领、以数字产业为承载，通过对其他生产要素进行数字化转型、对生产技术进行数字化融合、对生产方式进行数字化打造来创造满足社会新需要的物质产品和精神产品的能力。目前，建筑业正在利用BIM、云计算、大数据、物联网、移动互联网、人工智能等技术推动数字化进程。数字化的核心是"数据"。一方面，"数据"成为新质生产要素。与传统建造方式相比，智能建造最显著的特征就是突出"数据"的作用。数字化设计、智能化生产和装配、智慧运维等都离不开数据，数据的收集、分析和处理对决策和建造具有重要影响。另一方面，"数据驱动"是智能建造的重要特征。通过提供有价值的信息和知识，建筑业的生产效率和产品品质得以提高，建筑业企业的组织结构、业务模式和工作流程得以完善。此外，智能建造涉及大量的数据采集、存储和应用，确保数据安全也是一项重要的挑战。

智能化赋能"科技生产力"，激发新动能。智能化，是在数字化的基础上进一步升级，实现建造过程的智能化控制、自动化操作与科学决策。科技是第一生产力，建筑业要实现高质量发展，就必须立足国家重大战略需求和建筑行业特点，不断开展原创性、颠覆性科技创新研究，为行业高质量发展注入不竭动力。要以智能化激发科技生产力，加快建设装备生产智能化升级，加大先进建造设备、智能设备以及建筑机器人的研发制造和推广应用力度，打造集成度高的智能装备管理平台，实现对现场智能装备的一体化管控自动优化。从湖北省建筑产业新质生产力发展大会上亮眼纷呈的成果可以看出，作为工程建造的创新模式，智能建造技术正在转化、释放更多新质生产力，建筑业正在由"建造"加速迈向"智造"。

所当乘者势也，不可失者时也。建筑业新质生产力的重要实践路径就在于智能建造。眼下，湖北省正大力实施建筑工业化、标准化、数字化、智能化"四化同步、一体推进"的智能建造发展战略，为各地坚持从实际出发，先立后破、因地制宜、分类指导，强化科技赋能，发展智能建造，推动建筑业新质生产力不断形成和发展提供了经验借鉴。

（《中国建设报》2024年6月24日2版）

推进建筑和市政基础设施设备安全、绿色、智慧更新

牛伟蕊

近日，国务院印发《推动大规模设备更新和消费品以旧换新行动方案》(下称《行动方案》)，要求加快建筑和市政基础设施领域设备更新。为落实党中央、国务院决策部署，住房和城乡建设部印发《关于推进建筑和市政基础设施设备更新工作实施方案的通知》(下称《实施方案》)，部署各地以大规模设备更新为契机，加快行业领域设施设备补齐短板、升级换代、提质增效，提升设施设备整体水平，满足人民群众高品质生活需要，推动城市高质量发展。

大规模设备更新是促投资、利转型、降能耗的关键切入点。首先，实施设备更新能够释放万亿级投资潜力。根据十四届全国人大二次会议记者会公布数据，2023年，中国工业、农业等重点领域设备投资规模约4.9万亿元。随着高质量发展深入推进，设备更新需求不断扩大，初步估算将是一个年规模5万亿元以上的巨大市场。其次，实施设备更新能够加快推动新型工业化。我国是机器设备保有的大国。据有关机构测算，目前我国全社会设备存量资产净值约为39.3万亿元，工业机器人等多种关键设备保有量全球领先。大规模设备更新将极大增加先进产能、提高生产效率，促进工业和制造业转型升级和高端化发展。最后，实施设备更新能够助力"双碳"目标的实现。设备产品广泛应用于各行业领域，是构建绿色低碳生产方式和消费模式的基础支撑。推动先进产能、高效产品比重持续提升，既有利于从源头上促进节能降碳水平不断升级，又有利于提高终端用能产品能源利用效率。

建筑和市政基础设施设备更新是稳增长、扩内需、惠民生的重要着力点。大规模设备更新应面向设备规模体量大、更新潜力大的重点行业，以设备升级带动我国制造业整体竞争力提升。建筑和市政基础设施领域涉及范围广、带动能力强，对于更好地畅通国内大循环、满足人民群众高品质生活需要、推动城市高质量发展具有重要意义，此次被确定为实施设备更新行动的重要领域之一。《行动方案》强调要

以节能降碳、超低排放、安全生产、数字化转型、智能化升级为重要方向，围绕建设新型城镇化，结合推进城市更新、老旧小区改造，以住宅电梯、供水、供热、供气、污水处理、环卫、城市生命线工程、安防等为重点，分类推进建筑和市政基础设施领域设备更新。住房和城乡建设部结合行业实际制定印发《实施方案》，交通、教育、文旅、医疗等其他各重点领域的具体实施方案也正陆续印发，推动大规模设备更新的"1+N"政策体系正在加速构建。

聚焦十大重点任务有序推动建筑和市政基础设施设备更新工作。《实施方案》确定了十项重点任务，分类明确了更新标准、范围条件、设备种类和工作要求，体现了以下几个主要特点。一是保安全、防隐患，这是设备更新的根本目的。如对运行故障率高、安全隐患突出的住宅老旧电梯进行更新、改造或大修，对主要部件严重受损、老化腐蚀严重且无维修价值的储罐、装卸臂等液化石油气充装站设备进行标准化更新等，从源头保障设备的使用安全和运行安全。二是降能耗、提能效，这是设备更新的内在潜力。如对国家明令淘汰、节能降碳不达标的鼓风机、除臭设备等污水处理设施设备，超过使用寿命、能效等级不满足标准规定的燃煤锅炉、换热器等供热设施设备，高污染、能耗高的升降机、推土机等建筑施工工程机械设备进行更新，持续提升产业链供应链绿色低碳水平。三是强技术、更智能，这是设备更新的重要导向。如推动地下管网、桥梁隧道、窨井盖等完善配套物联智能感知设备加装和更新并配套搭建监测物联网，鼓励更新购置新能源、新技术工程机械设备和智能升降机、建筑机器人等智能建造设备，促进高端化、高效率、高可靠性设备的大规模应用。通过更新改造保障建筑和市政基础设施安全、绿色、智慧运行，从而推进城市高质量发展。

不塞不流，不止不行，不破不立。推进建筑和市政基础设施设备更新是一项既利当前、又计长远，既促发展、又惠民生的关键举措。从生产端来看，设备更新升级将助力智能建造和新型建筑工业化协同发展，加快形成住建领域新质生产力；从消费端来看，设备更新升级将促进建筑产品品质提升，更好地满足人民群众对美好生活的需要。站在新的发展起点上，应把握契机，乘势而起，以设备更新倒逼标准更新、推进城市更新、激发生产力更新，为形成投资和消费相互促进的良性循环作出行业贡献。

（《中国建设报》2024年5月17日4版）

政研观察 —— 述评新征程住房和城乡建设高质量发展新实践

加快发展智能建造 推动建筑业"更上一层楼"

袁利平

当今世界正在进入以信息产业为主导的新经济发展时期,而建筑业信息化水平较低,生产方式粗放、劳动效率不高、能源资源消耗较大、科技创新能力不足等问题比较突出,亟须进行一场深刻变革。智能建造作为新一代信息技术与先进工业化建造技术深度融合的工程建造新模式,已经成为推动建筑业转型升级和高质量发展的重要手段,有着巨大的市场潜力。近日,住房和城乡建设部在浙江省温州市召开智能建造工作现场会,通报智能建造工作进展,交流各地发展智能建造的经验做法,并部署推进重点工作任务,以推动建筑业实现高质量发展。

注重顶层设计,智能建造蹄疾步稳、扎实推进。2020年,住房和城乡建设部等部门联合印发了《关于推动智能建造与建筑工业化协同发展的指导意见》,以大力发展建筑工业化为载体,以数字化、智能化升级为动力,创新突破相关核心技术,加大智能建造在工程建设各环节应用,逐步形成涵盖科研、设计、生产加工、施工装配、运营等全产业链融合一体的智能建造产业体系。2021年,住房和城乡建设部开展智能建造项目试点,并发布第一批智能建造新技术新产品新服务典型案例清单。2022年,住房和城乡建设部选取北京市等24个城市开展为期3年的智能建造试点,积极探索建筑业转型发展的新路径。通过应用物联网、大数据、云计算、人工智能、区块链等先进技术,提高建造过程的智能化水平,提升建设安全性与建筑可靠性。2023年11月22日,住房和城乡建设部公布第二批发展智能建造可复制经验做法清单,总结推广试点城市在加大政策支持力度、推动建设试点示范工程、创新工程建设监管机制、强化组织领导和宣传交流的可复制经验,以实际工作成效体现了住房城乡建设工作者的责任和担当。

坚持因地制宜,试点城市脚踏实地推进智能建造。温州市为有效应对建筑工人老龄化、用工荒、技能低等问题挑战,结合城市定位、产业特征和优势,探索"建筑机器人+产业工人"新型劳务模式，制定了"一核三库"的发展策略，即以培育熟练掌握智能建造装备操作技能的专业劳务班组为核心目标，以装备库、班组库和项目库"三库"协同发展为实施路径，不断提高建筑工人的技能水平、薪酬待遇和职业发展空间，为建筑业工业化、数字化、绿色化转型升级提供更有力的人才支撑。武汉市从构建智能建造发展大格局出发，高标准部署，高效能落实，成立了"双市长"负责的工作机制。广州市从培育智能建造产业生态，推行全过程BIM技术应用，推动建筑设计、生产和施工智慧协同，推行智慧绿色施工，打造产业互联网平台，加强科技和人才支撑等六个方面开展试点工作。

培育龙头企业，率先拥有智能建造关键核心技术和系统解决方案能力。企业是智能建造战略落地的实施主体，也是市场经济的主要参与者。长沙市拥有三一重工、山河智能、中联重科等具备国际影响力的工程机械龙头企业，充分发挥建筑业和先进制造业发展优势，实施智能建造与智能制造"双轮驱动"战略，以三一筑工科技股份有限公司为代表的一批先行企业在智能建造关键核心技术的研发应用方面做出了新探索，为智能建造提供关键技术。长沙还公布了智能建造"专精特新"企业首批名单，做大做优智能建造企业矩阵，推动产业集群不断发展壮大，到2030年，智能建造产业产值突破3000亿元，成为具有核心竞争力的智能建造产业高地。近日召开的温州智能建造工作现场会，要求每个试点城市都要把培育龙头企业作为重点工作任务，争取到试点结束时，在本地区培育出几家具备智能建造关键核心技术和系统解决方案能力的骨干企业，同时培育一批专精特新领域的中小企业，成为新时期推动建筑业高质量发展的骨干力量。

建筑业是经济社会的"稳定器"、高质量发展的"主战场"。当前，要积极融入数字时代的强国建设大局中，以真干实干的奋进姿态，大力推进智能建造，通过科技赋能提高工程建设的品质和效益，为社会提供高品质建筑产品，为满足人民群众对美好生活的需要和实现中华民族伟大复兴贡献力量。

(《中国建设报》2023年12月18日2版)

科技创新引领　智能建造起航

周琳娜

随着科技的飞速发展,智能建造正凭借其独特的优势,赋予建筑业转型的动力,让"好房子"的梦想照进现实。近日,住房和城乡建设部在青岛召开智能建造工作现场会,围绕发展智能建造、推动建筑业高质量发展,总结经验做法,部署推进重点任务。

智能建造是时代之需。会议强调,立足当前形势,发展智能建造是建筑业转型发展的内在需要。从宏观层面看,随着我国人口进入减量发展阶段,传统的建造方式面临着劳动力短缺、效率不高、质量参差不齐等诸多困境。智能建造的引入,可以有效打破瓶颈、打通堵点,通过运用先进的信息技术、自动化设备以及智能化管理系统,实现建造过程的精准规划、高效执行和严格监控,提高生产效率,保证工程质量。就社会需求而言,群众对于住房品质的要求日益提高,期盼能够住上更高品质的好房子。智能建造能够将智能化元素融入建筑设计、施工及运维的全生命周期,满足群众对高品质居住环境的期待。

智能建造以科技赋能。智能建造凭借一系列先进技术手段,为建筑行业注入强劲动力。一是设计阶段的智能化革新。借助建筑信息模型(BIM)技术,可实现建筑信息的数字化集成,将建筑的三维模型与各类工程数据紧密结合。设计师能在虚拟环境中进行全方位的设计构思、方案比选和性能分析,提前发现并解决潜在问题,大大提高设计质量和效率。以往在二维图纸时代难以察觉的设计冲突,在BIM的三维可视化世界里无处遁形。二是施工过程的自动化与精准化。智能建造依靠大量自动化施工设备,如建筑机器人等。这些机器人以精准的操作执行施工任务,无论是混凝土浇筑、墙体砌筑还是钢筋绑扎,都能达到极高的精度。相较于传统人工施工,不仅速度更快,而且质量更稳定。同时,通过物联网技术,施工现场的各类设备、材料、人员等信息能够实时采集和传输,管理人员可在后台实时监控施工进度、质量和安全状况，及时做出调整和决策，确保施工过程顺利推进。三是质量与安全保障的强化。质量是企业的生命线，安全是生产的高压线。智能建造利用传感器、监测系统等技术手段，为建筑质量和施工安全保驾护航。传感器如同建筑的"神经末梢"，分布在各个关键部位，实时感知结构变形、温度变化、湿度波动等信息，一旦出现异常，能迅速发出警报，让管理人员第一时间知晓并采取措施。智能监控系统还可以对施工现场的人员违规行为、安全隐患等进行实时监测，有效预防事故发生。通过这些智能化措施，建筑质量得以可靠保证，施工安全风险大幅降低。

智能建造靠人才保障。智能建造的发展，离不开人才的支撑。只有培养出一批适应新时代要求的高素质人才，才能为智能建造的发展提供源源不断的动力。一方面，通过强化各类院校的教育培训能力，培养适应"人机协同"模式的专业化人才，提升劳动者的技能素质。同时，通过校企合作、产教融合等方式，推动教育与产业的深度融合，为智能建造的发展提供有力的人才保障。另一方面，注重人才的引进和激励，通过制定优惠政策、搭建创新平台、设立奖励机制、提供晋升机会等方式，吸引国内外优秀人才投身智能建造事业，激发人才的创新活力和工作热情。

展望未来，通过不断推动技术创新、人才培养等方面的工作，智能建造将继续发挥赋能"好房子"建设的重要作用，成为推动建筑业高质量发展的重要路径和强大引擎。

（《中国建设报》微信公众号2024年11月27日）

从智能建造看中国建造新图景

郭嘉颖

习近平总书记指出,世界正在进入以信息产业为主导的经济发展时期。我们要把握数字化、网络化、智能化融合发展的契机,以信息化、智能化为杠杆培育新动能。立足新发展阶段,加快推动智能建造与建筑工业化协同发展,是贯彻落实习近平总书记重要指示精神的重要举措。近日,中国城市出版社的"数字中国建设出版工程·'新城建 新发展'丛书"正式出版,分册《智能建造与新型建筑工业化》系统阐述了相关理论框架、技术体系和产业链构成,并对智能建造、新型建筑工业化、建筑产业互联网等实践案例进行剖析,生动展现了我国建造能力和技术水平,为加快推进建筑业发展方式转变提供了新思路、新模式。

聚焦智能建造前沿,下好科技创新"先手棋"。准确把握新一轮科技革命和产业变革趋势,全面提升智能建造水平,是当前和今后一个时期建筑业突破发展瓶颈、增强核心竞争力、实现高质量发展的关键所在。要改变碎片化、粗放式工程建造模式,亟需推动智能建造和建筑工业化基础共性技术和关键核心技术研发、转移扩散和商业化应用。本书深入探讨了智能建造领域一系列关键核心技术,包括BIM+、人工智能、数字孪生、大数据、云计算、物联网、5G通信、3D打印、建筑机器人等,详尽解析了其如何通过规范化建模、网络化交互、可视化认知、高性能计算以及智能化决策实现工程建造过程的互联互通和资源要素协同。

重塑数字思维模式,铺就融合发展"快车道"。建筑产业互联网是新一代信息技术与建筑业深度融合形成的关键基础设施,是促进建筑业数字化、智能化升级的关键支撑,也是推动智能建造与建筑工业化协同发展的重中之重。当前,以微服务和多元异构数据融合平台为代表的工业互联网技术,正在与建筑领域快速融合应用,不断扩展了建筑产业互联网的能力内涵和作用边界。本书提出建筑产业互联网平台架构体系的初步构想,强调未来实体建筑建造和运维阶段将通过虚实融合的方式，打造全数字设计、全智能生产、全智能建造和全智慧运维的新业务场景，为建筑全生命周期各阶段的数字化转型提供了清晰的框架和路径。

培育新型产业体系，激活经济增长"新引擎"。作为中国经济发展的支柱产业，建筑业在数字化时代依然有着广阔的发展前景。为把握这一历史机遇，建筑业必须转变发展思路，用系统思维谋划产业发展，加快形成涵盖科研、设计、生产加工、施工装配、运营等全产业链融合一体的智能建造产业体系。本书详细阐述了新型建造产业链和信息技术产业链的有机联系和功能互补，前者带动了上游部品部件制造的标准化和下游施工运营的高效化，而后者则加速了上游通信硬件制造的智能化和下游数据服务的专业化，不仅有助于实现质量提升、降本增效、绿色低碳的目标，也为建筑业高质量发展创造新机遇、注入新动力。

风起于青萍之末，浪成于微澜之间。当前是我国乘势而上为实现第二个百年奋斗目标而奋斗的关键时期，是各行各业迎接风险挑战、抢抓重大机遇、拓展发展空间的历史时刻。与发达国家智能建造技术相比，我国还存在不小差距，迫切需要将推动智能建造与建筑工业化协同发展作为抢占建筑业未来科技发展高地的战略选择，持续在工业化、数字化、绿色化转型上下功夫，打造"中国建造"升级版。期盼本书能为建筑业转型升级提供新思路和新方法，为正在探索前行的智能建造提供技术参考与决策支持，也为广大从业者提供启发和帮助。

(《中国建设报》2024年5月17日4版)

科技赋能助力工地提"智"增效

刘亚慧

近年来,住房城乡建设部门持续深化建筑产业改革,坚持创新驱动、科技引领,推进建筑业工业化、数字化、绿色化转型升级和高质量发展,智慧工地应运而生。

为安全施工守牢底线。借助物联网、大数据、人工智能等技术,为工地装上"智慧大脑",助力管理人员时刻盯紧盯牢施工安全。智慧工地以智能监测传感器为"眼睛",以安全监测平台为"中枢",可对建筑工程施工现场的人员、材料、设备等存在的风险隐患进行动态感知、快速响应、高效处置。工人刷脸实名认证进入施工现场,系统自动采集、识别在岗劳务人员信息,后台全方位、实时掌握在岗工人分布、安全关键人员到岗、机械设备运行等运维数据。施工现场一旦发生异常,如施工人员未按规定穿戴劳保用品、机械设备操作不当、材料乱堆乱放等存在安全隐患的现场违规操作行为,系统将智能感知、实时记录并引发警报,督促管理者及时采取有效措施化解风险,避免安全事故发生。

为绿色发展保驾护航。基于智慧工地技术的应用,可实时了解施工现场内外环境,减少环境污染和资源消耗,促进施工现场绿色健康发展。如通过粉尘、噪声等污染源在线监测设备,对建筑工地监测点的扬尘、噪声、气象参数等环境监测数据进行采集、存储、加工和分析。当监测数值超过设定阈值,系统自动报警,联动启用喷淋、声屏障等相关设备,实现降尘降噪。通过实时监测施工现场的废弃物产量和处置情况,可以将源头信息与运输信息、处置信息进行关联,形成完整的建筑垃圾全流程管理,分析优化废弃物产生处理方式,从源头上减少施工现场的废弃物排放和资源消耗,从应用上提高建筑垃圾资源利用率。通过实时监测水、电、燃料等资源消耗数据,可以精准识别高峰期、低谷期以及其他能耗较大的施工环节或设备,优化使用策略,强化节能减排工作。

让项目建设提质增效。建筑施工过程中,生产管理涉及施工人员管理、物料供应等一系列复杂任务。通过物联网和云处理等技术，有效整合施工现场各系统和设备采集的数据，将项目生产和管理过程中的数据汇总并实时分析，可为项目管理人员提供全面可视化的项目信息。如充分利用智能安全培训系统为施工人员提供安全教育培训和业务培训，切实提高施工人员的安全生产意识和工作实践能力，推动项目有序开展。

智慧工地建设是加强施工管理的关键举措，也是推动工程建设项目高质量发展的重要抓手，未来要进一步发挥信息化优势，以科技助力施工现场管理信息化、智能化水平再升级，切实推进新一代信息技术和建筑业生产建设管理深度融合。

（《中国建设报》2024年12月5日5版）

AI生成创新图景　智慧赋能建筑设计

牛伟蕊

习近平总书记指出，人工智能是新一轮科技革命和产业变革的重要驱动力量，将对全球经济社会发展和人类文明进步产生深远影响。随着技术发展成熟和迭代创新，人工智能加速向各行各业融合渗透，为高质量发展提供了澎湃动能。作为重要的实体经济，建筑业牢牢把握数字化、网络化、智能化融合发展契机，加强人工智能在设计、建造、运维各环节的深度应用，取得了一系列颠覆性、变革性突破。最近，《AI建筑必修》一书出版，聚焦人工智能与建筑设计的关系，以一问一答形式展现并解读了AIGC（生成式人工智能）在建筑设计领域的创新应用与未来趋势，既是了解建筑领域AIGC的入门书，也是学习应用AIGC优化建筑设计的指南书。

从被动式到生成式，人工智能愈发成为新质生产力的重要体现。在移动互联网、大数据、超级计算、物联网、脑科学等新理论新技术的驱动下，人工智能加速发展，呈现出深度学习、跨界融合、人机协同、群智开放、自主操控等新特征。新一代人工智能——AIGC是人工智能从1.0进入2.0阶段的重要标志，通过基于算法、模型、规则的自主学习，发展出文本、图像、视频、音频等的创造生成功能，实现了从计算智能、感知智能到认知智能的跨越。作为一种先进的生产工具，AIGC以劳动资料的智能升级为劳动者素质和技能的提升提供不竭动力，为劳动对象范围和种类的拓展提供广阔空间，从而带来生产要素的优化组合和创新性配置，既与实体经济融合推动了传统产业深度转型升级，又催生了一系列战略性新兴产业和未来产业，是发展新质生产力的关键赛道和强大引擎。

从建筑师到AIGC，人工智能以创造力赋能传统建筑设计流程变革。AIGC在建筑领域的最直接体现的是应用生成式技术优化建筑设计。书中详细介绍了ChatGPT、Midjourney、Stable Diffusion等AIGC新工具如何助力建筑设计的各个流程。在前期研究阶段，Delve、Noah、ChatGPT等可以协助建筑师计算确定场地容量布局、完成图像处理与分类、分析公众意见及偏好等，快速掌握项目周边环境特征和建设需求；在概念设计阶段，Midjourney、Stable Diffusion等可以根据建筑师收集到的案例信息及自身创意生成独特的设计方案，为建筑师提供灵感启发，并根据其经验和审美进行迭代创新；在方案设计阶段，SketchUp、Rhino等可以帮助建筑师利用模型快速生成效果图，通过细化平面方案完成功能布局、组织流线、建筑材料、色彩设计的调整优化；在扩初设计阶段，ARCHITEChTURES、Hypar等可以基于建筑师基本确定的设计方案对建筑物进行三维精确建模并导出图纸，使方案成本可控、施工性强。

从AIGC到未来建筑，人工智能在建筑领域的应用前景广阔、大有可为。除在设计阶段创新流程、激发灵感、提高效率外，人工智能在建筑工程项目全生命周期都有着深入应用。如在施工图审查中，通过人工智能的助力实现批量自动审查，在极大缩短审查时间的同时保证极高的准确率；在施工管理中，通过图像识别等人工智能技术实时掌握施工现场状况，既能识别潜在风险、保障施工安全，又能优化工序工法、提高施工效率；在交付使用中，采用人工智能与虚拟现实技术相结合能够让人民群众更直观地了解建筑物的质量和性能；在运营维护中，基于人工智能的监测系统能够提供建筑物资源消耗、空气质量、设备运行等的最新数据，实现更健康、更便捷、更可持续的管理。同时，书中也讨论了人工智能的两面性，一方面，其应用目的不是取代人力，人类独立思考的创造力、不同感官的整合力和精神层面的理解力仍是人工智能无法企及的；另一方面，其应用可能会带来版权纠纷、隐私泄露、数据安全、过度依赖等问题，仍需要更完善的法律法规和制度体系来保障。

人尽其才，物尽其用，技尽其能。人工智能不仅是一项技术，更是一场重大的科技革命、一个全新的思维方式、一种未来的无限可能。由AI生成的创新图景正在徐徐展开，建筑领域是其中浓墨重彩的一笔。在本书最后，作者表达了对AI与建筑设计进一步融合的愿景和期许。相信在善用善管的基础上，在新一代人工智能的助力下，建筑形态将更加多元丰富，建筑工匠将更具灵感创意，建筑产业将愈发充满活力，通过"人""智"协同，实现以"智"促"质"，加速形成建筑业新质生产力。

（《中国建设报》2024年8月19日3版）

把"好房子"建设作为"中国建造"的重要使命

马宇佳

2024年10月19日，建设"好房子"暨"中国建造"高质量发展论坛（全国"好房子"建设推进会）在北京首钢国际会展中心开幕，旨在进一步发展和丰富"好房子"内涵和路径，研究探讨"好房子"创新理论和工程实践，宣传推广我国住房城乡建设领域科技成果，推动"中国建造"高质量发展。本次论坛围绕"好房子"建设和"中国建造"高质量发展，设立了8个平行论坛，从标准、科技、建设、服务等不同方面，以及数字智能、绿色健康等重点方向，探讨行业发展前沿和实践探索。

坚持以人为本，让好房子成为老百姓的幸福家园。当前，我国住房发展已从总量短缺转为总量基本平衡、结构性供给不足，进入结构优化和品质提升的发展时期，人民群众对住房的要求从"有没有"转向"好不好"，期盼拥有更好的居住条件。"中国建造"要精准分析不同群体的特色化需求，让不同支付能力、不同住房需求、不同年龄段的群体都能够住上与之相匹配的好房子。政府要带头将保障性住房建成好房子，打造示范样板，发挥引领效应，同时结合城市更新，推动老旧小区改造从环境、楼道、外立面改造向室内改造和品质提升延伸，让"老房子"变"好房子"。房地产开发企业和建筑业企业要适应时代要求和群众需求，围绕高质量、新科技和好服务，下气力建设好房子，在住房领域创造一个崭新赛道。

坚持系统观念，打造好房子建设的系统工程。建设好房子涵盖设计、建造、使用、服务全过程，涉及绿色、低碳、智能、安全、健康、舒适等多维度，系统性很强。"中国建造"要树立系统思维，统筹谋划、系统推进好房子建设。在立标准方面，着重完善住宅标准体系，加快住宅项目规范的编制，全面提高设计、材料、建造、设备以及无障碍、适老化、智能化等标准；在强建造方面，大力推广绿色建造、智能建造等新型建造方式，深化管理变革，推进精益管控，像造好汽车一样造出"好房子";在优服务方面,把满足业主需要作为出发点和落脚点,实施居住服务提升行动,升级管理手段,构建现代化综合服务体系,让居民住得舒心、安心、放心。

坚持创新驱动,为好房子插上科技翅膀。科技创新是引领好房子建设的强大动力。"中国建造"要把科技创新摆在更加重要的位置,以科技激发好房子建设的动力和活力。要聚焦解决群众急难愁盼问题,研发和推广惠民实用技术、建筑产品和建筑材料,比如大力发展绿色建材,不断提升建筑材料的保温、隔热、防水、环保性能等。要聚焦提高数字化、网络化、智能化水平,充分利用新一代信息技术提升住房设计、建造、使用和维护水平,比如在设计环节,逐步推广应用BIM技术,研发生成式人工智能设计工具;在建造环节,大力推动建筑工业化、智慧化,加强智能造楼机、智能盾构机等一体化施工设备应用等。要聚焦形成社会各方面、产业全链条创新合力,推动跨界融合,多方联动,有效整合不同领域科技创新资源,实现优势互补、系统集成,共同协作建设好房子。

安居才能乐业,推动建设好房子是夯实安居这个人民幸福基点的重要举措,是"中国建造"面向我国住房发展新阶段的核心任务。要充分认识建设好房子的重大意义,在建设建造强国的壮阔征程上,凝心聚力,奋力前行,努力让人民群众住上心中期待的"好房子",为扎实推进中国式现代化、不断满足人民群众对美好生活的向往作出新的更大贡献。

(《中国建设报》微信公众号2024年11月1日)

推动建筑工业化循"新"出发 向"新"而行

牛伟蕊

近日,湖南省出台《湖南省人民政府办公厅关于推进新型建筑工业化发展的若干意见》,提出到2025年、2030年建筑工业化的发展目标,明确实施分类推进、创新管理模式、完善标准体系等七项重点工作,从优化招标投标条件、引导市场需求、推广绿色金融等七个方面给予政策支持,将推进新型建筑工业化发展提升到新高度。

发展新型建筑工业化是建筑业实现由大到强的必然选择。一直以来,工业化都是建筑业转型升级的重要方向之一。1956年,国务院发布《关于加强和发展建筑工业化的决定》,提出"为从根本上改善我国的建筑工业,实行工厂化、机械化施工,逐步完成对建筑工业的技术改造,逐步完成向建筑工业化过渡"的发展要求。经过多年探索,我国已成为拥有一定机械化、工业化和现代化水平的建筑业大国,但与建筑产业现代化强国的发展目标还存在差距。进入新发展阶段,建筑工业化有了新的内涵。2020年,住房和城乡建设部等部门发布《关于加快新型建筑工业化发展的若干意见》,明确新型建筑工业化的驱动是新一代信息技术,手段是工程全寿命期系统化集成设计和精益化生产施工,思路是整合工程全产业链、价值链和创新链,目标是实现工程建设高效益、高质量、低消耗、低排放。发展新型建筑工业化,有利于带动建筑业全面转型升级,打造具有国际竞争力的"中国建造"品牌,是行业进步的新跨越、节能减排的新举措、生产方式的新变革。

各地在推进新型建筑工业化发展方面进行了有益探索。建筑工业化事关建筑业全要素、全过程、全产业链,是一项复杂的系统工程。近年来,各地方政府将发展以装配式建筑为代表的新型建筑工业化作为建筑产业转型升级的重要抓手,陆续发布了推进当地新型建筑工业化发展的相关政策文件,如北京市发布《北京市推动智能建造与新型建筑工业化协同发展的实施方案》,突出新一代信息技术在装配式建筑建造全过程的融合应用，着力构建智能建造与新型建筑工业化协同发展的政策体系、产业体系和配套的技术体系、标准体系、评价体系。浙江省印发《浙江省新型建筑工业化发展质量提升行动方案（2023—2027年）》，围绕系统化策划、一体化设计、精益化施工、装配化装修、精细化管理5个方面，重点实施发挥建筑师主导作用、推广BIM全过程应用、深化标准化设计等17项具体工作任务，在大规模推进的基础上更注重高质量发展。山东省发布《山东省新型建筑工业化产业链链主管理办法》，提出新型建筑工业化产业链链主机制，由实力和影响力较强的头部企业担任总链主，整合全产业链资源，带动产业链各方主体协同发展；由细分产业内规模较大的企业或科研机构担任细分产业链主，走"专精特新"道路，推动技术研发与创新。从"几枝独秀"到遍地开花，新型建筑工业化之路不断走深走实、见行见效。

发展新型建筑工业化要以新视野、新路径力争取得新进展、新突破。湖南省此次发文紧紧围绕"三高四新"，着力打造国家重要先进制造业、具有核心竞争力的科技创新、内陆地区改革开放的高地，在推动高质量发展上闯出新路子，在构建新发展格局中展现新作为，在推动中部地区崛起和长江经济带发展中彰显新担当，奋力谱写新时代坚持和发展中国特色社会主义的湖南新篇章。战略定位和使命任务，将推进新型建筑工业化绘进蓝图系统谋划，有决心、有力度、有亮点。一是创造新机遇。以标准化程度较高的高校学生公寓为突破口，变政府主导为政府引导、市场主导模式，让企业深度参与、分类推进，在越来越多类型的装配式建筑产品上有所作为。二是指引新方向。通过财政补贴、容积率优惠、精准调控等支持政策，增强企业意愿，引导市场需求，鼓励新型建筑工业化由公共建筑拓展到商品房、居民自建房领域。三是提出新设想。探索"BIM一模到底"数字化应用，逐步实现装配式建筑正向BIM全覆盖，为"整房制造"提供发展思路，让建筑工程真正升级为"交钥匙"工程，向着"像造汽车一样造房子"更进一步。

再踏层峰辟新天，更扬云帆立潮头。新型建筑工业化以传统建筑业积淀的累累硕果为本，以我国工业化发展的辉煌成就为基，在新一轮科技革命和产业变革的历史性交汇时期乘势而起、聚势而强。"新型"新在集成化理念，新在装配化模式，新在现代化技术，新在高品质产品，是住房城乡建设领域"新质生产力"的重要体现。站在新的历史起点，要继续向"高"而攀、向"新"而行，以新型建筑工业化打造经济发展新引擎，推动建筑业高质量发展再上新台阶。

（《中国建设报》2024年2月2日2版）

政研观察 ——述评新征程住房和城乡建设高质量发展新实践

节能降碳，建筑领域在行动

刘亚慧

生态兴则文明兴，生态衰则文明衰。为贯彻落实党中央、国务院决策部署，国家发展改革委、住房和城乡建设部近日联合印发《加快推动建筑领域节能降碳工作方案》，要求以"碳达峰、碳中和"工作为引领，持续提高建筑领域能源利用效率、降低碳排放水平，加快提升建筑领域绿色低碳发展质量，不断满足人民群众对美好生活的需要。

坚持目标引领，明确"进"的方向。党的十八大以来，在习近平生态文明思想指引下，建筑领域深入贯彻新发展理念，主动融入新发展格局，将节能降碳作为开展工作的重要目标。通过上下联动、多方参与、协同发力，积极推进新建建筑能源利用效率提升，实施既有建筑节能降碳改造，持续优化建筑用能结构，建筑领域节能降碳工作扎实开展，取得显著成效。但由于我国建筑规模总量大，建筑领域能耗和碳排放总量依然较高，各方仍需紧盯目标不放松，瞄准目标去行动。力争到2025年，建筑领域节能降碳制度体系更加健全，城镇新建建筑全面执行绿色建筑标准，建筑领域节能降碳取得积极进展。到2027年，超低能耗建筑实现规模化发展，既有建筑节能改造进一步推进，建筑用能结构更加优化，建成一批绿色低碳高品质建筑，建筑领域节能降碳取得显著成效。

突出精准施策，发扬"实"的作风。聚焦突出问题，加强分类指导，切实把各项重点任务落实落细。一是加强全生命周期管理，推进建筑全过程节能降碳。综合考虑建材使用、建筑设计、建造、拆除以及运行等各环节的节能降碳，加快推进绿色建材产品认证、使用、推广，优化新建建筑节能降碳设计，推进绿色低碳建造，强化建筑运行节能降碳管理，严格建筑拆除管理。二是控增量、减存量、提质量，推动城镇建筑节能降碳。采用高效节能低碳设备，大力推广超低能耗建筑，提升新建建筑节能降碳水平；结合重点城市公共建筑能效提升、小区公共环境整治、老旧小区改造、北方地区冬季清洁取暖等工作，统筹推进既有建筑改造升级。坚持"留改拆"并举，加强老旧建筑修缮改造和保留利用。三是坚持先立后破、标本兼治，助力农房建设提质增效。坚持农民自愿、因地制宜、一户一策原则，推进绿色低碳农房建设，提升严寒、寒冷地区新建农房围护结构保温性能，优化夏热冬冷、夏热冬暖地区新建农房防潮、隔热、遮阳、通风性能。有序开展既有农房节能改造，对房屋墙体、门窗、屋面、地面等进行菜单式微改造。

注重统筹推进，打牢"硬"的根基。扎实推进建筑领域节能降碳工作，必须同心聚力，加强法规、标准、技术等方面的基础性工作。强化科技驱动，加快先进技术研发推广，持续推进新技术、新装备在建筑领域应用，推动建筑领域能源管理体系认证，加快成熟技术产品规模化生产，支持有条件的企业建设技术研发和培训平台。提供制度引领，完善建筑领域能源消费统计制度和指标体系，建立完善建筑碳排放核算标准体系，编制建筑行业、建筑企业以及建筑全生命期碳排放核算标准。强化法规标准支撑，推动加快修订《中华人民共和国节约能源法》《民用建筑节能条例》等法律法规；有序制定修订一批建筑节能标准，加快完善装配式建筑标准体系。加大政策资金支持，完善财税、金融、投资、价格等政策，形成推动建筑领域节能降碳的政策合力。加强宣传引导，广泛开展节能降碳宣传教育，大力倡导绿色低碳生产生活方式，增强节能降碳意识，营造良好的节能减排社会氛围。

"万物各得其和以生，各得其养以成"。在生态文明建设扎实推进的今天，我们要用行动践行生态文明理念，诠释生态文明建设住建担当，以勇立潮头的拼劲、时不我待的干劲、坚持不懈的韧劲，汇聚成建筑领域强大的绿色发展动力，全面推动建筑领域节能降碳和高质量发展，为构建人与自然和谐共生的生命共同体贡献更多的住建力量！

（《中国建设报》2024年4月1日2版）

博鳌示范，循"绿"出发　向"新"而行

刘　爽

　　习近平总书记指出，大力倡导绿色低碳的生产生活方式，从绿色发展中寻找发展的机遇和动力。城乡建设是全面推动绿色低碳发展的主要载体和重要战场，探索绿色更新改造、推动区域降碳，是实现"碳达峰、碳中和"目标的关键。2024年3月18日，博鳌近零碳示范区运行启动会在海南琼海博鳌东屿岛举行。示范区的建设和运行是深入贯彻习近平生态文明思想，落实党中央、国务院"双碳"决策部署，促进城乡建设绿色低碳发展的重要举措，展示了中国推动绿色发展的坚定决心和实际行动，不仅为我国住房城乡建设行业绿色低碳发展提供了宝贵经验、树立了良好典范，更为全球生态文明建设贡献了中国智慧和中国方案。

　　多方联动聚力，让"绿"的动能更足。建立政府部门与社会企业间协同合作机制是推动绿色发展的强大动力。2022年1月，住房和城乡建设部与海南省决定利用三年时间共同创建示范区，打造向世界展示中国绿色低碳发展理念、技术和实践的窗口。在示范区建设过程中，省部两级携手共建，形成全方位工作合力，为示范区建设提供了坚实的组织保障。一是部省全面联动，加强系统谋划、高位推进，通过成立建设专班、建立"九个一"实施保障工作机制等，为示范区建设"保驾护航"。二是组建全过程咨询团队，下设专家组、技术组和第三方评估机构，明确项目间管理边界，统一专业间数据标准，确保项目高效协同推进。三是探索市场参与机制，打通示范区建设的技术和运营环节，通过公开招选方式积极引入社会资本，探索市场投资与经营回报相联动的实施模式，有效激发了市场活力。

　　技术措施集成，让"绿"的底色更实。创新集成应用先进技术是筑牢绿色低碳发展的基石。示范区探索建立了由可再生能源利用、建筑绿色化改造、交通绿色化改造三个核心领域和新型电力系统建设、物资循环利用、水资源循环利用、园林景观生态化改造、运营智慧化五个相关方面相结合的"八位一体"区域降碳布局，是

生态文明理念与城乡建设实践相结合的生动体现。一是构建"源网荷储"新能源自供给体系,着重在能效提升、能源种类、能源结构三方面发力,实现新能源发电与用电自平衡。二是响应热带海洋气候特征,采用光伏百叶、智能通风、温湿分控等措施,为广大热带地区的绿色更新积累经验。三是聚焦既有建筑与环境的更新改造,加强废物资源化利用和生态修复,减少结构投资、降低运行费用。四是推动先进技术集成应用,通过公开征集,汇聚世界先进绿色低碳技术产品之大成,不仅提升了示范区的运行效率,也为城市绿色低碳转型提供了技术模板。

政策标准引领,让"绿"的路径更明。政策和标准是引导零碳发展的重要工具。示范区在充分考虑本地实际的基础上,对标对表国际先进经验,出台了一系列具有前瞻性的政策措施和标准规范,为零碳发展提供了清晰的路径指引和扎实的要素支撑。一是深化机制改革,推动工程总承包(EPC)、项目并联审批、"隔墙售电"政策试点等制度集成创新应用,保障项目落地见效。二是制定零碳行为公约,引导公众建立零碳生活行为规范,实现零碳运维和零碳治理。三是完善标准规范,先实施后总结,印发《博鳌近零碳示范区创建技术标准》,突出热带气候区建成地区及建筑零碳更新改造的实用性、突出零碳目标与生态文明多维价值目标实现的结合,达到国际先进水平,为全球热带地区低碳绿色发展指明了可行路径。

人不负青山,青山定不负人。立足新起点,要坚定不移贯彻落实习近平生态文明思想,进一步把示范区运行好、把示范区的创建经验总结好、将近零碳示范区的标准制定好,用好"博鳌"展示窗口,讲好中国"双碳"故事,为城市高质量发展注入创新活力,为全球绿色低碳可持续发展贡献更多中国智慧和力量。

(《中国建设报》2024年4月8日2版)

光伏+建筑：共绘绿色新画卷

周琳娜

能源问题与环境保护是当前全球瞩目的焦点。近期，广东等地积极部署推进县域"光伏+建筑"应用试点工作。光伏与建筑的完美结合，如同一幅绚丽的画卷，正缓缓展开，勾勒出一个可持续发展的绿色未来。"日出江花红胜火，春来江水绿如蓝"。当人们仰望蓝天，沐浴着温暖的阳光，不禁感慨大自然赋予的无尽宝藏，太阳能作为一种清洁、可再生的能源，正以其独特的魅力改变着人类的生活。而光伏与建筑的融合，恰似一场美丽的邂逅，将科技与艺术、环保与实用完美地结合在一起。

光伏建筑一体化是将太阳能光伏发电方阵安装在建筑的围护结构外表面来提供电力。这种创新的设计理念，不仅实现了建筑物自身的能源供应，还能减少对传统能源的依赖，降低碳排放，为环境保护做出积极贡献。"接天莲叶无穷碧，映日荷花别样红"。光伏板如莲叶般覆盖在建筑的屋顶和墙壁上，吸收着阳光的能量，转化为清洁的电力，为建筑注入了绿色的生命力。

从外观之美来看，光伏建筑独具魅力。光伏板的颜色和形状可以根据建筑的设计需求进行定制，与建筑的整体风格相衬相映。或简约现代，或古朴典雅，光伏建筑既可以与现代简约的高楼大厦相得益彰，又能为古朴典雅的传统建筑增添一抹时尚的气息。"欲把西湖比西子，淡妆浓抹总相宜"。无论是城市的摩天大楼，还是乡村的宁静小屋，光伏建筑都能在不同的环境中展现出别样的风采。它既可以成为城市的标志性建筑，也可以融入乡村的自然风光，为大地增添一抹亮丽的色彩。

在功能之强方面，光伏建筑表现卓越。一是太阳能光伏发电系统可以为建筑提供清洁、稳定的电力供应，满足照明、空调、电梯等设备的运行需求。白天光伏板吸收太阳能，将其转化为电能储存起来；夜晚或阴雨天储存的电能可以继续为建筑供电，实现能源的自给自足。"随风潜入夜，润物细无声"。光伏建筑就像一位默默奉献的守护者，为人们提供舒适的生活环境，却不产生任何噪声和污染。二是光伏建筑具有良好的隔热保温性能。光伏板可以阻挡部分太阳辐射，减少室内温度的升高，降低空调的负荷。在冬季，光伏板又能起到一定的保温作用，减少热量的散失。"梅须逊雪三分白，雪却输梅一段香"。光伏建筑与传统建筑相比，在隔热保温方面有着独特的优势。它既可以节约能源，又可以提高室内的舒适度，为人们带来更加健康、舒适的生活体验。

光伏与建筑的结合，不仅带来了实际的经济效益，还具有深远的社会意义。一方面，光伏建筑可以降低建筑的运营成本，提高能源利用效率。通过太阳能光伏发电，建筑可以减少对传统电网的依赖，降低电费支出。同时，光伏建筑还可以享受政府的补贴和优惠政策，进一步提高经济效益。"春种一粒粟，秋收万颗子"。光伏建筑就像一颗希望的种子，播撒在大地上，给人们带来丰收的喜悦。另一方面，光伏建筑的推广和应用，可以促进可再生能源的发展，推动能源结构的调整。随着全球对环境保护的重视和对可再生能源的需求不断增加，光伏建筑作为一种绿色、环保的建筑形式，将发挥越来越重要的作用。它可以为人们提供一个舒适、健康的生活环境，同时也为子孙后代留下一片碧水蓝天。它可以为其他领域的可再生能源应用提供借鉴和参考，推动整个社会向绿色、低碳的方向发展。"沉舟侧畔千帆过，病树前头万木春"。在能源革命的浪潮中，光伏建筑正以其蓬勃的生命力，引领着未来建筑的发展方向。

光伏与建筑的融合并非一帆风顺，在实际应用中还存在一些问题需要解决。在技术方面，光伏板的效率和寿命有待提高，光伏系统的稳定性和可靠性也需要进一步加强。在成本方面，光伏建筑的初始投资较高，一定程度上限制了其大规模推广应用。随着科技的不断进步和政策的不断完善，这些问题都将逐步得到解决。"长风破浪会有时，直挂云帆济沧海"。在未来的发展道路上，光伏建筑将迎来更加广阔的发展前景。

（《中国建设报》微信公众号2024年10月29日）

加强建筑垃圾治理 推进绿色低碳发展

牛伟蕊

近期，住房和城乡建设部会同多部门召开建筑垃圾专项整治工作视频会议，分析当前建筑垃圾管理工作情况和存在问题，部署开展全国城市建筑垃圾专项整治工作。

建筑垃圾治理事关城乡绿色低碳发展，任务艰巨、意义重大。根据中国战略性新兴产业环保联盟公布的数据，2023年，我国建筑垃圾占城市垃圾总量的40%以上，年产生量超过30亿吨，预计2025年将达到40亿吨，加强建筑垃圾治理势在必行。首先，这是推进绿色低碳转型的重要举措。建筑垃圾外运、堆放、填埋、焚烧等会对空气、土壤、地下水造成污染，通过源头减量、集中处理、分级利用等方式能够直接减少建筑垃圾与以上介质的接触，从而实现减污降碳，促进绿色建造发展和建筑业绿色化转型。其次，这是提高资源利用效率的重要路径。建筑垃圾中包含大量钢筋、混凝土、砖瓦石料等，经过资源化处理后制成的建材、燃料等再生产品可以循环使用，有利于提升资源节约和集约利用水平，推动实现高质量可持续发展。最后，这是改善城乡人居环境的重要内容。建筑垃圾及时清理处置能够降低固体废物对环境影响，为人民群众创造更加干净整洁的生产生活空间，以美好的城乡面貌助力美丽中国建设。

不断加强建筑垃圾全链条全过程管理，多点突破、成效显著。住房和城乡建设部积极参与《中华人民共和国固体废物污染环境防治法》修订，对建筑垃圾处理作出专门规定，构建了建筑垃圾处理法律制度框架和标准规范体系，在35个城市进行建筑垃圾治理试点，印发《关于推进建筑垃圾减量化的指导意见》和《施工现场建筑垃圾减量化指导手册》，大力培育建筑垃圾资源利用示范企业和示范基地，指导各地不断加强建筑垃圾治理工作。在源头减量方面，海南省鼓励采用先进技术、标准、工艺、设备、材料和管理措施等方式，实施绿色策划、绿色设计、绿色施工,将建筑垃圾减量化纳入文明施工内容、诚信评价体系以及评优评先条件,并对建设单位、设计单位、施工单位、监理单位提出具体要求。在规范处置方面,浙江杭州分别明确市级、区级权责,建立在建工地及消纳场地"一点一档"制度,从建筑垃圾产生、运输、消纳等全链条入手,排查非法处置、非法运输、非法倾倒等问题,形成建筑垃圾长效管理机制。在再生利用方面,湖南长沙建成高标准建筑垃圾处置基地并投入运营,将装修垃圾制成混凝土预制构件用于市政基础设施建设,将废弃木材、纤维植物等制成燃料用于工业生产,将废弃玻璃、陶瓷等制成砖块用于景观装饰,实现"变废为宝"。在智慧监管方面,四川成都搭建建筑垃圾处置监督管理信息共享平台,整合各类数据资源,为施工和运输方提供全过程信息调度服务并配备预警和信息公示功能,通过实时监控和智能审批实现有效监管、高效执法,以科技赋能建筑垃圾全过程管理。

有力有序开展全国建筑垃圾专项整治,持续攻关、深入推进。要充分认识建筑垃圾治理工作的重要性和紧迫性,建制度、堵漏洞、强监管、严处理,将针对突出问题的排查整治作为下一步工作重点。一是强化源头管控,严格执行建筑垃圾处置核准和处理方案备案制度,加强工地源头管理,做好建筑垃圾分类贮存、分类收集、分类利用和处置,切实从源头上防止建筑垃圾私自排放。二是加强运输监管,加大日常联合监管力度,合力规范运输管理,保障运输环节合法合规、整洁有序、安全密闭,整治私拉乱倒行为。三是规范利用处置,疏堵结合,开展存量治理,科学编制城市建筑垃圾治理和综合利用体系发展规划,加快建筑垃圾各类设施建设落地,同时推进建筑垃圾处置新技术、新装备的应用,加大资源化利用产品推广应用力度,促进可持续发展。四是加大联合监管执法力度,从严从重查处违法违规行为,重拳整治建筑垃圾治理行业乱象,建立工作协同联动机制,相互配合、齐抓共管,实现全过程、全链条、全方位管理。

(《中国建设报》微信公众号2024年11月15日)

严查违规"挂证"行为，规范建筑市场秩序

周琳娜

工程建设行业的发展质量直接关系到国民经济的稳定运行与人民群众的生命财产安全。近日，住房和城乡建设部与人力资源和社会保障部联合发布了《住房城乡建设部办公厅 人力资源社会保障部办公厅关于开展工程建设领域专业技术人员违规"挂证"行为专项治理的通知》（以下简称《通知》），以雷霆之势，向违规"挂证"行为宣战，为规范行业发展、提升工程质量提供了强有力的政策支持。该《通知》的出台，旨在打击和遏制工程建设领域中存在的专业技术人员违规"挂证"现象，保障工程质量安全，维护建筑市场的公平竞争秩序。这一举措不仅彰显了监管部门维护行业秩序、保障工程质量的决心，更是对技术人员专业精神的一次严格拷问和洗礼。

违规"挂证"行为的危害性不容忽视。专业技术人员的资质，作为工程设计与施工质量的基石，以及安全管理的核心要素，其重要性不言而喻。"挂证"行为，具体表现为持证者将个人资质证书违规挂靠于非实际就职单位，由非持证者冒用其名义从事相关工作，此举不仅公然挑战了国家法律法规的权威，更是对工程建设质量与安全构成了重大隐患。正所谓"工欲善其事，必先利其器"，缺乏真正具备专业素养与技术能力的人才支撑，工程质量与安全的保障便无从谈起。鉴于此，《通知》的正式颁布，是对行业内这一不良风气的正面宣战，旨在发出强烈信号，警示各方务必严阵以待，共同维护工程建设领域的健康秩序。

《通知》的出台为"挂证"行为的识别、查处提供了明确的政策依据和操作指南。长期以来，相关部门持续加强工程建设领域的管理，优化完善相关制度，但因多重因素交织，"挂证"现象仍屡现未绝。《通知》的正式发布，不仅精准界定了治理的目标、核心任务、具体工作要求及时间节点，还详尽列出了治理的细化措施与明确的惩处规定，为辨识与查处"挂证"行为构筑了坚实的政策基石与操作蓝本，

针对违规行为的处罚手段既严格又具体。"黄沙百战穿金甲，不破楼兰誓不还"，此番专项治理行动，鲜明展现了对于违规现象的零容忍立场，预示着根除"挂证"顽疾的攻坚战役拉开序幕。《通知》将形成强有力的震慑效应，有效遏制潜在违规行为，同时，也为依法合规的企业与技术人员营造公平、公正的市场环境。

"挂证"问题的治理需要各方紧密协作、形成合力。"水滴石穿，非一日之功"，治理"挂证"问题不可能一蹴而就，必须坚定不移长期推进。《通知》的有效实施，需要各相关部门的紧密协作，更需要全社会特别是行业内外的共同努力。对于企业而言，必须自觉遵守法律法规，严格重视人员挂靠问题，坚决拒绝使用"挂证"人员；对于个人而言，必须树立正确的职业道德观，抵制利益的诱惑，通过合法途径提升自身技能和资质，真正做到以技术为本，以信誉为先；对于监管部门而言，必须加大执法力度，利用现代信息技术手段，建立全面的监管体系。"法网恢恢，疏而不漏。"通过跨部门、跨地区的合作，形成合力，让"挂证"问题无处遁形。加强行业信用体系建设，将违规行为记录在案，实现"一处失信，处处受限"。只有多方合力攻坚，才能形成压倒性的治理态势，确保《通知》的落地生效。

在治理"挂证"行为的同时，还应密切关注行业发展的长远需求。加大对工程建设领域人才培养和技术创新的支持力度，引导行业向技术密集型、知识密集型方向发展，引导形成尊重技术、崇尚实干的良好风尚。弘扬"工匠精神"，让追求极致、精益求精成为每一位工程建设者的自觉行动。此外，通过建立健全长效机制，如搭建平台，促进技术交流和知识共享，激发工程技术人员的创新活力，完善人才激励政策、加强行业信用体系建设等措施，从根本上净化行业环境，推动工程建设领域的持续健康发展。

《通知》的全面贯彻执行，有助于"挂证"问题的加快解决，工程建设领域将实现自我净化、自我完善、自我创新的积极转变。正如"黄河远上白云间，一片孤城万仞山"所展现的雄浑画面，在这条充满挑战与变革的道路上，每一位致力于质量、创新、发展的建设者，都是那片白云深处的壮美景观。

（《中国建设报》2024年9月13日4版）

切实用好建设工程企业资质管理这个抓手

牛伟蕊

近日,住房和城乡建设部印发《住房城乡建设部关于进一步加强建设工程企业资质审批管理工作的通知》(以下简称《通知》),从审批效率、审批权限、业绩认定、动态核查、党风廉政建设等十个方面,就进一步加强建设工程企业资质审批管理工作作出部署,这是强化建筑市场监管的又一重要政策文件。

建设工程企业资质审批管理是我国建筑市场监管的重要制度之一,是规范建筑市场秩序的重要抓手。党的十八大以来,我国不断完善建设工程企业资质审批管理,优化市场准入机制,规范建筑市场主体行为。从精简资质审批相关指标要求,到开展告知承诺制审批,再到加大事中事后动态监管力度,资质审批效率持续提升,建筑业营商环境不断优化,市场监管机制更加完善,对于激发市场主体活力、促进建筑业健康发展发挥了重要作用。当前,一些企业在资质申请过程中弄虚作假、伪造工程业绩材料,以欺骗手段取得企业资质,影响了市场的公正公平。健全建设工程企业资质审批管理制度,是优化建筑市场环境、推进建筑业高质量发展的必然要求,对保证工程质量安全和人民生命财产安全意义重大。

党的二十大报告指出,高质量发展是全面建设社会主义现代化国家的首要任务,要构建高水平社会主义市场经济体制,完善产权保护、市场准入、公平竞争、社会信用等市场经济基础制度。2023年年初召开的全国住房城乡建设工作会议要求,守住为社会提供高品质建筑产品的初心,抓建筑市场,构建诚信守法、公平竞争、追求品质的市场环境。这些重要部署和要求,为进一步加强建设工程企业资质审批管理工作指明了方向。

首先,推动建筑市场监管向"宽进、严管、重罚"转变。《通知》提出的提高资质审批效率、统一全国资质审批权限、加大企业资质动态核查力度、强化注册人员考核要求、建立函询制度等要求,均是在科学优化准入的基础上,突出事中事后监管和违法违规处罚的关键举措。其次，充分运用数字化手段优化营商环境。《通知》要求，通过提高企业资质审查信息化水平提升工作效能，用好全国建筑市场监管公共服务平台完善业绩认定方式。最后，注重加强信用管理规范建筑市场秩序。信用体系是建筑市场监管体系的重要组成部分。要加强对企业和从业人员的信用管理，将资质审批管理与市场主体信用相挂钩。《通知》要求，对存在资质申请弄虚作假行为、发生工程质量安全责任事故、拖欠农民工工资等违反法律法规和工程建设强制性标准的企业和从业人员，依法依规限制或禁止从业，并列入信用记录。

建筑市场监管之"严"是市场规范之要，建筑市场环境之"优"是行业发展之基，资质管理制度之"畅"是企业活力之源。只有不断适应新的形势和新的要求，持续加强建设工程企业资质审批管理工作，优化建筑市场营商环境，强化建筑市场监管，才能让建筑市场主体根深本固、枝繁叶茂，成为推动建筑业高质量发展的生力军。

(《中国建设报》2023年10月9日2版)

大跨建筑设计回访筑牢公共安全屏障

王益鹤

建筑工程质量安全事关人民群众生命财产安全，事关城市传承与未来。近日，住房和城乡建设部办公厅印发《住房和城乡建设部办公厅关于开展大跨度钢结构公共建筑设计回访公益行动的通知》（以下简称《通知》）强调，大跨度钢结构广泛应用于体育场馆、礼堂会场、运输场站、医院门厅、展览馆等人员密集型公共建筑，其结构安全性至关重要；为贯彻落实党中央、国务院部署，有效防范化解大跨建筑安全风险隐患，决定组织由住房和城乡建设部核发资质的甲级设计单位，开展大跨建筑设计回访公益行动。

秉要执本，常勤精进，凝聚大跨建筑设计回访的安全共识。设计回访公益行动是设计单位与建筑所有权人的"双向奔赴""并肩同行"。《通知》指出，设计单位要积极履行社会责任，增强担当精神，主动开展公益服务。按照"突出重点、问题导向、预防为主"的原则，对本单位设计的大跨建筑开展设计复核、功能复核、整体使用情况复核，对大跨建筑所有权人进行公益安全提醒。《通知》同时强调，所有权人是建筑安全的责任主体，要充分认识设计回访是帮助自身降低安全事故风险的一项有效手段，要与设计单位良性互动、密切配合，积极加大投入保障力度，及时消除风险隐患，严防垮塌事故发生。通过设计回访公益行动，可以及时发现并解决大跨建筑中存在的安全隐患，保障人民群众的生命财产安全，同时有助于提高设计单位的服务质量和水平。这不仅是对建筑过往的审视，更是对未来安全的把握，需要设计单位与建筑所有权人携手并进，共筑钢铁防线，推动建筑业的高质量发展和高水平安全。

秉轴持钧，以一持万，紧盯大跨建筑设计回访的重点问题。《通知》指出，回访的主要范围为屋盖结构形式为钢结构，单跨跨度大于24米或悬挑长度大于8米的各类大跨建筑；尤其关注建成时间长、建造标准低、使用环境恶劣的大跨建筑；

特别明确了各设计单位开展现场回访应重点查看的技术要点。设计回访公益行动针对建筑项目进行深入分析，确保建筑使用功能、负荷限制、设备环境、维护保养等符合设计要求。同时，设计回访公益行动更加关注建筑的使用情况和安全风险，通过回访了解建筑使用中的问题及改进建议，提升建筑安全和社会效益。明者防祸于未萌，智者图患于将来。通过设计回访公益行动，真正坚持标本兼治，坚持关口前移，加强日常防范，加强源头治理、前端处理，将问题解决在萌芽之时。

备豫不虞，善之大者，探索大跨建筑设计回访的长效机制。建筑安全，只有起点没有终点。设计回访是项目设计全过程的延续和扩展，是设计工作的组成部分，作为建筑设计产品的重要服务方式，设计回访是提升建筑质量安全的重要举措。同时，设计回访重在宣传大跨建筑安全使用及养护常识，充分考虑大跨建筑所有权人的权益。《通知》鼓励建筑所有权人与设计单位签订长期服务合同，定期开展设计回访。住房和城乡建设部将选取一批优秀设计单位作为设计回访重点联系单位，及时了解工作进展、困难问题、经验做法。设计回访公益行动需要政府部门、设计单位、建筑所有权人等各方共同参与，形成良性互动的长效机制，营造广泛支持的良好氛围，共同推动建筑安全和建筑品质提升。

征程万里风正劲，重任千钧唯担当。大跨建筑设计回访公益行动不仅是对建筑本身的呵护，更是对人民群众生命财产安全的庄严承诺。当前，建筑业正处于厚植优势、乘势而上的机遇转型期，我们要下好"先手棋"、打好"主动仗"，把建筑安全贯穿到全过程、各方面，深入推动建筑业高质量发展。

（《中国建设报》2024年8月26日3版）

以数字化手段推进工程建设项目全生命周期管理改革

牛伟蕊

近日，住房和城乡建设部办公厅发布《住房城乡建设部办公厅关于开展工程建设项目全生命周期数字化管理改革试点工作的通知》（以下简称《通知》），决定在天津等27个地区开展工程建设项目全生命周期数字化管理改革试点工作。试点自2023年11月开始，为期1年。试点内容包括推进全流程数字化报建审批、建立建筑单体赋码和落图机制、建立全生命周期数据归集共享机制、完善层级数据共享机制等。

《通知》是贯彻落实国务院关于工程建设项目审批制度改革部署的重要体现。工程建设项目审批制度改革是党中央、国务院在新形势下作出的重大决策。2019年，国务院办公厅印发《关于全面开展工程建设项目审批制度改革的实施意见》，提出统一审批流程、统一信息数据平台、统一审批管理体系、统一监管方式四项具体要求，其中明确了加强数字化管理的相关举措。如要求按照"横向到边、纵向到底"的原则，整合建设覆盖地方各有关部门和区、县的工程建设项目审批管理系统，实现统一受理、并联审批、实时流转、跟踪督办，并与国家工程建设项目审批管理系统对接，审批数据实时共享。《通知》要求依托工程建设项目审批管理系统推进审批标准化规范化，进一步细化报建审批、图纸审查、审管联动、项目全覆盖等方面数字化管理的工作内容，是对"四统一"在工程建设项目全生命周期的落实和深化。

《通知》是以数字化手段推进住建领域政府治理体系和治理能力现代化的关键举措。党的二十大报告把"国家治理体系和治理能力现代化深入推进"作为未来五年我国发展的主要目标任务之一。政府治理体系是国家治理体系的重要组成部分，是推进国家治理体系和治理能力现代化的行政载体和实现形式。2023年年初召开的全国住房城乡建设工作会议指出，要以制度创新和科技创新为引擎，激发住建事业高质量发展动力活力。其中，推进工程建设项目审批制度改革和深化"数字住建"建设是两项不容忽视的重点工作。近年来，住房和城乡建设部稳步推进工程建设项目审批制度改革各项任务，聚力打造"数字住建"，行政审批效能不断提速，政务服务质量不断提升，行业各方数据不断汇集，市场营商环境不断优化。一方面，《通知》要求完善审批管理系统、实现各层级数据互联互通，是工程建设项目审批制度改革的深化；另一方面，《通知》明确对建筑单体进行赋码、加强图纸全过程数字化闭环管理，是发展"数字住建"的重要体现。

《通知》是以数字化理念助力建筑业转型升级和高质量发展的有力抓手。数字化是建筑业转型升级的内生要求，对推动建筑业高质量发展具有重要意义。要推动产业数字化，利用互联网新技术新应用对传统产业进行全方位、全角度、全链条的改造。建筑业是国民经济重要的支柱产业，建筑是为人民群众创造高品质生活的重要载体。近年来，住房和城乡建设部坚持建筑业工业化、数字化、绿色化改革发展方向，大力推动BIM、大数据、云计算、移动互联网等数字技术与建筑业的深度融合，产业发展质量和效益不断提升。《通知》提出建立全生命周期数据归集共享机制，加强BIM技术应用，在资质审批、质量安全监管、信用管理等方面挖掘数据潜力等举措，旨在通过推进工程建设项目全生命周期数字化管理改革，打通审批、设计、施工、验收、运维审批监管数据链条，推动管理流程再造、制度重塑、模式创新，以数字赋能促进建筑产品品质提升和建筑业高质量发展，不断满足人民群众对美好生活的需求。

破局开路，试点先行。《通知》坚持统筹谋划、因地制宜的工作原则，规定了四项必选任务，也提供了三项供地方结合实际自主选择的任务，同时试点地区还可根据试点目标提出新的任务方向。通过试点，总结经验，形成可复制推广的管理模式、实施路径和政策标准体系，为促进工程建设领域高质量发展发挥重要作用。

（《中国建设报》2023年11月29日2版）

新时代建筑产业工人队伍建设积极稳步推进

袁利平

为贯彻落实党中央、国务院决策部署，加快培育新时代建筑产业工人队伍，2020年，住房和城乡建设部会同国家发展改革委、教育部、工业和信息化部、人力资源和社会保障部、交通运输部、水利部、税务总局、市场监管总局、国家铁路局、民航局、中华全国总工会等11部门印发《关于加快培育新时代建筑产业工人队伍的指导意见》（以下简称"指导意见"）。"指导意见"实施以来，各地积极探索，大力推进新时代建筑产业工人队伍建设，成效显著，亮点纷呈。近期，在系统总结地方经验的基础上，住房和城乡建设部印发《住房城乡建设部办公厅关于印发培育新时代建筑产业工人可复制经验做法清单（第一批）的通知》。

在推进进城务工人员向新时代建筑产业工人转型方面。一是培育自有产业工人，重庆市鼓励建筑企业培育"自有工人"，陕西省鼓励不同规模企业组建自有建筑劳务公司、班组长和产业工人库。二是引导劳务企业转型发展，河南省固始县发展专业作业企业，陕西省积极培育"技能型""品牌型"建筑劳务企业。三是加强高素质高技能产业工人培养，广州市针对新型建造技术的施工特点加强技能工人培养，温州市推行"智能建造+产业工人"培养模式试点工作，四川省叙永县加强培养高素质高技能产业工人队伍。四是增强建筑工人归属感，广州市建立关爱建筑工人长效机制，宁波市建立建筑劳务产业园工会联合会。

在完善建筑工人实名制管理方面。一是拓展实名制管理系统功能，云南省推进实名制管理全流程线上闭环监管，浙江省丰富实名制管理应用场景，广西壮族自治区不断完善实名制管理平台功能，广州市探索AI视频监控自动预警项目试点。二是推动项目、企业、人员全覆盖，福建省推动实名制管理信息互联共享，河南省平顶山市强化项目管理人员到岗履职监督，广州市建立实名制访客制度。三是推动实名制与日常监管联动管理，江西省"线上预警+线下核查+重点督办"多向发力、闭环销号，云南省线上线下相结合开展动态监管，江苏省泰州市细化量化实名制管理，杭州市开展持证上岗人员线上监管和流动人口临时居住登记管理试点，宁波市推行实名制管理"一码通行"。

在提升建筑工人技能水平方面。一是建设新时代建筑产业工人培育基地，河南省林州市不断推动建筑产业工人培育基地建设，四川省自贡市形成"教、学、做"一体化的建筑产业工人培训基地，安徽省和县大力推动新工种建筑产业工人培养基地建设。二是制定实施技能工人配备标准，广东省实施施工现场技能工人配备动态管理，河南省漯河市双随机巡查技能工人配备情况。三是"以赛代练"推动提升产业工人技能水平，陕西省以竞赛引领行业技能人才建设，成都市举办职业技能人才大赛，四川省内江市常态化举办职业技能大赛。四是推动建筑工人产业园建设，杭州市推动建设建筑工人服务园，宁波市以建筑服务产业园助推建筑劳务集聚发展，苏州市整合市场优质资源打造建筑服务产业园。

在加强统筹协作和政策支持方面。一是建立协同推进机制，河南省建立多方联动工作机制，广州市建立"横向到边、竖向到底"的建筑产业工人培育工作网络，四川省内江市多部门共同打造"甜都建工"特色劳务品牌，河南省固始县一体推进建筑劳务企业培育和建筑工人技能提升。二是加大职业技能培训政策支持，重庆市加大职工教育经费投入，河南省实行"一试双证"，即取得住房城乡建设行业相关证书的同时，可自愿申请人社部门相关职业（工种）相应等级的职业技能等级证书，广西壮族自治区积极探索建筑工人培训经费保障新渠道，江西省赣州市强化政府财政补贴支持建筑产业工人培训。三是建立技能导向的激励机制，内蒙古自治区对设立省级或国家高技能人才培训基地的单位给予资金支持，深圳市建立以技能为导向的职业训练体系。

在保障建筑工人合法权益方面。一是推动制度建设防范拖欠，福建省多措并举健全拖欠农民工工资防范机制，重庆市全面推行农民工工资专户管理及银行代发制度，安徽省芜湖市全面实行红黄蓝牌"三色"预警机制。二是加强多部门联动合力化解欠薪，江西省设立建筑业人民调解委员会，广东省佛山市开展房屋建筑工程领域农民工工资纠纷诉源治理。

随着新时代建筑产业工人队伍建设步伐加快，一支知识型、技能型、创新型的建筑产业工人大军正在逐步形成，一定可以为我国从建筑大国走向建筑强国提供强劲支撑，为全面建设社会主义现代化国家贡献稳固力量。

（《中国建设报》2024年2月1日2版）

培育新时代建筑工人队伍的有益探索

周琳娜

建筑工人,是城市变迁的见证者,是高楼大厦的筑造者。在每一寸城市的土地上,都凝聚着他们的汗水与智慧。他们用坚实的双手,筑起一道道坚固的防线;用精湛的技艺,雕琢出一座座巍峨的建筑。正是因为他们,我们的家园才能更加安全、美丽、宜居。福建省近日发布《福建省培育新时代建筑企业自有工人试点工作方案》(以下简称《方案》),旨在通过系统培训和规范管理,打造一支稳定专业的建筑工人队伍,以适应新时代建筑行业的发展需求。

技术兴工,筑基未来。在传统建筑业中,"工欲善其事,必先利其器",但器之锐,更需匠心独运之工匠。福建省此次出台的试点工作方案,是对当前建筑行业人才结构不合理、技能水平参差不齐现状的积极回应。《方案》提出利用两年的时间在房屋建筑和市政基础设施工程建设领域开展试点工作,深化建筑业劳务用工组织模式改革,加快培育建筑企业自有产业工人队伍,力争实现试点项目的施工现场自有工人比例在试点第一年、第二年分别达到10%、20%,特种作业人员自有工人比例分别达到40%、80%以上。此举不仅有助于提升工人专业技能,更对提高建筑工程质量、促进安全生产具有深远影响。

匠心筑梦,技高一筹。"不积跬步,无以至千里;不积小流,无以成江海"。福建省通过试点工作方案,鼓励建筑企业承担起培养技术型、管理型人才的责任。《方案》要求试点企业应当确保职工教育经费专款专用,60%以上经费直接用于一线自有工人的教育培训。落实财税支持政策,对取得国家职业资格证书或职业技能等级证书且符合条件的建筑工人,按规定给予技能提升补贴,不仅能改善工人的就业条件和生活水平,还能为企业自身带来更高的生产效率和更强的市场竞争力。从更深层次来看,这一政策的实施将推动建筑行业从传统的劳动密集型向技术密集型转变。随着建筑信息模型(BIM)、建筑机器人、数字化协同设计等新技术的不断涌现，对建筑工人的技能要求也在不断提高。培养新时代建筑工人，使其能够快速适应并有效利用这些新技术，是推动建筑业现代化的关键。因此，新时代建筑工人应具备持续学习和自我提升的意识，以不断适应新的技术变革和市场需求，系统的培训和认证机制能够确保工人技能与时俱进，满足新型建筑项目的施工需求。

诗意栖居，技术为魂。培育新时代建筑工人还将对地方经济发展产生积极效应。一方面，新时代建筑工人能够更好地理解和实施绿色建筑和可持续建筑的理念，有助于推广节能减排和环境友好型的建筑材料和技术，通过精确施工和高效管理，将能够促进建筑材料等资源的合理使用，推动建筑行业向循环经济和可持续发展迈进，整体提升建筑行业水平。高素质的建筑工人还能更好地展现中国建造水平，增强国家建筑业在国际市场上的竞争力。另一方面，建筑工人将从传统的体力劳动者转变为技术型专业人才，其专业能力和社会地位得到显著提升。《方案》支持建筑之乡、大中型建筑企业充分利用自身优势，搭建劳务用工信息服务平台，为劳务企业与施工企业提供信息交流渠道，增强了劳动力市场的灵活性和建筑企业的人力资本优势，有助于形成良性的地方经济循环。巧匠引线，石中绘景，凝结智慧，铸就辉煌。技艺的升华，不仅筑就物质的居所，更孕育了精神家园。

《方案》是对现有建筑行业人才培养模式的探索创新，有利于提升建筑工人个人技能，有利于推动建筑行业技术进步、结构优化和可持续发展，对于提升城市建设水平、提高工程质量、为全社会提供高品质建筑产品有重要意义。

（《中国建设报》2024年8月12日3版）

加强人员培训考核，筑牢施工安全底线

袁利平

近日，住房和城乡建设部办公厅印发《房屋市政工程施工安全监督人员培训考核大纲（试行）》（以下简称《大纲》），推动加强房屋市政工程施工安全监督队伍建设，切实提升施工安全监督人员发现问题和解决问题的能力水平。

从条文到实操，系统指导培训考核内容。房屋市政工程施工安全监督人员作为防范化解安全风险的关键因素、预防管控的"第一道防线"，既要掌握必要的法律知识和专业技能，也要具备一定的现场实操能力。监督人员经培训考核合格，并取得由省、自治区、直辖市人民政府住房城乡建设主管部门签发的考核合格证书后，方可从事施工安全监督工作。《大纲》是培训考核的指导性文件，分为法律法规、标准规范（技术文件）、实操案例三个科目。各地可结合本地区实际对培训考核大纲内容、要点及分值进行适当补充、调整，也可根据《大纲》建立本地区题库。

从法律到文件，强化各级法规内容考核。法律法规科目培训考核大纲含有5部法律、4项行政法规、7项部门规章和15项行政规范性文件，对其中与安全生产相关内容的考核，分掌握、熟悉或了解不同程度要求。对《中华人民共和国建筑法》《中华人民共和国安全生产法》《建设工程安全生产管理条例》《危险性较大的分部分项工程安全管理规定》《住房城乡建设部办公厅关于实施〈危险性较大的分部分项工程安全管理规定〉有关问题的通知》《房屋市政工程生产安全重大事故隐患判定标准（2022版）》以及监管人员、企业和起重机械监管规定内容的考核，建议分值较高，为4分、3分或2分，其余规定的考核分值均建议为1分，建议实施轨道交通工程安全监管的地区统筹调整分值。

从基坑到高处，易发事故专业考核分值高。标准规范科目培训考核大纲要求从12个专业类型考核技能，分别是基坑工程、脚手架工程、起重机械、起重吊装工程、施工机具、模板工程、施工临时用电、高处作业与安全防护、有限空间作业、建筑拆除工程、暗挖工程、消防安全。其中施工机具、建筑拆除工程和消防安全专业涉及的主要标准规范相对较少，考核建议分值为2分；除此之外，其余各专业涉及的标准规范都较多，也是易发事故环节，考核建议分值比较高，如高处作业与安全防护和基坑工程考核建议分值均为5分，起重机械和脚手架工程考核建议分值分别为6分和8分，其他5个专业考核建议分值为4分。

从预防到应急，实操要求隐患识别与事故调查。实操案例培训考核要求分为两方面：现场事故隐患识别与分析、事故调查与分析。考核可采取设置项目场景分析、模拟沙盘推演、选取在建项目开展实地监督检查或针对真实事故案例开展调查分析等方式进行。事故隐患识别要求能指出项目存在的所有危险性较大的分部分项工程和超过一定规模的危险性较大的分部分项工程、能识别大部分一般事故隐患、能识别所有重大事故隐患、能指出违反的法律法规和标准规范、能提出正确整改措施。事故调查要求事故的应急处置能找出事故的直接原因、能指出事故项目违反的法律法规和标准规范、能指出各参建单位存在的主要问题、能对相关责任单位及责任人提出处罚意见、能提出事故整改和防范措施建议。

安全是发展的前提。要把安全作为底线要求，把时时放心不下的责任感转化为"事事心中有底"的行动力，努力实现建筑业高质量发展和高水平安全良性互动，坚决保障人民生命财产安全。

（《中国建设报》2024年12月5日5版）

建筑业"走出去"为"一带一路"建设增光添彩

牛伟蕊

近日,第三届"一带一路"国际合作高峰论坛在北京举行,来自140多个国家、30多个国际组织的代表齐聚,习近平主席出席论坛开幕式并发表题为《建设开放包容、互联互通、共同发展的世界》的主旨演讲,宣布中国支持高质量共建"一带一路"的八项行动,表示愿同各方深化"一带一路"国际合作,迎接共建"一带一路"更高质量、更高水平的新发展,为实现世界各国的现代化作出不懈努力。

山海连丝路,砖瓦筑心桥。中国建筑业是"一带一路"建设的排头兵、主力军。十年来,共建"一带一路"从中国倡议走向国际实践,从谋篇布局的"大写意"到精耕细作的"工笔画",取得了实打实、沉甸甸的成就。"一带一路"建设的核心内容之一是促进基础设施建设和互联互通。自倡议提出以来,我国建筑业企业聚焦关键通道、关键城市、关键项目,联结陆上公路、铁路道路网络和海上港口网络,深度参与沿线国家和地区重大项目的规划和建设,着力推动陆上、海上、天上、网上四位一体的设施联通建设,"走出去"的层次、水平和效益明显提升。2022年,我国对外承包工程业务完成营业额、新签合同额分别达到1550亿美元、2531亿美元,较2013年分别增长32.9%和84.6%,其中均有一半以上在"一带一路"沿线国家完成。走出国门的建筑业扬帆远航,助"一带一路"建设结出累累硕果,让"一带一路"美好画卷绽放璀璨光彩。

绘一方锦绣,展万里宏图。"一带一路"建设给中国建筑业"走出去"创造了重要机遇。十年来,我国建筑业以全球市场为舞台,深度参与"一带一路"建设,业务领域由单一劳务输出转向工程总承包、投资建设运营一体化等多元化发展模式,在亚、非、欧、拉美等各大洲主要国家留下足迹,"中国建造"品牌不断擦亮。一批综合实力强劲的企业脱颖而出,2023年度"全球最大250家国际承包商"榜单中有81家中国企业,入榜数量再创新高,充分体现了中国企业在全球建筑业的领军地位；一批采用中国标准的项目建成落地，在牵头制定国际标准、承担国际标准组织技术机构领导职务等方面取得突破，工程建设标准国际化水平大幅提升；一批先进技术和产品赋能全球，如在埃及新行政首都中央商务区项目中将全自动、智能化技术融入施工细节，创下多个施工纪录，用建筑业的中国方案为世界贡献中国智慧。

东方风既来，引发展之路。中国建筑业"走出去"激发"一带一路"沿线国家磅礴活力。10年来，从夯基垒台、立柱架梁到落地生根、持久发展，中国建筑业走出去、促合作、献真心，搭建一系列促发展平台，形成一大批标志性工程，打造一个个惠民生项目，在"一带一路"上奏响"硬联通""软联通""心联通"的交响乐。建筑业"走出去"为全球经济注入新动能，世界银行报告显示，共建"一带一路"实施以来，仅通过基础设施建设，就使全球贸易成本降低1.8%，全球贸易和收入实现同步增长。建筑业"走进去"托举起共建国家的"繁荣梦"，中老铁路让老挝由"陆锁国"变成"陆联国"，间接为老增加10万余个就业岗位；孟加拉国帕德玛大桥铁路连接线先通段正式通车将直接惠及8000万人口，拉动孟经济增长1.5个百分点；马尔代夫社会住房项目为首都及周边3万人改善了居住环境，极大缓解了当地住房压力……实践充分证明，建筑业"走出去"顺潮流、得民心、利天下，铺就了繁荣之路，架起了合作之桥。

同道而相益，同舟而共济。习近平主席指出，"世界好，中国才会好；中国好，世界会更好"。共建"一带一路"源自中国，成果和机遇属于世界。十年栉风沐雨，作为"一带一路"建设排头兵的中国建筑业，追求的是发展，崇尚的是共赢，传递的是希望，收获的是信任和期许。十年春华秋实，"一带一路"正日益成为各国建筑业团结应对挑战的合作之路、释放发展潜力的增长之路、增进民生福祉的普惠之路。第一个十年只是序章，从新的历史起点再出发，共建"一带一路"将更具创新与活力、更加开放和包容，为中国和世界打开新的机遇之窗。中国建筑业也将始终稳扎稳打，勇毅前行，以"中国建造"响亮品牌让"一带一路"真正成为造福世界的"发展带"、惠及人类的"幸福路"。

（《中国建设报》2023年11月9日2版）

坚决打赢住房城乡建设系统治理欠薪冬季行动攻坚战

郭嘉颖

年关将至,落实和保障好进城务工人员工资支付是当前一项重要且紧迫的民生大事。近日,住房和城乡建设部建筑市场监管司召开视频会议,进一步动员部署住房城乡建设系统治理欠薪冬季行动,要求切实提高政治站位,坚持问题导向,树牢底线思维,不断增强抓好治理欠薪工作的行动自觉。

抓源头治理,全面摸排化解欠薪隐患。坚持事前预防、抓早抓小,全面排查房屋市政工程项目欠薪隐患,做到早发现、早处置。对发现的欠薪隐患,分类施策、靶向处置,防止隐患"发酵";对已排除欠薪隐患的企业和项目,持续跟进、动态监管。着力规范建筑市场秩序,严厉打击转包、违法分包、挂靠等违法违规行为。持续拧紧防欠治欠责任链条,精准有效实施源头管控,全力保障进城务工人员工资支付工作,切实保障"劳有所得"。

抓督导调度,确保各项任务落实落地。加强治理欠薪冬季行动进展情况调度,梳理总结工作进展情况,适时开展现场督导,积极破解难点堵点,有计划、分步骤地稳妥解决问题。把解决欠薪问题作为整治群众身边不正之风和腐败问题的重要抓手,对涉及人数多、金额大,群众反映强烈的重大典型案件,实行挂牌督办,一查到底,确保欠薪问题得到有效遏制、重大案件得到妥善处置。畅通欠薪维权"绿色通道",全面落实"首问负责""接诉即办",配合相关部门尽快解决问题,切实做到查实查深、立行立改、彻底整改,推动欠薪问题案结事了,确保"事事有着落,件件有回音"。

抓制度保障,完善治理欠薪长效机制。坚持"当下改"与"长久立"相结合,以保障进城务工人员工资支付工作为出发点和切入点,切实维护建筑进城务工人员合法权益。加强事前事中事后监管,扎牢工资支付保障制度笼子。持续完善建筑用工制度,强化建筑工人实名制管理,加快实现在建项目、企业、工人实名制全覆盖。严厉打击各类建筑市场违法违规行为，加大公开通报力度，构建诚信守法、公平竞争、追求品质的建筑市场环境，扎实推动治理欠薪冬季行动走深走实。

"治政之要在于安民，安民之道在于察其疾苦"。治理欠薪工作，事关基本民生和劳动者切身利益，事关社会和谐稳定。要充分认识治理欠薪工作的特殊重要性，按照治源头、防风险、强监管、严惩处、兜底线的总体要求，挂图作战，精准施治，既要敢于动真碰硬，又要注重固本培元，拿出真招、实招、硬招，坚决打赢住房城乡建设系统治理欠薪冬季行动攻坚战，让广大进城务工人员安心舒心返乡过年。

（《中国建设报》微信公众号2024年12月13日）

基础支撑篇
——推进住建领域治理体系和治理能力现代化

根扎得越深,树长得越茂盛;地基打得越牢,楼建得越坚固。不仅要做好眼前的事情,还要着眼未来,下大气力做好打基础、利长远的工作。

适应从解决"有没有"转向解决"好不好"的要求,大力加强基础性工作,夯实法治基础,完善工程建设标准,强化科技驱动,改进建设统计,管好城建档案,筑牢人才支撑,扩大对外交流,加强舆论宣传,为推动住房城乡建设高质量发展筑牢根基。

夯实住房城乡建设事业发展的基础支撑

李嘉珣

2024年，是中华人民共和国成立75周年，是实施"十四五"规划的关键一年，也是推动住房城乡建设事业高质量发展的重要一年。推动高质量发展，从主要解决"有没有"转向主要解决"好不好"，亟须夯实基础、深化改革。必须大力加强各项基础性工作，为住房城乡建设转型发展筑牢根基。

夯实法治基础，构建法治住建。依法行政是政府工作的基本原则，要全面学习领会习近平法治思想的核心要义和丰富内涵，努力把习近平法治思想转化为推进法治住建建设的生动实践。要落实全面依法治国战略部署，确保住房城乡建设领域各项工作在法治轨道上高效运行，提升住房城乡建设工作法治化水平。要对住房城乡建设领域法治建设重点任务进行系统部署，锻长板、补短板，以法治思维和法治方式推动高质量发展。要加快推进"立改废"工作，切实提高治理效能，更好地适应建设法治国家、推进国家治理体系和治理能力现代化的要求。

完善建设标准，强化标准支撑。标准决定质量，只有高标准才有高质量。要以提升标准质量为核心，完善标准体系树状图。要聚焦绿色低碳发展，以问题为导向解决发展掣肘，提高绿色建筑品质，提升既有建筑能效水平，推广新型绿色建造方式。要着重围绕建造"好房子"，从建筑层高、电梯、隔声、绿色、智能、无障碍等方面入手，切实增强标准的先进性、适用性和有效性。同时，充分发挥我国工程建设经验、先进技术和装备优势，结合"一带一路"国外工程项目需求，推动工程建设标准"走出去"。

强化科技驱动，推动创新发展。科技是第一生产力。要围绕建设"好房子"技术，集中全行业智慧，集中攻关突破"卡脖子"技术，大力推广应用新材料、新工法、新产品，把产品质量、科技含量提上去。要推动新一代信息技术在住房城乡建设领域的创新应用，加快城市管理、住房管理和工程建造等方面的数字化转型，举全行业之力打造"数字住建",以科技进步赋能住房城乡建设事业高质量发展和人民高品质生活。

扩大对外交流,提升合作水平。党的二十大报告中强调,"中国坚持对外开放的基本国策,坚定奉行互利共赢的开放战略""推进高水平对外开放"。世界上很多国家和政党都非常重视住房、城市建设等工作,住房城乡建设领域是最容易凝聚共识的合作领域。要坚持以习近平外交思想为指导,不断加强和深化住建领域国际交流合作工作,为推动构建人类命运共同体作出应有贡献。要围绕服务中国特色大国外交,坚持互惠互利、合作共赢的原则,全方位拓展国际伙伴关系布局,进一步加强与共建"一带一路"国家的深度合作,促进全球人居事业可持续发展,持续做好全球可持续发展城市奖(上海奖)评选,办好世界城市日中国主场活动。

做好宣传阐释,加强舆论宣传。既要做好推进住房城乡建设事业高质量发展的实干家,又要做讲好住房城乡建设故事的宣传队。要严格落实意识形态工作责任制,及时传递权威声音,准确解读行业政策,不断提升舆论宣传工作水平,有效提振信心、坚定决心、凝聚民心。要适应公众号、视频号等互联网新型媒体快速崛起的媒体生态环境,紧扣住房城乡建设领域新闻热点和先进事迹,积极整合媒体资源和力量,坚持线上线下同频共振,提高新媒体产品制作能力,通过制作更加有趣、有品、有质的新闻产品,传播新的住建声音,担当新的文化使命。

致广大而尽精微,住房城乡建设领域的基础工作还离不开准确的统计数据、完备的城建档案和高质量的人才队伍等。要脚踏实地、狠抓落实、夯实基础,紧密地团结在以习近平同志为核心的党中央周围,以坚定的信心和扎实的行动,推动住房城乡建设事业高质量发展再上新台阶。

(《中国建设报》2024年1月22日2版)

努力开创住房城乡建设法治工作新局面

赵雨亭

近日,全国住房城乡建设法治工作会议在山东省济南市召开,系统总结近年来住房城乡建设法治工作,分析形势,明确当前和今后一个时期法治工作重点任务,强调要统筹推进立法、执法、普法、纠纷化解等工作,努力开创住房城乡建设法治工作新局面。

聚焦法规建设"一个体系"。当前,住房城乡建设领域法律法规基本形成于"有没有"阶段,面对"好不好"阶段的新要求,亟须加快推进城市建设、管理、更新、历史文化遗产保护等方面立法工作。要着力完善住房城乡建设法规体系,修订《中华人民共和国建筑法》《中华人民共和国城市房地产管理法》,制订城市更新领域有关法律法规。要健全立法工作机制,抓好立法的立项、起草、论证等重点环节,在立法工作中选好题,聚焦社会关注、群众关心,充分调研,反复论证,集中力量推进立法工作。

聚焦行政执法"四个要素"。要在理清职责边界上下功夫,推进执法部门机构、职能、权限、程序法定化。要在提升人员素质上下功夫,通过常态化教育培训,引导执法人员改进工作作风、树立执法队伍良好形象,加强执法队伍建设。要在规范执法行为上下功夫,健全行政执法监督体制机制、完善行政处罚等领域改革举措,做到严格规范公正文明执法。要在强化执法保障上下功夫,积极争取财政资金,充实执法人员、装备和车辆配备,切实提升行政执法质量。

聚焦普法宣传"三类对象"。要把法治教育作为党员干部教育的重要内容,抓好"关键少数",以应知应会为基本要求,丰富系统内法律法规培训内容与形式,综合提高党员干部依法行政的意识和水平。要让法治宣传走到群众身边、走进群众心里,深入宣传与推动高质量发展、社会治理现代化密切相关的系统内法律法规,引导全社会树立法治理念。要把普法对象向行业企业延伸,结合行业特点,深化送法进企业、进工地等活动，实现普法宣传教育全覆盖。精准把握住房城乡建设系统干部、社会公众、行业企业的不同普法需求，提高法治宣传教育针对性和实效性。

聚焦调处解决"两种争议"。运用法治思维和法治方式解决涉及群众切身利益的矛盾和问题。抓好复议应诉规范化建设，落实新修订的行政复议法，完善行政复议工作规程，提高复议应诉的公正性。持续推进住建领域民事纠纷"总对总"在线诉调对接机制建设，用好试点地区经验，规范调解流程，主动加强与人民法院的对接，建立会商机制、考评督导机制、经费保障机制，充分发挥调解组织和调解员作用，做好调解服务和管理工作，运用法治化解住房城乡建设领域行政争议和民事争议。

要统筹发展与安全、改革与法治，着力在健全法规体系、提升执法质量、深化普法实效、推进争议化解等方面下功夫，更好发挥法治固根本、稳预期、利长远的保障作用，为住房城乡建设事业高质量发展提供有力的法治保障。

(《中国建设报》微信公众号2024年11月13日)

以法治之笔描绘城中村改造新图景

刘 爽

在超大特大城市积极稳步推进城中村改造，是以习近平同志为核心的党中央站在中国式现代化战略全局作出的重大决策部署，对于消除城市内部城乡二元结构、优化城市空间功能、实现产业转型升级、推动城市高质量发展具有重要意义。近期，《广州市城中村改造条例》（以下简称《条例》）获广东省人大常委会批准，首次以地方立法形式将政府主导、依法征收的城中村改造全过程纳入法治轨道，将于2024年5月1日起执行。《条例》作为全国首部城中村改造专项地方性法规，不仅是广州在新发展阶段规范高效推进城市更新、实现超大城市转型发展的关键环节和重要举措，也为全国其他城市城中村改造的立法实践提供了示范样本。

《条例》共三十九条，对城中村的定义、改造目标、改造方式和工作流程、土地征收、补偿安置、纠纷解决等方面进行了规范，突出公益性为主基调，强化政府主导作用，着力解决"集体土地怎么收""房子怎么拆""补偿标准怎么定""产业怎么办""村民合法权益如何保障""纠纷怎么解决"等重点问题，使城中村改造工作有法可依、有章可循，有助于进一步推动城中村改造落地实施。

以公共利益为本，明目标、抓落实。维护好广大人民群众的根本利益，是城中村改造工作的根本出发点和落脚点。在目标设定上，《条例》旗帜鲜明提出城中村改造应当增进社会公共利益，实现六大目标，包括加强基础设施和公共设施建设，消除公共卫生和城市安全风险隐患；提升居住品质，改善居住条件和生态环境；加强历史文化保护，塑造城市特色风貌；促进产业转型升级，推动新旧动能转换；高效综合利用土地资源，提高土地利用效率；夯实基层治理基础，提高社会综合治理水平。在总体要求和各环节落实上，均充分体现城中村改造的公共利益属性，让人民群众共享改造成果。

以有为政府为舵，优流程、提效率。更好发挥有为政府作用，是确保城中村改造有序有效推进的必要条件。《条例》明确，广州市城中村改造应当坚持政府主导、市场运作，规划先行、依法征收，公众参与、共建共治的原则，强调政府在规划审批、资金监管、公共服务配套等方面的主导责任，确保改造过程公开透明、公正公平。一是加强政府统筹力度，建立健全协调机制，进一步探索政府与市场联合推动改造新模式，明确以"指挥部＋公司"的推进方式，让"有形的手"与"无形的手"紧紧相握。二是兼顾公平和效率，通过建立统一工作流程、制定工作导则、明确改造意愿征询通过比例要求等方式优化改造工作程序，达到"动则必快、动则必成"的效果。

以村民权益为基，稳民心，促和谐。切实保障村民合法权益，是城中村改造工作的基本要求。《条例》高度重视村民在城中村改造中的主体地位和权益保障，确保村民在改造过程中的知情权、参与权、监督权和收益权得到充分尊重和有效保障。一是规定了改造方案需经村民会议或者村民代表会议讨论通过，确保村民在改造决策中的实质性参与。二是明确村民安置补偿标准和方式，确保村民生活有保障、长远生计有依托。三是设立专门的争议调解机制，为矛盾纠纷提供公正、高效的解决途径。四是鼓励原村民参与社区建设和管理，保障其在城市化进程中的归属感和获得感。通过健全村民合法权益保障机制，让村民在改造中更加从容、更具安全感。

法治引领展鸿篇，民心所向筑家园。面向未来，必须始终坚持以人民为中心的发展思想，坚定不移落实习近平总书记"人民城市人民建、人民城市为人民"的重要理念，不断加强城中村改造的法治保障，推动城中村改造规范有序进行，提升城市品质和城市发展质量，以老城新生焕发民生新景，让更多城中村蝶变为宜居宜业的美好家园。

(《中国建设报》2024年4月30日3版)

以"总对总"机制共绘住建领域诉源治理和多元解纷新"枫"景

钟洁颖

习近平总书记强调,要坚持和发展新时代"枫桥经验",把非诉讼纠纷解决机制挺在前面;法治建设既要抓末端、治已病,更要抓前端、治未病。为在住建领域深入贯彻落实习近平法治思想,依法妥善解决住建领域百姓急难愁盼问题,更好满足人民群众对"安居"生活的美好期盼,2023年9月,最高人民法院与住房和城乡建设部联合印发《关于建立住房城乡建设领域民事纠纷"总对总"在线诉调对接机制的通知》,提出要充分发挥调解在化解住建纠纷中的基础作用,促进纠纷预防在源头、化解在萌芽、解决在前端。2024年1月30日,住房和城乡建设部和最高人民法院在广州联合召开住建领域民事纠纷"总对总"在线诉调对接试点工作推进会,进一步统一思想、交流经验,部署下一步工作,推进住建领域纠纷化解和诉源治理工作走深走实。

调解优先,筑牢百姓安居的"第一道防线"。住建工作面广事多,物业服务、商品房买卖、商品房租赁、建设工程合同等方面民事纠纷易发多发,既影响经济发展和社会稳定,又事关人民群众切身利益,必须趁早趁小化解治理。调解作为我国独创的化解矛盾、消除纷争、促进和谐的"柔性"解纷方式,能够最大限度地实现案结事了人和。"总对总"机制强调把诉调对接的"调"向前延伸,促进当事人以非对抗的调解方式低成本、高效率解决住建纠纷,以实实在在的法治成果为百姓安居保驾护航。

汇聚合力,促成"行业纠纷行业解"。住建部门在推进相关工作落地落实过程中,需要司法部门的协助,发挥调解机制的作用;司法部门在处理纠纷过程中,离不开行业主管部门的配合。一方面,各级住建部门具有解决本系统本行业矛盾纠纷的职能和专业优势,其组建的调解队伍吸纳了住建领域专家,更加熟悉本行业的发展情况和政策法规；另一方面，各级法院作为专门化解纠纷的审判机关，能够提供培训指导、平台支持、宣传普法等方面的坚实保障。"总对总"机制通过整合双方资源，形成信息共享、协调联动的调解合力，注重发挥行业力量依法化解住建纠纷，为住建事业高质量发展创造良好的法治环境和营商环境。

先行先试，推动"总对总"机制在住建领域全面铺开。2023年以来，住建领域"总对总"机制已在6个省份开展试点，形成了一定的经验做法，取得了初步成效，起到了良好的引领示范作用。例如，针对建设工程诉讼当事人举证难、审理周期长、诉讼成本高、服判息诉低等问题，山东省住房和城乡建设厅和高级人民法院引入省造价协会参与调解，创立"评""调""裁"一体解纷机制。又如，福建省福州市鼓楼区积极推行"社会治理专家委员会+市民委员会+法务特派员"工作机制，对存在矛盾纠纷的楼盘、物业公司、建筑公司等，由法官、市民代表和住建领域专家现场开展法治服务，早介入、早预防，将苗头风险化解在源头萌芽。

《千金要方》有言："消未起之患、治未病之疾，医之于无事之前"。住建领域"总对总"机制坚持"抓前端、治未病"理念，是践行新时代"枫桥经验"的重要举措，也是提升国家治理体系和治理能力的积极探索。要充分发挥中国特色社会主义制度优势，以"善解"促"善治"，让调解这朵"东方之花"在住建领域绚烂绽放，为人民安居、住建事业高质量发展贡献力量。

(《中国建设报》2024年3月4日2版)

加强城市标准化建设　助力城市高质量发展

郭嘉颖

习近平总书记指出,标准决定质量,有什么样的标准就有什么样的质量,只有高标准才有高质量。城市标准化建设是城市高质量发展的重要基础。近日,国家六部门联合印发《城市标准化行动方案》(以下简称《行动方案》),全面落实中共中央、国务院《国家标准化发展纲要》,明确了城市标准化行动的总体要求,提出建设城市高质量发展标准体系任务要求以及推进城市标准化的主要措施等,为城市科学化、精细化、智能化治理提供有力支撑,助力提升城市韧性和可持续发展水平。

城市更新,标准助力。当前,我国城市发展已经进入城市更新的重要时期,由大规模增量建设转为存量提质改造和增量结构调整并重,从"有没有"转向"好不好",人民群众对高品质生活空间的期待更加迫切。在城市规模扩张时期形成的一些城市标准,与城市更新的形势和任务已不相适应,需按照城市高质量发展新要求、人民群众新需求进行完善和提升,为城市更新提供标准支撑。《行动方案》提出到2027年,城市高质量发展标准体系基本建成,在城市可持续发展、新型城镇化建设、智慧城市、公共服务、城市治理、应急管理、绿色低碳、生态环境、文化服务、基础设施等领域制修订国家标准、行业标准150项以上,实现城市标准化全领域覆盖,发挥标准化作用,助力城市可持续发展。

转型升级,标准赋能。城市标准是科学化、精细化、智能化治理的技术集成,是城市实现高质量发展的基础性支撑,是满足人民群众对宜居宜业美好生活新期望的重要举措。新形势下打造宜居、韧性、智慧城市,走集约化、内涵式的城市高质量发展道路,提高城市规划、建设、治理水平,打造中国式现代化的城市载体,需要系统推进城市标准化,将标准融入城市规划、建设、治理各环节。要深入开展城市标准化试点建设、打造城市标准化经验交流合作平台,加快制定城市相关领域关键技术标准和应用标准，完善住房保障、安全生产、基础设施智能化等方面标准，把标准用好、用准、用到位，使城市更安全、更宜居、更智慧。

国际联通，标准架桥。标准是城市间融通对接的"通行证"，也是全球治理体系和经贸合作的重要技术基础。谁掌握了标准，谁往往就赢得了发展和竞争的主动权。党的二十大报告提出，要稳步扩大规则、规制、管理、标准等制度型开放。标准作为制度型开放的重要内容，为我国深入拓展标准化国际合作提供了指引方向。城市标准化建设将为全球城市发展提供中国智慧和中国方案。要拓展国际视野，参与制定一批城市可持续发展、智慧城市领域国际标准，充分发挥世界城市日、中国—东盟建设部长交流机制、"一带一路"国家合作等平台作用，广泛开展标准化多边、双边合作，为全球城市可持续发展、全球人居事业发展贡献中国力量。

标准兴则质量兴，质量强则城市强。《行动方案》为城市标准化明确了时间表、路线图，需在制度设计上下功夫，在配套政策上做文章。要坚持多元参与，充分发挥标准化协调推进机制作用，强化技术支持和人才支撑，宣传推广城市标准化经验，讲好标准化实践故事，以高标准引领高质量发展、助力高效能治理、保障高品质生活，让城市标准化成为城市高质量发展的坚实支撑，不断推进城市治理体系和治理能力现代化。

(《中国建设报》2023年11月14日2版)

强化工程建设标准引领　赋能建筑品质提升

周琳娜

标准助推创新发展，标准引领时代进步。近日，住房和城乡建设部标准定额司在浙江省杭州市召开工程建设标准化工作会议，提出以构建体系化的新型工程建设标准体系框架为重点，着重抓好标准体系优化转型任务，明确进一步推动住房城乡建设标准高质量发展的重点工作，为全面推进工程建设标准改革明确了方向。

要服务大局做好重点标准编制。当前，我国正处于城镇化快速发展的中后期，住房城乡建设事业发展面临新的形势和任务。标准的制定和实施是确保工程质量、提升建筑品质的重要手段。标准编制工作要紧扣时代脉搏，围绕国家重大战略、重点工程和民生项目，聚焦好房子建设、城市更新、建筑业转型升级等重点领域，加快制定和完善具有针对性、前瞻性和可操作性的工程建设标准，确保工作推进有标可依、有章可循。同时，要加强标准的前瞻性和引领性研究，推动标准与科技创新深度融合，以高标准引领高质量发展。

要进一步做优做强标准体系。适应我国从高速发展转向高质量发展的阶段转变，以为社会提供高品质建筑产品为目标，对现有标准进行全面梳理，加强各标准之间的协调性和配套性，不断完善和优化现有标准体系，提高标准的整体效能。发挥各方主体作用，构建以强制性标准、推荐性标准、团体标准相配套的新型工程建设标准体系，在守牢质量安全底线的基础上，不断引入新的技术、材料标准，以适应不断变化的市场需求和技术进步。

要进一步完善标准工作机制。工程建设标准化工作是一项系统性工程，需要多方面的协同合作。加强标准的制定、修订、宣贯、实施、监督等各个环节的衔接和配合，形成闭环管理，确保标准的科学性、有效性和权威性。要加强标准制定的组织和管理，明确标准制定的程序和要求。加强标准的信息化和智能化建设，充分利用大数据、云计算等现代信息技术手段，提高标准的制定效率和实施效果。建立工程建设标准数据库，实现标准信息的共享和便捷查询。同时，加强对标准实施情况的监督和评估，建立标准实施信息反馈渠道，及时发现和解决标准实施过程中出现的问题。

要大力加强标准化人才队伍建设。标准化工作是一项专业性强、涉及面广的系统工程，需要大量具备专业知识和实践经验的人才支撑。要健全标准化人才系统化培养机制，强化与教育、人社、科技等部门的协作配合，加快形成标准科研人才、标准化管理人才、标准应用人才、标准化教育人才和国际标准化人才各具特色、相互融通的人才体系。建立标准化人才职业能力评价机制和激励机制，结合住房城乡建设工作实际，将参与制定国际标准、国家标准、地方标准等纳入职称评定指标，支持标准化从业人员提高职业技能水平。加强对工程建设标准的宣传和培训，提高全社会对工程建设标准重要性的认识，营造良好的标准化工作氛围。

要不断提高标准国际化水平。在"一带一路"倡议的大背景下，越来越多的中国建设企业走出国门，参与到沿线国家的基础设施建设中去。要推进工程建设标准与国际标准接轨，积极参与国际标准的制定与修订工作，推动中国标准与沿线国家当地标准的交流融合，保障工程建设质量和效率，为"一带一路"建设提供有力的标准支撑。要鼓励更多国内企业参与国际工程建设，提高我国工程建设的国际竞争力。要深入研究国际先进标准体系，吸收并借鉴其中有益经验和成果，进一步提升我国工程建设标准的质量和水平。

每一项工程都关乎百姓福祉，每一份标准都承载着责任与担当。必须以更加科学的精神和严谨的态度，将标准化理念融入到住房城乡建设工作的每一个细节中，为全面提高建设品质、更好满足人民群众美好生活需要贡献力量。

（《中国建设报》微信公众号2024年12月23日）

"四好建设"的技术指南

单 爽

近日,中国工程建设标准化协会联合中国建设科技集团股份有限公司、中国建筑科学研究院有限公司、中国城市规划设计研究院等单位编制的《好住房技术导则(试行)》《好小区技术导则(试行)》《好社区技术导则(试行)》《好城区技术导则(试行)》"四好"建设系列标准发布试行。该标准构建了完善的"四好"建设技术体系,旨在为好房子、好小区、好社区、好城区建设提供有益参考和技术指引。

明确标准,提升城市建设水平。"四好"建设系列标准针对好房子、好小区、好社区、好城区四个方面,围绕"绿色、低碳、智能、安全"及"宜居、韧性、智慧、人文"等维度,按照可感知、可量化、可操作的原则,共设计了18个一级指标、56个二级指标,为"四好"建设提供技术引领和技术支撑。其中,好房子聚焦健康舒适、绿色低碳、智能便捷、安全耐久、和谐美好等方面,完善住房功能,优化住房性能,全面提升住房品质。好小区聚焦健康宜居、安全韧性、绿色低碳、智慧便捷、和谐美好等方面,强调全龄友好设计,系统化防灾减灾设计,构建一体化智能服务平台。好社区、好城区聚焦宜居、韧性、智慧、人文等方面,体现了以人为本、韧性智慧、精细治理的建设理念。

关注体验,改善居民生活环境。"四好"建设系列标准主要技术内容和指标要求聚焦人民群众急难愁盼问题,以努力让人民群众住上更好的房子为目标,牢牢抓住让人民群众安居这个基点。从建筑质量高、居住体验好的好房子,到基础设施完善、物业服务优化的好小区,再到治理水平提升、文化活动丰富、服务体系健全的好社区,最后到规划布局合理、公共服务完善的好城区。"四好"建设系列标准不仅致力于通过完善硬件设施、提供配套服务等方式提升居民生活质量,还注重通过构建和睦的邻里关系、提供对特殊人群的关爱支持、营造温馨的社区环境等方式增强居民的归属感和认同感。

引领方向，指导行业未来发展。"四好"建设系列标准的出台，有利于房地产行业转型升级。一是推动提高房屋质量。"四好"建设系列标准从建筑层高、电梯、隔声、绿色、智能、无障碍等方面入手，对建筑标准提出了更高要求，不但能够引导建筑企业通过不断采用新技术、新工艺，降低建造成本，提高建造效率和质量，增强市场竞争力，还能令其更加注重节能减排、生态环保等方面的工作，降低能源消耗和环境污染，提高建筑物的使用寿命和居住舒适度。二是促进优化产业结构。"四好"建设系列标准对小区和社区的服务水平和管理、治理能力提出了更高的要求。为适应市场发展趋势，房地产企业将更加注重配套设施建设和物业服务质量，更加重视房屋后期的运营、管理。这种观念的转变将推动房地产行业的发展重心由开发建设向提供服务转移，为行业发展注入新的动力与活力。

"四好"建设系列标准坚守建筑安全与质量标准、遵循城市发展规律、顺应经济社会发展趋势，对传统住房开发、社区建设、城市规划理念与城市发展模式进行更新，在此基础上设计形成了一套面向美好生活、面向现代化、面向未来的建设标准。下一步，应基于试行标准的实践经验，进一步建立完善"四好"建设系列标准体系，推动为人民群众提供更高品质的生活空间。

（《中国建设报》微信公众号2024年12月11日）

强化好房子建设技术指引

金 天

住房是民生之要，关系人民群众安居乐业，关系经济社会发展全局，关系社会和谐稳定。为进一步完善住房功能、优化住房性能、全面提升住房品质，以标准引领时代进步，中国工程建设标准化协会联合中国建设科技集团、中国建筑科学研究院、中国城市规划设计研究院等单位，研究编制《好住房技术导则（试行）》（以下简称《导则》）。《导则》共7章，适用于城镇新建、改建和扩建成套住房的设计、建造、运维，以新目标、新内涵、新纬度助力"好房子"建设新赛道。

新目标聚焦人民群众新期待。当前，我国住房发展已经从总量短缺转为结构性供给不足，进入结构优化与品质提升的发展时期。人民群众对住房的要求从"有没有"转向"好不好"，期盼拥有更舒适安全的居住条件。《导则》以努力让人民群众住上更好的房子为目标，牢牢抓住让人民群众安居这个基点，在解决住房质量通病和现实痛点问题的基础之上，提出体现新时代高质量发展的技术内容。为解决房屋隔声效果差、卫生间串味儿、渗漏和开裂等常见问题，《导则》进一步细化技术要求。如在隔声方面，规定分户墙两侧同一位置的设备位置应错开，安装时不应直接穿透墙体；电梯井道及电梯机房、水泵机房、变电所等不应紧邻卧室和起居室布置。同时，《导则》围绕房屋全生命周期管理机制，建议建立房屋定期体检制度和常态化体检工作机制，及时查找、发现并有针对性地消除安全隐患；聚焦住房性能和品质提升，为人民群众从"住有所居"向"住有宜居"转变提供标准指引，如优化住房套型设计要求，根据居民使用需求和人体工学活动范围设置户内空间。

新内涵创新建设技术新体系。《导则》从健康舒适、绿色低碳、智能便捷、安全耐久、和谐美好五方面细化好房子的内涵和技术要点，构建了由上述5个一级指标、15个二级指标组成的技术体系，包括103个完善类条文，99个提升类条文。

健康舒适方面，《导则》规定好住房的室内各功能空间应配备齐全完善，并对室内空间的噪声、通风、采光、温度、湿度等的舒适度提出了更高的技术指标要求，同时考虑公共空间设置担架等救急设施；绿色低碳方面，明确住房从规划设计、建筑材料生产建造、到运维等全生命周期中的各项节能标准；智能便捷方面，提供数字家庭、智慧楼宇等解决方案；安全耐久方面，既关注建筑本身的安全问题，又注意防范空中抛物、电动自行车入楼等居住使用期间的各种生活安全问题；和谐美好方面，结合适用、经济、绿色、美观的建筑方针，从建筑外观、邻里关系、优质服务三方面提供细化标准。

新纬度引领住房发展新趋势。《导则》技术内容突破单一设计维度，充分反映当前为适应经济社会发展现状，住房领域新型建筑工业化、适老化和适幼化及全龄友好、物业服务精细化等重要发展趋势。针对新型建筑工业化发展趋势，《导则》指出住房施工过程宜采用物联网、人工智能、云计算及大数据等现代信息技术，打造数字孪生工程建设模拟系统，对建造过程进行模拟和仿真，促进传统建造方式向智能建造方式转变。针对适老化和适幼化发展趋势，《导则》指出数字家庭系统宜具备智能化适老和适幼功能。对于独居老人，布置相应的跌倒传感、人体移动传感、紧急按钮等传感检测，出现异常及时报警推送；在阳台、厨房等可能造成儿童坠落、烫伤等风险区域，布置传感器并及时报警，降低儿童在家庭受伤风险。针对物业服务精细化发展趋势，《导则》提出需完善社区巡检、装修管理、环境维护、用户满意度调查等规范要求。

"好房子"是新时代高质量发展的必然要求，是住房发展方式转型升级的战略选择，是提升城市生活品质和居民幸福感的根本途径。要坚持标准先行，发挥《导则》在"好房子"系统性顶层设计中的指导作用，推动住宅品质全面提升，更好地满足人民群众高品质居住需求。

(《中国建设报》微信公众号2024年12月5日)

一部好小区建设的技术指南

金 天

小区是居民日常生活的主要空间,是基层社会治理的重要单元。随着社会经济的发展和人民生活水平的提高,小区建设不仅需要满足居民基本居住需求,更要注重提升居民的生活品质和幸福感。《好小区技术导则(试行)》(以下简称《导则》)的出台,为规范和推动新时代好小区建设,全面提升小区品质和生活环境提供了技术标准和实施细则。

构建"完善+提升"技术体系,规范好小区建设标准。《导则》从健康宜居、安全韧性、绿色低碳、智慧便捷、和谐美好五个方面细化"好小区"的内涵和建设技术要点,构建了由上述5个一级指标、14个二级指标组成的指标体系,包括54个完善类条文,39个提升类条文。健康宜居方面,《导则》规定好小区应配备满足居民户外休闲、健身的活动场地和设备设施,规划布局应综合考虑采光、通风、管线、视觉卫生、防灾等要求;安全韧性方面,重点关注高层住宅小区高空坠物、小区内涝积水、夜间行人安全感低等安全隐患突出问题,并提供针对性技术指引;绿色低碳方面,制定人均碳排放强度应低于所在城市平均水平约20%的减碳目标,规范绿色出行、垃圾处理相关标准;智慧便捷方面,以智能设施建设为基础,以智慧应用场景为依托,推动提升小区智能化水平;和谐美好方面,倡导邻里关系和睦友善、小区环境整洁有序、规划布局科学合理、物业服务及时有效。

强调"以人为本"设计理念,聚焦好小区品质升级。针对我国老龄化社会发展趋势和儿童友好型城市建设方向,《导则》强调全龄友好设计理念,关注"一老一小"。设置适合儿童游乐、老年人休憩的室外活动场地和室内活动空间,并对设施进行适老适幼设计与安装。如为便于老年人随时休息,在老年人活动场地配置座椅和用于避雨、遮阳的顶棚或连廊,并注重无障碍通行配套;为便于成人看护,将儿童活动场地设置在明显位置,确保活动安全。针对极端天气下城市内涝和居民出行受阻问题，《导则》融入海绵城市设计理念，在小区建设过程中进行海绵城市专项设计，通过下凹式绿地、雨水花园、透水铺装等设施实现场地年径流总量控制的设计目标；通过合理设计排水系统，确保降雨时水流及时排放，减少积水，保障通道安全与居民出行便捷。

突出"智能+互助"管理理念，提升好小区居住体验。新时代的"好小区"应充分利用物联网、大数据、云计算等先进技术，实现小区管理的智能化与便捷化。例如，通过智能安防系统实现视频监控、门禁管理、小区巡逻、报警处理等安防服务的集成化、智能化，确保居民人身和财产安全；构建一体化智能服务平台，为居民提供便捷的物业服务、商业服务和社区活动信息等，让居民享受到更加便捷的生活体验。"好小区"的建设不仅需要政府、开发商和物业公司的共同努力，更需要居民的积极参与。通过强调"互助协作、和谐共管"的小区环境营造理念，建立志愿管理机制，发挥不同年龄、性别、背景居民的特长，提升志愿服务的质量与覆盖面，增强居民的归属感和责任感。

随着人民群众对美好生活的向往不断向纵深拓展，小区已不再是单纯的居住空间，更承载着人们对幸福、安全生活的美好期待，是人们情感、社会关系和文化认同的归属地。在推进"好小区"建设的过程中，应不断创新实践，努力打造更多具有鲜明特色、高品质生活空间的优秀小区，推动宜居、韧性、绿色、智慧的好小区建设。

（《中国建设报》微信公众号2024年12月12日）

用好技术导则，全面提升社区建设品质

张 仲

社区是城市治理体系的基本单元。为贯彻落实住房和城乡建设部关于"四好建设"工作的重要部署，中国建筑科学研究院有限公司等单位根据中国工程建设标准化协会的相关要求，经广泛调查研究，认真总结实践经验，参考国内外先进标准，编制《好社区技术导则（试行）》（以下简称《导则》）。《导则》于2024年10月发布试行，适用于城镇社区的规划、设计、建造和管理，旨在全面提升社区品质、规范好社区建设，努力为人民群众创造高质量的生活空间。

立足安居基点，以增强人民群众的获得感、幸福感、安全感为目标。安居是美好幸福生活的基点，而好社区又是安居的重要保障，关系到人民群众的根本利益和福祉。《导则》提出，好社区就是立足人民群众日益增长的美好生活需求，在符合完整居住社区建设要求的基础上，满足宜居、韧性、智慧、和美的高品质目标要求，居民有归属感、认同感和幸福感的社区。《导则》聚焦人民急难愁盼问题，坚持规范和加强技术指引，旨在推动新时代好社区建设，创造高品质居住空间，加快满足人民群众安居需求。

明确适用范围，聚焦城镇社区规划、设计、建造和治理的全生命周期。《导则》为社区在规划、设计、建设和治理实施过程中提供一致且高质量的技术规范，并为未来进步和创新提供指导依据，统筹当前和长远，切实提升社区整体质量和功能。对于社区规划、设计、建造，新建城镇社区可按照《导则》中的技术要求进行设计和施工；正在进行改建或扩建的既有社区可参照《导则》的相关规定进行改造、升级或扩展。对于社区治理，可依据《导则》中的有关要求，在提升"韧性"方面，加强综合减灾组织管理建设，建立灾害风险评估及隐患排查治理制度、应急物资储备和管理制度等；在丰富"人文"方面，制定社区居民公约，构建沟通协调机制，建立多主体参与的社区治理机制等。

分类设定规范，提出宜居、韧性、智慧、人文的高品质社区目标要求。《导则》针对社区宜居、韧性、智慧、人文四个方面内容提出了明确要求。宜居方面包含配套完善、交通便捷、健康舒适；韧性方面包含环境韧性、设施韧性、治理韧性；智慧方面包含基础设施、数据平台、智慧应用；人文方面包含邻里和睦、风貌优美、治理精细。这四方面的要求均包括完善类技术内容和提升类技术内容，前者主要确保社区符合基本的安全性和功能性要求，能满足日常运营和居民基本生活需求；后者重点关注进一步优化社区的功能和性能，推动社区向更高水平发展和提升。

社区是党和政府联系、服务人民群众的最后一公里。要紧贴人民群众所思所想所盼，用好技术规范标准，提升社区建设质量，促进社区居民手足相亲、守望相助，共建美好家园，共创美好未来。

（《中国建设报》微信公众号2024年12月7日）

以技术导则支撑好城区建设

张 仲

《好城区技术导则（试行）》（以下简称《导则》）适用于设市城市城区的规划、设计、建设和管理，旨在推动打造宜居、韧性、智慧、人文的人居环境，增强城市承载力、竞争力和可持续发展能力，增进民生福祉，提高人民生活品质。

《导则》坚持以实现城区宜居为根本。一是实现幸福安居。要求城区保障性住房规划建设筹集应符合城区设定目标，结合城市更新工作逐年提高住房成套率，满足新建城镇住宅小区物业管理全覆盖等。二是实现公服完善。明确公共服务设施规划建设应遵循有关原则，并针对城区教育设施、体育设施、医疗卫生设施、社会福利设施的规划、设计、建设提出一系列科学标准等。三是实现设施提升。对城区供水系统、排水系统、燃气系统、供电系统、供热系统的规划、设计、建设予以明确规定，并确定城区照明、垃圾处理等的有关标准。四是实现交通便捷。对城区路网、快速干线交通系统、生活集散交通系统、绿色慢行交通系统、停车供给与管理、交通基础设施智能化改造等提出了明确规定。五是实现绿色低碳。对打造城区绿地、水环境、生物栖息地、绿色街道等予以明确规定。

《导则》坚持以加强城区韧性为保障。一是加强空间韧性。明确划定防灾分区、统筹布局避难场所的有关规定，强调推进全域系统化海绵城市建设，推动竖向分层立体综合开发。二是加强设施韧性。对城区给水工程系统、电力工程系统、燃气工程系统、排水防涝工程体系、通信系统等的工程设施的规模、布局及防护要求提出具体规定，强调应建设城市基础设施生命线安全工程、加强城区内涝治理体系建设等。三是加强社会韧性。明确城区年均因灾直接经济损失占地区生产总值的比例、人员密集场所万人消防员数和中小学安全教育覆盖率等。四是加强管理韧性。强调城区气象、水文、地震、地质监测预警系统的正常运行以及风险和隐患排查，要求定期开展对易燃易爆场所安装雷电防护装置检查和各类消防安全风险隐患排查等。

《导则》坚持以增进城区智慧为关键。一是配置智慧设施。要求城区加快推进传统基础设施数字化、网络化、智能化建设和改造以及优先推进智慧道路交通基础设施系统建设，强调城区数字基础设施建设宜加强资源共建共享以及推进光纤网络全覆盖等。二是提升智慧服务。明确城区推进数字政府建设以及移动终端互联网服务的有关规定等。三是优化智慧治理。制定城区基层数字治理的有关规定，要求建设城市安全风险综合监测预警平台、公共数据运营平台、重点行业领域监测预警系统等。

《导则》坚持以丰富城区人文为目标。一是加强文化传承。强调保护历史文化遗存，传承历史文化名城传统营建智慧，加强历史文化街区保护与利用，重视历史建筑的保护修缮和日常保养维护。二是提升特色活力。强调城区应加强城市设计引导和保持市容市貌干净整洁，要求划定集中体现风貌资源、城市文化和特殊价值的重点地区，明确不同尺度的设计管理要求，鼓励挖掘文化、旅游等特色资源等。三是重视公正包容。明确城区建设密度、全龄友好城区建设、无障碍环境建设、公众参与城市管理的有关规定，要求城区应进行公共空间体系建设等。

要立足城市高质量发展方向，严格执行标准，切实加强城区的规划、设计、建设和管理工作，提升城区宜居、韧性、智慧、人文水平，促进城市高质量发展。

（《中国建设报》微信公众号2024年12月10日）

集成平台标准体系建设助力"中国建造"创新升级

王益鹤

习近平总书记指出,一定要加强自主创新能力,研发和掌握更多的国之重器。中国式现代化离不开自主创新研发重大装备的推动,施工作业集成平台(空中造楼机)代表着一个国家的建筑装备制造水平,是我国建筑领域的"国之重器"。近期,住房和城乡建设部组织相关单位起草了《施工作业集成平台标准体系建设指南(征求意见稿)》(以下简称《指南》),明确分阶段建立适应我国国情并与国际接轨的施工作业集成平台标准体系的目标,提出施工作业集成平台标准体系的体系框架和建设内容等,用高标准助力高质量,为推进建筑工业化、数字化、绿色化转型升级提供有力支撑。

创新标准体系建设,展现中国建造自信底气。志之所趋,无远弗届;志之所向,无坚不入。正因为有自主研发、全球首创的空中造楼机,使得房屋建筑方式发生了新的变革。这一标准体系建设,洋溢着新时代的独特气质:开放、创新和自信。《指南》指出,最终制定60项以上施工作业集成平台相关标准,从设计、制造、安装、使用、维护等应用全生命周期,全面形成能够支撑实现高层建筑、大跨桥梁、核电工程等典型应用领域协同发展的施工作业集成平台标准体系;深化智能建造装备、建筑机器人以及智能感知、通信、数字孪生等先进技术集成研究,形成人—机—环高度融合与协同的智能建造模式。我国最早的高楼是1934年匈牙利设计师邬达克设计的上海国际饭店,高83.4米;而同时期的美国纽约帝国大厦,高380米。这之间的300米不仅是高度的差距,更是国家实力的落差。1934年到今天,中国从全国无百米高楼到空中造楼机,再到标准体系建设,沧海桑田,实现了从量变到质变的华丽转身,大国重器不断刷新城市天际线。我们要不忘初心,砥砺奋进,通过核心技术牵引,持续巩固中国建造的创新能力。

优化标准体系布局,厚植中国建造新质生产力。桐花万里丹山路,雏凤清于老凤声。党的十八大以来，我国建筑业深入实施国家创新驱动发展战略，以技术创新引领传统建筑产业转型升级，一批具有自主知识产权和国际先进水平的建筑施工设备成为建筑业的"国之重器"。空中造楼机就是中国建筑业科技创新的杰出代表。统筹推进施工作业集成平台标准体系布局，是加快建造方式转变、持续夯实技术领先优势的必然之举，是充分发挥工程建设标准化对建筑业高质量发展支撑和引领的重要举措。新质生产力，不仅意味着以科技创新推动产业创新，更体现以产业升级构筑新竞争优势、赢得发展的主动权。我们要加快形成新质生产力、抓住新一轮科技革命和产业变革机遇，推动我国建筑业迈向价值链中高端，增强中国建造的生存力、竞争力、发展力和持续力。

强化标准体系协同，加快中国建造"走出去"步伐。志合者，不以山海为远。在践行"一带一路"倡议的大道上，"中国发起、各方共建、世界共享"的美好蓝图正在变成生动现实。建筑业积极走出去，不断擦亮"中国建造"的金字招牌。标准是世界的沟通语言，高水平标准的编制和更新是体现国家软实力的标志之一。从某种程度上说，标准是最核心的话语权。谁掌握标准，谁就占据技术制高点。《指南》要求，依托全国智能建造试点城市重点项目综合集成示范，引导标准相关参与主体，共同制定国际标准，提升标准国际化水平。必须秉承构建人类命运共同体的理念，把标准化放到更加重要的位置上，实现标准体系工作由国内驱动向国内国际相互促进转变，加快推进标准体系走出去，让中国建造走向全世界。

大道终致远，海阔纳百川。在新的征程上，中国建造要贡献更多的中国方案、中国智慧，以建筑业的高质量发展，为中国式现代化添砖加瓦、增光添彩。

（《中国建设报》2024年2月26日4版）

以标准引领和支撑好房子建设

马宇佳

习近平总书记指出，"标准决定质量，有什么样的标准就有什么样的质量，只有高标准才有高质量"。当前，人民群众对住房的要求从"有没有"转向"好不好"，期盼拥有更好的居住条件。为更好满足群众多样化住房需求、助力高品质住宅开发建设，湖北省住房和城乡建设厅组织编制了《高品质住宅技术标准》DB42/T 2305—2024（以下简称《标准》），于2024年10月14日批准发布，并将于2024年12月10日正式实施。《标准》共10章，从住宅规划、建筑设计、建筑设备、施工建造、保障与服务等全生命期提出了具有湖北特色的工程建设标准。

突出问题导向，聚焦解决人民群众的急难愁盼。过去，在房地产快速发展的过程中，由于一定程度的"重速度、轻质量"倾向，部分房屋存在开裂、渗漏、隔声效果差、保温隔热材料易脱落等工程质量常见问题，成为人民群众住房的"烦心事"。《标准》重点针对当前住宅常见质量问题，提出了解决措施。在隔声方面，规定楼板结构厚度不应小于130毫米，并推荐设置减振隔声层等措施；对紧邻交通干线两侧的住宅居住空间的外门窗，要求采用中空夹胶或三玻两腔等隔声性能良好的外窗等。在防止渗漏开裂方面，规定门窗安装构造的气密性和水密性不应小于外窗的气密性和水密性要求，外门框、窗附框与墙体之间缝隙应采用高效保温材料填塞密实并做好密封防水等。通过建立健全标准体系，把长期以来人民群众普遍关注、反映强烈的住宅质量问题解决好，让人民群众住得满意，住得安心、放心。

强化科技赋能，建立"运营+服务"新模式。高品质住宅的核心要素是高质量、新科技、好服务。《标准》聚焦数字化、信息化、智能化，围绕房屋全生命周期，用新科技支撑好房子，以优服务助力好房子。《标准》提出，小区移动信号应无死角全覆盖，根据实际情况合理设置具有综合服务功能的智慧物业管理平台，以及智慧监测和运维、对讲、报警、呼救系统；合理配置智慧家居系统，集成各类安防、设备控制等系统；对信息安全和隐私安全等技术措施以及小区智慧运维管理体系提出要求。通过科技手段的集成应用，提升住宅的智能化水平，使居民充分感受科技让生活更美好。

注重感知体验，打造宜居优质的居住空间。《标准》在满足使用功能、安全耐久、配套完善的基础上，坚持"绿色、智慧、舒适、愉悦"的发展理念，运用系统思维，立足群众需求，筑牢品质关。一方面，注重提高室内居住品质，比如，提出住宅宜满足绿建二星级及以上标准，太阳能及其他新能源利用应一体化设计；提高了房间日照要求；当套内建筑面积大于120平方米时，主卧宜设置步入式衣帽间，或设置独立储藏间，增加可变多功能储藏空间，提升户内整洁美观度。另一方面，优化室外环境和配套设施，提出无雨归家流线、无障碍通道、人车分流、动静分区的高品质要求；引导小区建设老年活动、照料、儿童托管等配套设施，建设完整的无障碍步行系统，形成全龄友好居住环境。

推进高品质住宅开发建设，是构建房地产发展新模式、加快行业转型升级的重要工作，是满足人民群众对美好居住生活新期待的具体举措。要坚持标准先行，因地制宜推动高品质住宅标准制定，以科学管用的标准引领"好房子"建设，更好助力人民群众安居乐业。

（《中国建设报》微信公众号2024年11月17日）

播种科技之光，绘就住房城乡建设创新未来

刘 爽

习近平总书记指出，科学普及是实现创新发展的重要基础性工作，要把科学普及放在与科技创新同等重要的位置。加强住房城乡建设领域科普工作，是展示行业科技成就、提升公众科学素养的重要途径，更是增强科技创新能力、推动行业进步的内在要求。2024年5月，住房和城乡建设部启动开展2024年住房城乡建设科技月活动，以"弘扬科学家精神 激发全社会创新活力"为主题，旨在全社会广泛普及住房城乡建设领域科学知识、展示科技成就、倡导科学方法、传播科学思想、弘扬科学精神，有助于激发全社会、全行业创新创业活力，对于推动住房城乡建设领域科技水平持续提升具有重要意义。

突出价值引领，提升公众认知。科普的价值不仅在于知识的传递，更在于价值观念的引领。住房城乡建设科技月活动以深入宣传党的二十大关于科技创新重大决策部署、在全社会大力弘扬科学家精神为核心，有助于在全社会范围内树立尊重科学、追求创新的价值导向。通过科普讲解大赛、微视频大赛等形式，把住房城乡建设领域的科技成就以生动、直观的方式传播给群众，让全社会共享科技创新给生活带来的可喜变化，增强公众对住房城乡建设科技成就的认同感和归属感，有效提升公众对于科技创新的认知和理解，对于培育和提高公众科学素养具有重要作用。

深化公众参与，激发创新潜能。公众是科普活动的受益者，也应成为科普工作的参与者。一方面，要把社会公众"引进来"，向社会开放科技资源，组织住房城乡建设部科技创新平台及相关高校、企业的科普基地开展开放、参观活动，通过成果交流、实验演示等方式展示住房城乡建设领域先进科技成果；另一方面，组织科技人员主动"走出去"，开展科普下基层等活动，面向公众传播科学理念和科技知识，宣传惠民科技成果，普及城市安全知识，倡导绿色生活方式。通过多种途径鼓励公众尤其是青少年参与到科学实验和创新实践中来，充分挖掘社会创新潜能、

激发创新活力,培养未来科技创新生力军。

培育创新文化,促进产业升级。创新文化是推动科技进步和产业升级的重要动力。科技月系列活动充分发挥"舞台效应",通过举办住房城乡建设优秀科普图书评选、住房城乡建设科学实验展演等活动,不仅有助于充分展示行业自信、扩大住房城乡建设领域科技创新的社会影响力,也有利于在全社会范围内营造热爱科学、崇尚创新的文化氛围。在此基础上,要进一步加强产学研用结合,推动产业技术创新升级,加速科技成果向现实生产力转化,推动住房城乡建设事业向更高水平、更高质量发展迈进。

加强多元融合,推动协同发展。科普工作是一项系统工程,科普能力建设不应孤立进行。要加强多学科、多领域融合,促进创新资源的共享与利用,形成推动社会创新强大合力。要树立大科普理念,发挥科技创新平台作用,推动住房城乡建设领域科普工作与经济、政治、文化、社会、生态文明建设相融合,加强行业内外、国内国际资源交流共享,推动跨学科、跨领域协同创新,为住房城乡建设科技发展开辟更加广阔的空间。

筑室道谋,需高瞻远瞩;科普创新,当并蒂花开。科技创新与科学普及如同鸟之双翼、车之双轮,二者要齐头并进,不可偏废其一。要深入贯彻落实党的二十大精神和习近平总书记关于科技创新和科学普及工作的重要论述,从经济社会长远发展的战略高度谋划和推动住房城乡建设领域科普工作,厚植科学土壤,夯实创新之基,以高质量科普助推高水平科技创新取得显著成效。

(《中国建设报》2024年5月24日2版)

打造科技创新平台　赋能高质量发展

张有坤

　　科技兴则民族兴，科技强则国家强。党中央始终高度重视以科技创新引领现代化建设。为深入贯彻中共中央、国务院《关于深化体制机制改革加快实施创新驱动发展战略的若干意见》，住房和城乡建设部今年以来先后印发《住房城乡建设部科技创新平台管理暂行办法》（以下简称《管理办法》）和《关于组织申报住房城乡建设部科技创新平台的通知》（以下简称《通知》），积极培育住房和城乡建设部科技创新平台（以下简称"部科技创新平台"），提高住房城乡建设领域科技创新能力。

　　整体部署，体系化统筹建设。部科技创新平台是住房城乡建设领域科技创新体系的重要组成部分，是支撑引领城乡建设绿色发展，落实碳达峰、碳中和目标任务，推进以人为核心的新型城镇化，推动住房城乡建设高质量发展的重要创新载体。要围绕国家重大战略，结合住房城乡建设领域发展需求和相关规划，聚焦主责主业，按照"少而精、成体系"的原则，依托相关领域研究实力强、科技创新优势突出的科研院所、骨干企业、高等院校，统筹部署建设部科技创新平台。只有把创新资源和力量统筹组织起来，才能在国家重大需求和关键领域形成整体优势、赢得发展主动。要努力提升住房城乡建设领域创新体系建设整体效能，适应并引领科技创新大联合、大协作、大攻关。

　　聚焦重点，突出优势和特色。按照《通知》要求，部科技创新平台聚焦国家、住房城乡建设领域发展重点和中长期发展战略，重点布局4大方向、15大领域，涵盖了事关住房城乡建设事业高质量发展的重点工作和重大项目。包括建筑材料应用、建筑抗震与减隔震、施工安全、高品质住宅、装配式建筑等建筑工程方向，城市道路桥梁及隧道、城市地下综合管廊、城市更新、城市管理、城市体检、城市生命线等城市建设方向，农房建设与改造、传统村落等乡村建设方向，工程数字化、工程消防等支撑技术方向。要坚持"四个面向"，坚持需求牵引、问题导向，着力提炼一批可推广的实用技术和领先技术。

协同创新，产学研用相结合。按照《通知》要求，申报单位须在本领域内科研开发优势明显、代表性强，具有相应领域的科技领军人才和结构合理的高水平科研队伍。要推动科技创新和产业创新融合发展，鼓励建立产学研用创新联合体。统筹强化关键核心技术攻关，推动科技创新力量、要素配置、人才队伍体系化、建制化、协同化，全链条推进技术攻关、成果应用。

开放共享，互联互通谋创新。自主创新不是关起门来搞创新，要加强科技资源共享利用，推进科研设备和科技信息数据的互联互通、开放共享，促进科技创新资源最大程度利用。同时，要统筹开放和安全，在开放合作中实现自立自强。要把握全球科技创新趋势和机遇，注重加强国内外和行业内外科技交流环境建设，努力实现技术突破、产品制造、市场模式、产业发展"一条龙"转化路径。

惟创新者进，惟创新者强，惟创新者胜。科技创新是推动社会进步和经济增长的决定力量。要举全行业之力，大力培育创建部科技创新平台，发挥智力集群优势，集中攻关突破"卡脖子"技术，持续巩固提升世界领先技术，大力推广应用惠民实用技术，多出战略性、关键性重大科技成果，以科技进步赋能住房城乡建设事业高质量发展，以住房城乡建设领域科技创新为中国式现代化建设作出应有的贡献。

（《中国建设报》微信公众号2024年10月8日）

科技驱动发展　赋能美好生活

刘亚慧

　　习近平总书记指出,"必须以满足人民日益增长的美好生活需要为出发点和落脚点,把发展成果不断转化为生活品质,不断增强人民群众的获得感、幸福感、安全感"。智慧社区和数字家庭作为科技赋能推动治理理念创新、组建城市智慧治理"神经元"的重要抓手,有利于改善人居环境,提高人民生活品质。近日,中国城市出版社出版"数字中国建设出版工程·'新城建　新发展'系列"丛书,丛书第五册《智慧社区与数字家庭》系统阐释了智慧社区和数字家庭的技术路径、运行管理模式、安全保障平台、标准与评价机制,介绍了老旧小区智慧化改造、新建智慧社区等不同应用实践,并提出绿色低碳发展、人工智能和区块链等前沿技术在未来的发展应用前景。

　　智慧社区便民生,安居和谐好家园。随着居民对便捷高效智能的社区服务需求与日俱增,提升社区精细化治理水平势在必行。智慧社区通过运用物联网、云服务及大数据等技术,为社区居民提供更方便舒适的服务场景,让社区治理更精细、社区服务更温馨、社区生活更和谐,不断增进居民福祉、提升城市品质、共享科技发展成果。各地积极在实践中探索,涌现出一批典型做法。比如,部分小区将智慧化改造作为老旧小区改造的一部分,通过高空抛物监测、"智能烟感、智能燃气"等消防监测、重点人群一键报警求助等项目建设,实现动态监测智能安防,有效提高社区综合管理维护能力,增强居民的安全感。通过推动物业智慧巡更、在线管家、网络教育、远程医疗等一系列智慧服务,极大提升居民获得感。通过线上议事、微信投票等功能,足不出户便可参与社区建设,强化居民归属感。

　　数字家庭享便捷,幸福生活在身边。家庭是社会的基本单元,家庭幸福和睦是社会和谐稳定的基础。数字家庭以住宅为载体,以信息技术为驱动,以软硬件产品为基础,以互联互通为手段,以为民服务为目的,更好满足"千户千面"的复杂多样化使用需求，提升居家生活幸福感。数字家庭不仅可以基于各种家居设备实现家庭内部的互联互通，而且能够通过关联产品让居民获得线上社会化服务和线上快捷办理政务服务，营造多样化的场景，实现"在家，服务触手可及；在外，家庭近在咫尺"。比如，数字家庭系统能够感知家居环境，并基于个人偏好和需求控制所有的安防、家电、照明、能源、给水排水等设备，设置场景、自动执行，防范不明人员非法入侵，切实保障用电、用火、用气、用水安全，以及实现节能控制、环境与健康监测等，营造一个安全舒适健康的家庭环境。另外，可以通过与社区物业和社会化服务等平台衔接，获取各种便捷的生活服务，包括设施维修、家政护理上门服务、自然灾害预警提醒等。

互促互进赋新能，深度融合促发展。在智慧社区的建设中，数字家庭是重要的组成部分。智慧社区建设为数字家庭的实现提供基础设施和服务平台，而数字家庭的普及则可以进一步提升智慧社区的智能化水平，二者相互关联、互促互进、有机结合，形成共同进化、共同发展的智能生态系统，将积极助力居民生活品质提升。比如，强化智能产品在社区配套设施中的设置，对新建社区配套设施建设，要求设置入侵报警、视频监控等基本智能产品，提升社区安防水平；完善社区居家养老服务网络，推动智能家居产品与社区、医疗、养老服务机构等相结合，更便捷精准地为老年人提供服务。未来要进一步探索智慧社区与数字家庭融合模式，提升居民的获得感、幸福感和安全感。

奋楫扬帆启新程，科技护航显力量。随着我国数字经济蓬勃发展，新质生产力驱动经济社会高质量发展，要紧跟形势、与时俱进，从人民群众的实际需求入手，不断推动技术创新，用好技术服务，以技术赋能带动公共服务模式更加创新、多元，让人民生活更加便捷、舒适、安全！

（《中国建设报》2024年4月22日4版）

科技赋能　创新引领　中国建造助力美好生活

赵　燊

科技创新催生新产业、新模式、新动能，是发展新质生产力的核心要素，是推动住房城乡建设事业高质量发展的关键动力。近日，以"科技赋能美好生活　创新引领中国建造"为主题的中国建筑科技展在京开幕。2024年10月9日，住房和城乡建设部党组书记、部长倪虹带队调研参观，详细了解设计亮点、优质材料、技术研发、产业发展等情况，察看好房子样板房建设。本次展览设置"共建和谐城市""拓展幸福空间""助力中国建造"三大主题区，从项目应用、问题解决、创新方案等不同角度展出167项数字化、工业化、智能化发展最新成果和实际应用，集中展现了中国建筑大力培育和发展行业新质生产力的重要实践。

汇智聚力，共建和谐城市。科技赋能未来城市发展是提升城市功能、建设宜居韧性智慧城市的重要手段。西安市幸福林带项目等重点工程模型展现对花园城市理念的积极探索；可实现实时监测、动态预警、协同处置的城市生命线运营管理平台，应用在全国首条深层污水传输隧道——武汉大东湖深隧的城市排水管网系列机器人，是城市安全韧性提升行动的有力实践；流域水环境综合治理系统解决方案、超磁分离水体净化设备、高效广谱重金属稳定化材料等新技术让城市地更净、水更清、树更绿；600千瓦超级电动汽车充电桩，国内首个投入使用的新能源公交车库及智慧高速、智慧园区、智慧物业等，共同勾勒出智慧城市的美好蓝图。新技术开拓新领域，要持续攻坚克难，创造和积累可复制、可推广的新鲜经验，推动相关产业聚能成势，为未来城市生产空间、生活空间、生态空间的科学布局创造更多可能、更大发展，让城市更宜居、更韧性、更智慧。

以人为本，拓展幸福空间。提供高品质的建筑产品，建造绿色、低碳、智能、安全的好房子，不断满足人民群众日益增长的美好居住需要是建筑业的初心和使命。针对人民群众对隔声、保温等方面的关切，中国建筑总结归纳了100多项问题和需求，以此提出新建好房子和旧改好房子的全套解决方案。20大科技系统130多项新技术新产品打造的"高性能"+"好体验"新建住房综合解决方案，体现着科技进步带来的生活变革；通过"诊、拆、改、防、提"旧改五字诀，以及MiC模块化建筑、GS-Building钢结构装配式产品等推进旧改好房子建设，增强了适老化、儿童友好和智慧生活的感受。好房子是老百姓最朴素的追求之一，要始终聚焦人民群众最关心的问题、最迫切的需要，研发与应用绿色低碳建筑产品，钻研改善建造技术，向人民群众交付一座座安全耐久、绿色低碳、健康舒适、智慧便捷的好房子，不断提高人民群众的幸福感。

科技焕新，助力中国建造。创新驱动是催生关键技术提升，打造中国建造"升级版"的核心驱动力。智慧工地上的焊接机器人、运输机器人、喷涂机器人，远程驾驶智能集控数字塔机装备，应用高端玻璃幕墙智能制造工厂产品建设而成的"世界第一高楼"迪拜哈利法塔等，生动展示了"智能建造"推进建筑业生产方式变革生动实践。移动储能设备、原位3D打印机设备、C-SMART物联网智能安全管理系统、智能安全帽，以及空中造楼机、建筑工程北斗卫星定位装备、IABM智能装配造桥机、造塔机、城市大直径竖井掘进装备、万吨级多功能试验系统等科技感满满。建筑业转型升级需要科技创新引领，要积极推进数字化转型相关的技术研究与创新，探索智能建造领域的产品开拓与实施路径，不断擦亮"中国建造"金字招牌。

好风凭借力，扬帆正当时。住房城乡建设领域是稳定国民经济大盘的关键领域，要认真贯彻落实党中央决策部署，以科技创新推动产业创新，充分挖掘新赛道上的新应用、新场景，及时把创新成果应用到具体产业和产业链上，不断提升产品质量、科技含量，更好赋能行业发展、开辟广阔市场、创造更大价值，充分释放住房城乡建设稳增长、扩内需的巨大潜能，为国家富强、人民幸福作出新的贡献。

（《中国建设报》微信公众号2024年10月23日）

新质生产力为住建事业发展强基赋能

刘 锋

习近平总书记指出,新质生产力是推动高质量发展的内在要求和重要着力点,要牢牢把握高质量发展这个首要任务,因地制宜发展新质生产力。住房城乡建设领域是培育发展应用新质生产力的广阔场景。近日,湖北省住房和城乡建设厅印发《培育和发展住建领域新质生产力实施方案》(以下简称《方案》),明确了在城市建设、建筑业、房地产业等方面发展新质生产力的重点任务,要求因地制宜探索住房城乡建设领域新质生产力的推进路径,深化科技、产业、模式及机制创新,不断催生新产业、新模式、新动能,为住房城乡建设事业高质量发展蓄能增势。

新城建领域新质生产力助力提升城市治理能力。新城建致力于通过数字化、网络化、智能化推进城市发展方式转变,是新质生产力发展的重要切入点。《方案》明确要加快推进城市信息模型(CIM)平台省市县全覆盖,建立健全数字住建的应用、技术和数据等支撑体系,打造城市治理数字化底座,夯实新质生产力发展基础;利用现代信息技术,深化对城市燃气、桥梁、隧道、供水、排水等城市基础设施的安全监管,加快推进城市基础设施生命线安全工程建设,增强城市安全风险管控能力和隐患排查治理能力;加快建设智能网联汽车配套基础设施,提升智能化路侧基础设施与云控基础平台覆盖率,积极探索"车路云一体化"系统商业化应用,催生新型商业模式;建立集感知、分析、服务、指挥、监察等为一体的城市运行管理服务平台,拓展新技术应用场景和新业态,不断提升城市管理科学化、精细化、智能化水平。

建筑业新质生产力助推建筑业转型升级。发展智能建造是促进先进制造、信息及节能技术与建筑业融合发展的有力抓手,是建筑业新质生产力的具体体现。《方案》指出,要大力发展BIM正向设计,推进智能建造BIM云平台建设,构建和丰富平台及技术应用生态,推动BIM技术全过程应用,大力提高建造过程的数字化水平；加快智能生产设备、生产工艺研发，推进制造技术突破和部品部件工艺工法创新；推进生产信息化管理，全力推动数字化智能化施工，全面提升管理效率；发展服务于智能建造的工程组织方式，推行工程全过程咨询、工程总承包和建筑师负责制；搭建绿色建材供应链平台，大力推广应用绿色建材，推动绿色建材应用融入智能建造供应链；树立全生命周期理念，推动实现数字化建造信息共享，推进与城市信息模型（CIM）平台的融通联动，搭建智能建造供应链平台，培育智能建造产业生态。

房地产业新质生产力助兴房地产发展新赛道。适应房地产市场供求关系发生重大变化的新形势，以满足人民群众期待的"好房子"为切入点，打造智慧生活新赛道，是培育房地产新质生产力的重要抓手。《方案》要求积极探索构建房地产发展新模式，加快全省住房供应链平台建设，聚集居民、政府、开发商、金融机构等多方主体的供需两端信息，为居民提供多层次、个性化的住房服务场景，为企业推送精准适配的住房需求；加强数据互通、平台对接，拓展智慧通行、智慧安防、智慧物业、智慧节能、智慧生活等应用场景，推进智慧小区建设；强化数字家庭技术研究，推进数字家庭智能化应用接入，积极引导数字家庭建设，搭建智能家居基础平台促进数字家庭产业发展和智能家居产品推广应用，逐步形成数字家庭产业生态，不断催生经济发展新业态。

"为者常成，行者常至"。新质生产力是推进高质量发展的强大动力，要充分认识发展住建领域新质生产力的重大意义，加强组织领导、统筹协同、合力推进，强化科技标准与人才的联动，发挥创新驱动作用、标准引领作用、人才支撑作用，完善金融、财税、社会资本投入等全方位支持政策，推进住建领域新质生产力发展不断形成新动能，为住建事业高质量发展提供持久动力。

（《中国建设报》2024年12月16日3版）

以新质生产力推进城市高质量发展

刘 锋

近日,世界城市日中国主场活动开幕,作为活动之一,以"发展新质生产力推动城市创新发展"为主题的新时代城市高质量发展市长论坛分论坛在山东威海举行。住房和城乡建设部党组成员、副部长姜万荣出席活动并致辞。论坛邀请了城市市长代表、各级住房城乡建设部门有关负责人、住房城乡建设领域专家学者及行业企业参加,共话如何创新城市工作体制机制实现以新质生产力推进城市高质量发展。

充分认识城市在推进新质生产力发展中的重要作用。新质生产力由技术革命性突破、生产要素创新性配置、产业深度转型升级而催生,以劳动者、劳动资料、劳动对象及其优化组合的质变为基本内涵,以全要素生产率提升为核心标志。发展新质生产力需要资本、技术、人才、市场、产业等要素资源的强力支撑,城市是资本资源集中的主要场所、是企业家奋斗的广阔平台、是技术创新的有力依托、是市场机制发挥作用的最重要场景、是人才及产业汇聚的最主要基地,在推进全面深化改革中起着主导、牵引的核心作用,为新质生产力培育发展应用提供最强有力的支撑和最宽广的场景。

以系统推进"好房子"建设为抓手,着力推动"中国建造"提档升级。建造新房子,改造旧房子,推动解决房屋隔声、卫生间串味儿、渗透开裂等住房通病,必须坚持统筹谋划、因地制宜、创新驱动,树立住房全生命周期理念,从好标准、好设计、好建造、好建材、好服务等方面入手,形成完善的保障支撑体系。要聚焦绿色、低碳、智能、安全的"好房子"标准,逐步形成完善的政策体系、技术体系、产业体系,强化科技赋能、创新引领,充分运用绿色低碳技术、新型建造技术,推广应用绿色建材、绿色工艺、绿色施工,推动建筑业绿色化、低碳化、工业化、数字化、智能化转型,不断提升中国建造的科技含量和绿色底色,打造让人民群众满意的"好房子"。

以提高城市规划建设治理水平为着力点，塑造城市高质量发展新动能。我国城市发展已经进入城市更新的重要时期，人民群众的期待逐步从"有没有"向"好不好"转变。面对人民群众的新需求，要紧紧抓住新一轮科技革命带来的新机遇新挑战，充分利用新一代信息技术，拓展城市应用场景，将适宜可用先进技术应用到城市规划建设治理的各领域各环节，不断提升城市发展的智慧化水平，通过技术运用增强城市风险预警和应急处置能力，保障城市安全运行，创造安全居住环境。要进一步深化改革，加快建立与高质量发展相适应的体制机制，突破旧发展模式的束缚，激发城市发展新动力新活力、塑造城市发展新动能新优势，推动建设宜居韧性智慧城市，为人民群众打造高水平生活的空间，让城市更宜居、让人民群众生活更美好。

新质生产力是城市高质量发展的重要推动力，需要全社会协同努力，要深入学习领会习近平总书记关于发展新质生产力的重要论述，深刻认识做好城市工作在培育发展应用新质生产力中的重要意义，坚持把推动城市高质量发展作为首要任务，因地制宜推动新质生产力在城市领域落地见效，走出一条中国特色城市现代化建设的发展之路。

（《中国建设报》微信公众号2024年10月31日）

以"数字住建"助力中国式现代化

谭 昕

数据是形成新质生产力的优质生产要素,聚力打造"数字住建"是培育住房城乡建设领域新质生产力、推动住房城乡建设事业高质量发展的重要抓手。近日,为贯彻落实党中央、国务院关于数字中国、数字政府建设的决策部署,住房和城乡建设部发布《"数字住建"建设整体布局规划》(以下简称《规划》),提出要加强"数字住建"整体布局,深入推进"数字住建"建设,打造宜居、韧性、智慧城市。

夯实"两大基础"、构筑"两大体系"。《规划》明确,到2027年年底,一体化数字基础设施和数据资源体系建成运行,数字化政策标准和安全防护支撑能力明显提升。一方面,要夯实数字基础设施和数据资源体系"两大基础"。数字基础设施是"数字住建"的底座,数据资源是"数字住建"建设的核心要素,要融合发展数字基础设施,加快推进住房城乡建设领域数据资源体系建设,不断释放数据要素潜能。另一方面,要构筑信息安全保障体系和政策标准保障体系"两大体系"。坚持安全可控,落实网络和数据安全主体责任,构建制度、管理和技术衔接配套的安全防护体系,强化基础设施、数据资源和应用平台等安全保障能力;构建科学实用的政策标准体系,加快研究制定相关政策文件和数字化标准,健全数字化政策制度体系,加强标准实施监督。

重点推进"N大应用"。《规划》提出,要重点推进数字住房、数字工程、数字城市、数字村镇等"N大应用"。一是发展智能安居的数字住房,统筹推进住房领域的系统融合、数据联通,推进智慧住区、数字家庭建设。二是打造智联协同的数字工程,围绕建筑工业化、数字化、智能化,推行工程建设项目全生命周期数字化管理,推进建筑市场与施工现场两场联动、智慧监管。三是建设智慧韧性的数字城市,统筹规划、建设、治理三大环节,加大新型城市基础设施建设力度,实施城市基础设施智能化建设行动,加快城市基础设施生命线安全工程建设,推动城市运行管理"一网统管"。四是构建智管宜居的数字村镇，按照房、村、镇三个层面，整合现有信息数据，统筹推进信息化建设和数字化应用，构建"数字农房""数字村庄""数字小城镇"。

聚力实现"三大目标"。《规划》对照人民群众对美好生活的需要，提出要实现大系统共治、大数据慧治、大服务惠民"三大目标"。在具体落实上，一是要构建协同高效的政务运行机制，全面推进住房城乡建设部门履职和政务运行数字化转型，充分运用数字技术支撑科学决策、市场监管、管理创新，形成"用数据说话、用数据决策、用数据管理、用数据创新"的工作格局。二是要优化利企便民的政务服务，坚持以人民为中心的发展思想，持续提升企业和群众网上办事便利度，全面推进住房城乡建设领域"互联网＋政务服务"，推动政务服务效能和质量提升。三是要多层次强化实施保障，各级住房城乡建设部门要将"数字住建"建设作为"一把手"工程，一体推进"数字住建"建设工作，保障资金投入、强化人才支撑，营造举全行业之力共同推进"数字住建"建设的良好氛围。

数据驱动创未来，智能引领新浪潮。顺应新一轮科技革命和产业变革，数字技术成为新质生产力的内核，数字中国建设成为数字时代推进中国式现代化的重要引擎。要把"数字住建"作为数字中国建设的重要举措，加强顶层设计、整体布局，全面提升"数字住建"建设的整体性、系统性、协同性，促进数字技术和住房城乡建设业务深度融合，以数字化驱动住房城乡建设事业高质量发展，以"数字住建"助力中国式现代化。

（《中国建设报》2024年12月5日5版）

数字家庭助创美好人居未来

刘亚慧

随着数字经济蓬勃发展,数字家庭建设方兴未艾。数字家庭以住宅为载体,以物联网、云计算、大数据、移动通信、人工智能等新一代信息技术为驱动,更好满足人民群众的多样化生活需求。2022年8月,住房和城乡建设部会同工业和信息化部选取19个地区作为试点开展数字家庭建设,近日在对试点地区进行中期评估的基础上,形成《数字家庭建设可复制可推广经验做法清单(第一批)》,为各地数字家庭建设提供宝贵经验。

驭"数"而行,跑出为民服务"加速度"。数字家庭并非简单地将数字技术嵌入到住房中,而是以家庭空间为核心,深度融合数字家庭产品应用与工程设计,强化宜居住宅和新型城市基础设施建设,满足人民群众在住房、小区、社区及城区等各类空间维度的数字化、智能化需求,着力提升便民服务水平。比如,上海市临港新片区在试点范围全部实现光纤到户、到间,基础平台实现"一网通办";启动智慧物业管理建设,智能家居实现多场景应用联动。江苏苏州市相城区御窑花园项目将智能化元素融入老旧小区改造,增设报警系统、车辆管理系统等,切实改善老旧小区居住环境。宁夏银川市金凤区聚焦"一老一小"群体,以数字家庭智能安防体系建设为重点,打造家庭智能安防、公区智能防护、老人未成年人智慧关怀等场景。山东青岛市城阳区搭建区级数字家庭基础平台,与已有政务服务平台互联互通,链接公共服务、医疗保障、创业就业、社会保障、养老服务等事项,实现政务服务"家里办"。

乘"数"而上,释放政策指引"政能量"。自试点工作开展以来,各试点地区在加大政策支持力度、完善工作机制等方面积极探索推进。一是夯实数字家庭建设基础。比如,新疆维吾尔自治区克拉玛依市在试点项目建设中应用"云+边+端"数字化家庭信息箱;广东省广州市番禺区建成覆盖全区的光纤网络,住宅小区实现5G信号深度覆盖。二是完善标准体系。比如,广东省印发《广东省住房和城乡建设厅等部门关于印发加快发展数字家庭提高居住品质若干措施的通知》,四川省组织编制《四川省数字家庭建设指南(试行)》,上海市临港新片区制定高品质住宅设计导则,苏州市、张家港市组织编写《新建小区和老旧小区建设数字家庭指导意见》,充分发挥政策引领作用。三是强化组织实施。比如,青岛市城阳区、苏州市相城区、张家港市等试点地区成立了由主要领导负责的工作小组(专班),建立了"政府主导+市场协同+多元参与"机制,激发各类主体参与积极性。

逐"数"兴业,激活改革发展"新动能"。数字家庭作为微观领域触达居民生活的技术触手,是引领产业升级、推动相关产业培育的重要抓手。推动融合发展,上海市临港新片区、苏州市相城区等地区积极推进传统产业数字化改造,激发传统优势产业与数字技术深度融合。拓展场景应用,青岛市城阳区围绕家庭消费场景,根据社区居民人员结构和消费习惯,建设智慧生活馆、福利仓、社区在线商超,培育数字家庭的本土品牌,探索新业态培育模式,实现以试点育产业,以产业促经济。聚焦产业链培育,广东深圳市龙岗区以建设深圳建筑产业生态智谷为契机,构建"数字家庭—智慧楼宇—智慧社区—智慧城市"生态链条,促成头部企业落户,推动住房和城乡建设部全屋智能重点实验室、低碳建筑工程技术创新中心等科创平台入驻发展,招引全屋智能涉及的智能终端、建筑科技、智能化集成等环节10余家上下游企业落户,引导要素资源、企业、科研平台等进一步集聚,共育产业生态。

当前新一轮科技革命和产业变革深入发展,要抓住机遇、顺势而为、乘势而上,积极推动数字家庭建设,为共同构筑美好生活新图景注入强劲动力!

(《中国建设报》微信公众号2024年12月3日)

房屋建筑和市政设施"灾普"为城乡建设管理筑牢数字底板

赵安然

近日,由国务院普查办会同应急管理部、住房和城乡建设部等部门组织编制的《第一次全国自然灾害综合风险普查公报》(以下简称《公报》)正式发布。全国自然灾害综合风险普查(以下简称"灾普")自2020年5月启动,是中华人民共和国成立以来第一次开展、提升自然灾害防治能力的基础性工作,也是一项重大的国力国情调查。住房城乡建设系统承担了其中任务量艰巨的全国房屋建筑和市政设施调查工作。

九层之台,起于累土。习近平总书记在党的二十大报告中指出,打造宜居、韧性、智慧城市。"十四五"规划纲要提出"提高数字政府建设水平"的目标任务。全国住房城乡建设工作会议强调,适应从解决"有没有"转向解决"好不好"的要求,要大力加强基础性工作,为推动住房城乡建设高质量发展筑牢根基,其中推进"数字住建"是重要任务。此次普查是补齐数据短板、形成全国房屋建筑和市政设施基础数据库的重要契机,其数据应用也能够为城乡房屋安全管理长效机制建设、城市更新行动、乡村建设行动、历史文化保护传承等各项工作提供重要的基础数据和数字化平台。

凡事条理,必有章法。住房和城乡建设部切实强化沟通协调,积极推进房屋建筑和市政设施承灾体调查与综合风险评估区划工作的衔接,强化对地方住房城乡建设部门的指导。普查工作自启动以来,先后组织了北京房山和山东日照岚山两个试点"大会战"、全国120个县级行政区试点、全国全面调查3个阶段,主要开展4个方面的重点工作:一是统一标准,做好规则设计。组织编制调查实施方案和城镇房屋、农村房屋、市政设施三项调查技术导则,通过试点验证完善后印发实施。同时还编制了数据处理方案、业务流程指南、质量控制细则、数据汇交与质量审核办法、质检核查指南等一系列规则文件，确保全国步调一致、标准一致。二是开发软件，保障调查需求。统一开发调查软件系统，统一制备调查底图，依托政务外网在部省两级部署。在调查过程中根据基层需求及时调整软件功能，增设指标分析、进度统计等多个应用模块。三是加强培训，明确技术要求。组织专家通过住房和城乡建设系统干部学习平台进行培训辅导。指导各地逐级开展培训，确保技术培训做到"横向到边、纵向到底"。利用新媒体开展"一线对一线"直播答疑活动。四是严格质检，确保数据质量。建立数据质量在线巡检制度，组建了269人的巡检员队伍和138人的巡检专家队伍，在调查过程中对各地数据进行远程在线巡检，发出数据质量提示单、警示单2000多份，督促各地整改。建立由县级自检、市级抽检、省级抽检组成的逐级质检核查制度，压实各级责任。部质检核查团队对省级上报的数据质量进行最后把关。同时，坚持"边普查、边应用、边见效"的原则，将普查数据应用于全国自建房安全专项整治等工作，不断拓展深化成果应用。

春花似锦，秋实累累。《公报》显示，住房城乡建设系统260多万人参与了此次普查工作，共绘制城乡房屋建筑和市政设施图斑6亿多个，第一次全面摸清了全国房屋建筑和市政设施的"家底"，形成了具有空间位置和物理属性的房屋建筑海量数据成果，全国房屋建筑第一次有了"数字身份证"。从具体数据来看，扣除厕所、杂物房、车库、养殖圈舍等农村辅助用房、在建工程以及构筑物、农业大棚等不属于房屋建筑的，共调查城乡房屋建筑3.54亿栋，总建筑面积1280亿平方米，其中城镇房屋（含住宅和学校、医院、商场、写字楼、厂房等建筑）4738.8万栋、662亿平方米，农村房屋（含住宅和公共建筑、商业建筑、文化建筑、生产（仓储）等建筑）3.07亿栋、618亿平方米。共调查与防灾应急相关的市政道路23万条，市政桥梁9万座，供水管线44万条。

浩渺行无极，扬帆但信风。住房城乡建设事业事关经济社会发展大局，事关人民群众切身利益，数据应用场景丰富。要深入分析和运用好此次普查成果，支撑"平急两用"公共基础设施建设、城中村改造、规划建设保障房"三大工程"相关信息系统和农房安全管理系统建设；支撑房屋定期体检、房屋养老金、房屋质量保险"三项制度"试点城市开发部署相关信息系统；支撑工程建设项目全生命周期数字化管理改革试点城市实现工程建设项目"落图"和"赋码"功能。在住房城乡建设领域夯实防灾减灾基础，为有效防范化解重大灾害风险提供科学决策依据，切实保障人民群众生命财产安全和经济社会持续健康发展。

(《中国建设报》2024年6月4日4版)

万物赋码，助力推进城市"智"理现代化

马宇佳

加快城市数字公共基础设施建设是提升城市管理水平、推进城市治理体系和治理能力现代化的重要举措，是打造数字城市的重要抓手。近日，由湖北省住房和城乡建设厅组织编制的《城市数字公共基础设施统一识别代码编码规则》（以下简称《规则》），获住房和城乡建设部批准为城乡建设行业产品标准，将于2024年8月1日起在全国推广使用。《规则》是全国首个明确城市所有实体对象编码规则和分类框架的国家行业标准和城市数字公共基础设施建设的基础性标准，是信息化赋能推进四化同步发展的最佳实践。

制定统一编码，赋予城市实体对象数字身份。城市数字公共基础设施统一识别代码，类似人的身份证号码，是对城市实体对象赋予唯一的"数字身份证"，用于构建万物标识体系，为万物互联提供支撑。《规则》确定了城市实体对象统一识别代码编码规则，共3段21位字符，由6位行政区划代码、6位分类代码、9位自定义代码组成。统一识别代码不受行业划分、标准修订等影响，将城市实体对象划分为13个大类、87个中类和332个小类，使城市实体对象编码有规可依、有章可循，能更好保证城市各类对象代码的全生命周期唯一性。《规则》对城市数字公共基础设施统一识别代码的范围、规范性引用文件、术语和定义、基本规定、编码规则、分类框架和细分要求、分类代码表的扩展、编码和应用等方面进行了规定，规范了城市新建和既有对象的赋码工作，有助于逐步构建城市数字资产库，实现实体城市与数字孪生城市的"一一映射"，推动城市数字公共基础设施优化升级和共建共享。

构建互联关系，打造数字孪生治理新模式。搭建统一管理的城市数字公共基础设施平台底座，是支撑城市全面数字化转型发展的基础。一是夯实数字城市建设的数据底盘。过去，串联城市建筑的各类行业编码的统一的城市编码尚未形成，存在"一体多码、互不相认"等问题，统一身份赋码规则可打通各类实体对象跨部门

的信息归集、关联和共享渠道，明确城市设施责任主体，系统提高实体精准标识和数据融合的应用效能。二是显著提升城市数字公共基础设施的数字化、网络化与智能化水平。系统汇集数字"身份证"信息，集成"一标三实"等数据，通过多指标、多维度的智能分析，可有效支撑城市规划、城市建设、城市管理、公共服务、综合监管等工作，提升城市精细化规范化管理水平，推动城市治理由人力密集型向人机交互型转变、由经验判断型向数据分析型转变、由被动处置型向主动发现型转变。

试点先试先行，开辟数字化城市治理方式新赛道。湖北省积极开展实践探索，借助城市数字公共基础设施，助力智慧城市建设。基于襄阳、宜昌的试点经验，提炼成湖北省地方标准，再上升成国家行业标准。2022年9月，湖北省襄阳市、宜昌市开展城市数字公共基础设施建设专项试点，并在试点过程中探索创立城市数字公共基础设施统一识别代码。目前，武汉、襄阳、宜昌、十堰等17个市州通过应用统一识别代码，实现城市级万物标识互联。比如宜昌市按照"优先城市安全、突出社会治理、注重民生服务、兼顾产业发展"的思路，对107类实体进行编码赋码落图，实现上图实体对象100%赋码。

九层之台，起于累土。城市数字基础设施是立足当下、面向未来的新型城市基础设施建设，是建设数字社会、发展数字经济、探索数字化治理方式变革的重要基础。要适应我国城市发展阶段进入城市更新时代、城市管理时代的新形势，加快推进城市治理体系和治理能力现代化，有必要充分把握数字化发展的有利机遇，加快推广使用统一识别代码，推进"万物赋码"，让城市运行更有序、城市治理更智慧，助力住房城乡建设事业高质量发展。

(《中国建设报》2024年5月14日2版)

筑牢城市数字公共基础设施建设标准底座

马宇佳

建设城市数字公共基础设施是发展数字经济、建设数字社会的基石，是城市提升政务协同能力、产业发展质效和民生服务水平的有效路径。近日，住房和城乡建设部印发《城市数字公共基础设施标准体系》，明确了城市数字公共基础设施标准体系（以下简称"标准体系"）建设的指导思想、基本原则、体系内容和建设要求，旨在推动城市数字公共基础设施的标准化、体系化，夯实数字城市建设的公共基础底座，助力构建城市智慧高效治理新体系。

深刻认识标准体系建设的重要意义。当前，新一轮科技革命和产业变革加速演进，以新一代信息技术为代表的新技术、新产业、新模式方兴未艾。党的二十届三中全会强调，要健全促进实体经济和数字经济深度融合制度。标准助推创新发展，标准引领时代进步。习近平总书记指出，标准化在便利经贸往来、支撑产业发展、促进科技进步、规范社会治理中的作用日益凸显。推进标准体系建设，是贯彻落实党中央关于数字中国建设和标准化发展决策部署的重要结合点和有效切入点。加快推进城市数字化转型，关键在于构建公共性、集约性的城市数字公共基础设施体系，其实质是提供一个统一的数字底座，让数字城市建设有共同的基础和依托。而这一数字底座建设涉及面广、层级多、要素多，复杂性、关联性、系统性很强，要想发挥出高效、智能、绿色的综合效能，必须要有一套科学、完备、系统的标准体系来引领和支撑。住房和城乡建设部此次部署标准体系建设，正是落实党中央要求、适应数字化转型浪潮的有力举措，有利于加快解决数字城市建设的痛点难点，以"新城建"对接"新基建"，推动城市高质量发展，为人民创造更高品质的生活空间。

准确把握标准体系建设的核心内容。标准体系由九个基本单元组成，包括基础通用、网络基础设施、算力基础设施、感知基础设施、融合基础设施、公共数字底座、应用支撑、建设与运营、安全与保障九类标准规范，既有一般性共性要求和各方面新型基础设施建设要求，也有建设运行、支撑保障等层面的要求，都是关乎城市数字公共基础设施建设的关键环节。每类标准规范又包括若干个子类标准，细化分解和规范大类下的一些具体方面的建设要求。比如，基础通用标准是城市数字公共基础设施的基础性标准和规范，包括通用要求、管理要求和其他3个子类标准；网络基础设施标准主要是城市数字公共基础设施建设中用到的网络基础设施类标准，包括移动网络、宽带光纤网络、地面无线与卫星通信网络和其他4个子类标准；算力基础设施标准主要是数据中心等建设所需的计算、存储、处理等相关技术要求，包括数据中心、智算中心、超算中心、边缘计算中心和其他5个子类标准；感知基础设施标准主要涉及城市数字公共基础设施各类感知数据的采集、处理和互联互通等要求，包括布局原则、影像类感知设施、城市脉搏类感知设施和其他4个子类标准等。整个标准体系共涵盖266部标准，大部分标准是现在已经制定实施的，还有一部分是在编或者待制定的。

认真抓好标准体系建设的组织实施。标准体系框架业已建立，关键在于有效地落实和实施。在组织上，要按照标准体系的架构和具体标准建设需求，制定工作方案，明确标准体系建设的责任单位、主要任务和完成时限，有序有力统筹推进实施，确保标准体系建设取得预期成效。在编制上，要把握城市数字公共基础设施跨行业、跨领域等特点，借鉴智慧城市相关国际标准，重点关注关键急需标准先行研制，标准编制应结构清晰、内容合理，与已有的相关标准保持架构、层次、详略程度等协调一致。在执行上，要通过强制性标准检查监督、推荐性标准示范引领等手段，强化推动标准实施，切实发挥出标准的引领效应。在创新上，要鼓励地方、有关协会和企业，根据城市数字公共基础设施建设的鲜活实践和人工智能、大数据、云计算等先进信息技术的最新发展，制定相关的创新性标准，探索积累可复制可推广的经验做法。近年来，湖北等地大力推进城市数字公共基础设施标准建设，先后发布《城市数字公共基础设施标准体系总体框架规范》DB42/T 2065—2023、《城市数字公共基础设施建设规范》DB42/T 2066—2023等标准规范，为国家层面推动这项工作标准化提供了有力实践支撑。

城市是人民生活的美好家园，数字城市建设是城市数字化、网络化、智能化发展的必由之路，而城市数字公共基础设施建设又是数字城市建设的基础性一环。要强化数字思维、标准思维，建设好、实施好城市数字公共基础设施标准体系，以科技的驱动、标准的引领，持续提升城市治理体系和治理能力现代化水平，全面推动构建城市发展新格局。

（《中国建设报》微信公众号2024年11月25日）

AI赋能住房城乡建设事业高质量发展

赵 燊

党的二十届三中全会提出,要健全因地制宜发展新质生产力体制机制,完善推动新一代信息技术、人工智能等战略性产业发展政策和治理体系,引导新兴产业健康有序发展。近日,重庆市住房和城乡建设委员会印发《关于开展人工智能(AI)在住房城乡建设领域典型场景应用解决方案征集工作的通知》,以人工智能(以下简称"AI")技术和住建领域深度融合为主线,围绕城市设计、建设、运营、管理等重点环节,聚焦智慧建筑、智慧工地、智慧社区等场景,广泛征集典型应用案例。加快推进AI在住建领域典型场景的应用,对促进我国住建事业高质量发展具有十分重要的意义。

更宜居,AI助力打造高品质生活空间。建筑营造方面,结合AI技术与智慧建筑,可以实现建筑节能减排、智能家装、智能家居等智慧化应用,降低建筑能耗,提高居住品质。建筑运维方面,基于AI技术打造的居住功能体检器系统可以实现精准的多维数据分析,帮助发现住宅存在的问题,并利用大模型和虚拟技术增强交互体验。社区治理方面,基于专业知识库,通过大语言模型等AI技术,为社区居民提供一站式智慧化服务;通过AI算法识别,对高空抛物、电动车入楼等违规行为进行及时监控报警,提升社区的整体治理水平,提高居民满意度。

更韧性,AI助力守牢城市安全底线。燃气方面,利用机器学习和深度学习等AI技术开发的基于大数据分析的智能监测系统,可通过实时监控燃气泄漏、预测设备故障等方式,大幅提升燃气安全风险防控水平。排水方面,借助知识图谱等AI技术,结合物联感知技术,深度挖掘城市排水防涝大数据,为排水防涝调度、排水设施建设、排水预警预报提供能力支撑。地下管线方面,结合物联感知技术和AI技术,实现地下管线智能防挖损,降低爆管事故、马路拉链等事故发生率;实现井盖状态、管线状态智能化常态化监测预警,提高风险处置能力,降低安全事故发生概率。

更智慧，AI助力建设全流程提质增效。设计环节，基于建筑、市政基础设施大数据，结合AI技术辅助，智能生成设计方案，并根据国家和行业相关标准，预测和评估建筑设计的性能，提高设计效率。审批环节，依托AI、大数据、电子签名签章等技术，实现住房城乡建设服务事项的智能审批，包括在线审图、在线办件等工作，提高审批的效率与准确性。建设环节，结合AI算法识别、物联网、智能控制、BIM等技术，实现工地现场人员穿戴、机械操作、机械状态、位移变形、工地环境等智能监测，提高施工效率，防止质量安全事故发生。

AI不仅是一项新技术，更是一场撬动未来无限可能的重大科技革命，是加速我国经济结构转型升级、完善现代化产业体系的助推器和催化剂。住房城乡建设领域拥有培育发展新质生产力的广阔应用场景，要深度挖掘AI技术新赛道在住建领域的新应用、新场景，开辟广阔市场、创造更大价值，充分释放住房城乡建设稳增长、扩内需巨大潜能，推动住房城乡建设事业向更高效率、更高质量、更可持续的方向稳步发展。

(《中国建设报》微信公众号2024年12月2日)

以赛育才　着力提升建筑技能

袁利平

技能人才是支撑中国建造、中国创造的重要力量，党的二十大和二十届三中全会部署了加快建设国家战略人才力量的工作，并将培养大国工匠和高技能人才纳入其中。为了适应建筑业工业化、数字化、绿色化转型加快推进的新趋势，满足住房城乡建设从"有没有"向"好不好"转变的新要求，回应人民群众对美好生活新期待，需要持续不断加强知识型、技能型、创新型技能人才培养，技能竞赛是人才培养的重要环节。2024年10月27日至28日，首届全国住房城乡建设行业职业技能大赛决赛在安徽省合肥市顺利举行，为工匠们搭建展示技能、切磋技艺的舞台。

全国大赛显身手。这次技能大赛是首次面向全国住房城乡建设行业举办的国家一类赛事，也是国内规模最大、参赛人数最多、技能水平最高的一次行业技能大赛。在人力资源和社会保障部2024年年度竞赛计划的一类职业技能大赛名单中，全国住房城乡建设行业职业技能大赛被列为首位，设置了建筑信息模型技术员、砌筑工、钢筋工、防水工、管工5个赛项，同时举办古建筑工、乡村建设工匠、建筑机器人、燃气操作工等技术技能展示交流活动。经过两天5个赛项的决赛角逐，山东等9个省的代表团分别获得团体一、二、三等奖，部分代表团获得优秀组织奖，100名选手获得个人一、二、三等奖。除了此次行业技能大赛外，住房城乡建设行业广泛开展了多种类型全国层面专业赛事，为相应专业技能人才提供技能切磋提升的机会，如全国设计、科普、班组长、数字化、园林绿化等赛事。

地方赛事淬本领。除全国层面比赛外，近年来各地举办了各种类型的专业赛事。如北京市建筑施工安全生产知识竞赛、重庆建筑机器人大赛、长三角区域装配式建筑职业技能竞赛、福建省住建系统建筑行业数字应用技能竞赛、杭州市园林绿化职业技能竞赛、湖北省宜昌市点军区环卫精细化作业技能大赛等。除赛事外，各地不断探索培育新时代产业工人的新机制，如依托建筑工人培育基地，强化岗前培训和技能提升培训；健全技能人员职业发展体系，畅通技能人员向上发展通道等，这些也是深化产业工人队伍建设改革的现实需求。

世界竞赛展风采。经过地方赛事和全国赛事的历练，我国建造技能选手逐步走向世界并获得佳绩。如2024年9月在法国里昂举行的第47届世界技能大赛，设有结构与建筑技术等6大类59个比赛项目。我国选手参加全部比赛项目，共获得36枚金牌、9枚银牌、4枚铜牌和8个优胜奖，位居金牌榜、奖牌榜和团体总分首位。获得金牌的项目为砌筑、抹灰与隔墙系统、管道与制暖、建筑金属构造、水处理技术，其中砌筑项目实现"四连冠"。

功以才成，业由才广。全国住房城乡建设行业职业技能大赛每两年举办一次，为住建人才提供了展示风采、交流经验的平台，同时全面提升一线工人技术技能，筑牢行业高质量发展基石。要充分发挥技能比赛的引领示范作用，推广竞赛成果，实现以赛促学、以赛促训、以赛促评、以赛促建，要大力弘扬劳模精神、劳动精神和工匠精神，打造一支爱党报国、敬业奉献、技艺精湛、规模庞大的高技能人才队伍，以"人才之力"驱动住房城乡建设领域"新质生产力"发展，为奋力谱写中国式现代化建设篇章作出贡献。

（《中国建设报》微信公众号2024年11月5日）

以城市建设档案为纽带　连接城市过去与未来

周琳娜

"城郭河流，岁月静好"。城市的每一次变迁都是时代的记忆，而城市建设档案则是这些记忆的载体和见证。近日，住房和城乡建设部印发《关于新形势下进一步加强城市建设档案管理工作的通知》（以下简称《通知》），指导各地扎实履行"为党管档、为国守史、为民服务"职责，扎实做好城市建设档案管理工作。《通知》从建立健全管理制度、严格落实各方责任、加强信息化建设、强化服务功能等角度对城市建设档案管理工作提出了具体要求。

加强城市建设档案管理是对城市历史的尊重和传承。它关乎一个城市的记忆，关乎一个城市的灵魂。每一座城市都有其独特的发展脉络，这些历史的印记需要通过档案的形式得以保存。正所谓不忘过去，方能开创未来，城市建设档案就像是一本本厚重的史书，记录着城市的兴衰更迭，见证着城市的发展脚步，也默默守护着人民群众生命财产安全。《通知》要求完善移交工作制度，意味着从源头上规范了城建档案的管理，确保了资料的完整性与准确性。这不仅是对建筑本身的记录，更是对城市文化、历史变迁的一次系统梳理。"史可鉴人，书可传道"。城建档案的严谨管理，不仅是对历史的尊重，也是对未来城市可持续发展的负责。

加强城市建设档案管理是提升城市管理水平的重要手段。在信息化时代背景下，城市建设档案管理不仅是对纸质文件的收集和保管，更是对城市数据的整合和利用。《通知》强调运用现代信息技术手段，推动城市建设档案数字化、智能化进程，建立和完善城市建设档案管理系统，实行归档全过程线上线下同步办理，建设工程文件资料可以通过城市建设档案管理系统随时归档，这对于提高城市建设和管理效率具有重要意义。数字化的档案管理能够实现信息的快速检索和共享，为城市规划、建设和管理提供科学依据，促进城市治理体系和治理能力现代化。

加强城市建设档案管理是维护城市文化特色的关键。城市不仅是建筑的堆砌，更是文化的积淀。每一个城市都有其独特的文化内涵，而这些文化特色往往隐藏在城市建设的每一个细节之中。通过对城市建设档案的深入挖掘，可以发现城市文化的根脉，保护和弘扬城市的独特文化特色。《通知》指出，要通过举办展览、新媒体传播、编研、影视制作等方式展现城市历史文化和城市建设取得的成就。城市不只是石头的森林，更是文化的沃土。城市建设档案管理就是守护这片文化沃土的守望者。

加强城市建设档案管理是促进公民参与和社会监督的有效途径。《通知》提出了加强公众参与和社会监督的要求，这是民主治理的体现。城市建设档案的开放和透明，可以让市民更加直观地了解城市的发展历程，参与到城市的规划和建设中来。这不仅增强了市民的归属感和参与感，也提高了城市建设项目的透明度和公信力。"会当凌绝顶，一览众山小"。以档案为镜，可以俯瞰城市的发展脉络，洞察未来的发展方向。

城市建设档案管理是一项系统工程，它涉及历史、文化、技术、管理等多个方面。在未来的工作中，要坚持以人民为中心的发展思想，不断提升城市建设档案管理的科学化、规范化水平，让城市的每一砖一瓦都承载着历史的重量，让城市的每一条街道都诉说着文化的故事。"城阙辅三秦，风烟望五津"。让我们以档案为纽带，连接城市的过去与未来，共同守护城市的记忆，共同筑造城市的梦想。

(《中国建设报》2024年5月8日2版)

世界城市日：点亮城市发展"万家灯火"，携手共建城市美好未来

刘 爽

2024年10月31日是第11个世界城市日。2024年10月26日至31日，由住房和城乡建设部、山东省人民政府、上海市人民政府与联合国人居署共同主办的2024年世界城市日中国主场活动在威海、上海两地举办。今年世界城市日中国主场活动，以"共建人民城市，共享美好生活"为主题，既体现了"人民城市人民建、人民城市为人民"的重要理念，又契合了世界城市日"城市，让生活更美好"的总主题。2024年的世界城市日全球主场活动暨第二届全球可持续发展城市奖（上海奖）颁奖活动2024年10月31日在埃及亚历山大举行，主题为"青年引领城市气候和地方行动"，旨在展示地方政府和青年在应对城市气候挑战中的关键作用。

世界城市日是中国政府在联合国推动设立的首个国际日，也是联合国首个以城市为主题的国际日。联合国人居署执行主任罗斯巴赫指出，中国在联合国推动设立世界城市日，为世界上所有致力于实现向可持续发展转型的城市搭建了一个重要平台。世界城市日自设立以来，始终聚焦推动全球城市可持续发展目标，致力于共创普惠平衡、协调包容、合作共赢、共同繁荣的发展格局。

传承世博精神，践行可持续发展理念。2010年上海世博会闭幕之际，由联合国、国际展览局与中国2010年上海世博会组委会共同起草的《上海宣言》发布，宣言倡议"将2010年10月31日上海世博会闭幕之日定为世界城市日，让上海世博会的理念与实践得以永续，激励人类为城市创新与和谐发展而不懈追求与奋斗"。2013年12月27日，第68届联合国大会通过68/239号决议，决定自2014年起将每年的10月31日设为世界城市日，旨在传承中国2010年上海世博会"城市，让生活更美好"的精神。10多年来，全球有越来越多的城市加入到宣传和庆祝世界城市日的队伍中来，世界城市日影响力不断扩大，作用日益增强，极大地促进了全球各国

为建设更加美好的城市携手奋进，为在全球范围内推进城市可持续发展、推动落实联合国2030年可持续发展议程和新城市议程发挥了重要作用。

凝聚全球智慧，共商可持续发展经验。2024年世界城市日中国主场活动聚焦"共建人民城市，共享美好生活"这一主题，围绕经济、社会和环境等城市可持续发展热点领域议题开展多场分论坛、边会和展览展示。来自不同国家、不同城市的代表围绕主题，重点交流和展示中外各地在推动城市可持续发展和改善人居环境方面的政策、经验和做法，通过世界各国、各城市、各领域实践者的共同努力，推动实现"建设包容、安全、韧性和可持续的城市和人类住区"的发展目标。其中，威海主题展通过"享城市""好房子""慧生活"三大板块，集中展现生态宜居、智慧治理、韧性安全的城市发展导向，为全球城市可持续发展提供思路借鉴。2024年上海国际城市与建筑博览会以"创新驱动绿色发展，新质赋能人民城市"为主题，充分展现了人民城市建设的丰硕成果和生动实践。

创新公共产品，共享可持续发展成果。世界城市日为推动全球城市可持续发展提供了宝贵的公共产品。全球可持续发展城市奖（上海奖）、《上海手册》、上海指数是中国与联合国人居署在世界城市日这一平台上合作的三个重要成果。全球可持续发展城市奖（上海奖）是联合国人居署在中国政府支持下设立的专门表彰在可持续发展方面作出突出成绩城市的全球奖项，旨在通过表彰城市推动落实联合国2030年可持续发展议程特别是可持续城市和社区的发展目标，促进新城市议程在全球的本地化。《上海手册》汇聚各国城市可持续发展优秀实践案例，为城市建设与治理提供政策和实践建议。上海指数为评估城市可持续发展水平、监测落实可持续发展目标提供评价工具，助力城市治理效能提升。这些公共产品不仅展示了城市可持续发展新趋势、新理念，也为全球城市可持续发展提供了经验与方案。

点亮城市发展的"万家灯火"需要世界各国的共同努力。中国愿同世界各国一道，以"不让任何一个人掉队"为目标，积极参与全球发展倡议，加快落实联合国2030年可持续发展议程和新城市议程，深入开展住房城乡建设领域合作交流，合力奏响城市可持续发展的新乐章，为推动构建人类命运共同体、实现可持续发展目标贡献力量。

（《中国建设报》微信公众号2024年11月4日）

协力推动全球城市可持续发展

赵 燊

世界城市日是由联合国设立的首个以城市为主题的国际日,也是首个由中国政府发起,并得到国际社会广泛认可的国际日。近日,2023年世界城市日中国主场活动暨第三届城市可持续发展全球大会在上海举办,旨在积极响应全球发展倡议,推动落实联合国2030年可持续发展议程,促进新城市议程在全球的本地化。本次大会首次颁发全球可持续发展城市奖(上海奖),以表彰世界范围内在可持续发展方面取得突出进展的优秀城市,引领全球城市发展新方向,推动"建设包容、安全、有抵御灾害能力和可持续的城市"迈上新台阶。

深化合作,同绘全球城市美好蓝图。涓滴成四海,共建地球村。世界城市日由上海世博会"城市,让生活更美好"理念延续而来,意在通过跨国合作,努力解决城市化过程中的全球性问题,推动全球城市可持续发展。以世界城市日为契机碰撞城市发展智慧、交流城市治理经验,有助于提升国际社会各界对城市发展的关注,深刻认识城市在经济社会发展、民生改善中的重要作用,为提升城市治理效能、推动城市可持续发展凝聚共识和力量。近年来,全球越来越多的城市积极参与世界城市日系列活动,世界城市日的国际影响力不断扩大,为建设包容、安全、韧性和可持续的人类住区,落实联合国《2030年可持续发展议程》和《新城市议程》发挥了重要作用。

搭建平台,讲好中国城市发展故事。栽下梧桐树,飞出金凤凰。世界城市日是全球各国宣传城市可持续发展理念、探讨合作应对各类城市问题的重要平台,也是中国向国际社会提供推动全球城市可持续发展的中国智慧和中国方案,宣传中国城市建设理念、经验和成就,以生动案例讲好中国城市发展故事的国际舞台。在世界城市日的合作基础上,我国支持联合国人居署设立全球可持续发展城市奖(上海奖),并支持打造全球城市监测框架——上海应用指数、《上海手册》等公共产品。

2023版《上海手册》收录了南京小西湖社区微改造等6个中国案例，这些案例从经济、环境、社会等领域切入，探索多样化的资金来源，为推动可持续发展与融资的体制机制建设，从而实现更美好的城市未来提供了宝贵的经验，是中国在全球城市可持续发展领域积极实践的生动写照，推广了中国城市建设治理经验，提升了中国城市可持续发展的国际影响力，丰富了全球城市可持续发展的可选择方案。

秉持初心，让城市成为高品质生活空间。十年奋进路，换得满城春。2023年是世界城市日申设十周年。10年来，中国城市发展取得显著成就，用实际行动谱写了"城市，让生活更美好"的生动篇章。城市是经济社会发展和人民生产生活的重要载体，是现代文明的标志。习近平总书记强调："城市建设必须把让人民宜居安居放在首位""使城市更健康、更安全、更宜居，成为人民群众高品质生活的空间"。初心不改，笃行致远。中国将始终坚持以习近平总书记关于城市工作的重要论述为指引，贯彻以人民为中心的发展思想，走中国特色城市发展道路，落实"人民城市人民建、人民城市为人民"理念，加快人民城市建设，突出共享、强化共建共治，把最好资源留给人民，用优质供给服务人民，努力把城市打造成宜居宜业的生活空间，积极参与国际合作，为全球共建可持续的城市未来、实现更美好的城市生活提供有益借鉴。

回望来时路途漫漫，放眼前程步履不停。一年前，习近平主席向2022年世界城市日全球主场活动致贺信，充分体现了中国政府对可持续发展的高度重视，深刻阐明了实现城市可持续发展对共创普惠平衡、协调包容、合作共赢、共同繁荣的发展格局的重要意义，为探索城市可持续发展道路指明了方向。站在新的起点上，中国将充分用好世界城市日平台，继续与各方共同努力，协力推动全球城市可持续发展，让城市真正成为汇聚幸福的家园、汇聚绿色的空间、汇聚文化的窗口、汇聚科技的前沿、汇聚安心的港湾，共创城市生活更加美好的未来！

(《中国建设报》2023年11月15日2版)

为建设更为紧密的中国—东盟命运共同体贡献住建力量

谭 昕

在习近平主席提出建设更为紧密的中国—东盟命运共同体倡议10周年之际，2023年9月16日，首届中国—东盟建设部长圆桌会议在中国"绿城"广西南宁举行。围绕"开放合作 互利共赢 共享中国—东盟建设领域合作新机遇"主题，中国和文莱、柬埔寨、印度尼西亚、老挝、马来西亚、缅甸、菲律宾、新加坡、越南等东盟国家建设主管部门的部长及部长代表齐聚一堂，就各国住建领域发展成就、政策、经验进行深入交流，一致通过会议成果《南宁倡议》，原则同意建立长效机制，每年举办一次中国—东盟建设部长圆桌会议。

加强战略对接与合作平台建设，深化中国—东盟全面战略伙伴关系。"青山一道同云雨，明月何曾是两乡。"中国和东盟国家陆海相连、比邻而居，传统友谊源远流长、绵延不绝。中国在各国中第一个与东盟建立战略伙伴关系，2021年又率先提升为全面战略伙伴关系。习近平主席提出共建和平家园、共建安宁家园、共建繁荣家园、共建美丽家园、共建友好家园五点建议，描绘了中国东盟关系发展的美好蓝图。首届中国—东盟建设部长圆桌会议，是第20届中国—东盟博览会重要配套活动之一，是双方互学互鉴、务实合作的又一新的平台，有利于不断丰富全面战略伙伴关系内涵，进一步凝聚合作共识、加强战略对接，推动实现更高水平的经济融合和联动发展，为建设更为紧密的中国—东盟命运共同体提供新的动能、作出新的贡献。

着眼住建领域深度合作交流，增进中国和东盟国家人民福祉。"谋度于义者必得，事因于民者必成。"住房和城乡建设直接连着人民群众的利益和福祉，对于促进高质量发展、创造高品质生活发挥着重要的基础和支撑作用，是各国高度重视的民生工作，也是最容易凝聚国际共识的合作领域。作为拆不散、离不开的好邻居、好兄弟、好伙伴，中国和东盟探索建立住建领域广泛合作交流机制，聚焦住房发展、城市更新、城市治理、乡村建设、建筑产业等领域，在工程标准、建造技术、项目建设等方面深度合作、互利共赢，是推动各国住建事业高质量发展的有效途径，是满足各国人民对美好生活向往的有力举措，对于中国和东盟共创发展新机遇、共谋发展新动力、共拓发展新空间，促进经济社会持续健康发展具有重要意义。

倡导积极参与世界人居事业，推动构建人类命运共同体。"兄弟同心，其利断金"。中国和东盟分别是世界第二和第五大经济体，共有20多亿人口，是共同促进世界人居事业发展、推动构建人类命运共同体的重要力量。《南宁倡议》载明了中国—东盟推进住建事业的愿景和行动，提出携手应对全球性挑战，推动宜居和高质量城市建设；加强住房合作，实现住有所居；推进绿色低碳转型，实现碳中和目标等一系列重要理念和措施，向国际社会传递了共同推动人居事业发展的中国—东盟声音。会议提出，中国和东盟积极响应联合国倡导，充分利用世界城市日活动等全球性重要平台，推动落实联合国2030年可持续发展议程、新城市议程和全球发展倡议。双方卓有成效的工作，必将进一步成为推动构建人类命运共同体的生动例证。

东南亚有句谚语："同住一村头，同舟共出行"。中国也有句古语："乘众人之智，则无不任也；用众人之力，则无不胜也"。放眼未来，中国与东盟在住建领域拥有十分广阔的合作空间，只要双方秉持睦邻友好、平等互利、共同发展原则，相互尊重、同舟共济、团结合作，就一定会结出越来越多的丰硕成果，助力构建更为紧密的中国—东盟命运共同体，共同创造更加繁荣美好的未来！

(《中国建设报》2023年9月20日2版)

中国—东盟深化住建合作　携手建设可持续未来

谭　昕

2024年7月4日，第二届中国—东盟建设住房部长圆桌会议在马来西亚吉隆坡召开。本次会议以"建设可持续未来：深化中国—东盟住房城市建设合作，共促繁荣"为主题，中国与马来西亚、文莱、新加坡、老挝、越南、柬埔寨、印度尼西亚、缅甸、菲律宾、泰国等东盟国家建设主管部门的部长及部长代表、相关行业协会、企业代表等深入交流，商讨加强住房城乡建设领域交流合作，并聚焦技术创新、绿色建筑、城市韧性及建设气候适应型城市等议题进行了重点讨论。会议一致通过《吉隆坡共识》，进一步深化中国—东盟住房和城市建设领域合作，携手应对新挑战、共同实现新发展。

行要好伴，居要好邻。"海内存知己，天涯若比邻"。中国与东盟合作源远流长，中国—东盟对话关系建立于1991年，经过30年来的共同努力，中国与东盟从对话关系上升到伙伴关系，再提升到战略伙伴关系，在各个领域务实合作成果丰硕。2023年9月，首届圆桌会议在中国南宁举办，在推动宜居和高质量城市建设、加强住房、建筑等领域合作方面达成了一系列重要共识，通过《南宁倡议》，推动建立圆桌会议长效机制，并同步举办中国—东盟建筑业合作与发展成果展。本次圆桌会议的顺利召开和《吉隆坡共识》的通过，标志着我国与东盟成员国在住房建设领域的合作迈上新的台阶，为推动地区经济的繁荣和发展注入了新的动力。

美美与共，天下大同。"履不必同，期于适足；治不必同，期于利民"。中国和东盟同为世界城市化快速发展的重要地区，面临着气候变化、能源安全、环境污染、公共卫生等共同挑战，同时也拥有丰富的建设技术经验和资源，合作前景十分广阔。用好圆桌会议这个交流平台，务实高效落实好《南宁倡议》《吉隆坡共识》以及圆桌会议系列成果，推动中国—东盟住房和城市建设领域高质量合作不断取得新成效，不仅能增进各国之间的友谊和了解，也为未来的合作和发展奠定了坚实的基础。

携手前行，普惠利民。"人民城市人民建，人民城市为人民"。城市是人集中生活的地方，城市建设关乎百姓生活方方面面，要把满足人民的住房需求作为出发点，坚持普惠利民、发展优先，让城市不仅有高度，更有温度。中国和东盟将继续深化住房和城市建设领域合作，加强住房政策、房屋建造和住房产业交流合作，打造绿色、低碳、智能、安全"好房子"，让人民住得更舒心、更放心、更安心；加强城市建设、治理和城市更新方面交流互鉴，提高城市韧性，推动城市高质量发展；继续携手前行，坚持开放、包容、共享，更好统筹发展和安全，不断提升住房和城市绿色化、智慧化发展水平，共谋可持续发展的美好未来，让更多国家、更多民众共享发展成果。

东南亚有句话"水涨荷花高"，中国也有句话"大河有水小河满，小河有水大河满"。两句话都说的是同一个道理，只有合作共赢才能办大事、办好事、办长久之事。展望未来，中国—东盟在住建领域合作的新篇章，需要各方共同书写。携手前行、互利共赢、共同发展，才能推动中国—东盟合作取得更多丰硕成果。中国愿与东盟国家秉持合作共赢精神，建设好和平、安宁、繁荣、美丽、友好的共同家园，向着更为紧密的中国—东盟命运共同体不断迈进。

（《中国建设报》2024年8月12日3版）